Axel Esser/Martin Wolmerath

Mobbing und psychische Gewalt

Der Ratgeber für Betroffene und ihre Interessenvertretung

JOB AKTUELL

Axel Esser/Martin Wolmerath

Mobbing und psychische Gewalt

Der Ratgeber für Betroffene und ihre Interessenvertretung

10., überarbeitete und aktualisierte Auflage

BUND
VERLAG

Für Claudia und Rosi

Bibliografische Information der Deutschen Nationalbibliothek
Die Deutsche Nationalbibliothek verzeichnet diese Publikation in der Deutschen Nationalbibliografie; detaillierte bibliografische Daten sind im Internet über *http://dnb.d-nb.de* abrufbar.

10., überarbeitete und aktualisierte Auflage 2020
Nachdruck August 2025

Umschlag: Neil McBeath, Stuttgart
Umschlagfoto: © AndreyPopov/PantherMedia
Satz: Dörlemann Satz, Lemförde
Druck: CPI books GmbH, Birkstr. 10, 25917 Leck

ISBN 978-3-7663-6978-9

kontakt@bund-verlag.de
www.bund-verlag.de

Vorwort

Heinz Leymann hat vor mehr als fünfundzwanzig Jahren einen Begriff geprägt, der zunächst eher belächelt und etwas später als Modewort abgetan wurde – von »Mobbing« war die Rede. Seitdem ist vieles geschehen. Niemand stellt die Existenz dieses Phänomens mehr in Frage. Allenfalls wird geleugnet, dass es entsprechende Probleme im eigenen Betrieb oder der eigenen Dienststelle gibt.
Der Mobbing-Problematik haben sich Esser und Wolmerath bereits zu einer Zeit angenommen, als sie zwar schon von Arbeitspsychologen diskutiert, unter Juristen aber noch unentdecktes Territorium war. Nach einer Reihe von Seminaren zu Mobbing wurde Anfang 1997 die erste Auflage des vorliegenden Ratgebers veröffentlicht. Nach 23 Jahren liegt er nunmehr in der zehnten Auflage vor – ein ganz ungewöhnlicher Erfolg. In dieser Zeit haben die Autoren ihr Werk weiterentwickelt, neue Erkenntnisse eingearbeitet und vor allen Dingen die immer reichhaltiger werdende Rechtsprechung berücksichtigt. Auch die verwendeten Begrifflichkeiten haben mittlerweile schärfere Konturen gewonnen. Hinzu kommen inzwischen die durch das Allgemeine Gleichbehandlungsgesetz geregelte »Belästigung«, die zahlreiche Fälle des Mobbing erfasst, sowie das »Betriebliche Eingliederungsmanagement«, das als Therapie dienen kann, aber mit Vorsicht zu handhaben ist. Der neue »Güterichter« ist ebenfalls berücksichtigt.
Der Ratgeber enthält eine Fülle von praktischen Tipps, wie man in weniger schlimmen Fällen durch Gespräche und andere außerrechtliche Mittel eine Lösung finden kann. Aber auch für Situationen, in denen der Rückgriff auf geltendes Recht und vielleicht sogar eine gerichtliche Auseinandersetzung unvermeidbar sind, bekommt der Leser umfassende Informationen, die in leicht zugänglicher Form präsentiert werden.
Das Werk wendet sich in gleicher Weise an Mobbingbetroffene wie an betriebliche Akteure, die sich entweder mit einem akuten Konflikt beschäftigen müssen oder die präventiv gegen das Entstehen solcher Situationen vorgehen wollen.

Vorwort

Esser und Wolmerath geben den Betriebs- und Personalräten mit ihrem Buch die nötigen Instrumente an die Hand, mit denen diese erfolgreich und mit Augenmaß gegen Mobbing am Arbeitsplatz vorgehen können. Auch der zehnten Auflage dieses Standardwerks ist eine weite Verbreitung zu wünschen.

Bremen, im Juni 2020 Wolfgang Däubler

Inhaltsverzeichnis

Vorwort 5
Abkürzungsverzeichnis 15
Literaturverzeichnis 17
Vorbemerkungen 21

A. Mobbing und psychische Gewalt – Verstehen, wovon die Rede ist 23
1. Was ist Mobbing? 23
1.1 Definition 24
1.2 Erläuterung der Mobbingdefinition 27
1.2.1 Geschehensprozess 27
1.2.2 Destruktive Handlungen 28
1.2.3 Zeitliche Dimension 29
1.2.4 Mobbing im sozialen Zusammenhang 29
1.3 Mobbinghandlungen – Bausteine des Mobbing . . . 30
1.3.1 Angriffe gegen die Arbeitsleistung und das Leistungsvermögen 34
1.3.2 Angriffe gegen das Arbeitsverhältnis 35
1.3.3 Destruktive Kritik 36
1.3.4 Angriffe gegen die soziale Integration 37
1.3.5 Angriffe gegen das soziale Ansehen im Beruf . 38
1.3.6 Angriffe gegen das Selbstwertgefühl 39
1.3.7 Schreck, Angst und Ekel erzeugen 40
1.3.8 Angriffe gegen das Privatleben 41
1.3.9 Angriffe gegen die Gesundheit und die körperliche Unversehrtheit 41
1.3.10 Unterlassene Hilfeleistung 42
1.4 Verlaufsformen von Mobbing 44
1.5 Stabilisierende Faktoren 48
1.5.1 Persönliche Konfliktfähigkeit 48

1.5.2 Interne Solidarität – Sozialer und beruflicher Rückhalt 49
1.5.3 Kompetentes professionelles Netzwerk 49
1.5.4 Sensibilität und Konfliktkompetenz der Organisation 50
1.6 Unerfreuliches, das kein Mobbing ist. 51
1.7 Aktuelle Entwicklungen 52
1.7.1 Power-Mobbing 52
1.7.2 Cyber-Mobbing 52
2. Auswirkungen von Mobbing 53
2.1 Auswirkungen auf den Mobbingbetroffenen und seine Familie 53
2.2 Auswirkungen auf die Belegschaft und das Betriebsklima 57
2.3 Auswirkungen auf Betrieb bzw. auf die Dienststelle . 57
2.4 Auswirkungen auf die Gesellschaft 58
2.5 Auswirkungen auf den Mobber und seine Unterstützer 59
3. Mobbing oder Konflikt – Wo verläuft die Grenze? 60
3.1 Was genau ist ein Konflikt? 61
3.2 Was genau unterscheidet einen Konflikt von Mobbing? 63
3.3 Feindseligkeit als Selbstzweck 65
3.4 Kompromisslos, aber mit Rückversicherung 67
4. Ursachen für Mobbing 68
4.1 Betriebliche Ursachen 69
4.2 Warum mobben Mobber? – Persönliche Motive . . . 70
4.2.1 Der Startpunkt für Mobbing 71
4.2.2 Angstbeißer oder Dominanzmobber 72
4.2.3 Offene und faire Auseinandersetzung als Risiko 74
4.2.4 Erst kommt das Fressen, dann die Moral . . . 75
4.2.5 Person raus – Problem gelöst!. 76
4.2.6 Verdecken krimineller Aktivitäten 76
4.2.7 »Suchtfaktor« billiger Triumph 77
4.3 Mobbing als »Kollateralschaden«. 77
4.3.1 Der Sündenbock 77
4.3.2 Profilierungssucht auf Kosten eines Opfers. . 78
4.3.3 Ein Exempel statuieren – ständig!. 78
4.4 Bossing – Mobbing durch Vorgesetzte 79
4.4.1 Besonderheiten beim Vorgesetztenmobbing . 80

4.4.2 Struktureller Täterschutz 81
5. Psychische Gewalt 82
5.1 Was bedeutet Gewalt? 83
5.2 Psychische Gewalt am Arbeitsplatz 84

B. No Mobbing! Die Handlungsmöglichkeiten der betrieblichen Interessenvertretung 89
1. Der Stand der Dinge – 2020 89
1.1 Einen Schritt vor, zwei zurück? 90
1.2 Interessenvertretung ist weiterhin gefragt 93
1.3 Betriebliche Konzepte gegen Mobbing 95
1.3.1 Aufklärung über Mobbing und psychische Gewalt 95
1.3.2 Sensibilisierung und Qualifizierung von Vorgesetzten 97
1.3.3 Einrichten eines Frühwarnsystems 98
1.3.4 Psychischer Arbeitsschutz 99
2. Die Fairnessbeauftragten – »Ersthelfer« bei Mobbing und psychischer Gewalt 99
2.1 Die Entwicklung einer Idee 100
2.2 Die Funktionen des Fairnessbeauftragten 102
2.3 Konfliktkommission mit »robustem Mandat« 105
2.4 Unternehmensleitbild statt Betriebs- bzw. Dienstvereinbarung? 106
2.5 Die rechtliche Verankerung des Fairnessbeauftragten 106
3. Abschluss einer Betriebs- bzw. Dienstvereinbarung zu Mobbing und psychischer Gewalt 109
3.1 Rechtliche Grundlagen 110
3.2 Zentrale Eckpunkte einer Betriebs- bzw. Dienstvereinbarung 112
3.3 Durchsetzung einer Betriebs- bzw. Dienstvereinbarung 116
4. Qualifizierung der Akteure 118

C. Wie helfe ich mir selbst? Sinnvolles Vorgehen von Betroffenen 122
1. Der erste Schock: Ich werde gemobbt! 123
1.1 Bin ich betroffen oder Opfer? 123
1.2 Darf ich hoffen, dass es von selber aufhört?. 124
1.3 Muss ich da alleine durch?. 125

1.4 Helfen mir die anderen, wenn sie wissen, dass ich gemobbt werde? 126
1.5 Ist Flucht die beste Verteidigung?. 127
2. Angreifen, Standhalten oder Flüchten?. 127
2.1 Nehmen Sie Mobbing als Herausforderung an. . . . 128
2.2 Knüpfen Sie Ihr soziales Netzwerk 129
2.3 Geben Sie der Lösung des Mobbingproblems oberste Priorität 130
2.4 Finden Sie vertrauensvolle und kompetente Gesprächspartner 131
2.5 Lernen Sie, mit guten Ratschlägen gut umzugehen . 133
2.6 Nehmen Sie professionelle Hilfe in Anspruch 133
2.7 Dokumentieren Sie das Geschehen. 134
2.8 Investieren Sie in Lebensqualität 134
2.9 Versuchen Sie nicht, den Mobber zu läutern 135
2.10 Entwickeln Sie Ihre wirksame Strategie 136
3. Wie Phönix aus der Asche 137
3.1 Wann genau ist Mobbing erfolgreich überwunden? . 138
3.2 Die äußere, soziale Balance wiederherstellen – Gerechtigkeit finden 139
3.3 Mobbingbetroffene, die keine Ruhe finden können . 140
3.4 Die innere Balance wiederherstellen – Genugtuung finden 141
3.5 Mobbing verarbeiten und loslassen können 143
3.6 Wenn das Loslassen nicht gelingt. 144
3.7 Rückblick 144

D. Wie helfe ich Betroffenen? Beratung und Unterstützung durch betriebliche Ersthelfer 145
1. Wer darf bei Mobbing helfen? 145
2. Beratung durch Professionelle 147
3. Professionelle Beratung durch betriebliche »Ersthelfer« . . 149
3.1 Zuhören wollen. 149
3.2 Vertrauen aufbauen. 151
3.3 Klares Rollenverständnis 152
3.4 Neutralität – Ein schwieriges Unterfangen bei Mobbing 155
3.5 Das gute Erstgespräch 156
3.6 Realistische Zuversicht vermitteln 158
3.7 Ressourcen finden und pflegen. 159
3.8 Leitfaden für die Beratung 161

3.9 Schwierigkeiten meistern 163
3.10 Die »Ja, aber ...«-Falle. 167
3.11 Das erste Mal 169

E. Die rechtliche Seite – Möglichkeiten und Grenzen von juristischen Maßnahmen 171
1. Möglichkeiten und Grenzen des Rechts. 173
2. Rechtlich betrachtet: Der Mobber. 176
2.1 Strafrechtliche Aspekte 177
2.2 Zivilrechtliche Aspekte 185
2.3 Arbeitsrechtliche Aspekte 188
2.4 Dienstrechtliche Aspekte 192
3. Rechtlich betrachtet: Der Arbeitgeber. 193
3.1 Strafrechtliche Aspekte 193
3.2 Arbeitsrechtliche Aspekte 195
3.3 Dienstrechtliche Aspekte 197
4. Rechtlich betrachtet: Die Interessenvertretung 198
5. Rechtliche Handlungsmöglichkeiten des Mobbingbetroffenen 199
5.1 Unterstützung der Unterstützer. 201
5.2 Sühne und Privatklage. 202
5.3 Beschwerde 204
5.4 »Ermahnung«, »Abmahnung« und Kündigung . . . 209
6. Rechtliche Handlungsmöglichkeiten der Interessenvertretung 212
6.1 Rechtliches Vorgehen gegen den Mobber 212
6.2 Rechtliches Vorgehen gegen den Arbeitgeber 213
7. Stichwort BEM. 214
8. Stichwort AGG. 218
9. Stichworte Mediation und Güterichter 221

F. Das Vorgehen bei akutem Mobbing – Systematisches Herangehen überwindet psychische Gewalt. 224
1. Es geht um Macht 224
1.1 Deutungsmacht 226
1.2 »Dieser Fall ist definitiv kein Mobbing!« 228
1.3 Verletzungsmacht 229
1.4 Handlungsmacht 230
2. Die Mobbinganalyse. 231
2.1 Den Sachstand ermitteln (Erster Analyseschritt) . . . 232
2.1.1 Tiefeninterviews mit dem Betroffenen 232

2.1.2 Erst mal schnell die Gegenseite befragen? . . 233
2.1.3 Dokumentation durch den Betroffenen – Das Mobbing-Tagebuch 235
2.1.4 Die Mobbing-Landkarte 236
2.1.5 Der Mobbing-Kalender 238
2.1.6 Weitere Informationsquellen 238
2.2 Das Problem einschätzen (Zweiter Analyseschritt) . 239
2.2.1 Das Problem auf den Punkt bringen 240
2.2.2 Das Problem gegen den Strich bürsten 241
2.3 Die Ziele bestimmen (Dritter Analyseschritt) 242
2.4 In die Haut des Mobbers schlüpfen (Vierter Analyseschritt) 245
2.5 Kosten-/Nutzen-Rechnung des Mobbing (Fünfter Analyseschritt) 247
2.6 Brücken bauen (Sechster Analyseschritt). 249
2.7 Ohnmacht und Stärken des Betroffenen (Siebter Analyseschritt) 250
2.7.1 Wie kommen Ohnmacht und Schwachstellen zustande? 251
2.7.2 Stärkenprofil des Betroffenen 254
2.8 Macht und Schwachstellen des Mobbers (Achter Analyseschritt) 255
2.9 Interne und externe Ressourcen (Neunter Analyseschritt) 256
3. Die Person des Vertrauens – Berater, Ressourcenmanager und Netzwerk-Koordinator 257
3.1 Beginnen Sie mit einem tragfähigen Arbeitsbündnis 258
3.2 Stellen Sie die Erwartungen auf eine mittelfristige Perspektive ab 258
3.3 Planen Sie nur die jeweils nächste Etappe 258
3.4 Gehen Sie beharrlich, aber nicht ungeduldig vor . . 259
3.5 Formulieren Sie klare Erwartungen und schaffen Sie Verbindlichkeiten 259
3.6 Managen Sie Netzwerke und Ressourcen 260
3.7 Gehen Sie bis zum (guten) Ende mit 260
4. Eingreifen in den Mobbingkonflikt – Auf der Basis einer Betriebs- bzw. Dienstvereinbarung 261
5. Persönliche Gegenwehr des Betroffenen 263
5.1 Nicht mehr alles gefallen lassen. 264
5.2 Mit dem Mobber reden 266
5.3 Paradoxes Vorgehen 267

5.4 Eigentore vermeiden. 270
5.5 Respekt erlangen. 270
5.6 Öffentliche Missbilligung des Mobbingverhaltens . . 271
6. Eingreifen ohne betriebliche Konfliktlösungsstrukturen . . 273
6.1 Deutungsmacht gewinnen 273
6.1.1 Wo Mobbing draufsteht, muss auch Mobbing drin sein 274
6.1.2 Mobbing »Mobbing« nennen?. 275
6.1.3 »Mobbing« im Betrieb kommunizieren 277
6.2 Versuchte Schlichtungsgespräche mit dem Mobber . 277
6.2.1 Vorgespräch 278
6.2.2 Wenn der Mobber mauert oder jammert . . . 280
6.2.3 Das Sechs-Augen-Gespräch 282
6.3 Das Imperium schlägt zurück. 283
6.3.1 Volle Breitseite 283
6.3.2 Bürokratischer Fleischwolf. 284
6.3.3 Schützenhilfe von oben 285
6.4 Konfliktbereinigung und Machteingriff durch Vorgesetzte 286
6.5 Der runde Tisch und die Konfliktkommission 288
6.6 Sanktionen! – Sanktionen? 289
7. Schadensbegrenzung – Organisierter Rückzug 290
8. Nachsorge 291

G. Epilog 292

Anhang. 293
1. Überblick über abgeschlossene Betriebs- und Dienstvereinbarungen 293
2. Betriebsvereinbarung über partnerschaftliches Verhalten am Arbeitsplatz (Beschwerdestelle im Sinne des § 13 Abs. 1 AGG) 295
3. Allgemeines Gleichbehandlungsgesetz (Auszug) 299
4. Mediationsgesetz (Auszug) 309

Stichwortverzeichnis 313

Abkürzungsverzeichnis

Abb.	Abbildung
Abs.	Absatz
AGG	Allgemeines Gleichbehandlungsgesetz
AiB	Arbeitsrecht im Betrieb (Zeitschrift)
Anm.	Anmerkung
ArbG	Arbeitsgericht
ArbGG	Arbeitsgerichtsgesetz
ArbSchG	Arbeitsschutzgesetz
Art.	Artikel
AuA	Arbeit und Arbeitsrecht (Zeitschrift)
Aufl.	Auflage
AuR	Arbeit und Recht (Zeitschrift)
BAG	Bundesarbeitsgericht
BAGE	Entscheidungen des Bundesarbeitsgerichts (Entscheidungssammlung)
BBG	Bundesbeamtengesetz
BDG	Bundesdisziplinargesetz
BeamtStG	Beamtenstatusgesetz
BEM	betriebliches Eingliederungsmanagement
BetrVG	Betriebsverfassungsgesetz
BGB	Bürgerliches Gesetzbuch
BGH	Bundesgerichtshof
BPersVG	Bundespersonalvertretungsgesetz
bzw.	beziehungsweise
ca.	circa
dbr	der betriebsrat (Zeitschrift)
d. h.	das heißt
DÖD	Der öffentliche Dienst (Zeitschrift)
EGMR	Europäischer Gerichtshof für Menschenrechte
EMRK	Europäische Konvention zum Schutz der Menschenrechte und Grundfreiheiten

Abkürzungsverzeichnis

ErfK	Erfurter Kommentar
etc.	et cetera
EzA	Entscheidungssammlung zum Arbeitsrecht
f., ff.	folgend(e)
GG	Grundgesetz
ggf.	gegebenenfalls
Hrsg.	Herausgeber
HSI	Hugo Sinzheimer Institut
i. V. m.	in Verbindung mit
KdA	Kirchlicher Dienst in der Arbeitswelt
KSchG	Kündigungsschutzgesetz
LAG	Landesarbeitsgericht
LPG-SGB IX	Lehr- und Praxiskommentar zum SGB IX
LSG	Landessozialgericht
MAV	Mitarbeitervertretung (in kirchlichen Einrichtungen)
MediationsG	Mediationsgesetz
MuSchG	Mutterschutzgesetz
m. w. N.	mit weiteren Nachweisen
Nr.	Nummer
NVwZ-RR	NVwZ-Rechtsprechungs-Report Verwaltungsrecht (Zeitschrift)
NZA	Neue Zeitschrift für Arbeitsrecht (Zeitschrift)
OLG	Oberlandesgericht
PersR	Der Personalrat (Zeitschrift)
Rn.	Randnummer, Randnummern
S.	Seite
s./s. a.	siehe/siehe auch
SGB III	Sozialgesetzbuch III (Arbeitsförderung)
SGB V	Sozialgesetzbuch V (Gesetzliche Krankenversicherung)
SGB IX	Sozialgesetzbuch IX (Rehabilitation und Teilhabe von Menschen mit Behinderungen)
sog.	so genannt, so genannte, so genanntes
StGB	Strafgesetzbuch
StPO	Strafprozessordnung
u. a.	und andere
usw.	und so weiter
vgl.	vergleiche
z. B.	zum Beispiel
ZPO	Zivilprozessordnung

Literaturverzeichnis

Altvater/Baden/Baunack/Berg/Dierßen/Herget/Kröll/Lenders/Noll; BPersVG – Bundespersonalvertretungsgesetz mit Wahlordnung und ergänzenden Vorschriften, Kommentar für die Praxis; 10. Aufl.; Frankfurt am Main, 2019 (zitiert: Altvater u. a.)

Brinkmann; Mobbing, Bullying, Bossing – Treibjagd am Arbeitsplatz; Heidelberg, 1995

Däubler; BGB Kompakt. Systematische Darstellung des Zivilrechts; 2. Aufl.; München, 2003 (zitiert: Däubler, BGB)

Däubler; Zurückhaltung des Rechts; in: Leymann (Hrsg.), Der neue Mobbing-Bericht; Reinbek bei Hamburg, 1995

Dau/Düwell/Joussen (Hrsg.); Sozialgesetzbuch IX; 5. Aufl.; Baden-Baden 2019 (zitiert: LPG-SGB IX)

Dick; Keine Angst vor Mobbingfällen; Frankfurt am Main, 2001

Düwell (Hrsg.); Betriebsverfassungsgesetz, Handkommentar; 5. Aufl.; Baden-Baden, 2018 (zitiert: HaKo-BetrVG)

Esser; Konfliktfähigkeit; GdP-Bundesvorstand; Hilden, 2007

Esser; Konfliktbewältigung; GdP-Bundesvorstand; Hilden, 2004

Esser; Was ist Mobbing?; Der Personalrat 7–8/2017, 9

Fawzi; Cyber-Mobbing. Ursachen und Auswirkungen von Mobbing im Internet; Baden-Baden, 2009

Fischer; Strafgesetzbuch, Kommentar; 66. Aufl.; München, 2019

Glasl; Konfliktmanagement – Ein Handbuch für Führungskräfte und Berater; 11. Aufl., Stuttgart 2017

Groeblinghoff; Mobbing. Störungen am Arbeitsplatz – Ursachen und Lösungen; AuA 1999, 162

Haller/Koch; Mobbing – Rechtsschutz im Krieg am Arbeitsplatz; NZA1995, 356

Hirigoyen; Die Masken der Niedertracht; 16. Aufl. München, 2015

Hirigoyen; Mobbing – Wenn der Job zur Hölle wird; München, 2004

Huber; Psychoterror am Arbeitsplatz – Mobbing; Niedernhausen/Taunus, 1993/1994

Leymann; Psychoterror am Arbeitsplatz und wie man sich dagegen wehren kann; Reinbek, 1993 (zitiert: Leymann 1993)

Leymann (Hrsg.); Der neue Mobbing-Bericht; Reinbek, 1995 (zitiert: Leymann 1995)

Lindemeier; Neue Arbeit – Neues Denken? Psychosoziale Probleme: ihre Ursachen und Interventionsmöglichkeiten; Beruf und Gesundheit 2/96

Meschkutat/Stackelbeck/Langenhoff; Der Mobbing-Report. Repräsentativstudie für die Bundesrepublik Deutschland; Dortmund/Berlin, 2002

Meyer-Goßner/Schmitt; Strafprozessordnung, Kommentar; 62. Aufl.; München, 2019

Müller-Glöge/Preis/Schmidt; Erfurter Kommentar zum Arbeitsrecht; 19. Aufl.; München 2019 (zitiert: ErfK/Bearbeiter)

Neuberger; Mobbing. Übel mitspielen in Organisationen; München und Mering, 1999

Pieper; Arbeitsschutzgesetz, Basiskommentar zum ArbSchG; 8. Aufl.; Frankfurt am Main, 2018

Popitz; Phänomene der Macht; Tübingen, 2009

Resch; Wenn Arbeit krank macht; Frankfurt/Main, Berlin, 1994

Roxin/Schünemann; Strafverfahrensrecht; 29. Aufl.; München, 2017

Ruberg; Schikane am Arbeitsplatz – Abhilfe nicht in Sicht? Betrachtungen zu Erfolgsbarrieren und Erfolgsbehinderungen im gerichtlichen Rechtsschutz gegen »Mobbing«, in: Schwickerath/Carls/Zielke/Hackhausen (Hrsg.); Mobbing am Arbeitsplatz; Lengerich, 2004

Schwickerath; Mobbing erfolgreich bewältigen; In vier Schritten aus der Mobbingfalle; Weinheim, Basel 2014

Sumida; Mobbing in Japan; in: Wolmerath/Esser (Hrsg.); Werkbuch Mobbing. Offensive Methoden gegen psychische Gewalt am Arbeitsplatz; Frankfurt am Main, 2012

Teuschel; Mobbing. Dynamik-Verlauf – gesundheitliche und soziale Folgen; Stuttgart, 2010

Wolmerath; Mobbing im Betrieb. Rechtsansprüche und deren Durchsetzbarkeit; Baden-Baden, 2001 (zitiert: Wolmerath 2001)

Wolmerath; Mobbing. Rechtshandbuch für die Praxis; 5. Aufl.; Baden-Baden, 2019

Wolmerath; Wie regeln? Ansatzpunkt für eine Betriebsvereinbarung »Mobbing«; ArbRAktuell 16/2017, 384

Wolmerath; Wer anders als der Betriebsrat soll es richten? Betriebsvereinbarungen zu Mobbing & Co.; dbr 10/2007, 30

Wolmerath; Mobbing und Allgemeines Gleichbehandlungsgesetz; in: Studien zum Persönlichkeitsrecht des Arbeitnehmers, (Band II), Festschrift für Kunishige Sumida zum 70. Geburtstag; Tokyo, 2011 (zitiert: Wolmerath 2011)

Wolmerath/Esser (Hrsg.); Werkbuch Mobbing. Offensive Methoden gegen psychische Gewalt am Arbeitsplatz; Frankfurt am Main, 2012

Vorbemerkungen

Als im Jahr 1997 die erste Auflage dieses Ratgebers herauskam, haben wir nicht damit gerechnet, dass es einmal eine zehnte Auflage geben würde. Wir waren ein Teil einer optimistischen Strömung von betrieblichen und außerbetrieblichen Akteuren in der Gesellschaft, die Aufklärung und Maßnahmen gegen Mobbing auf den Weg brachten. Viele hofften seinerzeit, dass mit guter Qualifizierung von betrieblichen Mobbinghelfern, mit dem flächendeckenden Abschluss von Dienst- und Betriebsvereinbarungen und schließlich mit einer verbindlichen gesetzlichen Regelung dem Spuk Mobbing in wenigen Jahren ein Ende bereitet werden könnte.

An diesem Vorhaben war nichts falsch und es ist seitdem auch viel Positives passiert. Aber man muss zugleich feststellen: Mobbing ist auch weiterhin ein Problem, das nahezu in jedem Betrieb und in jeder Dienststelle anzutreffen ist – zumindest, wenn man etwas genauer hinschaut. Wenngleich heute kaum noch jemand leugnet, dass es so etwas wie Mobbing gibt, so herrscht vielerorts und immer aufs Neue eine gewisse Ohnmacht gegenüber dem Phänomen. Mit diesem Buch wollen wir dazu beitragen, diese Ohnmacht zu beseitigen.

Mit unseren Ausführungen wenden wir uns insbesondere an die Mitglieder der betriebliche Interessenvertretungen (Betriebsrat, Personalrat, Mitarbeitervertretung). Sie haben es (neben der Arbeitgeberseite) maßgeblich in der Hand, gegen akutes Mobbing am Arbeitsplatz einzuschreiten sowie präventiv gegen dieses Phänomen vorzugehen. Für sie wird es auch in Zukunft unverzichtbar sein, über die Mobbingproblematik gut informiert zu sein und die zahlreichen tatsächlichen sowie rechtlichen Handlungsmöglichkeiten zu kennen.

Natürlich möchten wir in erster Linie den Menschen, die persönlich von Mobbing betroffen sind, mit unseren vielfältigen Informationen, Einschätzungen, und Vorschlägen helfen, aus ihrer misslichen Lage wieder herauszukommen.

Daneben möchten wir mit unserem Buch alle die Personen ansprechen, die sich aus anderen Gründen mit der Mobbingproblematik auseinandersetzen wollen oder müssen – sei es etwa als Arbeitskollege, Vorgesetzter, Fairnessbeauftragter, Berater, Therapeut, Familienmitglied oder Freund.

Wir haben uns bemüht, Ihnen das Lesen zu erleichtern, indem wir zumeist vom »Mobber« in der Einzahl sprechen – wohlwissend, dass Mobbing häufig von mehreren Personen betrieben wird. Zum anderen verwenden wir lediglich aus Gründen der leichteren Lesbarkeit die männliche Sprachform. Wir hoffen insoweit auf Verständnis.

Wenngleich es sich bei diesem Buch um einen »Ratgeber« handelt, so kann und soll er nicht einen Ersatz für Rat und Hilfe fachkompetenter Personen (z. B. Arzt, Therapeut, Rechtsanwalt) darstellen. Mit der Mobbingproblematik vertraute Fachleute sollten stets hinzugezogen werden, wenn es gilt, einen Ausweg aus einer konkreten Mobbingsituation zu finden.

In der Hoffnung, dass wir mit unserem Buch, das nunmehr in der zehnten – wiederum vollständig überarbeiteten und aktualisierten – Auflage vorliegt, einen Beitrag zur Bewältigung der anscheinend kein Ende nehmenden Mobbingproblematik in der deutschen Arbeitswelt leisten, sagen wir all jenen Dank, die uns in den vielen Jahren mit ihren Anregungen, Fragen, Erfahrungen und Diskussionsbeiträgen unterstützt haben.

Guderhandviertel und Hamm, Juni 2020	Axel Esser Martin Wolmerath

A. Mobbing und psychische Gewalt – Verstehen, wovon die Rede ist

Es reicht leider nicht, eine Definition von »Mobbing« zu lesen, um wirklich zu begreifen, was Mobbing ist und wie Mobbing im Detail funktioniert. Erst wenn man sich genauer in seine Eigentümlichkeiten sowie in die damit verbundenen Gefahren und Risiken eingearbeitet hat, werden geeignete Maßnahmen zur Bewältigung einer akuten Mobbingsituation sichtbar und ergreifbar. Eine erfolgreiche Vorbeugung von Mobbingfällen am Arbeitsplatz wird daher nur denen gelingen, die tatsächlich verstehen, wovon die Rede ist. Dazu dient der erste Teil unseres Buches. Hier wird den Fragen nachgegangen, was Mobbing ist, welche Ursachen Mobbing haben kann und welche Auswirkungen mit Mobbing verbunden sind.

Wir haben unsere Erläuterungen zu Mobbing um das Phänomen der psychischen Gewalt am Arbeitsplatz erweitert. Traditionell wird Mobbing als ein chronisches und systematisches Anfeinden gegenüber einzelnen Menschen verstanden, die aufgrund der Unerträglichkeit dieser Behandlung krank werden und letztlich ihren Arbeitsplatz einbüßen. In der Arbeitswelt zeigt sich aber auch das umgekehrte Phänomen, dass eine einzelne Person sehr viele Mitarbeiter oder eine ganze Abteilung durch psychische Gewaltanwendung drangsalieren kann. Hier kommt der Begriff der psychischen Gewalt ins Spiel.

1. Was ist Mobbing?

Das Wort »Mobbing« ist aus unserem Sprachgebrauch nicht mehr wegzudenken. Oftmals hat es eine höchst inflationäre Verwendung erfahren. Immer wieder wird es nicht in seinem eigentlichen Sinn verwendet, sondern beispielsweise als dramatisierende Floskel für problembehaftete Situationen aller Art eingesetzt. Aus diesem Grunde bleibt es eine ständige Aufgabe, sich darüber Klarheit zu verschaffen, was genau »Mobbing« ist.

1.1 Definition

Das Wort »Mobbing« klingt englisch, findet sich als solches allerdings nicht in der englischen Sprache. Es ist dem englischen Verb »to mob« entlehnt und kann mit »über jemanden herfallen, anpöbeln, angreifen, attackieren« übersetzt werden. Zurückführen lässt es sich letztendlich auf die lateinische Sprache – »mobile vulgus« bedeutet »wankelmütige Masse, aufgewiegelte Volksmenge«.
Erfunden wurde der Begriff »Mobbing« von dem Verhaltensforscher *Konrad Lorenz* (1903–1989), der damit Gruppenangriffe von unterlegenen Tieren bezeichnete: Vereint gelingt es ihnen, einen an sich überlegenen Gegner zu verscheuchen. Seine besondere, arbeitswissenschaftliche Bedeutung hat der Terminus Jahrzehnte später durch *Heinz Leymann* (1932–1999) erfahren. Ausgehend von seiner Erkenntnis, dass die Ursachen für psychische Belastungen von Arbeitnehmern oftmals nicht in deren Persönlichkeit, sondern im betrieblichen Umfeld zu suchen sind, hat *Leymann* dieses Phänomen untersucht. Seine Ergebnisse haben die Diskussion über dieses Erscheinungsbild psychosozialer Belastungen am Arbeitsplatz über viele Jahre geprägt.
So ist es auch nicht verwunderlich, dass eine oftmals zitierte Definition von Mobbing auf *Leymann* zurückgeht. Diese lautet wie folgt:

»Unter Mobbing wird eine konfliktbelastete Kommunikation am Arbeitsplatz unter Kollegen oder zwischen Vorgesetzten und Untergebenen verstanden, bei der die angegriffene Person unterlegen ist (1) und von einer oder einigen Personen systematisch, oft (2) und während längerer Zeit (3) mit dem Ziel und/oder dem Effekt des Ausstoßes aus dem Arbeitsverhältnis (4) direkt oder indirekt angegriffen wird und dies als Diskriminierung empfindet.« (Leymann 1995, S. 18)

Bei dieser Begriffsbestimmung handelt es sich um den ersten Versuch, das Mobbingphänomen bei gleichzeitiger Abgrenzung von anderen Erscheinungsformen des (negativen) sozialen Umgangs am Arbeitsplatz zu beschreiben (vgl. *Wolmerath*, S. 24). Daneben gibt es weitere Ansätze, die auf ihre Weise versuchen, den sehr unterschiedlichen Erscheinungsformen von Mobbing gerecht zu werden. *Neuberger* beispielsweise, der sich mit den Untersuchungen von *Leymann* äußerst kritisch auseinandergesetzt hat, definiert Mobbing mit den Worten

»Jemand spielt einem übel mit und man spielt wohl oder übel mit« (Neuberger, S. 18).

Lindemeier begreift Mobbing als

»bewusste oder unbewusste Handlungen einer Person oder mehreren Personen gegenüber einer oder mehreren Personen, die durch kontinuierliche Schikanen das Ziel verfolgen, den oder die anderen aus dem eigenen Wirkbereich zu entfernen« (Lindemeier, S. 4).

Beide Definitionen bedürfen der Interpretation und sind nur schwer verständlich. Gleiches gilt für *Leymanns* Begriffsbestimmung, wonach Mobbing in einen »Ausstoß aus dem Arbeitsverhältnis« mündet. Versteht man den »Ausstoß aus dem Arbeitsverhältnis« in einem juristischen Sinne, so würden hierunter nur solche Situationen fallen, die in einer Beendigung des Arbeitsverhältnisses münden. Versetzungen infolge von Mobbing könnte es demnach nicht geben. Ebenso wenig könnte es ein Mobbing gegen Beamte geben, schließlich befinden sich diese nicht in einem (privatrechtlichen) Arbeits-, sondern in einem öffentlich-rechtlichen Sonderrechtsverhältnis. Das zeigt, dass die auf *Leymann* zurückgehende Definition nicht in dem Sinne einer endgültigen Festlegung dessen, was Mobbing ist, verstanden werden darf.
Andere Autoren verwenden die Bezeichnung »Psychoterror am Arbeitsplatz«, welche wegen der zahlreichen Interpretationsmöglichkeiten ebenfalls unbefriedigend ist (vgl. *Wolmerath 2001*, S. 24).
In seiner Entscheidung vom 15.1.1997 (7 ABR 14/96 – BAGE 85, 56 [58]) hat das *BAG* erstmals den Versuch einer Definition unternommen. Es versteht unter Mobbing

»das systematische Anfeinden, Schikanieren oder Diskriminieren von Arbeitnehmern untereinander oder durch Vorgesetzte«,

schließt mithin ein Mobbing gegen Vorgesetzte aus. Das *Thüringer LAG* hat in seinem Urteil vom 10.4.2001 (5 Sa 403/00 – AuR 2001, 274 = PersR 2001, 532) eine arbeitsrechtliche Begriffsbestimmung vorgenommen:

»Im arbeitsrechtlichen Verständnis erfasst der Begriff des »Mobbing« fortgesetzte, aufeinander aufbauende oder ineinander übergreifende, der Anfeindung, Schikane oder Diskriminierung dienende Verhaltensweisen, die nach Art und Ablauf im Regelfall einer übergeordneten, von der Rechtsordnung nicht gedeckten Zielsetzung förderlich sind und jedenfalls in ihrer Gesamtheit das allgemeine Persönlichkeitsrecht oder andere ebenso geschützte Rechte, wie die Ehre oder die Gesundheit des Betroffenen verletzen.«

Dieser Definition ist das *LAG Hamm* in seiner Entscheidung vom 25.6.2002 (18 [11] Sa 1295/01 – EzA-Schnelldienst 20/2002, S. 8) gefolgt, während sich das *LAG Schleswig-Holstein* in seinem Urteil vom 19.3.2002 (3 Sa 1/02 – EzA-Schnelldienst 10/2002, S. 9) sowie das *LAG Rheinland-Pfalz* in seinem Beschluss vom 19.2.2004 (2 Ta 12/04 – EzA-Schnelldienst 12/2004, S. 15 = AuR 2004, 275) der Definition von *Leymann* anschließen.
Die Unsicherheit bzw. Uneinigkeit in der Rechtsprechung, wie Mobbing in juristischer Hinsicht begriffen werden soll, hat das *BAG* mit seiner wegweisenden Entscheidung vom 25.10.2007 (8 AZR 593/06) beseitigt. Mit Blick auf das am 18.8.2006 in Kraft getretene Allgemeine Gleichbehandlungsgesetz, kurz AGG genannt, stellt der Achte Senat in dem Urteil fest: »Mit dieser Definition des Begriffes »Belästigung« hat der Gesetzgeber letztlich auch den Begriff des ›Mobbing‹ umschrieben ...«, der in § 3 Abs. 3 AGG folgende Definition erfährt:

»Eine Belästigung ist eine Benachteiligung, wenn unerwünschte Verhaltensweisen, die mit einem in § 1 genannten Grund in Zusammenhang stehen, bezwecken oder bewirken, dass die Würde der betreffenden Person verletzt und ein von Einschüchterungen, Anfeindungen, Erniedrigungen, Entwürdigungen oder Beleidigungen gekennzeichnetes Umfeld geschaffen wird.«

Indem § 1 AGG das Ziel verfolgt, »Benachteiligungen aus Gründen der Rasse oder wegen der ethnischen Herkunft, des Geschlechts, der Religion oder Weltanschauung, einer Behinderung, des Alters oder der sexuellen Identität zu verhindern oder zu beseitigen«, gelangt das *BAG* zu der weiteren Erkenntnis, dass der in § 3 Abs. 3 AGG umschriebene Begriff des Mobbing auf alle Fälle der Benachteiligung eines Arbeitnehmers – und zwar gleich aus welchen Gründen – übertragen werden kann. Damit spricht sich der Achte Senat für eine Anwendbarkeit der Vorschriften des AGG auf Mobbing sowie alle übrigen Formen der psychosozialen Belastungen aus. Bei dem Urteil des Achten Senats handelt es sich um einen beachtlichen Meilenstein, auf den wir in Kapitel E. zurückkommen werden.
Bereits vor einigen Jahren haben wir eine arbeitswissenschaftlich geprägte Definition entwickelt, von der wir auch heute noch annehmen, dass sie der betrieblichen Realität bzw. der Lebenswirklichkeit in der Arbeitswelt am ehesten gerecht wird.

Abb. 1: Definition »Mobbing«

Mobbing ist ein Geschehensprozess in der Arbeitswelt, in dem destruktive Handlungen unterschiedlicher Art wiederholt und über einen längeren Zeitraum gegen Einzelne vorgenommen werden, welche von den Betroffenen als eine Beeinträchtigung und Verletzung ihrer Person empfunden werden
und
dessen ungebremster Verlauf für die Betroffenen grundsätzlich dazu führt, dass ihre psychische Befindlichkeit und Gesundheit zunehmend beeinträchtigt werden, ihre Isolation und Ausgrenzung am Arbeitsplatz zunehmen, dagegen die Chancen auf eine zufriedenstellende Lösung schwinden und der regelmäßig im Verlust ihres bisherigen beruflichen Wirkbereichs endet.

1.2 Erläuterung der Mobbingdefinition

Die von uns erarbeitete Definition lässt sich in einzelne Merkmale aufgliedern, deren genauere Betrachtung in besonderer Weise verdeutlicht, was das »Besondere« an Mobbing ist und warum das Mobbing fatale Auswirkungen bis hin zum Suizid des davon Betroffenen haben kann.

1.2.1 Geschehensprozess

Bei Mobbing handelt es sich um einen Geschehensprozess, der sich bildhaft mit einer Perlenkette vergleichen lässt: Ist die einzelne Perle relativ unbedeutend, so wächst ihre Wertigkeit mit der zunehmenden Zahl weiterer Perlen, die in ihrer Verbundenheit mittels eines Fadens eine Perlenkette ergeben. Was Mobbing kennzeichnet und charakterisiert, das ist in entsprechender Weise die Verbundenheit einer Vielzahl von einzelnen Mobbinghandlungen, die für sich genommen und isoliert betrachtet nicht als Mobbing bezeichnet werden können.

Ermangelt es an einer prozesshaften Verbindung einzelner Mobbinghandlungen, so kann nicht von Mobbing gesprochen werden. Dies ist etwa dann der Fall, wenn jemand von seinem Vorgesetzten einmal – und dann nicht wieder – ungerecht behandelt wird. Gleiches gilt, wenn eine harte unsoziale Behandlung nur kurzfristig zur Wirkung gelangt (z.B. Ausspruch einer objektiv nicht gerechtfertigten Abmahnung, unberechtigte Kritik an der Arbeit). Dagegen spricht viel für das Vorliegen eines Geschehensprozesses, wenn beispielsweise ein Krankenpfleger immer dann zum Wochenend- sowie Feiertagsdienst in eine personell unterbesetzte sowie seelisch und körperlich stark beanspruchende Station eingeteilt wird, sobald eine bestimmte Person den Dienstplan erstellt. Gleiches gilt, wenn etwa eine Sachbearbeiterin einer Vielzahl unterschiedlichster

Schikanen, Demütigungen und Diskriminierungen ihres Abteilungsleiters ausgesetzt ist.
Leymanns Auffassung, dass Mobbinghandlungen »mindestens einmal pro Woche« erfolgen müssen (vgl. *Leymann* 1993, S. 22), hat sich schnell als lebensfremd erwiesen. Neue Arbeitsformen und -konzepte, die fortschreitenden Entwicklungen im Bereich der Informations- und Kommunikationstechniken sowie die mit der Globalisierung einhergehenden Veränderungen der Arbeitswelt haben dazu geführt, dass es Beschäftigte sowie Vorgesetzte und Untergebene gibt, die sich nicht jeden Tag im Betrieb sehen – so wie es früher eher der Fall gewesen ist. Man denke beispielsweise an einen Außendienstmonteur, der nur alle 10 bis 14 Tage in den Betrieb kommt, dann aber von seinem Einsatzleiter immer wieder schikaniert wird. Vergleichbares gilt für solche Beschäftigte, die ihre Arbeit im Home-Office vom häuslichen Schreibtisch aus verrichten und nur gelegentlich zu Besprechungen, Betriebsversammlungen und besonderen Anlässen in den Betrieb kommen.

1.2.2 Destruktive Handlungen

Die Wirkung von Mobbing entfaltet sich – wie bereits betont – in einem zusammenhängenden Geschehensprozess, nicht in einzelnen Taten bzw. Untaten. Dennoch kommt es nur dann zu Mobbing, wenn ein einzelner oder sogar viele Beteiligte Handlungen mit destruktivem Charakter gegenüber einem Dritten, dem Mobbingbetroffenen, ausführen. Die destruktiven Handlungen, zu denen ebenfalls gezielte Unterlassungen gehören, stellen demzufolge die »Bausteine« des Mobbing dar. Um solche Handlungen geht es in diesem Abschnitt. Was ist nun bei aller Vielfalt und Unterschiedlichkeit der Mobbinghandlungen – z. B. der Handlung »einen Arbeitsplatz im zugigen Flur zuweisen« und der Handlung »keinen Kaffee mitbringen« – deren verbindendes Element? Wir finden es angemessen, alle Mobbinghandlungen übergreifend als »destruktiv« zu charakterisieren. Die Gemeinsamkeit aller Mobbinghandlungen liegt darin, dass sie persönlich verletzend, einschüchternd, ängstigend, entmutigend – mit anderen Worten zerstörerisch = destruktiv – sind. Die immer vorhandene Alternative einer konstruktiven, fairen, gerechten sowie nüchternen Veränderung und Verbesserung der Situation, wobei die Eigenheiten und Interessen aller Beteiligten angemessen berücksichtigt werden, wird bei Mobbing nicht gesehen und nicht angestrebt.

> **Bedenke:**
> Das gemeinsame Merkmal von Mobbinghandlungen ist, dass sie nicht aufbauend oder positiv verändernd, sondern schädigend auf den Betroffenen wirken sollen.

1.2.3 Zeitliche Dimension

Von Mobbing kann nur gesprochen werden, wenn sich der Geschehensprozess über einen längeren Zeitraum erstreckt, der in dem einen Fall einige wenige Wochen, in einem anderen Fall aber auch viele Jahre umfassen kann. Eine im Jahr 2001 telefonisch durchgeführte Befragung von Mobbingbetroffenen hat gezeigt, dass bei 35,5 % der Befragten der Geschehensprozess kürzer als sechs Monate war. Bei 50,7 % dauerte das Mobbing bis zu zwölf Monate. 12,2 % der Befragten gaben einen Zeitraum von drei und mehr Jahren an *(Meschkutat/Stackelbeck/Langenhoff*, S. 52). Die Festlegung eines Mindestzeitraums, wie es *Leymann* mit »über ein halbes Jahr oder länger« zunächst getan hat (vgl. *Leymann* 1993, S. 22 und 1995, S. 17 f.), ist verfehlt; sie entspricht nicht der Realität in den Betrieben und Dienststellen. So haben Mobber unter Hinweis auf das von *Leymann* geforderte Zeitmoment versucht, sich von jeder Verantwortung für ihr Verhalten »freizusprechen«. Sie argumentierten, dass von Mobbing in ihrem Fall bereits deswegen keine Rede sein könne, da sie mit den angeblichen Mobbinghandlungen bereits nach weniger als sechs Monaten aufgehört hätten bzw. das angebliche Mobbingopfer bereits vor Ablauf der besagten sechs Monate aus dem Arbeitsverhältnis ausgeschieden oder auf einen anderen Arbeitsplatz versetzt worden sei.

1.2.4 Mobbing im sozialen Zusammenhang

Mobbing scheint bei einer ersten flüchtigen Betrachtung nur zwei Personen etwas anzugehen – den »Mobbingbetroffenen« (d. h. die Person, gegen die sich das Mobbing richtet) und den »Mobber« (d. h. die Person, die das Mobbing begeht).

In der Literatur wird, soweit es den Mobbingbetroffenen betrifft, überwiegend vom »Opfer« bzw. »Mobbingopfer« und soweit es um den Mobber geht, regelmäßig von dem »Täter« bzw. »Mobbingtäter« gesprochen. Diese Begriffsbestimmung ist überzogen, weil sie den am Mobbinggeschehen beteiligten Personen von vornherein feste Rollen zuweist – ohne der Frage nachzugehen, ob derjenige, der sich beispielsweise bei seinem Vorgesetzten über einen Arbeitskollegen beschwert, tatsächlich Mobbing ausgesetzt ist. Schließlich ist nicht auszuschließen, dass sich der Mobber als Mobbingbetroffener darstellt, um die bezichtigte Person etwa aus der eigenen Abteilung heraus zu drängen. Von dem »Opfer« und dem »Täter« sollte daher nur dort die Rede sein, wo es auch tatsächlich angezeigt ist. Neben dem Mobbingbetroffenen und dem Mobber gibt es eine Reihe weiterer Personen, denen im Zusammenhang mit Mobbing eine unterschiedliche Bedeutung zukommen kann. Zu nennen sind vor allem: Geschäftsführer bzw. Dienststellenleiter, Vorgesetzte, Arbeitskollegen, Dienstleister, Kunden, Familienangehörige sowie Freunde. Diese Personen können einem Mobbingbetroffenen hilfreich zur Seite stehen, sich aber auch gegen ihn wenden. So kann beispielsweise ein Geschäftsführer ohne Weiteres auf einen Mobber einwirken, das Mobbing zu unterlassen. Allerdings kann er auch genau entgegengesetzt das Mobbing fördern und den Mobber sogar ermutigen, seine Handlungen fortzusetzen. Familienangehörige und Freunde können einem Mobbingbetroffenen Halt und Beistand geben, sich aber auch von ihm abwenden und ihn in seiner schwierigen Lage alleine lassen. Arbeitskollegen und Vorgesetzte können in der gleichen Weise Beistand leisten und sich mit dem Mobbingbetroffenen solidarisieren, sich aber auch passiv verhalten. *Leymann* hat in diesem Zusammenhang die Bezeichnung »Möglichmacher« verwendet. Als »Möglichmacher« begreift er solche Personen, die zuschauen, sich nicht um die Mobbingsituation kümmern, den Geschehensprozess weiterlaufen lassen oder wegschauen (vgl. *Leymann* 1993, S. 61). Würden diese Personen in den Geschehensprozess eingreifen, dürfte der Mobber regelmäßig in seine Schranken gewiesen werden. Das Mobbing dürfte in der Regel ein schnelles Ende finden. Indem die »Möglichmacher« das Mobbing durch ihr passives Verhalten ermöglichen, tragen sie häufig – wenn auch unbewusst – zu einer Isolierung des Mobbingbetroffenen bei. Zusätzlich wird ihr Verhalten von dem Mobber oftmals als die Bekundung ihrer Solidarität verstanden, als ob es einen innerbetrieblichen »Konsens« dergestalt gibt, dass der Mobber denkt: »Die Belegschaft steht hinter meinen Aktivitäten«. Für den Mobbingbetroffenen verstärkt sich hingegen der Eindruck: »Alle sind gegen mich«. Leider gibt es Mobbingfälle, in denen sich ein einzelner Mobber tatsächlich auf den negativen Konsens Dritter stützen kann (*Wolmerath,* S. 31).

1.3 Mobbinghandlungen – Bausteine des Mobbing

Mobbing hat regelmäßig – zumindest ab einer gewissen Dauer – dramatische Auswirkungen für den Betroffenen. Im Gegensatz dazu wirken die einzelnen feindseligen Aktivitäten, aus denen sich das Mobbing zusammensetzt, beinahe unspektakulär: Man wurde nicht gegrüßt, eine wichtige Information wurde nicht weitergeleitet, ... Vergleichbare Widrigkeiten haben sehr viele Arbeitnehmer schon einmal einstecken müssen. Die Diskrepanz zwischen teilweise undramatischen Attacken und den dramatischen Auswirkungen gibt dem unerfahrenen Beobachter Rätsel auf. Schnell wird eine Überempfindlichkeit des Betroffenen vermutet. Die zerstörerische Wirkung von Mobbing wird deswegen unterschätzt.

Ein Mobbingfall setzt sich aus einer Vielzahl solcher Attacken, Manipulationen, Demütigungen, Ausgrenzungen, Verunsicherungen sowie Diskriminierungen zusammen, die über einen längeren Zeitraum auf den Betroffenen einwirken. Das Zusammenspiel von Dauer, Menge und Unausweichlichkeit dieser Angriffe führt schließlich zu dem Ergebnis eines psychisch, sozial und gesundheitlich zerrütteten Mobbingopfers. Die Verletzlichkeit des Betroffenen verschärft sich, wenn die Angreifer ihre Feindseligkeit leugnen oder die Angriffe subtil und anonym erfolgen.

Umgangssprachlich hat sich leider eingebürgert, alles, was bei Mobbing vorkommt, unterschiedslos und pauschal mit dem vermeintlichen Verb »mobben« zu beschreiben. Hierzu ein fiktiver Dialog, wie er im Betrieb stattfinden kann: »Der mobbt mich! – Was macht er denn genau? – Naja, alles was der macht, ist mich mobben.« Eine Handlung als »mobben« zu kennzeichnen, ist allerdings nichts weiter als eine Bewertung; sie liefert uns keine präzisen Informationen, was denn nun genau passiert ist.

In einem Mobbingfall können die unterschiedlichsten Verhaltensweisen zu beobachten sein, wie etwa Werkzeuge verstecken, Informationen vorenthalten, hinter dem Rücken reden, nicht grüßen, E-Mails ignorieren, Wortmeldungen des Betroffenen in einem Meeting übersehen. Das kann im Einzelfall auch aus Nicht-Mobbing-Gründen passieren. Beispielsweise bedeutet »Jemanden nicht grüßen« nicht automatisch »mobben«, weil dies auch aufgrund von Unaufmerksamkeit oder Müdigkeit passiert sein kann (vgl. *Esser* 2017).

Wir finden den Begriff der »Mobbinghandlungen« für die Darstellung eines Mobbingprozesses sinnvoller, weil mit ihnen detailliert beschrieben werden kann, welche praktischen und/oder kommunikativen Aktivitäten tatsächlich stattgefunden haben. Erst wenn wir einen konkreten Fall in seinem zeitlichen Verlauf und der destruktiven Zielgerichtetheit gegen eine einzelne Person, also im Ganzen, betrachten, lässt sich gegebenenfalls ein Nicht-Grüßen als zughöriger Baustein zu einem Mobbingprozess erkennen.

Auf den folgenden Seiten (vgl. die Abschnitte 1.3.1 bis 1.3.10) finden Sie deswegen eine umfangreiche Auflistung von Mobbinghandlungen. Die dort aufgeführten Verhaltensweisen stellen sozusagen die »Bausteine« von Mobbing dar. Ein vereinzeltes Auftreten solcher Handlungen liefert allerdings keinen Beweis für Mobbing, denn auch in »normalen« Konflikten kommen vergleichbare feindselige Aktionen vor. Je häufiger und intensiver jedoch Mobbinghandlungen in einem normalen Konflikt auftreten, desto berechtigter ist allerdings die Einschätzung, dass die Situation zu einem Mobbing eskaliert ist.

Um die »Diagnose Mobbing« stellen zu können, müssen die Schilderungen des Betroffenen und die Beobachtungen von Dritten nach solchen Mobbinghandlungen durchforstet werden. Dabei ist Folgendes zu beachten:

- Mobbing kann durch üble Worte (verbal) sowie durch abwertende Mimik und Gesten (nonverbal) ausgeübt werden. Derartige Angriffe werden als seelisch besonders verletzend erlebt. Mobbing wird jedoch insbesondere durch praktische feindselige Handlungen in Szene gesetzt, etwa durch Missbrauch des Weisungsrechts durch Vorgesetzte. Die Häufigkeit und Bedrohlichkeit praktischer Mobbinghandlungen wird häufig unterschätzt.
- Mobbing besteht nicht nur aus aktivem Tun, sondern kann auch durch gezieltes Unterlassen erfolgen, etwa der gezielten Nichtweitergabe von Informationen – wobei Unterlassungen schwerer zu erkennen und zu belegen sind.
- Mobbing wird zwar durch ungünstige »betriebliche Verhältnisse« begünstigt, aber nicht erzeugt. Es bedarf immer eines konkreten menschlichen Fehlverhaltens. Die Verantwortung für Mobbinghandlungen lässt sich demzufolge stets auf bestimmte Akteure zurückführen.
- Aktive Mobber legen teilweise große Phantasie an den Tag, mit welchen Mitteln sie ihre Opfer zur Strecke bringen wollen. Unsere Liste von Mobbinghandlungen hat deswegen keinen Anspruch auf Vollständigkeit. Sind in einem konkreten Mobbingfall destruktive Handlungen zu beobachten, die bei uns nicht aufgelistet sind, sollten diese ergänzend der jeweiligen Kategorie zugeordnet werden, zu der sie logisch am besten passen.

Zur besseren Orientierung haben wir die Liste der Mobbinghandlungen in zehn Kategorien untergliedert. Eine vollkommen widerspruchsfreie Einteilung der Mobbinghandlungen war dabei nicht herzustellen; einzelne Überschneidungen sind nicht zu vermeiden. So stellt Mobbing als Geschehensprozess immer eine Gefährdung der Gesundheit dar, aber nur einige Mobbinghandlungen zielen direkt auf eine gesundheitliche Beeinträchtigung des Mobbingbetroffenen. Die gewählte Reihenfolge ist kein Abbild der Häufigkeit ihres Auftretens.

Übersicht: Es beginnt mit der ersten Kategorie, den Angriffen auf die Arbeitsleistung und das Leistungsvermögen. Hier geht es darum, durch Sabotage, Manipulation oder Druckausübung das erfolgreiche Erstellen eines Arbeitsergebnisses zu verhindern oder generell das Leistungsvermögen der angegriffenen Person einzuschränken. Zweitens gibt es Angriffe, die unmittelbar den Bestand des Beschäftigungsverhältnisses in Frage stellen, obwohl bei nüchterner Prüfung dafür kein Anlass bestehen würde. Gerade diese beiden Kategorien enthalten viele Mobbingangriffe, die nicht durch kommunikative Handlungen, sondern durch Taten zustande kommen. Die dritte Kategorie bildet die Angriffsform »destruktive Kritik«, bei der es nicht um die Verbesserung einer Minderleistung oder um die Abhilfe bei einem Fehler geht, sondern um eine vernichtende Schuldzuweisung. Die vierte Kategorie betrifft die Zerstörung der sozialen Zugehörigkeit, bei der fünften wird das Zugrunderichten des sozialen Ansehens angestrebt. Als sechste Kategorie erscheint es uns sinnvoll, die gezielten Angriffe auf das Selbstwertgefühl hervorzuheben. Siebtens geht es um die Versuche, Schreck, Angst und Ekel hervorzurufen, um die angegriffene Person emotional zu schwächen oder in Panik zu versetzen. Achtens lassen sich viele Angriffe gegen die Privatsphäre entdecken sowie neuntens direkte Angriffe auf die Gesundheit und Unversehrtheit ausmachen. Den Abschluss bildet das Versagen von Hilfe als die zehnte Kategorie von Mobbinghandlungen (s. a. Abb. 2).

Abb. 2: Das breite Spektrum der Mobbinghandlungen

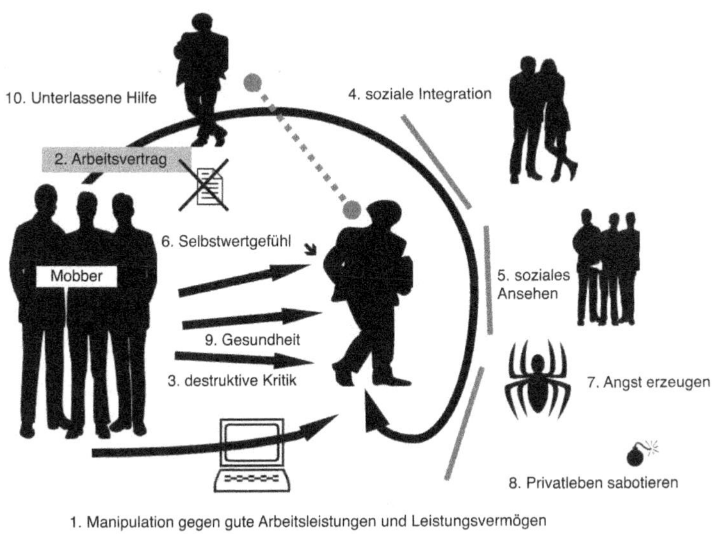

In den folgenden zehn Abschnitten (1.3.1–1.3.10) werden die verschiedenen Kategorien von Mobbinghandlungen erläutert Es wird anfangs dargestellt, welchem gemeinsamen »Zweck« sie dienen. Es folgen jeweils »Formen der Übergriffe«, also anschauliche Beispiele. Diese Aufzählungen haben keinen Anspruch auf Vollständigkeit. Abschließend geht es um die »Erkennbarkeit«, also darum, wie schnell einem Betroffenen klar werden kann, dass er gezielten Aggressionen ausgesetzt ist. Wir schließen mit der »Beweisbarkeit«, d.h.: wie gut sich die Vorkommnisse bei Bedarf gegenüber Dritten belegen lassen.

1.3.1 Angriffe gegen die Arbeitsleistung und das Leistungsvermögen

Zweck dieser Übergriffe: Bei diesen – in Deutschland weit verbreiteten – Vorgehensweisen geht es darum, dem Betroffenen das Arbeiten, die Zielerreichung und den beruflichen Erfolg so schwer wie möglich zu machen. Durch Manipulation, Sabotage oder Missbrauch des arbeitgeberseitigen Weisungsrechts wird versucht, den Betroffenen in Richtung Schlechtleistung, Fehler und beruflicher Frustration zu treiben. Die Person wird in der Arbeit gestört, verunsichert oder überfordert, um ihr Leistungsvermögen insgesamt zu vermindern. Das kann eine zweckdienliche Voraussetzung für eine spätere Abmahnung, Versetzung oder Kündigung schaffen. Noch besser: Der Betroffene gibt von selber entnervt auf. Das Vorgehen unterscheidet sich deutlich, je nachdem, ob es unter Kollegen stattfindet, ob es durch den Vorgesetzten geschieht oder ob es einen Vorgesetzten trifft. Die Botschaft lautet in jedem Fall: Die Arbeit macht dir bald keine Freude mehr.

Formen der Übergriffe:

- Sabotage (z.B. Verstecken von notwendigen Arbeitsmitteln)
- Gezielte Manipulation von und mit arbeitsrelevanten Informationen (Vorenthalten, Fälschen, Verzögern)
- Erzeugen von künstlichen Störungen, welche die Abwicklung der normalerweise gestellten Aufgaben behindern oder infrage stellen (z.B. ständige E-Mail-Anfragen)
- Gezielte Unterdrückung von Informationen (z.B. über die Ergebnisse von Besprechungen)
- Systematisches Aufbürden von Tätigkeiten, die mengenmäßig oder angesichts der Terminvorgaben nicht zu schaffen sind (gezielte quantitative Überforderung) kombiniert mit Drohungen oder destruktiver Kritik
- Systematische Zuweisung von Tätigkeiten, die von der gegenwärtigen Qualifikation oder dem Informationsstand des Betreffenden nicht adäquat geleistet werden können (gezielte qualitative Überforderung)

nebst Signalen von (gespielter) Enttäuschung oder Vorwürfen über mangelnde Motivation
- Regelmäßige Anordnung von sinnlosen, minderwertigen oder unterfordernden Tätigkeiten
- Anordnung, gar keine Tätigkeit während der Arbeitszeit auszuüben (Motto: »Sie würden nur stören.«)
- Willkürlich auf Arbeit sitzen lassen, die während eines Urlaubs angefallen ist, plus Erledigung des Tagesgeschäfts
- Chronischer Zwang, schlechte Arbeitsbedingungen, unzureichende Ausstattung, ungünstige Lage des Arbeitsplatzes usw. hinzunehmen und trotzdem Höchstleistung erbringen zu sollen
- Widersprüchliche oder inkonsequente Arbeitsanweisungen, sprunghafte Prioritätenänderung, jedoch garantierte Schuldzuweisung an den Ausführenden: Egal, wie Du es machst, es ist falsch
- Blockade von gemeinsamer Tätigkeit sowie Verweigerung von Hilfe, Unterstützung und Rat
- Überraschendes Zurückziehen einer verbindlich zugesagten Unterstützung
- Geistiger Diebstahl, unberechtigte Aneignung von Ideen und Arbeitsergebnissen, gezieltes Unterdrücken von Verbesserungsvorschlägen
- Gegenüber Vorgesetzten (von oben): Permanentes Anzweifeln der Kompetenz, Beschneidung der Zuständigkeit, Zurücknahme von Anweisungen durch höhere Stellen
- Gegenüber Vorgesetzten (von unten): Entscheidungen werden angezweifelt, Mitarbeiter leisten Dienst nach Vorschrift, Anweisungen werden (offen oder verdeckt) nicht ausgeführt oder sabotiert bzw. werden wortwörtlich ausgeführt, ohne Anpassung auf die konkrete Problemlage

Erkennbarkeit und Beweisbarkeit: Angesichts der operativen Hektik im Arbeitsleben ist es nicht leicht zu erkennen, dass man absichtlich in eine abschussreife Situation manövriert werden soll. Noch schwieriger gestaltet sich die Beweisbarkeit. Mobber reden sich vielfach heraus, indem sie behaupten: Das ist bei uns der »normale Wahnsinn«; es war nicht persönlich gemeint. Gefährlicher für den Gemobbten könnte die Unterstellung sein, dass dessen »Behauptung von Sabotage« nur zeige, dass er mit der Arbeit tatsächlich überfordert sei und nur noch händeringend nach faulen Ausreden suchen würde.

1.3.2 Angriffe gegen das Arbeitsverhältnis

Zweck der Übergriffe: Es wird direkt auf die Entlassung des Betroffenen hingearbeitet, obwohl dafür bei nüchterner Prüfung kein sachlicher Grund besteht. So werden beispielsweise nichtige Anlässe benutzt, um gravierendes arbeitsvertragliches, dienstrechtliches oder strafrechtliches Fehlverhalten zu unterstellen. Es werden aber auch künstlich Situationen inszeniert, in denen der Mobbingbetroffene strafrechtliche, arbeitsrechtliche bzw. dienstrechtliche Verfehlungen begangen haben soll. Die Botschaft lautet: Wir schaffen Dich weg!

Formen der Übergriffe:
- Absichtliche schlechte berufliche Beurteilung (im Kontrast zu vorangehenden Beurteilungen)
- Wiederholtes Behaupten von arbeitsrechtlichem Fehlverhalten oder Arbeitsverweigerung; Behaupten von Vertrauensverlust (ohne nachvollziehbare Begründung)
- Strafbare Handlungen werden unterstellt oder zur Anzeige gebracht (jedoch ohne echten Beleg)
- Überraschende Vorladung zum Personalgespräch mit dem Charakter eines Tribunals; massive Beschuldigungen ohne Verteidigungsmöglichkeit; ultimative Aufforderung zum Unterschreiben eines Auflösungsvertrags
- Erforderliche Fort- und Weiterbildungsvorhaben werden gezielt verhindert, eine Beförderung wird blockiert
- Rufschädigung oder »Anschwärzen« bei Vorgesetzten oder der Personalabteilung
- Willkürlich ausgesprochene Abmahnungen, Versetzungen oder Kündigungen
- Willkürliches Zurückbehalten von Entgelt, Spesen, Urlaubs- oder Weihnachtsgeld
- Drohen mit juristischen Schritten, falls der Betroffene das Wort »Mobbing« benutzt

Erkennbarkeit und Beweisbarkeit: Diese Angriffe erfolgen frontal und werden unmittelbar als bedrohlich erlebt, so dass ihre Erkennbarkeit auf der Hand liegt. Das Problem besteht eher darin, dass der Mobbingbetroffene in Zugzwang gerät, indem er beweisen muss, dass die erhobenen Beschuldigungen unbegründet bzw. an den Haaren herbeigezogen sind.

1.3.3 Destruktive Kritik

Zweck der Übergriffe: Der Hinweis auf Fehler und Nachlässigkeiten sollte eine Verbesserung der Arbeitsabläufe zum Ziel haben. Bei der destruktiven Kritik werden jedoch gezielt Fehler gesucht, aufgebauscht oder sogar manipulativ herbeigeführt mit dem eigentlichen Ziel, sie dem Betroffenen als belastendes Material vorzuwerfen. Bei dieser Form von Kritik geht es also nicht um eine Verbesserung der Arbeitsleistung oder um das Abstellen von Missständen. Im Gegenteil: Wer destruktive Kritik als Mobbingmethode einsetzt, der kann gar nicht genug Fehler finden, bis endlich die Demontage der angegriffenen Person erfolgreich stattgefunden hat. Die Botschaft lautet: Du bist komplett unfähig.

Formen der Übergriffe:
- Demütigende, unsachliche, überzogene, harsche, gnadenlose Kritik
- Aufbauschen einzelner Vorfälle, öffentliche Inszenierung von Vorwürfen
- Generelle Abwertung der Person, chronische Entmutigung, pauschale Kritik (»unfähig«)
- Akribische Fehlersuche (z. B. Dauerkontrolle bei der Arbeit, Überprüfen alter Unterlagen)
- Von anderen begangene Fehler werden dem Betroffenen angelastest
- Selektive Kritik (Fehler machen alle, nur eine bestimmte Person wird dafür kritisiert)
- Unterdrückung von Verbesserungsvorschlägen und -bemühungen
- Fehler provozieren (z. B. durch unklare Anweisungen, Zeitdruck), um sie dann auszuschlachten
- Fingierte Beschwerden durch Dritte (z. B. gefälschte E-Mails, organisierte Schlechtbewertung über Internetportale)

Erkennbarkeit und Beweisbarkeit: Die Erkennbarkeit kann als leicht bezeichnet werden. Beinahe jeder Mensch kennt das unangenehme Gefühl, einen »Anschiss« zu bekommen. Die Beweisbarkeit, dass es sich um genussvoll ausgekostete Feindseligkeit handelt, ist hingegen schwieriger, insbesondere wenn sich die destruktive Kritik auf tatsächlich gemachte Fehler bezieht und die Betroffenen sich dieser Fehler schämen.

1.3.4 Angriffe gegen die soziale Integration

Zweck der Übergriffe: Alle Menschen haben ein Bedürfnis nach sozialer Akzeptanz und das Recht auf respektvolles soziales Miteinander – nicht nur im Privat-, sondern auch im Arbeitsleben. Dieses Bedürfnis wird gezielt untergraben, um dem Betroffenen jede Hoffnung auf soziale Unterstützung und persönliche Wertschätzung zu nehmen. Die Botschaft lautet: Du gehörst nicht dazu.

Formen der Übergriffe:
- Demonstrative Sonderbehandlung in der Alltagskommunikation (z. B. besonders unhöflicher, ruppiger, abweisender Umgang oder demonstrativ überfürsorgliche Behandlung)
- Ausschließen aus üblichen gegenseitigen Freundlichkeiten im Kollegenkreis

- Räumliche Isolation (z. B. Zuweisung eines abgelegenen Arbeitsplatzes)
- Soziale Isolierung (z. B. Unterbinden von persönlichen Kontakten, Ausschluss aus sozialen Netzwerken)
- Ausschließen aus der Alltagskommunikation und informellen Kontakten (Sozialräume)
- Unterdrückung von Meinungsäußerungen des Betroffenen (z. B. den Mund verbieten)
- Demonstratives Schweigen im Beisein des Betroffenen
- Ignorieren von Fragen, Hilfeersuchen sowie Kooperationsangeboten des Betroffenen

Erkennbarkeit und Beweisbarkeit: Zunächst unsichere Deutung dieser Ausgrenzung, da es sich um Zufälle handeln könnte (Hat jemand heute einfach schlechte Laune? Bin ich zu empfindlich?). Die Beweisbarkeit gestaltet sich schwierig, wenn eine Gruppe gegen den Betroffenen zusammenhält. Es muss manchmal für Dritte offenkundig gemacht werden, dass eine Person gezielt sozial ausgegrenzt wird.

1.3.5 Angriffe gegen das soziale Ansehen im Beruf

Zweck der Übergriffe: Der persönliche Ruf einer Person ist ein wichtiges Gut. Je geringer der Ruf ist, desto weniger Verständnis und Solidarität kann sie erwarten. Die Demontage des persönlichen Ansehens wird einerseits in direkter Konfrontation vorgenommen, insbesondere vor Publikum. Häufig erfolgt die Rufschädigung hinter dem Rücken des Betroffenen, um ihn beruflich und menschlich existentiell zu isolieren. Die Botschaft lautet: Du bist überall und bei allen unten durch!

Formen der Übergriffe:

- Persönliche Beleidigung und/oder Demütigung im Beisein Dritter
- Lächerlich machen (z. B. verbal, mit Mimik, mit Gestik, durch Karikatur)
- Unglaubwürdig machen, verunsichern oder bloßstellen vor Dritten
- Rufschädigung über soziale Netzwerke
- Dem Betroffenen öffentlich Böswilligkeit, Fahrlässigkeit und/oder Egoismus unterstellen
- Gezielte Provokation, um die emotionale Reaktion des Betroffenen zu diskreditieren
- Gezielte Verleumdung, Gerüchtestreuen, Rufmord hinter dem Rücken des Betroffenen
- Verbreiten von sensiblen persönlichen Informationen in der Betriebsöffentlichkeit
- Gezielte Verbreitung von beruflich abqualifizierenden Informationen (aufgebauscht, erfunden)

Erkennbarkeit und Beweisbarkeit: Schwere Erkennbarkeit von Aktionen, die hinter dem Rücken erfolgen, weil das Opfer eines Rufmordes bzw. einer Intrige regelmäßig als Letzter erfährt, was geschieht. Bei direkten Herabwürdigungen wird oft verkannt, dass ein systematisches Ausgrenzen vorliegt. Vermutet wird zunächst, dass es sich um ausnahmsweise Entgleisungen handelt. Die Beweisbarkeit ist schwierig, wenn das Mobbing nur in Vieraugen-Situationen stattfindet. Besser gestaltet sich diese bei schriftlichen (z. B. E-Mails, SMS) sowie bei öffentlichen Schikanen.

1.3.6 Angriffe gegen das Selbstwertgefühl

Zweck der Übergriffe: Nicht jeder ist mit dem Selbstbewusstsein eines Donald Trump ausgestattet. Viele Beschäftigte brauchen regelmäßig positive Rückmeldung, um sich wohl zu fühlen und gut arbeiten zu können. Aber insbesondere bei einem beruflichen Wechsel, beim Aufstieg oder dem Einarbeiten in neue Tätigkeitsbereiche gibt es eine natürliche Phase der Unsicherheit. Bevorzugte Zielgruppen dieser Art von Mobbingattacken sind Auszubildende, Quereinsteiger, neu eingesetzte Vorgesetzte oder auch ältere Mitarbeiter. Die Attacken setzen stets am Selbstzweifel und der offensichtlichen Verunsicherung der Betroffenen an und reiten darauf herum. Die Selbstunsicherheit wird somit als Waffe gegen die Betroffenen selbst eingesetzt. Statt Ermutigung und Unterstützung lautet die Botschaft: Sieh es ein, das kannst Du nicht und das wird auch nichts.

Formen der Übergriffe:

- Vorwurfsvolle Kommentare, welche die formale Qualifikation oder Position des Betroffenen in »unerklärlichen« Gegensatz zu seinem Handeln darstellen: Das müssten Sie aber wissen! Sie sind doch die Fachkraft!
- Orientierungs- oder Sachfragen des Betroffenen als Beleg für Inkompetenz ummünzen
- Aufbauschen und Herumreiten auf Fehlern, welche der Betroffene selbst kritisiert und abstellen will
- Bekräftigen der Selbstzweifel des Betroffenen, in Form vorgetäuschten Mitgefühls
- Gesundheitliche (psychische) Belastungsfähigkeit oder Eignung absprechen (z. B. nach durchgeführtem BEM)
- Demütigende Sonderbehandlung durch anspruchslose Aufgaben und herablassendes Lob dafür
- Übertriebene Kontrolle sowie berufliche Entmündigung bei Neu-Einsteigern
- Gezielte Überforderung oder Desorientierung bei der Delegation von Aufgaben oder Projekten

- Gezieltes Vorenthalten von erforderlichen Informationen, Insiderwissen und praktischer Unterstützung zur Überwindung der beruflichen Unsicherheit
- Peinliche »Selfies« oder intime E-Mails über soziale Netzwerke verbreiten

Erkennbarkeit und Beweisbarkeit: Die eigene Unsicherheit sowie Selbstzweifel über die eigene Unzulänglichkeit sind oft so groß, dass erst sehr spät erkannt wird, dass man einer schamlosen psychischen Zerstörung ausgesetzt ist. Die Hauptaufgabe von Betroffenen ist daher nicht, Dritten zu beweisen, wie destruktiv mit einem umgegangen wurde, sondern insbesondere sich selbst klar zu machen, dass man ein Recht hat, sich einzuarbeiten, zu lernen, nicht gleich perfekt zu sein. Danach dürfte die Beweisführung kein großes Problem mehr sein.

1.3.7 Schreck, Angst und Ekel erzeugen

Zweck der Übergriffe: Gefühle von Unsicherheit, Schreck sowie Ekel werden gezielt provoziert, um die betroffene Person elementar zu ängstigen oder in Panik zu versetzen. Zu keiner Zeit und in keiner Situation soll sich der Betroffene am Arbeitsplatz sicher fühlen können. Die Botschaft lautet: Es gibt keinen sicheren Ort für Dich.

Formen der Übergriffe:
- Angst erzeugen (z. B. symbolische Todesdrohungen, Einsperren, Festbinden)
- Schrecksituationen erzeugen (z. B. Auflauern in einem dunklen Flur oder in der Tiefgarage, Kurzschluss herbeiführen)
- Ekel erzeugen (z. B. stinkende oder unappetitliche Materialien am Arbeitsplatz deponieren)
- Zur Einschüchterung körperliche Gewalt androhen oder anwenden
- Geistige Gesundheit anzweifeln, Unterstellung psychiatrischer Erkrankung, Anordnung geben, seine psychische Gesundheit medizinisch prüfen zu lassen
- Den Betroffenen zum Suizid auffordern, um der Situation zu entgehen

Erkennbarkeit und Beweisbarkeit: Betroffene sind oft fassungslos, dass ihnen so etwas überhaupt passiert. Spätestens nach dem zweiten Vorfall sollte klar sein, dass man gewollt zur Zielscheibe geworden ist. Die Beweisbarkeit ist eher problematisch, da solche Übergriffe typischerweise als verschworene Gemeinschaft ohne Zeugen begangen werden. Zufällige Zeugen sind oder werden oft selbst eingeschüchtert. Die Gier nach Selbstdarstellung verführt manchmal (jüngere) Täter zum Einstellen von Fotos oder Videosequenzen solcher Extremübergriffe in soziale Netzwerke. Das könnte später gerichtlich gegen sie verwendet werden.

1.3.8 Angriffe gegen das Privatleben

Zweck der Übergriffe: Nicht allein die berufliche Situation wird bedroht, sondern auch das Privatleben als Rückzugsgebiet sowie private Beziehungen und Freundschaften als Ressource werden attackiert. Die Botschaft lautet: Du bist nirgends sicher, sofern Du nicht aufgibst.

Formen der Übergriffe:

- (Nächtlicher) Telefonterror zu Hause, mutwilliger Bestellterror via Internet
- Familienangehörige ängstigen, angreifen, belästigen oder bei ihnen Rufmord betreiben
- Gezielte Manipulation und Schlechterstellung bei Urlaub und Freizeitausgleich
- Aufdringliche Anrufe zu Hause aus vorgeschobenen dienstlichen Anlässen oder Aufforderung, zur Arbeit zu erscheinen (z. B. trotz Urlaub oder Arbeitsfrei)
- Sachbeschädigung an privaten oder beruflich genutzten Gegenständen (z. B. Auto zerkratzen; Privatkleidung im Spind beschädigen)
- Unbefugtes, abwertendes Verbreiten von privaten Informationen. Ständiges Herabsetzen privater Vorlieben, Interessen und Tätigkeiten des Betroffenen in der Betriebsöffentlichkeit
- Ständiges Abwerten religiöser, politischer oder weltanschaulicher Überzeugungen des Betroffenen
- Mobbinghandlungen über Privat-Accounts von sozialen Netzwerken

Erkennbarkeit und Beweisbarkeit: Zu erkennen, dass Ungehöriges passiert, ist hierbei leicht. Aber sind es wirklich die Kollegen, die nachts anrufen? Anonyme Verursacher zu ermitteln, erfordert kriminalistisches Vorgehen. Die Beweisbarkeit wird bisweilen einfacher, wenn Freunde und Familie systematisch dokumentieren, was passiert.

1.3.9 Angriffe gegen die Gesundheit und die körperliche Unversehrtheit

Zweck der Übergriffe: Bedrohung der körperlichen Unversehrtheit. Die Botschaft lautet: Du bist hier Deines Lebens nicht mehr sicher.

Formen der Übergriffe:

- Offene oder als Missgeschick getarnte körperliche Übergriffe und Gewaltanwendungen
- Unterlassene Hilfeleistung bei Verletzungen oder in Gefahrensituationen
- Gezielte Anordnung von gesundheitsgefährdenden Tätigkeiten, insbesondere in Kenntnis gesundheitlicher Vorschädigungen des Betroffenen (z. B. Asthmatiker in staubige Räume; schweres Heben bei Person mit Wirbelsäulenschädigung)
- Heimlicher Abbau von Sicherheitsvorrichtungen, Verschwinden lassen von erforderlichen Arbeitsschutzmitteln
- Heimliche Gabe von Medikamenten, Drogen oder Alkohol (z. B. bei trockenem Alkoholiker)
- Sexuelle Belästigung
- Verunreinigung von Lebensmitteln des Betroffenen

Erkennbarkeit und Beweisbarkeit: Die Erkenntnis, dass es systematisches Mobbing ist, erfolgt oft erst spät. Eher wird vermutet (gehofft), dass es sich um einmalige Entgleisungen oder um Zufälle handelt. Weil hier die Grenze zu einer Strafbarkeit oftmals überschritten wird, ist von ausgeklügelten Selbstschutzmaßnahmen der Täter auszugehen, was die Beweisbarkeit erschwert. Bei gezielter Vorbereitung des Betroffenen mittels Zeugen, Fotos, Videoaufnahmen usw. dann doch gut zu dokumentieren und zu beweisen. Das setzt den Mut und die Entschlossenheit des Betroffenen voraus, sich bewusst solcher Aggression auszusetzen, um sie beweisen zu können.

1.3.10 Unterlassene Hilfeleistung

Zweck: Der Mobbingbetroffene wird bei seinem Hilfeersuchen abgewiesen oder trotz offensichtlicher Vorfälle sich selbst überlassen. Die Untätigkeit wird etwa damit begründet, dass der Betroffene an den Vorkommnissen selber schuld oder nur zu empfindlich sei. Die Botschaft lautet: Bei uns gibt es kein Mobbing; allein Du bist das Problem.

Erscheinungsformen:

- Ignorieren des Hilferufs, keine sachliche Prüfung der Beschwerde
- Beschwerde wird verharmlost und relativiert (häufig von Vorgesetzten)
- Statt Hilfe und Unterstützung Vorwürfe sowie Schuldzuweisungen gegenüber dem Betroffenen
- Verbot für den Betroffenen, das Wort »Mobbing« zu benutzen
- Aus Selbstschutzgründen wollen sich Außenstehende nicht äußern und nicht helfen
- Duldung von Mobbingvorgängen durch direkte Vorgesetzte

Erkennbarkeit und Beweisbarkeit: Wenn die Selbstzweifel eines Betroffenen nicht allzu groß sind, ist das unverantwortliche Handeln von betrieblich Verantwortlichen einfach zu erkennen. Die Beweislage bessert sich, sobald man etwa stets in Begleitung einer Vertrauensperson zu Personalgesprächen geht.

Die Liste der Mobbinghandlungen ist ein Werkzeug zur Analyse von Mobbingsituationen. Betroffene und Unterstützer sollten die feindseligen Handlungen und Unterlassungen in ihrem eigenen Fall systematisch auflisten und mit unserem »Katalog der Mobbinghandlungen« abgleichen. Dadurch sollte in der konkreten Situation klarer erkennbar sein, ob eine Systematik erkennbar ist und welche Zielrichtung hinter den Feindseligkeiten stecken.
Eine solche Aufstellung bildet eine solide Grundlage für die Überzeugungsarbeit im Betrieb bzw. in der Dienststelle und darüber hinaus. Es reicht ja nicht zu sagen: Ich werde gemobbt! Kollegen, Betriebs- bzw. Personalrat, Vorgesetzte, Geschäftsführung bzw. Dienststellenleitung oder unter Umständen auch Rechtsanwalt oder Richter sollen den Konflikt und den Handlungsbedarf erkennen. Das Vorkommen *einzelner* Handlungen aus unserem Katalog ist allerdings kein abschließender Beweis für das Vorliegen von Mobbing, sondern zunächst nur ein Indiz dafür.

Bedenke:
Einzelne destruktive Mobbinghandlungen sind ein Hinweis, jedoch noch kein Beweis für Mobbing.

In allen Betrieben und Dienststellen gibt es kurzfristigen Streit, unvermeidbare Konflikte, aber auch böswillige Gemeinheiten. Auch im »normalen« Konflikt sind Verhaltensweisen zu beobachten, die mit denen bei Mobbing vergleichbar sind: Im Streit wird schon mal die Kompetenz des Gegenübers angezweifelt, abwertende Kritik geäußert oder beleidigt. Aus den unterschiedlichsten Gründen werden Mitarbeiter unterschiedlich behandelt; das ist oft ungerecht, aber sicherlich nicht immer gleich »Mobbing«. Im Unterschied zu Mobbing fehlt in betrieblichen Konflikten das gnadenlose, aufdringliche oder chronische Element. Im Konflikt bleiben die Feindseligkeiten anlassbezogen und man konzentriert sich nicht auf eine einzelne Person, die zur Strecke gebracht werden muss. Ergänzend zur Auflistung der Mobbinghandlungen ist die Prüfung der anderen Kriterien (Definition, Ablauf) notwendig, um sicher sein zu können, dass Mobbing vorliegt.

In unserem Katalog wurden nur solche Handlungen aufgenommen, die ein gewisses Maß von negativer Zielgerichtetheit und »Vorsatz« erkennen lassen. Im Gesamtgeschehen von Mobbing können darüber hinaus weitere Verhaltensweisen, Fehlverhalten und Unterlassungen eine Rolle spielen – beispielsweise die ängstliche Zurückhaltung von Arbeitskollegen, die sich am Mobbing nicht beteiligen, aber auch keine Zivilcourage zeigen. Außerdem können unbedachte Äußerungen, falsche Ratschläge, unqualifizierte Ermutigungen sowie wohlgemeinte Ratschläge den Betroffenen zusätzlich belasten. Obwohl solche Vorkommnisse das Erleben eines Betroffenen zweifellos beeinträchtigen, stellen sie keine Mobbinghandlungen dar, weil bei ihnen die aggressive Zielstellung fehlt.
Unsere Aufstellung von Mobbinghandlungen ist umfangreich, dennoch hat sie – wie schon erwähnt – keinen Anspruch auf Vollständigkeit. Der bösen Phantasie ist leider keine Grenze gesetzt, sodass in der betrieblichen Wirklichkeit immer wieder neue Mobbinghandlungen »erfunden« werden. Wer feindseligen Handlungen ausgesetzt ist, die in unserer Aufstellung (noch) nicht aufgeführt sind, der sollte nach vergleichbaren Mobbinghandlungen in der Liste fahnden, welche in der Zielrichtung und Kategorie am ähnlichsten sind.

1.4 Verlaufsformen von Mobbing

Ein ungebremster Mobbingkonflikt verschlechtert die soziale, psychische, gesundheitliche und nicht zuletzt auch die berufliche Situation eines Mobbingbetroffenen zusehends. Er gerät immer mehr in die Defensive. Endpunkte sind der Verlust des Arbeitsplatzes, der Gesundheit, des Selbstwertgefühls oder/und der psychischen Integrität. Obwohl sich jeder Mobbingfall von der Art der eingesetzten Mobbinghandlungen unterscheidet, scheint es auch einen irgendwie regelhaften Verlauf zu geben. Darüber haben sich Mobbingfachleute Gedanken gemacht.
Aufgrund seiner Interviews mit Mobbingopfern aus Schweden hat *Leymann* seinerzeit fünf aufeinander folgende Phasen formuliert: Es beginnt nach seiner Auffassung mit Konflikten in der Organisation (1. Phase), was schließlich in die eigentliche Mobbingphase übergeht (2. Phase). Dem folgt eine schwerwiegende Eskalation (3. Phase), wenn es zu »Rechtsbrüchen durch Über- und Fehlgriffe der Personalverwaltung« (*Leymann* 1993, S. 59) kommt. Eine weitere Verschlimmerung tritt infolge von Fehldiagnosen durch Ärzte, Therapeuten sowie anderen außenstehenden Helfern ein, durch die sich der Mobbingbetroffene unverstanden und isoliert fühlt (4. Phase). Schließlich gelangt die Situation in die 5. Phase, die Endphase, welche durch mehrfache Versetzungen, Krank-

schreibungen, Verrentung und/oder Kündigung charakterisiert ist (vgl. Abb. 3).
Sicherlich gibt es Mobbingfälle, die genau nach diesem Schema ablaufen bzw. abgelaufen sind. Aber gilt dies für alle Fälle? *Leymanns* Phasenmodell vermittelt den Eindruck eines quasi gesetzmäßigen Ablaufs von Mobbing, in dem eine Phase der nächsten automatisch folgt. Die Wirklichkeit ist jedoch komplexer. Allein dadurch, dass der Begriff Mobbing inzwischen allgemein bekannt ist, hat sich einiges verändert. Beispielsweise sind Ärzte und Therapeuten, die aufgrund ihrer Unkenntnis fehlerhafte Diagnosen liefern, eine Minderheit geworden. *Leymanns* 4. Phase ist sozusagen gesellschaftlich auf dem Rückzug. Auch haben sich viele Mobbingfälle nicht aus vorherigen betrieblichen Konflikten entwickelt. Stattdessen ging es unmittelbar mit Mobbing los, es gab demzufolge keine 1. Phase. In manchen Fällen hatte die Personalabteilung gar keine Kenntnis vom Mobbing, bis der Betroffene überraschend selbst kündigt, d. h. Phase 3 hat nicht stattgefunden. Andere Mobbingfälle wiederum beginnen mit *Leymanns* 3. Phase, nämlich einer personalpolitischen Fehlentscheidung. Ein Standardmodell für den Ablauf von Mobbingfällen bietet sein Modell nicht.

Abb. 3: Wege ins Abseits

Leymanns Phasenmodell (1993)	Brinkmanns Eskalationsmodell (1995)
1. Konflikte in der Organisation ⇓ 2. Mobbing und Psychoterror ⇓ 3. Rechtsbrüche durch Fehl- und Übergriffe der Personalverwaltung ⇓ 4. Ärztliche Fehldiagnosen, vergebliche juristische Schritte ⇓ 5. mehrere Versetzungen, Krankheit, Verrentung, Kündigung	Subtiles Stadium ⇓ Druckstadium ⇓ Terrorstadium ⇓ Aufgabe

Das Eskalationsmodell von *Brinkmann* (s. Abb. 3) geht weniger ins Detail, liefert dafür aber ein anschauliches Modell der zu erwartenden Zuspitzung eines Mobbinggeschehens, wenn niemand hilfreich eingreift. Es unterscheidet drei Phasen, nämlich das subtile Stadium, das Druckstadium und das abschließende Terrorstadium. Im ersten Stadium sind die Mobber sich ihrer Sache noch nicht sicher, demzufolge werden erst noch die empfindlichen Stellen des Betroffenen ausgetestet und die Reaktionen des Umfeldes abgewartet. Im Druckstadium wird Mobbing in deutlich spürbarer Form ausgeübt. Dies führt zu den von den Mobbern gewünschten Effekten wie Isolation, Verunsicherung und der zunehmenden Tendenz des Betroffenen, aufzugeben. Aufgrund wachsender Frustration der Mobber (Motto: Der Gemobbte ist immer noch nicht »weg«) oder zunehmender sadistischer Freude am Geschehen mündet die Situation nicht selten in einem regelrechten Terrorstadium.

Die dargestellten Phasenmodelle präsentieren typische negative Verläufe von Mobbing. Sie legen nahe, dass Gegenmaßnahmen umso schwieriger werden, je weiter der Prozess fortgeschritten ist. Mögliche Gegenmaßnahmen des Betroffenen sowie des sozialen Umfeldes finden in den Modellen keine Berücksichtigung.

Unsere gegenteiligen Erfahrungen haben wir in Form einer zweigeteilten »Landkarte« der Verlaufsformen von Mobbing (Abb. 4) zusammengefasst. Wir gehen dabei von einer Vorlaufphase aus, die eine sehr unterschiedliche Gestalt haben kann. Dem folgt logischerweise die eigentliche Mobbingphase, die im schlimmsten Fall nach dem Modell von Brinkmann im Terrorstadium endet. Jedes Mobbinggeschehen folgt einer eigenen Dynamik, bei dem sich ein Ringen unterschiedlicher Kräfte über einen längeren Zeitraum abspielt. Das Mobbing kann abschließend in einer für den Betroffenen negativen »Endphase« münden oder in einer »Phase endlosen Leidens« stagnieren, ohne dass der Betroffene den Arbeitsplatz verliert. Wir bräuchten dieses Buch nicht zu schreiben, wenn uns nicht auch ein gänzlich positives Endergebnis von Mobbing vorschweben würde, nämlich der Befreiungsschlag, d. h. das erfolgreiche Überwinden von Mobbing.

In der Vorlaufphase kann ein konkreter Konflikt der Auslöser sein, genauso gut aber auch allgemein schlechtes Betriebsklima. Das Erleben von betrieblichen Missständen führt zur Suche nach Schuldigen in Form von Sündenböcken. Häufig kommt es aber auch zu Mobbing, ohne dass für irgendeinen Außenstehenden ein Konflikt erkennbar gewesen ist. Zu den unterschiedlichen Ursachen für Mobbing äußern wir uns im Abschnitt 4 dieses Kapitels.

Abb. 4: Verlaufsformen von Mobbing

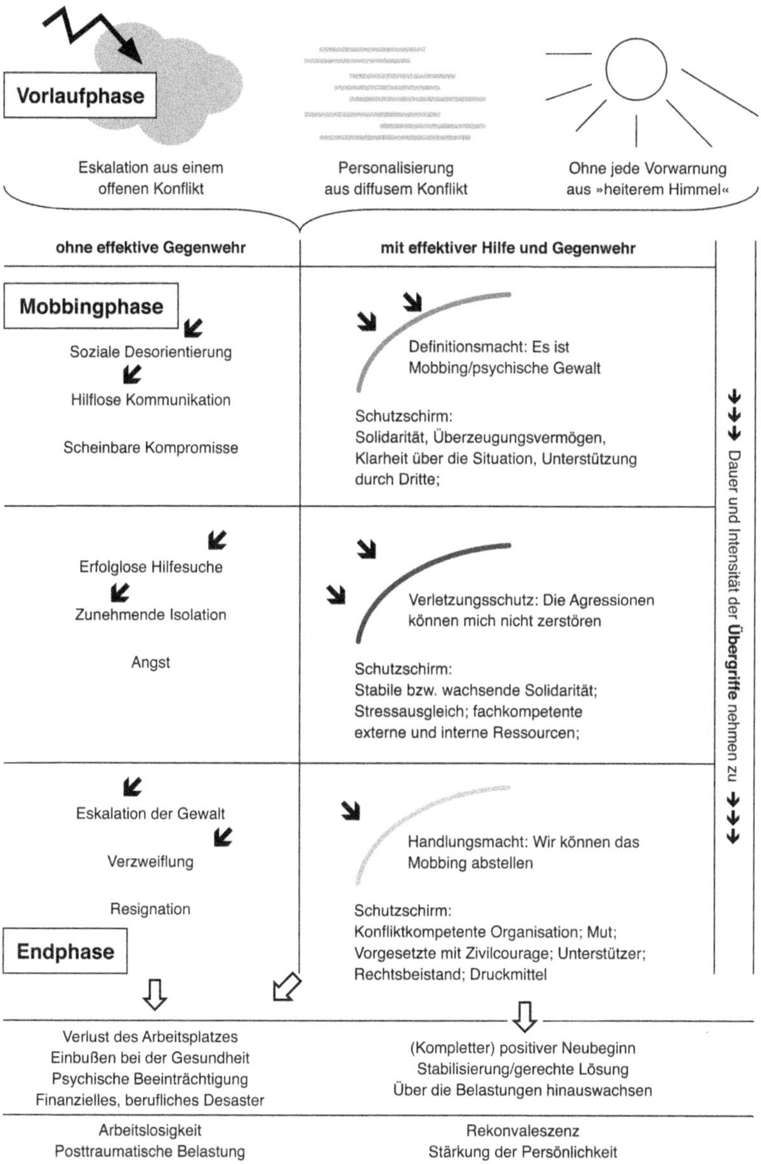

In jeder Phase eines Mobbinggeschehens kann es zu krisenhaften Zuspitzungen kommen. Beispielsweise verschlechtert sich die Situation immer dann dramatisch, wenn Personen, die für eine Lösung des Konflikts an entscheidender Stelle sitzen, versagen oder sich auf die Seite des Mobbers schlagen. Das kann ein Vorgesetzter sein, der sich heraushält, eine Kollegin, die um des lieben Friedens willen rät, lieber nichts zu sagen, oder die Personalabteilung, die ohne genaue Prüfung des Sachverhalts eine Versetzung des Gemobbten ausspricht.
Eine erste Krise erleben Betroffene in dem Augenblick, in dem ihnen bewusst wird, dass es tatsächlich »Mobbing« ist, was sie erleben (vgl. Kapitel C.1.). Eine weitere Krise ist immer dann zu erwarten, wenn die Gegenmaßnahmen oder Versöhnungsangebote, die der Betroffene unternommen hat, zu keiner Beendigung der Übergriffe führen.

1.5 Stabilisierende Faktoren

Ob ein Betroffener Mobbing durchstehen kann, hängt von vielen Umständen ab. Zu seinen Gunsten kommen folgende Faktoren in die Waagschale: Erstens die persönliche Konfliktfähigkeit, zweitens der soziale und berufliche Rückhalt im Betrieb, drittens kompetente externe Unterstützung und ein funktionierendes persönliches Netzwerk. Ein weiterer Faktor ist die Konfliktkompetenz der Organisation, d.h., wie sensibel und entschlossen die Führungskräfte (und die betriebliche Interessenvertretung) mit solchen Problemen umgehen. Gibt es funktionierende betriebliche Strukturen zum Umgehen mit Konflikten, dann wird auch die zeitnahe Lösung eines Mobbingfalls wahrscheinlicher.

Bedenke:
Für das Durchstehen eines Mobbingprozesses sind persönliche Konfliktfähigkeit, sozialer und beruflicher Rückhalt, ein Netzwerk des Betroffenen mit kompetenten Unterstützern sowie die Sensibilität und Konfliktkompetenz der Organisation wichtige Faktoren.

1.5.1 Persönliche Konfliktfähigkeit

Die Angriffe, die Ausgrenzung und die Verunsicherung erzeugen eine große psychische Belastung für die Betroffenen. Trotzdem ist die Bereitschaft, sich diesem existentiellen Konflikt persönlich zu stellen, extrem wichtig. Auch wenn es schwerfällt, ohne eigenes Zutun wird man bei Mobbing nicht gerettet. Konfliktfähigkeit ist glücklicherweise keine exklusive Eigenschaft, die man entweder »hat« oder »nicht hat«. Sie lässt sich – wie es viele Mobbingbetroffene bewiesen haben – auch im fortgeschrittenen Mobbing noch erlernen. Wem allerdings Harmonie über alles geht und Konflikte schon immer ein Gräuel war, der hat es extrem schwer. Die erforderliche Konfliktfähigkeit hat wenig mit Lautstärke oder verbalem Auftrumpfen zu tun, eher mit strategischem Verhalten. Wichtig ist die richtige Balance zwischen Abwarten, aktivem Tun und gelegentlichem Rückzug. Wer dies nicht auf die Waagschale bringen kann, der ist nicht per se verloren, doch er bleibt viel stärker auf das kompetente und machtvolle Wirken von Dritten angewiesen.

1.5.2 Interne Solidarität – Sozialer und beruflicher Rückhalt

Ein besonderer Faktor ist der soziale Rückhalt bei anderen Beschäftigten. In den uns bekannten erfolgreich gelösten Mobbingfällen standen den Betroffenen immer andere Menschen – offen oder verdeckt – zur Seite. Es ist durchaus einschüchternd für einen Mobber, wenn sich die öffentliche Meinung in seiner Abteilung gegen ihn dreht. Selbst dann, wenn Mobbing nur durch das Herausnehmen des Opfers (z.B. im Wege einer Versetzung) beendet werden konnte, macht es einen Unterschied, ob der Betroffene den Eindruck mitnimmt, bei den übrigen Kollegen, die nicht am Mobbing beteiligt waren, auf Sympathie gestoßen oder ebenfalls abgelehnt worden zu sein. Allerdings ist die Bereitschaft, im Arbeitsleben Zivilcourage zu zeigen und seine Stimme gegen psychische Gewalt zu erheben, vielerorts nicht sonderlich verbreitet.
Der berufliche Rückhalt kann auf dem Ruf basieren, den man in den Jahren vor dem Auftreten des Mobbing erlangt hat. Er kann im Expertenwissen und/oder im praktischen Know-how verkörpert sein, der für den Betrieb bzw. die Dienststelle oder die Abteilung wichtig ist. Um sich diesen Ruf zu bewahren, versuchen viele Betroffene quasi instinktiv, während der Mobbingphase eine exzellente Arbeitsleistung zu erbringen, keine Fehlzeiten aufzuweisen und möglichst keine Fehler zu machen.

1.5.3 Kompetentes professionelles Netzwerk

Solange die innerbetrieblichen Strukturen und die persönliche Bereitschaft von Vorgesetzten fehlen, welche Mobbing wirksam einschränken könnten, ist Hilfe durch außenstehende Personen und Einrichtungen von besonderer Bedeutung. Ungezählte Anfragen bei Selbsthilfegruppen, Beratungsstellen, Ärzten, Therapeuten und Rechtsanwälten sowie die Inanspruchnahme von Mobbing-Hotlines verdeutlichen den Bedarf. Es gibt kaum einen Mobbingbetroffenen, der nicht zu irgendeinem Zeitpunkt dort Rat und Hilfe sucht. Persönliche Beratung ist inzwischen stark ausgedünnt, in manchen Regionen gar nicht mehr möglich. Die beste Möglichkeit für die Suche nach professioneller Hilfe dürfte inzwischen das In-

ternet sein. Leider sind nicht alle Angebote seriös und nur ein Teil der Angebote sind tatsächlich verfügbar.
Ein wirksames persönliches Netzwerk muss aus konkreten Menschen zusammengesetzt sein, nicht aus anonymen Netzkontakten. Es könnte z.B. bestehen aus der Hausärztin und einem Facharzt für Neurologie und Psychiatrie, dem besten Freund, einem Hintergrundinformationen sammelnden Kollegen, der Beraterin vom Diakonischen Werk, der stellvertretenden Betriebsratsvorsitzenden sowie einem befreundeten Rechtsanwalt. Ein häufiges Defizit besteht in der mangelnden Integration der unterschiedlichen Unterstützer des Betroffenen. Jeder Experte werkelt in seinem Metier vor sich hin und es gibt keine Absprachen untereinander, welche das Vorgehen wirksamer machen könnten. Kommunale Beratungsstellen mit einem guten Ruf in der Region könnten vom Arbeitgeber als Schlichter akzeptiert werden.

1.5.4 Sensibilität und Konfliktkompetenz der Organisation

Ein gewichtiger Faktor, ob die Lösung eines Mobbingproblems gelingen wird, ist der Betrieb bzw. die Dienststelle selbst. Auf das fahrlässige bis böswillige Fehlverhalten von Vorgesetzten und Personalabteilungen hat bereits *Leymann* (1993, S. 62) zu Recht hingewiesen. Einerseits hat die Sensibilität auf der Arbeitgeberseite zugenommen. Gleichwohl fühlen sich manche Vorgesetzte und Personalabteilungen bei der Bewältigung von Mobbingkonflikten trotz guten Willens überfordert. Andererseits ist ein Trend auf der Arbeitgeberseite zu spüren, das Thema Mobbing wieder zu tabuisieren – sei es aus Imagegründen, sei es, um leistungsstarke, aber sozial inkompetente Vorgesetzte vor Kritik und Konsequenzen zu schützen. Dann wird es für Betroffene schwer.
Zwar wird Konfliktkompetenz in betrieblichen Leitbildern immer wieder ausdrücklich propagiert, häufig allerdings nicht »gelebt«! Dann wäre es für die betriebliche Interessenvertretung an der Zeit, eine entsprechende Betriebs- oder Dienstvereinbarung zum »Partnerschaftlichen Verhalten am Arbeitsplatz« auf den Weg zu bringen. Gibt es bereits eine solche Regelung, stehen die Chancen natürlich besser.
Die vier genannten stabilisierenden Faktoren stehen miteinander in Wechselwirkung. Ein Betroffener mit genügend persönlicher Konfliktbereitschaft kann wegen des mangelnden Rückhalts durch Kollegen sowie der Konfliktscheue der Organisation zur Aufgabe gezwungen sein. Andererseits kann einem scheuen Mobbingbetroffenen geholfen werden, wenn beispielsweise aufgeschlossene Mitarbeiter in der Personalabteilung tätig sind oder es eine gut umgesetzte Betriebs- bzw. Dienstvereinbarung gibt, wenn also die Konfliktkompetenz in der Organisation groß ist.

1.6 Unerfreuliches, das kein Mobbing ist

Es gibt viele unangenehme Geschehnisse im Arbeitsleben, die definitiv kein Mobbing sind. Regelmäßig bestehen Meinungsverschiedenheiten darüber, ob etwa ein Kritikgespräch, ein Krankenrückkehrgespräch oder eine Abmahnung bereits als Mobbing zu klassifizieren ist. Vorgesetzte sind verunsichert, ob ihnen überhaupt noch Mittel der Mitarbeiterführung zur Verfügung stehen, die nicht notfalls als »Mobbing« diffamiert werden könnten. Wir dürfen nicht ignorieren, dass allen Beschäftigten unangenehme Vorkommnisse während der Arbeit passieren und gelegentlich auch zuzumuten sind. Der Arbeitsplatz ist halt kein Ponyhof: Man wird kritisiert, man muss mitunter ungeliebte Tätigkeiten verrichten, es gibt Konflikte, man wird nicht befördert, es herrscht Stress wegen eines Termins usw. Eine schlechte berufliche Beurteilung kann Teil von Mobbing sein, muss es aber nicht zwangsläufig.

Transparent und fair geführte Konflikte sind kein Mobbing, selbst wenn dabei Sanktionen ins Spiel kommen sollten, etwa um bei Pflichtverletzungen Nachdruck zu verleihen. Auch eine begründete Abmahnung oder Kündigung gibt zunächst noch keinen Anlass, von Mobbing zu sprechen. Nicht gelobt zu werden, macht wahrscheinlich unzufrieden und kann demotivierend wirken, ist aber ebenfalls kein Mobbing.

Die Bekanntheit des Wortes mag dazu beigetragen haben, dass inzwischen oft unbedacht von Mobbing geredet wird, während man sachgemäß von zwischenmenschlichem Ärger oder Konflikt sprechen müsste. Gelegentlich wird das Wort leider auch missbräuchlich verwendet, um sich selbst in ein besseres Licht zu stellen, der Gegenseite vermeintlich üble Machenschaften anzulasten und/oder die potentiellen Konfliktschlichter auf die eigene Seite zu ziehen.

Zusammenfassend sei gesagt: Nicht jedes unangenehme Verhalten und nicht jede nachteilige Situation dürfen als Mobbing bezeichnet werden. Es kommt darauf an, inwieweit die Kriterien der Mobbingdefinition erfüllt sind und ob die Vorkommnisse als Bausteine einer kompromisslosen, verfolgenden und chronischen Feindseligkeit erkennbar sind. Ansonsten sollte man eine der üblichen Bezeichnungen für zwischenmenschliche Auseinandersetzungen und Missverständnisse wählen (z. B. Streit, ungerechte Behandlung, Chemie stimmt nicht, Nasenprinzip) und damit die sprichwörtliche Kirche im Dorf lassen.

1.7 Aktuelle Entwicklungen

Eine Begleiterscheinung der nunmehr über 25 Jahre währenden Diskussion über das Mobbingproblem und den Umgang damit ist, dass das Mobbingphänomen Veränderungen unterliegt. Gleiches gilt für die psychische Gewalt und dürfte insgesamt auf alle Formen der psychosozialen Belastungen am Arbeitsplatz zutreffen.

1.7.1 Power-Mobbing

Kunishige Sumida (vgl. *Sumida,* S. 263) hat von einer neuen Form des Mobbing berichtet, die in Japan unter dem Begriff »Power Harassment« bekannt geworden ist. Unter Verwendung der in Deutschland gebräuchlichen Terminologie können wir diese besondere Art des Mobbing als »Power-Mobbing« oder »Kraft-Mobbing« bezeichnen. Von den eher als klassisch zu bezeichnenden Mobbinghandlungen unterscheidet sich das »Power-Mobbing« vor allem dadurch, dass bisweilen körperliche Gewalt angewendet wird, um Untergebenen zusätzliche und überbeanspruchende Arbeiten abzuverlangen. Körperliche Gewalt wird dort nicht nur angedroht, sondern auch in die Tat umgesetzt.

Ob und gegebenenfalls in welchem Umfang diese Form von Mobbing auch in Deutschland anzutreffen ist, kann nicht mit Sicherheit beantwortet werden. Allerdings kann in der gleichen Weise auch nicht ausgeschlossen werden, dass dies der Fall ist. Schließlich hat der sog. Bauhoffall in Hilchenbach vor Augen geführt, dass eine Mobbingsituation von zahlreichen Körperverletzungen und Nötigungen begleitet werden kann (vgl. *Die Zeit* Nr. 30/2010 vom 20.7.2010; s.a. *Wolmerath,* S. 52).

1.7.2 Cyber-Mobbing

Die Verbreitung des Internets sowie der sozialen Medien hat dazu geführt, dass die moderne Kommunikationstechnik zur Begehung von Mobbinghandlungen genutzt wird. Waren es zunächst vor allem Kinder und Jugendliche, die Klassenkameraden und Kommilitonen im Internet sowie in den sozialen Medien schikanierten und drangsalierten, so hat diese Form des Mobbing inzwischen auch die Arbeitswelt erreicht. Das besondere beim Cyber-Mobbing, teilweise auch als Cyber-Bullying bezeichnet, in der Arbeitswelt kann darin gesehen werden, dass nicht mehr der Arbeitsplatz bzw. der Betriebes oder die Dienststelle benötigt wird, um Mobbinghandlungen ausführen zu können. Cyber-Mobbing kann von allen Orten und zu jeder Zeit erfolgen. Auch sind die möglichen Augenzeugen nicht mehr auf den Betrieb bzw. die Dienststelle beschränkt. Die Annahme, anonym zu handeln und bisweilen eine andere Identität anzunehmen, führt offensichtlich zu einem geringeren Unrechtsbewusstsein bei den Handelnden (s. a. *Fawzi*, S. 33, *Wolmerath*, S. 30f.). In Anlehnung an die aus der fortschreitenden Digitalisierung abgeleiteten Begriffe »Industrie 4.0« sowie »Arbeiten 4.0« kann das Cyber-Mobbing ohne Weiteres als »Mobbing 4.0« bezeichnet werden (vgl. *Wolmerath*, S. 31).

2. Auswirkungen von Mobbing

Die Aufmerksamkeit der Öffentlichkeit hat sich verständlicherweise auf die Auswirkungen für die Betroffenen und Opfer von Mobbing konzentriert. Deren gravierende Beschädigungen und Nachteile waren schließlich Auslöser für viele Aktivitäten zur Eindämmung von Mobbing. Nur auf den ersten Blick scheint Mobbing einzig auf die Mobbingbetroffenen zu wirken. Konsequenzen sind aber keineswegs auf diese beschränkt (vgl. *Wolmerath,* S. 46ff.).

Bedenke:
Die Reichweite von geduldetem Mobbing ist wesentlich größer als gemeinhin vermutet wird:
- Auswirkungen auf den Mobbingbetroffenen und seine Familie
- Auswirkungen auf die Belegschaft und das Betriebsklima
- Auswirkungen auf den Betrieb bzw. auf die Dienststelle
- Auswirkungen auf die Gesellschaft
- Auswirkungen auf den Mobber und seine Unterstützer

2.1 Auswirkungen auf den Mobbingbetroffenen und seine Familie

Was geht einem durch den Kopf, wenn man Mobbing ausgesetzt ist? Schreck, Angst, Wut, Unverständnis, Stress, Unsicherheit, Fluchtgedanken, Panik – diese Worte charakterisieren das akute Erleben der meisten Betroffenen, sobald Mobbing manifest auftritt. Manche versuchen, das Geschehen gar nicht an sich heranzulassen und erwecken gegenüber Außenstehenden dann eher den Eindruck einer Schreckstarre.
Mit dem Fortdauern der Mobbingattacken wächst die Wahrscheinlichkeit von psychosomatischen Reaktionen (vgl. Abb. 5). Nach spätestens einem halben Jahr Mobbing zeigen alle betroffenen Personen ihrer individuellen Konstitution entsprechend massivere Symptome. Die einen reagieren eher mit Magen-/Darm-Problemen, die anderen dagegen mit Symptomen der Haut, gehäuften Infektionen oder Kopfschmerzen. Hoher Blut-

druck, galoppierender Puls sowie erhöhte Stresshormonwerte im Blut dürften aufgrund der biologisch festgelegten Reaktionen bei Stress bei allen Betroffenen gleichermaßen auftreten. Um einem möglichen Einwand zu begegnen: Nein, selbstverständlich beruhen nicht alle Stressreaktionen und jede psychosomatische Erkrankung auf Mobbing.

Abb. 5: Typische psychosomatische Auswirkungen von Mobbing

Migräne
Kopfschmerzen
Hörsturz, Tinnitus
Schlafstörungen
Bluthochdruck
Herzrasen
Asthma
Hauterkrankungen
Infekt-Anfälligkeit
Verdauungsprobleme
Chronische Entzündungen
Schwächezustände
Hinweis: Andere medizinische und soziale Ursachen könnten natürlich ebenso vorliegen.

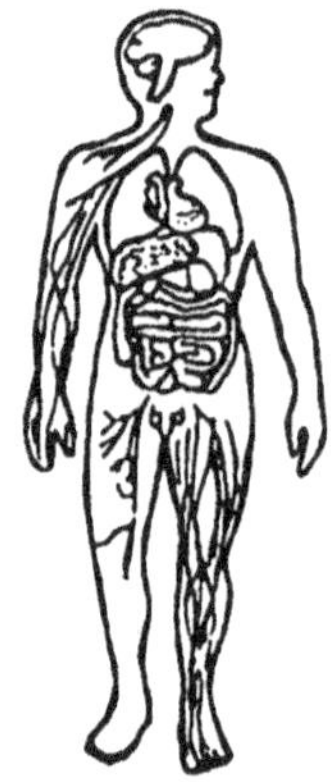

Aus leichteren und unspezifischen Befindlichkeitsstörungen können sich manifeste Krankheitssymptome entwickeln. Psychische und psychosomatische Erkrankungen sind regelmäßig die Folge von Mobbing. Verstärkend können sich psychische Belastungen oder Erkrankungen aus der Vorgeschichte des Betroffenen auswirken. Oftmals gesellt sich ein übermäßiger Gebrauch von Medikamenten oder Alkohol hinzu. Aber auch ein Herzinfarkt kann die Folge von Mobbing sein. Manchmal bildet der Suizid bzw. Suizidversuch das letzte Glied in der Reihe möglicher Auswirkungen (vgl. *Wolmerath,* S. 46 f.).
Psychiatrische Diagnosen wie Belastungsstörung oder Depression folgen regelmäßig, wenn Mobbing lange und intensiv andauert. Kreisende Gedanken, die einen nicht loslassen, sowie ein nachlassendes Selbstbewusstsein – insbesondere eine starke Verunsicherung, was die eigene berufliche Kompetenz betrifft –, sind als weitere typische Begleiterscheinungen zu verzeichnen. Viele Gedanken kreisen immer wieder um die beiden Fragen »*Warum ich?*« und »*Was habe ich bloß falsch gemacht?*«
Wer lange Zeit Mobbing ausgesetzt ist, der erlebt eine vergleichbare existentielle Bedrohung, wie Personen, die andere hilflos machende Situatio-

nen überlebt haben (z. B. Tsunami, Flugzeugabsturz, Geiselhaft). Es entwickeln sich Überlebensängste, die manche Betroffene nicht mehr ohne professionelle Hilfe bewältigen können. Das entsprechende Krankheitsbild wird posttraumatisches Stresssyndrom oder posttraumatische Belastungsstörung genannt (vgl. *Teuschel*, S. 192f.; s. a. Abb. 7).

Abb. 6: Psychische Belastungen durch Mobbing

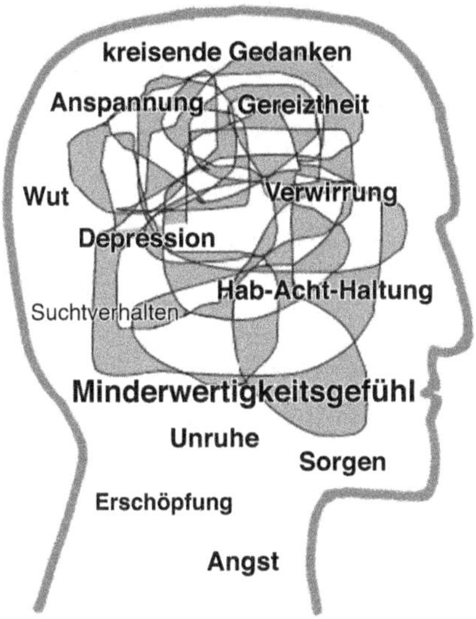

Die gesundheitlichen Auswirkungen sind jedoch nur ein Teil der persönlichen Konsequenzen. Regelmäßig wirkt sich Mobbing auch auf das soziale Umfeld des Mobbingbetroffenen aus. Das betrifft insbesondere dessen Familie. Manchmal werden Familienmitglieder direkt zu Mitbetroffenen, etwa bei einem nächtlichen Telefonterror zu Hause. Dauerhaft wird die Familie beim Versuch der Unterstützung oder auch durch Auseinandersetzungen mit dem betroffenen Familienmitglied belastet. In einigen Fällen sind Beziehungen, Ehen, Partnerschaften und Familien daran zerbrochen, andere hat es hingegen zusammengeschweißt.

Abb. 7: Bewältigungsverhalten von Betroffenen

Situation eines Mobbingbetroffenen

1. **Spontane Reaktionen**
   - Überraschung, Verblüffung, Schreck, Sprachlosigkeit
   - Wut, Ärger, Depression, Schuldgefühl, Unsicherheit (»Wieso ich?«, »Wie können Menschen nur so sein?«)
2. **Unterschiedliche Formen von Bewältigungsverhalten**
   - Aktive Gegenwehr: Schimpfen, Angriffe zurückweisen
   - Klärungs- und Versöhnungsversuche (»Warum machst du das?«, »Was habe ich Dir getan?«)
   - Ausgleich außerhalb der Arbeit suchen
   - Unterordnungsversuche (z. B. Kritik zuvorkommen, alles besonders gut machen)
   - Ignorieren (»dickes Fell« zulegen)
   - Vermeidungsverhalten (z. B. dem Mobber aus dem Weg gehen)
   - Beschwerde beim Vorgesetzten und/oder beim Betriebs- bzw. Personalrat
   - Suche nach Rückhalt und Bestätigung
   - Nachdenken über Alternativen
3. **Beginnende Überforderung des Bewältigungsvermögens**
   - Dauerhaftes Durchspielen der Situation, im Kreise denken und fühlen
   - Abbau der inneren und äußeren Ressourcen
   - Hoffen auf externe Lösungen
   - Schwanken zwischen Selbstbehauptungswillen, Selbstzweifel und Angst
4. **Psychosomatische Auswirkungen und Erkrankungen**
   - Psychisches Unwohlsein
   - Psychosomatische Beschwerde (Dauerstress)
   - Depressionen oder Obsession
   - Missbrauch von Medikamenten, Alkohol etc.
   - (Posttraumatische) Belastungsreaktion
   - Krankheitsbedingte Arbeitsunfähigkeit

Situation eines Mobbingopfers

Eine Bedrohung mit weitreichender Tragweite ist der (drohende) Verlust des Arbeitsplatzes. Der Fortbestand des Beschäftigungsverhältnisses wird durch Mobbing grundsätzlich infrage gestellt. Damit droht nicht nur der ökonomische Super-GAU für Betroffene. Torpediert werden Karrierechancen und manchmal wird ein berufliches Lebenswerk vernichtet.

2.2 Auswirkungen auf die Belegschaft und das Betriebsklima

Unbestritten ist, dass Mobbing negative Auswirkungen auf das Betriebsklima sowie auf die Arbeitsmoral hat. Die Beschäftigten sind in ihrer psychosozialen Befindlichkeit verunsichert, auch wenn das Mobbing sie nicht persönlich trifft. Viele fürchten, sie könnten der Nächste sein. Mit zunehmenden krankheitsbedingten Fehlzeiten des Mobbingbetroffenen gehen Mehrbelastungen der Anderen einher. Das schlechte Betriebsklima bewirkt einen Rückzug der Beschäftigten auf die eigenen Belange. Wenn ein Mobbingfall bereits mit der Beseitigung des Betroffenen geendet hat, dann entwickelt sich die Sorge der übrigen Personen, dass es auch sie demnächst treffen könnte.
Mobbing kann zu einer Spaltung der Belegschaft in einer Abteilung führen, wenn etwa ein Teil das Mobbing betreibt oder billigend in Kauf nimmt und ein anderer Teil dies missbilligt. Solche Konstellationen münden in einer Abnahme der Leistungsmotivation. Im Extremfall können die Qualität und die Quantität der Arbeitsergebnisse derart abfallen, dass eine Gefährdung von weiteren Arbeitsplätzen eintreten kann (vgl. *Wolmerath*, S. 48).

2.3 Auswirkungen auf den Betrieb bzw. auf die Dienststelle

Neben schlechtem Betriebsklima und abnehmender Motivation kann Mobbing für den Arbeitgeber immense direkte und indirekte Kosten zur Folge haben. Der interessierte Leser mag anhand der folgenden Zusammenstellung abschätzen, welche Kosten im Einzelfall entstehen können.

Bedenke:
Mögliche Kosten infolge von Mobbing durch:
- Fehlzeiten des Mobbingbetroffenen am Arbeitsplatz (z. B. wegen Krankheit, Aufsuchen des Betriebs- bzw. Personalrats, Gespräche mit Vorgesetzten, Wahrnehmung von Arzt- und Gerichtsterminen)
- Versetzung des Mobbingbetroffenen bzw. des Mobbers an einen anderen Arbeitsplatz (z. B. geringere Leistung während der Einarbeitungsphase, erforderliche Qualifizierung der versetzten Person, Nachbesetzung der frei gewordenen Stelle)
- Kündigung des Mobbingbetroffenen bzw. des Mobbers (z. B. Zahlung einer Abfindung, Beratung durch einen Rechtsanwalt, Prozesskosten, Kosten für die Nachbesetzung der frei gewordenen Stelle, Schulung und Einarbeitung des neuen Mitarbeiters)
- Geringerer und/oder schlechterer Arbeitsergebnisse (z. B. hoher Ausschuss, Konventionalstrafen, Gewährleistungen, Kündigung von Verträgen durch Kunden)

- Inanspruchnahme von Dienstleistungen externer Personen (z. B. Unternehmensberatung, Rechtsanwalt, Headhunter, soweit deren Kosten nicht bereits an anderer Stelle berücksichtigt worden sind)
- Maßnahmen der Personalabteilung sowie Beteiligung des Betriebs- bzw. des Personalrats

Arbeitgeberseitig wird häufig unterschätzt, dass mit Mobbing ein großer Imageschaden verbunden sein kann. Ein schlechtes Betriebsklima sowie schlechte Arbeitsergebnisse wirken nach außen, etwa auf Kunden und Geschäftspartner. Die Beschäftigten erzählen zudem zu Hause, was sie im Betrieb bzw. in der Dienststelle erleben. Der schlechte Ruf des Betriebs bzw. der Dienststelle nimmt seinen Weg. Würden Sie beispielsweise Ihr Kind in einem Kindergarten anmelden, dem nachgesagt wird, von einer Leiterin geführt zu werden, die sowohl gegenüber dem Personal als auch gegenüber den zu betreuenden Kindern ein äußerst autoritäres und menschenverachtendes Verhalten an den Tag legt?
Mobbingfälle, denen die Personalabteilung erst in einem späten Stadium zu begegnen versucht, erfordern einen hohen Aufwand an Besprechungen, Coaching, Mediation, externer Beratung usw. Eine weitere (mittelbare) Folge von Mobbing kann sein, dass qualifizierte Mitarbeiter abwandern, weil sie sich persönlich einem solchen Klima sowie dem Risiko, selbst einmal Mobbingopfer zu werden, nicht aussetzen wollen.
Ein Letztes: Wird Mobbing durch die betriebliche Hierarchie geduldet, insbesondere durch die Personalabteilung, dann mag das im Einzelfall eine gewollte, scheinbar kostengünstige Möglichkeit zur Reduzierung bzw. Einsparung von Personalkosten sein. Im Regelfall bedeutet eine hierarchische Toleranz gegenüber Mobbing jedoch, dass die Personalabteilung nicht mehr die einzige betriebliche Stelle ist, welche personelle Maßnahmen verantwortet. Mobbing ist gewissermaßen eine destruktive, isolierte Form von abteilungsinterner Personalpolitik. Darüber lohnt es sich, als Personalverantwortlicher einmal nachzudenken.

2.4 Auswirkungen auf die Gesellschaft

Obwohl Mobbing ein Problem in der Arbeitswelt ist, beinhaltet es negative Auswirkungen auf die Gesellschaft. In dem Maße, in dem sich Mobbing ausbreitet, geht in der Gesellschaft die Fähigkeit zu einer offenen, fairen und konstruktiven Austragung von Konflikten verlustig, verbunden mit der Zunahme von verbaler sowie nonverbaler Gewaltbereitschaft und dem Verlust der Fähigkeit zur Kommunikation (vgl. *Wolmerath*, S. 450).

Weiter sind die Leistungen zu erwähnen, die im Einzelfall im Zusammenhang mit einer Mobbingsituation seitens der Krankenkassen, der Rentenversicherung, der Berufsgenossenschaften, der Bundesagentur für Arbeit sowie aus Steuergeldern zu erbringen sind.
Verlässliche Zahlen dazu gibt es keine. *Groeblinghoff* beispielsweise schätzt, dass die durch Mobbing bedingten Behandlungskosten ca. 51 000 € bis 66 000 € je Fall (bei einer Behandlungsdauer von drei bis vier Jahren) betragen (vgl. *Groeblinghoff*, S. 142). Gemäß einer Hochrechnung von *Resch* werden aufgrund Mobbing jährlich zwischen 12 000 und 25 000 Personen »frühverrentet«, wodurch Kosten zwischen rund eineinhalb und drei Milliarden Euro pro Jahr entstehen *(Resch*, S. 127). Die Annahmen von *Groeblinghoff* und *Resch* sind mehr als 20 Jahre alt. Beide dürften daher heute zu noch höheren Kosten gelangen.

2.5 Auswirkungen auf den Mobber und seine Unterstützer

Gesundheitlichen Gefahren dürfte ein Mobber nur ausgesetzt sein, wenn er quasi als »Angst-Mobber« gemäß dem Motto »Angriff ist die beste Verteidigung« oder »lieber mobben als gemobbt werden« handelt. In einer solchen Konstellation dürfte das Mobbing für ihn beachtlichen Stress mit erheblichen emotionalen Belastungen bedeuten und er kann in vergleichbarer Weise wie ein Mobbingbetroffener erkranken.
Mobber, die in sozialer Hinsicht nicht ausgegrenzt sind, sondern teilweise mit (stillschweigender) Billigung oder sogar mit Unterstützung Dritter (z. B. Geschäftsführer, Dienststellenleiter, Vorgesetzte) handeln, werden in sozialer sowie beruflicher Hinsicht grundsätzlich keine negativen Auswirkungen zu befürchten haben. Während zwei Drittel der Betroffenen im Verlauf des Mobbing ihren angestammten Arbeitsplatz einbüßen, verloren bei den uns bekannt gewordenen Fällen die Täter nur höchst selten ihren Job. Teilweise haben Letztere ihre Karriere ungestört oder sogar beschleunigt fortgesetzt.
Mobber (und gegebenenfalls auch ihre Unterstützer) können daher in aller Regel allenfalls mit »dem Recht« in Konflikt geraten, worauf wir in Kapitel E. zurückkommen werden.

3. Mobbing oder Konflikt – Wo verläuft die Grenze?

Mit dem Begriff »Mobbing« werden ähnliche, aber im Detail doch sehr unterschiedliche feindselige Verhaltensweisen und krankmachende Konstellationen unter einen Oberbegriff gebracht. Daneben gibt es das Wort Konflikt. Wie berechtigt ist es, soziale Spannungen in dem einen Fall als »Konflikt«, in dem anderen Fall aber als »Mobbing« zu bezeichnen?
Werden Personalverantwortliche auf ein bestehendes Mobbingproblem in ihrem Bereich angesprochen, so wird häufig argumentiert: »Ach, das sind alles nur ganz normale Konflikte. Das gibt es überall.« Die Absicht dahinter ist klar: Ein mögliches Mobbingproblem soll auf diese Weise kleingeredet werden; es sei ja nur ein normaler Konflikt, den die Betreffenden am besten untereinander ausmachen sollen.
Aber was sind »normale« Konflikte? Vieles spricht für eine fließende Grenze zwischen Konflikt und Mobbing. Einige Autoren, die sich mit Mobbing befasst haben, so etwa *Friedrich Glasl*, gehen deshalb davon aus, dass sich jedes Mobbing typischerweise aus einem zunächst »harmlosen« Konflikt heraus entwickelt hat. Mobbing wäre insoweit die besondere Eskalationsstufe eines Konflikts (nach seinem Eskalationsmodell zwischen den Stufen 5 und 7). In der Praxis kommen allerdings auch Mobbingfälle vor, die komplett ohne konflikthafte Vorgeschichte beginnen. Beispielsweise werden manchmal neue Arbeitskollegen vom ersten Tag an von den übrigen Beschäftigten einer Abteilung gemobbt. Der (unausgesprochene) Grund war, dass das Team eine andere Person in der Gruppe haben wollte. Einen zwischenmenschlichen Konflikt mit dem Gemobbten kann es demzufolge vorher definitiv nicht gegeben haben.
Warum ist die Unterscheidung zwischen Konflikt und Mobbing überhaupt wichtig? Zunächst einmal ist die Aussage, dass zwei Personen einen Konflikt haben, nicht anrüchig. Sowas kommt bekanntlich in den besten Familien vor. Wenn es aber heißt, dass eine Person eine andere mobbt, dann klingt das schon dramatisch, unsozial und verwerflich. Bei der Benutzung des Wortes Mobbing schwingt eindeutig eine moralische Bewertung der Auseinandersetzung mit: sie ist nicht fair; es gibt offenbar eine gute und eine sehr böse Seite, Opfer und Täter.
Ein wichtiger Grund für eine präzise Unterscheidung wäre demzufolge der Schutz vor unberechtigten Anschuldigungen. Wie bereits erwähnt wird das Wort Mobbing nicht selten unberechtigt bzw. leichtfertig verwendet. Man kann seine eigene Situation durch die Verwendung des Begriffs Mobbing dramatisieren und dadurch eher Hilfe mobilisieren. Man

kann versuchen, einen Vorgesetzten zu diskreditieren, weil man dessen berechtigte, aber unangenehme berufliche Kritik nicht ertragen kann. Eine gesicherte Diagnose, ob etwas Mobbing ist oder nicht, schützt also vor unberechtigten Anschuldigungen und einen voreiligen Beschwerdeführer vor den Folgen einer falschen Beschuldigung.

Bedenke:
Mobbing und Konflikt sollten aus verschiedenen Gründen unterschieden werden:

1. Die »Diagnose Mobbing« soll den Betroffenen davor schützen, mit allzu naiven Methoden der Konfliktbearbeitung an die Sache heranzugehen.
2. Die »Diagnose Mobbing« soll den Schutz des Betroffenen vor dem drohenden beruflichen, gesundheitlichen und psychischen Desaster vergrößern.
3. Die »Diagnose Mobbing« charakterisiert einen Konflikt als asymmetrisch (eine Seite ist definitiv unterlegen), als personenorientiert (die Person anzugreifen ist wichtiger als das zugrundeliegende Problem zu klären) und als absolut kompromisslos (der andere muss weg!).
4. Die »Diagnose Kein Mobbing« schützt gegebenenfalls vor unberechtigten Beschuldigungen.

Die wichtigsten Gründe sind natürlich, dass Mobbing eine Form einseitiger psychischer Gewaltanwendung oder eines Machtmissbrauchs ist, welcher die Betroffenen in eine existentiell bedrohliche Situation bringt. Als Mobbingbetroffener ist man nicht in einer gleichwertigen Lage wie der Mobber, sondern befindet sich in einer deutlich unterlegenen Position. Betroffene sind desorientiert, verwirrt und wissen sich nicht recht zu helfen. Sie verstehen oft nicht, warum sie Ziel der Angriffe sind. Allein gelassen steht der Betroffene auf verlorenem Posten. Mobbingbetroffene brauchen, konflikttechnisch gesehen, eine Art Sekundanten an ihrer Seite. Bei Mobbing gelten die ungeschriebenen Gesetze nicht mehr, denen die meisten Menschen im normalen Konflikt durchaus noch folgen. Vielmehr werden alle Register gezogen, um den anderen als Person zu zerstören. Wir vertiefen dies in Abschnitt 3.2. Außerdem: Mit den üblichen Mitteln einer laienhaften Konfliktmoderation oder Mediation ist Mobbing nicht beizukommen.

3.1 Was genau ist ein Konflikt?

Ein Konflikt entsteht, wenn widerstreitende Interessen und Bedürfnisse von Menschen aufeinanderstoßen. Mit dem Wort »Konflikt« kann der

Widerstreit von Bedürfnissen und Interessen innerhalb eines Menschen oder zwischen Menschen bezeichnet werden. Wenn ein Mensch innerlich mit widerstreitenden Ideen und Bedürfnissen zu kämpfen hat, dann sprechen wir von einem inneren Konflikt. Werden Interessengegensätze zwischen Personen ausgetragen, so nennen wir das einen sozialen Konflikt (vgl. Abb. 8).
Konflikte sind nichts prinzipiell Schlechtes. Denn mit ihrer Hilfe können Missstände, Stagnationen, eingefahrene Gleise, lähmende Gegensätze, Ungerechtigkeiten usw. entdeckt und einer Lösung zugeführt werden. Konflikte werden zu sozial gefährlichen Entwicklungen immer nur dann, wenn die beteiligten Konfliktparteien den Konflikt ausschließlich in einer Sieg-Niederlage-Konzeption betreiben wollen (vgl. *Esser* 2004).

Abb. 8: Definition »Konflikt«

Ein sozialer Konflikt entzündet sich, wenn Menschen oder Menschengruppen in eine Situation geraten, in der zumindest eine Partei eine Beeinträchtigung, Verletzung oder Gefährdung wesentlicher eigener Bedürfnisse, Interessen oder seines Status wahrnimmt:

Der Anlass für einen Konflikt ist stets ein **Schadenserleben.**

Zu einem akuten Konflikt kommt es, wenn die Ursache dieser Beeinträchtigung in der Existenz, dem Verhalten oder den Plänen und Vorhaben anderer Menschen (Gegenpartei) gesehen wird, die den eigenen Zielen entgegenstehen.

Das Konflikterleben beruht auf einer **Schuldzuweisung.**

Der Konflikt wird praktisch ausgetragen, wenn eine oder beide Konfliktparteien die für sie negativ bewertete Situation zu eigenen Gunsten nachhaltig positiv verändern wollen und dabei mit **Durchsetzungswillen** versuchen, auftretende Widerstände der Gegenpartei auszuschalten oder unwirksam zu machen und/oder eigene Nachteile beim Gegenüber zu kompensieren.
Die Konfliktpraxis entsteht durch das **Durchsetzenwollen** einer oder beider Seiten und den **Widerstand** der Kontrahenten.

Der gute Konflikt geht dann zu Ende, wenn sich die eine Seite mit einem berechtigten Interesse letztlich durchsetzen konnte und die andere Seite nachgibt (z. B. die bisherige ungerechte Verteilung des Urlaubs wird korrigiert) oder wenn beide Seiten eine Lösung gefunden haben, die beiden weitgehend gerecht wird (Stichworte: Kompromiss, Einigung).
Die uns allen vertraute Form, in der ein Konflikt auftritt, ist der Streit. Dann handelt es sich um einen offenen Konflikt. Beim Streit steht die Auseinandersetzung um die strittige Sache im Vordergrund. Es gibt einen

offenkundigen Konfliktstoff. Es werden, obwohl jede Seite möglicherweise ihre ganze Macht in die Waagschale wirft, um die eigenen Interessen durchzusetzen, bestimmte Verfahrensregeln eingehalten. Vor allem werden die Integrität der anderen Seite und deren soziale Beziehungen nicht grundsätzlich infrage gestellt. Die Konfliktparteien versuchen zu überzeugen, Druck zu machen und Bündnispartner für die eigene Sache zu finden. Die widerstreitenden Interessen eines Konflikts sind klar artikuliert. Beteiligte und Außenstehende wissen im Prinzip, worum es geht. Im offenen Schlagabtausch wird versucht, den Konfliktgegner zum Einlenken oder Nachgeben zu bewegen, zur Not werden übergeordnete Stellen angerufen – ein typisches Vorgehen bei Kompetenzstreitigkeiten, Konkurrenz, Kampf um verbleibende Arbeitsplätze oder unterschiedlichen Vorstellungen, wie eine Tätigkeit optimal ausgefüllt werden soll.

Bedenke:
Konflikte sind im Zusammenleben von Menschen unvermeidbar. Mobbing hingegen ist vermeidbar.

Ein komplett anderes Bild liefern verdeckte, kalte Konflikte. Hierbei ist zwar den Beteiligten ebenfalls klar, dass sie widerstreitende Interessen haben; aber ein offener Austausch darüber wird aus unterschiedlichen Gründen vermieden. Teilweise ist nicht (mehr) klar, wer welche Position in diesem Konflikt hat, eine eindeutige Zuordnung zu einer Konfliktpartei unterbleibt. Es gibt zwar keinen offenen Kampf bzw. keine Suche nach einem Kompromiss, aber der Konflikt wird verdeckt weiter am Glimmen gehalten. Böse Blicke, Abwertungen, Vorbehalte und Misstrauen prägen das Bild. Das Nötigste für den Arbeitsablauf wird dennoch erledigt, mit möglichst wenig Kommunikation. Reden hinter dem Rücken findet allerdings statt. Man redet schlecht übereinander, aber nicht miteinander. Man weist sich gegenseitig zurück, macht sich gegenseitig Vorwürfe, aber vermeidet die ganz große (klärende) Auseinandersetzung. Hier sind Übergänge zu späterem Mobbing fließend.

3.2 Was genau unterscheidet einen Konflikt von Mobbing?

Im Unterschied zum Konflikt scheint es bei Mobbing regelmäßig so zu sein, dass die gegnerische Person selbst der »Schaden« ist, den der Mobber beseitigen will. Bei Mobbing kann sich die unterlegene Seite anstrengen, soviel sie will, um es dem Mobber recht zu machen: Das Mobbing hört trotzdem nicht auf. In einem Konflikt geht es darum, einen Schaden oder

Nachteil von sich abzuwenden und der Konflikt ist zu Ende, wenn dieses Ziel weitgehend erreicht worden ist. Bei Mobbing wird der tatsächliche Schaden nicht kommuniziert, es geht um keinen Interessensausgleich, es soll auch keine gemeinschaftliche Lösung erreicht, sondern der Gegner soll vollständig und auf Dauer liquidiert und beseitigt werden.
Auch Konflikte können langwierig sein, unterschiedliche Erscheinungsformen haben und beinhalten regelmäßig auch Aggressionen. Im Konflikt wird die Durchsetzung der eigenen Interessen angestrebt, aber ein Kompromiss liegt immerhin im Rahmen des Möglichen. Bei Mobbing ist ein Kompromiss in keiner Weise geplant. Zugleich werden die wirklichen Interessen, die man durch Mobbing zu verteidigen sucht, nicht kommuniziert. Kurz gesagt ist Mobbing ein Konflikt, bei dem zusätzlich die Definition von Mobbing erfüllt sein muss. Insbesondere sind die chronischen, destruktiven Handlungen charakteristisch, die nur in einer Hinsicht zielführend sind: den Betroffenen aus dem jeweiligen Arbeitsbereich zu entfernen.

Bedenke:
Bei Mobbing weiß im Regelfall nur der Mobber, was die wirklichen Gründe und Motive für sein Tun sind. Die wirklichen Ursachen werden nicht kommuniziert, weil keine gemeinsame Lösung angestrebt wird. Stattdessen wird der Gemobbte angegriffen und dessen »Schlechtigkeit« in den Vordergrund gestellt, um damit die eigenen feindseligen Aktivitäten zu rechtfertigen.

Mobbing hat eine weitere Besonderheit, die es von »normalen« Konflikten unterscheidet. Während sich im Konflikt beide Seiten zumindest über die Streitpunkte im Klaren sind, hat der Mobbingbetroffene zumeist große Probleme zu begreifen, was der Mobber eigentlich gegen ihn hat und warum das Mobbing so hartnäckig und dauerhaft gegen ihn betrieben wird. Auf der Oberfläche geht es um die Schlechtigkeit des Gemobbten, aber was sind die wahren Gründe? Denn die Erfahrungen zeigen, dass sich der Gemobbte so angepasst und fügsam zeigen kann, wie es ihm möglich ist, aber das Mobbing dennoch fortgesetzt wird.
Die wahren Gründe für das Mobbing bleiben regelmäßig ausschließlich im Kopf des Mobbers verborgen, der sich hütet, diese offen zu kommunizieren. Mobbing bricht oft komplett ohne Vorwarnung aus, ohne dass irgendein Streit vorausgegangen ist. Der Betroffene ahnt nicht, was in Kürze auf ihn zukommt. Auf die naheliegende Frage, was denn los sei oder was man dem Mobber denn getan habe, bekommt er keine klare Antwort. Beim Betroffenen herrscht Ratlosigkeit: »Aber du schwankst

immer wieder zwischen Wut, Verständnislosigkeit und Verzweiflung – weil du auch nicht kapierst, warum sie immer und immer wieder versucht, dich anzugreifen oder extra alles anders macht – nur um dich zu provozieren.« *(Huber,* S. 84)

3.3 Feindseligkeit als Selbstzweck

Bei Mobbing steht die Auseinandersetzung mit der strittigen Person im Vordergrund. Das für Außenstehende nicht klar erkennbare Problem ist aus der Sicht des Mobbers gravierend genug, um Unterdrückung, Schikane, Rufmord und Ausgrenzung zu rechtfertigen. Die Schwächung des Gegners wird zum Hauptziel. Die (scheinbare) Hartnäckigkeit des Mobbingbetroffenen, der Arbeitsplatz und Selbstwertgefühl bewahren will, legitimiert aus der Sicht des Mobbers die weitere Eskalation und Willkür bei der Wahl der Methoden.

Bedenke:
Im Konflikt sind aggressive Handlungen ein Mittel zum Zweck, nämlich der Durchsetzung eines konkreten Interesses. Bei Mobbing sind die feindseligen Handlungen oft reiner Selbstzweck, bereits das Ziel.

Was unterscheidet Mobbing von anderen Streitereien und Unverschämtheiten besonders deutlich? Es ist die feindselige Aufdringlichkeit und das Bestreben nach Herabsetzung und Ausgrenzung der angegriffenen Person. Ein Mobber will Schaden zufügen. Wer von anderen gemobbt wird, der spürt diese tiefe Feindseligkeit unmittelbar. Dazu ist es nicht nötig, dass die Angriffe bereits über eine längere Zeit erfolgt sind. Man muss auch längst nicht unterlegen und isoliert sein, um sich vor der Zukunft zu fürchten. Die Erwartung, immer wieder – unerwartet und überraschend – angegriffen zu werden und die Furcht, dass das soziale Sicherungsnetz unzuverlässig wird, sind allein schon bedrohlich.
Einem »Feind« gegenüber fühlen Menschen die innere Berechtigung, ihm in jeder Hinsicht und mit allen zur Verfügung stehenden Mitteln zu schaden und/oder ihn zu vernichten. Unsere Haltung ist hier wesentlich radikaler und kompromissloser als gegenüber einer Person, die wir nur als »Gegner« ansehen. Das liegt daran, dass wir dem Feind zutrauen, uns in lebenswichtigen Belangen schaden zu können und dies auch zu wollen. Die Gefühlslage gegenüber einem Feind ist von Zorn, Hass, Ekel, Geringschätzung, Verachtung, aber auch von Furcht oder Unsicherheit geprägt. Solche Gefühle treten in abgeschwächter Form immer dann auf, wenn wir bei der Verwirklichung unserer Ziele oder beim Genuss angenehmer

Dinge behindert werden. Gleiches gilt, wenn wir beleidigt, gedemütigt, übervorteilt oder unter Zwang gestellt wurden. Es reicht leider, wenn wir uns eine solche Benachteiligung nur einbilden – oder sie für die Zukunft befürchten.
Erst die negativen Gefühle gegenüber einem Feind machen es uns möglich, die moralischen Grenzen und die eigene Furcht vor dem Anderen zu überwinden und zu aggressiven Handlungen überzugehen. Jemand, der innerlich noch als »Kollege« angesehen wird, wird nicht so leicht mit Mobbingangriffen überzogen werden.
Ein weiterer Unterschied ist, dass bei Mobbing keine Unterwerfung der angegriffenen Person angestrebt wird, sondern dessen Demütigung und Ausgrenzung. Wäre die Unterwerfung des Mobbingbetroffenen das Ziel, dann wäre aus den Äußerungen des Mobbers in irgendeiner Form abzulesen, was er von seinem »Opfer« eigentlich erwartet. Die Erfahrung lehrt das Gegenteil: Unabhängig davon, ob sich Mobbingbetroffene auflehnen, anbiedern, verstecken oder ob sie Anpassungsversuche unternehmen, geht das Mobbing unvermindert weiter.

Bedenke:
Das Bestreben bei Mobbing ist nicht Unterwerfung, sondern Liquidierung.

Ausgegrenzt zu werden ist die alltägliche Erfahrung von Mobbingbetroffenen. Egal welche Mobbinghandlungen durchgeführt werden – das Bestreben der Mobber geht in dieselbe Richtung: Nieder und weg mit der Person! Insbesondere Mobbinghandlungen der Kategorien 4 und 5 streben ganz direkt auf dieses Ziel zu (vgl. Abschnitte 1.3.4 und 1.3.5). Systematischer Rufmord soll dem Kontrahenten das »soziale Wasser« abgraben. Auch direkte herabsetzende und beleidigende Attacken untergraben die soziale Lage des Betroffenen, denn die Botschaft lautet: »Du bist es nicht wert, dass ich Dir das Minimum mitmenschlichen Umgangs zubillige. Du bist nichts wert. Du bist eine Unperson, ein Untermensch.«. Damit wird sozusagen die Geschäftsgrundlage des üblichen menschlichen Miteinanders entzogen. Normalerweise gehen wir im (Arbeits-)Alltag von einem gewissen Maß an gegenseitigem Respekt, Rücksicht und Höflichkeit aus. Beim Mobbing ist aber das Gegenteil der Fall; die Betroffenen müssen ständig vor unliebsamen Überraschungen auf der Hut sein. Für den Mobber gehört der Betroffene nicht in den Kreis von Menschen, denen Respekt oder Rücksicht zusteht.

Bedenke:
Ausgrenzung umfasst die soziale Isolierung des Mobbingbetroffenen und die Aufkündigung des Respekts ihm gegenüber. Mobbingbetroffenen wird die Geschäftsgrundlage des üblichen zwischenmenschlichen Miteinanders entzogen.

Die Ausgrenzung des Mobbingbetroffenen mündet regelmäßig in weitere Eskalationsstufen, nämlich die Verdrängung und die Vertreibung sowie – als letzte Stufe, wenn alles bisherige Mobben nichts »geholfen« hat – die psychische, berufliche Vernichtung. Mit diesen Ausführungen sollte sich Mobbing auch von anderen unerfreulichen Handlungen wie etwa Belästigung, ungerechter Behandlung, Meckerei sowie Ignoranz unterscheiden lassen.

3.4 Kompromisslos, aber mit Rückversicherung

Auch in »normalen« Konflikten wird nicht unbedingt und von vorne herein nach einem Kompromiss gesucht. Viel lieber will man sich ja durchsetzen! Gleichwohl wird ein Kompromiss auch nicht völlig ausgeschlossen. Fast weiß jeder, dass man in Konflikten auch mal den Kürzeren ziehen kann und danach trotzdem die Zusammenarbeit weitergehen muss. Viele wissen auch, dass man nicht zu weit gehen darf und der unterlegenen Gegenseite die Möglichkeit lassen muss, ihr Gesicht zu wahren. Manchmal können die Kontrahenten selbst keinen Kompromiss finden, aber nach der Einschaltung eines Vermittlers oder Schlichters funktioniert es dann irgendwie doch.
Alle diese informellen Spielregeln sind bei Mobbing außer Kraft gesetzt. Es ist geradezu eine Besonderheit von Mobbingfällen, dass sie normalerweise nicht durch einen Kompromiss zu lösen sind. Da es den Mobbern um die komplette Verunsicherung, Demütigung und Ausgrenzung geht, gibt es für sie keinen Mittelweg. Mobber suchen keine Klärung, keine Einigung, keinen Interessenausgleich und schon gar keinen Kompromiss.

Bedenke:
Bei Mobbing wird kein Kompromiss angestrebt.

Sobald es einem Betroffenen gelingt, effektive Gegenwehr zu leisten (dank Mobbingberatung und Unterstützung), kann sich auch mancher Mobber gezwungen sehen, Kompromisse einzugehen. Sein eigenes Streben ist dies allerdings keineswegs.

Andererseits haftet Mobbinghandlungen insgesamt eine gewisse Versicherungsmentalität an. Sie werden nämlich mehrheitlich so ausgeführt, dass den Mobbern zur Not ein Hintertürchen offen bleibt. Von Dritten auf die Übergriffe angesprochen, wird das Mobbing als falsch verstandener Spaß, als Missverständnis, als Überempfindlichkeit des Betroffenen oder als normale berufliche Stresssituation heruntergespielt, die jeden einmal treffen könne. Ist die Böswilligkeit gar nicht mehr zu kaschieren, wird es als einmaliger Ausrutscher verniedlicht. Oft vermeiden die Mobber direkte persönliche Angriffe, sondern gehen lieber subtil und indirekt vor, was die Zurechenbarkeit sowie Beweisbarkeit von einzelnen Handlungen erschwert. Solche »zurückhaltende« Vorgehensweisen dienen ausschließlich dem Selbstschutz der Mobber.

Man kommt sich vor wie der Passant bei der Begegnung mit dem Besitzer eines Pitbulls, der mit dem Satz beruhigen möchte: »Der will nur spielen!«. Hat der Hund dann trotzdem zugebissen, so wird mit unschuldiger Mine kommentiert: »Das hat er noch nie getan!«.

4. Ursachen für Mobbing

Feindselige Verhaltensweisen, wie wir sie bei Mobbing beobachten, dürfte es im Arbeitsleben schon immer gegeben haben. Die Möglichkeit, andere Menschen mittels Kommunikation und psychischer Gewalt zu beeinträchtigen, gehört halt zum menschlichen Verhaltensrepertoire. Aber niemand ist gezwungen oder genetisch verurteilt, Mobbing zu betreiben. Weswegen kommt es zu Mobbing?

Generell dürften Beschleunigung und Globalisierung von Gesellschaft, Kommunikation und Wirtschaft eine Rolle zu spielen. Die Arbeitnehmer scheinen einer niemals endenden Jagd nach Effizienzsteigerung ausgesetzt, womit Arbeitsverdichtung und ein ständiger Zuwachs von Verantwortung verbunden ist. Die Menschen fühlen sich wie einen Hamster im Rad. Sie glauben zu einer permanenten Selbstinszenierung gezwungen zu sein, zur ständigen Steigerung der persönlichen Leistungsfähigkeit. Mit dem Zuwachs an Verantwortung und Kompetenz ist allerdings kein Zuwachs an Arbeitsplatzsicherheit verbunden. Im Gegenteil: Die Verunsicherung darüber, ob man wohl im nächsten Jahr noch dabei sein wird, ist für viele Arbeitnehmer tägliches Brot. Das dürfte der Nährboden sein für Konkurrenzverhalten und für gnadenloses Aussortieren von nicht optimal funktionierenden Beschäftigten, wie es sich bei Mobbing zeigt.

4.1 Betriebliche Ursachen

Die Ursachen für Mobbing sind vielfältig. Sie reichen von persönlichen Motiven wie Missgunst und Eifersucht über die Unsicherheit um die eigene Stellung am Arbeitsplatz bis hin zum strategischen Stellenabbau mittels Mobbing durch den Arbeitgeber. Verallgemeinerungen sind also fehl am Platz, zudem die Ursachen für Mobbing einem Wandel unterliegen. Ist beispielsweise in einem Betrieb die Sorge um den Verlust des eigenen Arbeitsplatzes der Auslöser einer Mobbingsituation, so kann dies zu einem späteren Zeitpunkt die Überforderung eines Vorgesetzten mit neuen Managementmethoden sein.

Für Betriebs- und Personalratsmitglieder standen seit Anbeginn der Diskussion über die Mobbingproblematik in der deutschen Arbeitswelt insbesondere die folgenden Aspekte im Vordergrund, von denen sie uns auf Schulungs- und Bildungsveranstaltungen regelmäßig berichtet haben:

- In vielen Betrieben geht immer wieder oder aus gegebenem Anlass die Angst vor dem Verlust des Arbeitsplatzes um. Wirtschaftskrise, Stellenabbau, Outsourcing, Verlagerung von Produktionsstätten ins Ausland sowie Begriffe wie »Globalisierung«, »Shareholder value« und »Industrie 4.0« haben sich in den Köpfen der Beschäftigten festgesetzt.
- Neue Management-Strategien und Arbeitsstrukturen (z. B. Trend zu kleinen Einheiten, Teamarbeit, Delegation von Verantwortung) überfordern sowohl Vorgesetzte als auch Beschäftigte.
- Stellenabbau, natürliche Fluktuation und/oder Fachkräftemangel führen bei den verbleibenden Beschäftigten regelmäßig zu einer Arbeitsverdichtung, welche sich bei unerwarteten Ausfällen (z. B. infolge krankheitsbedingter Arbeitsunfähigkeit) mangels Vertretungskapazitäten weiter verschärft.
- Vorgesetzten ermangelt es oftmals an sozialer Kompetenz. Sie sind nur unzureichend in der Lage, die von ihnen bekleidete Position auszufüllen. »Führungsunfähigkeit«, »Führungsschwäche«, »unzureichende soziale Kompetenz« und »fachlich ungeeignet« sind Schlagworte, die auf den Seminaren immer wieder zu vernehmen waren. Vergleichbares gilt für die Lösung von Konflikten am Arbeitsplatz. Insoweit wird Vorgesetzten immer wieder der fehlende Wille und/oder die unzureichende Kompetenz zur Konfliktlösung nachgesagt.
- Die Arbeitswelt entwickelt sich entsprechend dem allgemeinen gesellschaftlichen Trend immer mehr zu einer Ellbogengesellschaft, in der nur die Starken überleben. Wer auf andere Rücksicht nimmt, der zeigt »Schwäche«.
- Aufgrund gesellschaftlicher Veränderungsprozesse steht das Indivi-

duum im Vordergrund. Wer nur an sich denkt, der interessiert sich nicht für andere und deren Belange. Die »Ich-Bezogenheit« führt dazu, dass Probleme und Konflikte oftmals nicht mehr angesprochen werden. Wer selbst Gemeinheiten und Ungerechtigkeiten am Arbeitsplatz erfahren hat, der neigt eher dazu, sich ähnlich zu verhalten.

Leider ist nicht zu verkennen, dass es sich für einen Arbeitgeber im konkreten Einzelfall in finanzieller Hinsicht durchaus »rechnen« kann, eine Personalpolitik zu betreiben, die auf Mobbing fußt. So dürften Beschäftigte, deren man sich wegen der Geltung besonderer Schutzvorschriften nur äußerst schwer entledigen kann, vermehrt unter Mobbing zu leiden haben. Zu denken ist in dieser Hinsicht etwa an Betriebs- und Personalratsratsmitglieder, Schwangere, Beschäftigte in Elternzeit und Schwerbehinderte. Weiter dürfte zu Mobbing dann gegriffen werden, wenn es gilt, Personal kostengünstig zu reduzieren. Schließlich erhält in der Regel derjenige keine Abfindung, der seinen Arbeitsplatz selbst räumt. In der gleichen Weise wird einem die Kündigung aussprechenden Beschäftigten die Möglichkeit genommen, sich gegen eine andernfalls arbeitgeberseitig erfolgende Entlassung mittels der Erhebung einer Kündigungsschutzklage zu wehren.

Wer die Ursachen für Mobbing ausschließlich der Arbeitgeberseite zuschreibt, der macht es sich allerdings zu leicht. Auch wenn Arbeitgeber den betrieblichen Nährboden für Mobbing nicht wirkungsvoll bekämpfen, so darf nicht übersehen werden, dass die Ursachen für konkrete Mobbingfälle häufig bei einzelnen Mitarbeitern, kompletten Teams oder unmittelbaren Vorgesetzten zu finden sind. Um geeignete Maßnahmen zur Ursachenbewältigung ergreifen zu können, muss es das Anliegen eines jeden Betriebs- bzw. Personalrats und sollte es auch das Anliegen jedes Arbeitgebers bzw. Dienststellenleiters sein, die konkreten Ursachen für Mobbing im Betrieb bzw. in der Dienststelle zu ermitteln. Wer weiß, warum es im »eigenen Haus« Mobbing gibt, der kann diesem Phänomen besser begegnen.

4.2 Warum mobben Mobber? – Persönliche Motive

Mobbing ist nicht das Ergebnis der abstrakten negativen Wirkung eines Systems, sondern bedarf lebendiger menschlicher Akteure. Nicht jeder Konflikt und nicht jedes betriebliche Problem führt zu Mobbing. Was also veranlasst einen Einzelnen oder eine Gruppe von Menschen, Mobbing zu betreiben? In der Abb. 9 haben wir ein Bündel an Motiven zusammengestellt, welche dafür verantwortlich sind, dass der Mobber eine ganz bestimmte Person ins Visier nimmt.

Die Vermutung liegt nahe, dass Mobbing typischerweise von selbstbewussten Machtmenschen ausgeübt wird, die zur Erreichung der eigenen Ziele gelegentlich oder auch regelmäßig über »Leichen« gehen. Das stimmt nur für einen Teil der Fälle. Die Mehrzahl der persönlich motivierten Mobbingfälle scheint einer ganz anderen Logik zu folgen. Welche Voraussetzungen müssen erfüllt sein, damit es zu Mobbing kommt?

Abb. 9: Persönliche Motive für Mobbing

- **Der Startpunkt:**
  Der Mobber fühlt sich (von demjenigen, den er später mobbt) beeinträchtigt.
- **Das Problem:**
  Eine offene, faire Konfliktaustragung wird vom Mobber als persönliches Risiko oder als zu aufwändig und unangemessen empfunden.
- **Die Brisanz:**
  Das Eigeninteresse, das es zu verteidigen gilt, hat einen hohen persönlichen Stellenwert und zählt mehr als etwaige moralische Skrupel.
- **Die Weltsicht:**
  Er herrscht eine personalisierende Weltsicht. Mobber akzeptieren die Tatsache nicht, dass es zwischen Menschen zu Konflikten und unterschiedlichen Einschätzungen kommen kann, die durch Gespräche und gemeinsames Problemlösen bewältigt werden müssen. Stattdessen sehen sie die Sache wie folgt:

  »Die andere Person ist mein Problem.«

  Abgeleitet wird daraus die fatale Folgerung:

  »Ist die Person weg, dann habe ich kein Problem mehr.«
- **Die Konsequenz:**
  Weil der Mobber über keine legalen Mittel verfügt, die andere Person aus dem Weg zu schaffen, werden die mobbingtypischen Methoden auf den Weg gebracht.

4.2.1 Der Startpunkt für Mobbing

Die erste, quasi »natürliche« Voraussetzung für Mobbing liegt darin, dass der Mobber sich in irgendeiner Form beeinträchtigt, behindert oder beschädigt fühlt oder seine Zukunft gefährdet sieht. Der Grund der Beeinträchtigung kann manchmal für Außenstehende offen zutage treten. Häufiger bleibt er jedoch im Verborgenen. Dazu das folgende Beispiel aus der Ratgeberseite einer Illustrierten.

Praxisbeispiel:
»Nun bin ich (57) fast 25 Jahre in derselben Firma. Alt bin ich geworden bei der vielen Arbeit. Und alt darf man heutzutage als Frau nicht werden! Besonders dann nicht, wenn ausschließlich Männer die Chefs sind. Die stehen nämlich auf sehr jung, langbeinig und andere Vorzüge. Mir ist doch jetzt ein junges Ding vor die Nase gesetzt worden. Wenig Berufserfahrung, aber eine große Klappe. Ihre hingeschmissenen Stenogramme kann sie kaum lesen. Dafür kocht sie dreimal am Tag Kaffee. Den bringt sie dann ins Chefzimmer – mit Hüftschwung und frisch geschminkten Lippen. Nun soll sie mich ›entlasten‹. Und das heißt ja nichts weiter, als dass sie meinen Job kriegen soll. Gnadenbrot – das hab' ich nun von einem Vierteljahrhundert Firmentreue!« (Quelle: *Das neue Blatt* 1995)

Dieser Leserbrief offenbart ein massives Beeinträchtigungsgefühl. Die Sekretärin interpretiert die Neueinstellung in jeder Hinsicht als gegen sich gerichtet. Sie kann sich nur vorstellen, dass sie ausgebootet und »aufs Altenteil« abgeschoben werden soll. Dass es auch sinnvoll sein könnte, einen personellen Übergang langfristig anzulegen, kommt ihr nicht in den Sinn. Alle Äußerungen bezüglich der neuen Arbeitskollegin sind negativ und herablassend. Der Tenor lautet: Die kann nichts und hat außer jungem Fleisch für den gemeinsamen Chef nichts zu bieten. Der Unmut der Älteren ist so groß, dass sie sich mittels Leserbriefs über ihre Situation beschwert. Ob sich der geschilderte Sachverhalt zu einem Mobbingfall entwickelt hat, ist nicht bekannt – typische Voraussetzungen dafür wären jedoch erfüllt.

4.2.2 Angstbeißer oder Dominanzmobber

Die überwiegende Zahl der Mobber dürften Angstbeißer sein. Dazu gehört etwa der paranoide Vorgesetzte, der ständig Sägegeräusche an seinem Stuhl zu vernehmen glaubt. Im Prinzip ist diese Art von Mobbing ein Ausdruck von persönlicher Schwäche. Selbst wenn die Mobber für die Mobbingbetroffenen in der akuten Phase sehr mächtig wirken. Auch bei Machtmenschen, die Mobbing als Mittel des Machterhalts einsetzen, ist eher von der Kompensation von Schwächen auszugehen. Auslöser sind Ängste, Befürchtungen, Vorurteile und sorgenvolle Erwartungen des Mobbers. Der Gemobbte wird als potentielle Bedrohung der eigenen Interessen wahrgenommen. Inwieweit diese Befürchtungen tatsächlich berechtigt oder überzogen sind, wird häufig nicht geprüft. Die einmal ausgelösten Sorgen treiben Mobber dazu, den anderen lieber vorsorglich zu bekämpfen, als das Risiko einzugehen, irgendwann einmal in die Defensive zu geraten – nach dem Motto »Angriff ist die beste Verteidigung«.

Bedenke:
Die persönlichen Motive der Mobber haben rationale Gründe, aber vor allem auch emotionale Wurzeln.

Die tatsächliche oder befürchtete Beeinträchtigung muss für den Mobber persönlich gravierend sein – so gravierend, dass ihm Mobbing gerechtfertigt scheint. Für den Außenstehenden ist die emotionale Aufladung des Mobbers oft nicht nachzuvollziehen. Auch wenn sich ein Mobber cool oder zynisch-gelassen über sein Opfer hermacht, lässt die Hartnäckigkeit, mit der er den längst unterlegenen Gegner weiter attackiert, auf eine große emotionale Beteiligung des Mobbers schließen. Was bewegt den Mobber? Unsere Zusammenstellung in der Abb. 10 ist eine groteske Offenbarung. Mobber entziehen den Mobbingbetroffenen genau das, was sie selbst aggressiv verteidigen wollen: Ansehen, Sicherheit sowie Handlungsfreiheit.

Abb. 10: Verborgene Motive der Mobber

1. **»Mein soziales Ansehen bzw. mein Status ist gefährdet!«**
   Beispiele:
   - Ich werde unwichtiger, keiner achtet mehr auf mich
   - Ich könnte mich lächerlich machen und blamieren
   - Der Andere läuft mir möglicherweise den Rang ab
2. **»Mein Arbeitsplatz bzw. meine berufliche Position ist gefährdet.«**
   Beispiele:
   - Ich könnte ausgebootet, umgesetzt, entlassen werden
   - Ich kann meine Arbeitsleistung nicht erbringen (und das hat Folgen)
   - Ich kann die gewohnte Qualität meiner Arbeit nicht erbringen
3. **»Meine Handlungs- und Entscheidungsfreiheit ist gefährdet.«**
   Beispiele:
   - Der Andere will neue Methoden einführen, die mir nicht liegen
   - Es gibt »unnötigen« Aufwand zur Klärung
   - Der Andere könnte mir auf die Schliche kommen
4. **»Ich will mich sicher und anerkannt fühlen.«**
   Beispiele:
   - Ich bin in meiner Gruppe anerkannt und das soll auch so bleiben
   - Ich kann mich (auf Kosten des Anderen) ins rechte Licht rücken
   - Lieber treten als getreten werden

So kann es z. B. sein, dass ein Vorgesetzter eine ältere Mitarbeiterin allein deshalb loswerden will, weil er fürchtet, dass diese Konstellation seinem

Image als jung-dynamische Führungskraft abträglich sein könnte. Kollegen, die häufig krank sind, provozieren oftmals – ohne dies im Mindesten zu wollen – ihre Arbeitskollegen, weil diesen ihre eigene Gesundheitsgefährdung (z. B. die hohe Arbeitsbelastung) bewusst wird. Frisch eingestellte oder neu eingearbeitete Mitarbeiter aus anderen Branchen können von Mobbing betroffen werden, weil die Arbeitskollegen fürchten, ihre normale soziale Anerkennung einzubüßen oder Einkommensverluste hinnehmen zu müssen. Paradoxerweise wird dann viel Energie verbraucht, um den Neuen »fertigzumachen«, anstatt eine gemeinsame Verbesserung der Situation anzustreben.
Neid ist kein seltener Auslöser für Mobbing. Dabei liegt die Beeinträchtigung für den Mobber darin, dass andere bessere Entwicklungs- und Lebensmöglichkeiten (z. B. Arbeitsplatz, Geld, Anerkennung, Zukunftsaussichten) haben als er selbst. Die Möglichkeiten des Beneideten scheinen erstrebenswert und sind persönlich scheinbar unerreichbar. Man könnte die Sache auf sich beruhen lassen oder eigene Wege suchen, um erfolgreich zu sein. Der Mobber versucht jedoch, den Anderen zu bestrafen, zu erniedrigen und den Genuss seiner besseren Lage zu vergällen. Neid schlägt um in aktive Missgunst. Bei männlichen Mobbern betrifft der Neid meist die berufliche oder materielle Besserstellung des Beneideten, bei einer mobbenden Frau ist es manchmal das private Glück einer Kollegin, das sie als unerträglich erlebt.

Bedenke:
Mitglieder der Interessenvertretung geraten aus den vorgenannten Gründen immer wieder ins Visier ihrer direkten Vorgesetzten. Insgeheim werden sie als potentielle mächtige Widersacher erlebt, denen das Betriebsverfassungs- bzw. Personalvertretungsgesetz zur Seite steht.

4.2.3 Offene und faire Auseinandersetzung als Risiko

Die konsequente Vermeidung einer fairen Auseinandersetzung scheint uns das wichtigste Unterscheidungsmerkmal zu einem »normalen« Konflikt zu sein. Eine gleichberechtigte Austragung des Konflikts wird als persönliches Risiko eingeschätzt, das der Mobber keinesfalls eingehen möchte. Der Mobber mag beispielsweise fürchten, dass ihm alles aus den Händen gleiten wird, weil er nicht gut argumentieren kann.
Mobbing ist als eine Strategie zu verstehen, die gewählt wird, wenn die eigenen Interessen nur durchsetzbar scheinen, wenn die eigenen dahinterliegenden Motive für Außenstehende und den Gemobbten nicht zu erkennen sind. Verdeckt ist nicht der Angriff; vielmehr sind es die wirkli-

chen (schwachen, peinlichen, unethischen) Motive des Angriffs. Es wird versucht, die andere Person in Misskredit zu bringen, zu schwächen und zu manipulieren und damit dem sozialen Umfeld den Beweis zu liefern, dass die (gemobbte) Person das Problem darstellt.

Bedenke:
Mögliche Gründe für das Vermeiden einer offenen Auseinandersetzung:
- Der Mobber kennt keine einvernehmlichen Konfliktlösungsverfahren. Sein Konfliktkonzept kennt nur Sieg oder Niederlage. Um mögliche Folgekonflikte und Revanche zu verhindern, müssen die jeweiligen Gegner komplett ausgeschaltet werden. Deswegen sind ihm auch unfaire Mittel recht.
- Dem Interesse des Mobbers (»Der andere soll weg!«) stehen rechtliche Barrieren, wie z. B. der Kündigungsschutz, im Weg. Der Mobber verfügt über keinerlei Macht und Einwirkungsrechte, den Gegner auf legitime Weise wegzubekommen.
- Der Mobber weiß, dass seine Motive von seinem sozialen Umfeld oder von seinen Vorgesetzten nicht akzeptiert werden, weil sie z. B. unmoralisch, egoistisch und/oder peinlich sind.
- Der Mobber möchte seine Interessen ohne Abstriche zu 100 % durchsetzen. In einer fairen Konfliktbearbeitung wären die Chancen zwischen den Konfliktparteien dagegen etwa gleich verteilt und das Ergebnis bleibt zunächst offen.

Wenn man so will, ist es paradoxerweise gerade auch unser Rechtssystem, das Mobbing als eine verdeckte und gewissermaßen gebremste Form der Aggression fördert. Gäbe es die rechtlichen Schutzzäune nicht, würden die Aggressoren ihre Interessen unmittelbar in die Tat umsetzen können und die Betreffenden direkt kaltstellen, d. h. wirklich körperlich angreifen, ihres Einkommens berauben oder davonjagen.

4.2.4 Erst kommt das Fressen, dann die Moral

Treffender als es *Bertold Brecht* mit den Worten »Erst kommt das Fressen, dann die Moral« auf den Punkt gebracht hat, kann man es gar nicht ausdrücken. Für Mobbing ist typisch, dass die moralischen Bedenken weniger Gewicht haben als das Eigeninteresse des Mobbers. Dies dürfte immer dann naheliegend sein, wenn die eigenen Interessen einem so (lebens-)wichtig vorkommen, dass sie unter allen Umständen durchgesetzt werden sollen. Diese Voraussetzung dürfte in den Betrieben und Dienststellen, wo schon immer »mit harten Bandagen gekämpft« wird und wo »jeder sehen muss, wo er bleibt«, nur allzu leicht erfüllt sein.

4.2.5 Person raus – Problem gelöst!

Die vierte Voraussetzung für Mobbing liegt in einer personalisierenden Sichtweise von Problemen. Viele Menschen neigen dazu, andere Menschen für Probleme verantwortlich zu machen. Irgendwer muss »schuld« sein, wenn es nicht optimal läuft. Dabei wird nicht nach tiefergehenden oder übergreifenden Ursachen der Probleme gesucht. Ein Stau auf der Autobahn entsteht beispielsweise nach einer solchen Betrachtungsweise nicht durch eine Verkettung von Aktionen einer Vielzahl von Verkehrsteilnehmern bei einem hohen Verkehrsaufkommen, sondern immer dadurch, dass sich bestimmte Personen schuldhaft falsch verhalten (z.B. Autofahrer fahren zu langsam, Bauarbeiter haben die Schilder falsch platziert, Verkehrsplaner haben die Baustelle zum falschen Zeitpunkt eingerichtet).

Bedenke:
Mobber sehen die Welt aus einer Er-oder-ich-Perspektive.

Eine personalisierende Sicht blockiert häufig die Bereitschaft, in Konflikten nach sachlichen Lösungen oder Kompromissen zu suchen, bei denen alle gewinnen könnten. Das Motto heißt: Diese Person macht mir Probleme! Das führt dann schnell zu dem Urteil: Die Person *ist* das Problem. Und im Umkehrschluss kommt der Mobber dann zu dem Ergebnis: Wenn die Person erst einmal weg ist, habe ich kein Problem mehr. Der Erfolg versprechende Weg, um die eigenen Interessen durchzusetzen, liegt für ihn in der Ausschaltung und Vertreibung der anderen Person. *Entweder er oder ich!* Diese Sichtweise ist allerdings nicht nur in Mobbingsituationen zu finden.

4.2.6 Verdecken krimineller Aktivitäten

Das widerlichste und zugleich gefährlichste Motiv für Mobbing ist die Verdeckung unlauterer bis krimineller Aktivitäten in der Dienststelle bzw. im Unternehmen. Das können großangelegte Insidergeschäfte in Millionenhöhe sein, aber auch Vorteilsnahmen von geringem Wert. Nicht selten ist zu beobachten, dass Mobber zunächst versuchen, den später Gemobbten als Komplizen ihrer Machenschaften zu werben. Manchmal reicht es ihnen auch, den Betreffenden zu einem kompromittierten Mitwisser zu machen, der nichts von der »Beute« abbekommt, aber durch seine stillschweigende Zeugenschaft zum Schweigen verdonnert ist.

Problematisch wird es, sobald dieses Manöver nicht gelingt. Äußerst riskant dürfte hierbei die offene Ankündigung sein, sich – sofern vorhanden – an die Compliance-Stelle des Unternehmens oder der Dienststelle zu wenden. Allein der Umstand, dass der Betreffende nicht mitmachen will, macht ihn für die Mobber zu einem potentiellen gefährlichen Zeugen (»Whistleblower«) für ihre unrechtmäßigen Handlungen. Mobbing ist in solchen Konstellationen quasi das Mittel der Wahl.

4.2.7 »Suchtfaktor« billiger Triumph

Nicht wenige Mobber sind mit ihrem Leben oder mit ihrer beruflichen Position unzufrieden. Dazu kommt das Gefühl der Behinderung und Beeinträchtigung, welches sie an der Person des Mobbingbetroffenen festmachen. Manche Mobber sind geneigt, die eigene Unzufriedenheit durch erfolgreiche Feindseligkeiten zu kompensieren. Die wirkungsvollen Gemeinheiten und Attacken wirken für den Mobber als kleine Machtbeweise und »Triumphe«. Dieser Faktor könnte erklären, warum es in manchen Mobbingfällen zu einem »Spiel ohne Ende« (vgl. *Neuberger* 1999) kommt. Das Gefühl der Macht, das durch jede erfolgreiche Attacke erzeugt wird, mag für den Mobber so berauschend sein, dass er gleichzeitig mobbt und verhindern muss, dass der Betroffene tatsächlich aus dem Feld geschlagen wird und geht. Dann bewegen wir uns im Themenspektrum der psychischen Gewalt.

4.3 Mobbing als »Kollateralschaden«

Nicht in jeder Mobbingsituation geht es darum, eine bestimmte Person gezielt zu beschädigen bzw. zu verdrängen. Der Begriff »Kollateralschaden« entstammt der militärischen Denkweise. Man bezeichnet damit beispielsweise getötete Zivilisten oder die Zerstörung eines bedeutenden Kulturdenkmals als unbeabsichtigten, aber hinzunehmenden Begleitschaden einer militärischen Aktion. Auch bei Mobbing gibt es solche Fälle, in denen die gemobbte Person persönlich gar nicht gemeint, sondern beliebig austauschbar ist. Das bewusste Hinausdrängen des Betroffenen ist bei diesen Vorgängen nicht geplant, sondern eher eine Folge dessen, dass die »menschliche Zielscheibe« versucht, der Situation zu entkommen. Auch hier befinden wir uns im Übergang zur psychischen Gewalt (vgl. Abschnitt 5.).

4.3.1 Der Sündenbock

In Teams und Abteilungen wird gelegentlich ein Arbeitskollege in die Rolle des Sündenbocks gedrängt. Ihm wird in seltener Eintracht der üb-

rigen Beteiligten die Schuld für alle möglichen Fehler und Probleme in die Schuhe geschoben. Darüber hinaus bekommt er auch noch alle unliebsamen Arbeiten aufgedrückt, welche kein anderer machen will. Man macht sich kollektiv lustig über den Betreffenden, veräppelt ihn und hat keine Hemmungen, seine schlechte Laune an ihm auszulassen. Während für den Betroffenen die Situation immer unerträglicher wird, erfüllt er doch wichtige Funktionen für die Gruppe.
Erkenntnisse über die Gruppendynamik zeigen, dass ein Sündenbock zur Stabilisierung einer Gruppe beitragen kann – so ähnlich wie ein äußerer Feind, der ebenfalls zum festeren Zusammenhalt einer lockeren Gruppe führt. Das gemeinsame Mobben dient dann der internen »Sinngebung« der Arbeitsgruppe und hilft insbesondere bei der Vermeidung von Konflikten untereinander! Für den Betroffenen ist das natürlich kein Trost. Typisch für diese Mobbingkonstellation ist, dass sie meistens nicht bis zum Äußersten getrieben wird, also dem bewussten Vertreiben aus dem gemeinsamen Arbeitsbereich. Gelegentlich gibt es Erholungsphasen oder sogar (vorgetäuschte) Zuwendung, denn schließlich wird der Sündenbock in seiner Funktion dauerhaft gebraucht und darf sich nicht davonmachen.

4.3.2 Profilierungssucht auf Kosten eines Opfers

Die persönliche Profilierung auf Kosten eines Opfers ist unter Schülern verbreitet, kommt aber auch im Arbeitsleben vor. Täter sind zunächst einzelne Beschäftigte, die selbst den beruflichen Anforderungen nicht gewachsen sind oder sich im Zustand der inneren Kündigung befinden. Weil eine Anerkennung über die eigene Leistung nicht realistisch erscheint, versuchen sie die Beschreitung eines alternativen Wegs, um sich zu profilieren. Dazu wird eine Person herausgesucht, die in irgendeiner Weise gegen Gruppennormen verstößt, auffällige Merkmale besitzt, kaum soziale Bindungen genießt und möglichst wenig Widerstand erwarten lässt. Dieser Mensch wird dann systematisch gemobbt, wobei der Mobber händeringend nach applaudierendem Publikum Ausschau hält. Zusätzlich versucht er, möglichst viele andere in die Übergriffe mit einzubinden. Das angestrebte Ziel ist auch hier nicht die vollständige Beseitigung des Opfers, sondern die Bildung einer eigenen Fangemeinde, welche durch fortgesetzte Beschädigung des Opfers zusammengehalten und vergrößert werden soll.

4.3.3 Ein Exempel statuieren – ständig!

Die Mobbingkonstellation »Ein Exempel statuieren« wird insbesondere von konfliktvermeidenden Vorgesetzten, aber etwa auch von Lehrern,

Dozenten, informellen und formalen Führern in freiwilligen Organisationen hervorgebracht. Dabei wird typischerweise ein Mitarbeiter, dem ein besonderer Fehler unterlaufen ist, vor versammelter Mannschaft »fertig macht« und blamiert. Doch damit nicht genug. Diese Ausgangssituation ist nämlich nur ein gefundenes Fressen für den Gruppenleiter. Dieser reitet nun bei jeder passenden Gelegenheit auf diesem (inzwischen immer weiter zurückliegenden) Missgeschick herum und zelebriert genussvoll und immer wieder aufs Neue die angebliche komplette Leistungs- oder auch Charakterschwäche dieses Mitarbeiters. In Wirklichkeit geht es der Führungskraft aber gar nicht um diese Person, sondern vielmehr darum, den übrigen Beschäftigten insgeheim zu verdeutlichen, was ihnen passieren könnte, wenn sie sich nicht angepasst verhalten. Es ist ein disziplinarischer Wink mit dem Zaunpfahl.
In der Wirkung entwickelt sich dies für den Betroffenen eindeutig zu Mobbing. Dem Mobber steht die Person des Gemobbten nicht im Weg; vielmehr ist sie ein nützliches Anschauungsmaterial, um die Disziplin hoch zu halten und die eigene Position zu festigen. Die betroffene Person kann auch wechseln, solange zumindest einer die erforderliche Funktion des »dummen Jakob« erfüllt. Das Element der gezielten Entfernung aus dem bisherigen beruflichen Wirkbereichs aus der Mobbingdefinition ist nicht vorhanden. Wenn der Betroffene das Feld räumen will, wird er zum Teil mit versöhnlichem Getue zu einem Bleiben aufgefordert, wobei es nach einer kurzen Zeit in der ursprünglichen, gehässigen Art weitergeht.

4.4 Bossing – Mobbing durch Vorgesetzte

Es ist unverkennbar und statistisch untermauert, dass Menschen in Vorgesetztenpositionen zu einem weit überdurchschnittlichen Prozentsatz an Mobbingprozessen direkt beteiligt sind oder indirekt mitwirken, indem sie das Mobbing billigend geschehen lassen. Insofern ist der vorangegangene Abschnitt 4.3.3 bereits ein plastisches Beispiel für Vorgesetztenmobbing.
Es macht aus unserer Sicht wenig Sinn, neben Mobbing einen eigenen Tatbestand »Bossing« definieren zu wollen. Schließlich unterscheidet sich Bossing von Mobbing weder im Einsatz der Mobbinghandlungen noch bei den Auswirkungen sowie hinsichtlich der Definition. Allerdings ist die Tragweite von Mobbing durch Vorgesetzte eindeutig größer, die Rettung daraus schwieriger.

4.4.1 Besonderheiten beim Vorgesetztenmobbing

Mobbing durch einen Vorgesetzten kombiniert regelmäßig drei Faktoren, die es für Betroffene weitaus schwerer machen, gesund zu bleiben und sich zu wehren, als es bei den anderen Formen von Mobbing der Fall ist. Die miteinander verwobenen Faktoren sind: regelmäßiger Missbrauch des Weisungsrechts, ergänzt durch destruktive Kritik und angereichert durch das Damoklesschwert einer schlechten beruflichen Beurteilung. Beim Missbrauch des Weisungsrechts geht es darum, dass ein Mitarbeiter dauerhaft und gezielt Mobbinghandlungen ausgesetzt wird, die als normale, sachlich begründete und legitime Handlungsanweisungen eines Vorgesetzten daherkommen. Wir haben diese Form des Übergriffs in Abschnitt 1.3.1 als »Angriffe gegen die Arbeitsleistung und das Leistungsvermögen« umfassend erläutert.

Bedenke:
Mobbing durch Vorgesetzte kombiniert regelmäßig drei extrem belastende Faktoren für die Betroffenen:

- Missbrauch des Weisungsrechts
- Destruktive Kritik
- Missbrauch des Rechts zur beruflichen Beurteilung

Wenn jede Arbeit eines Mitarbeiters als zu langsam, als nicht richtig, als nicht ausreichend genau und als nicht engagiert genug beurteilt wird – mit anderen Worten: wenn destruktive Kritik angewendet wird – dann geraten Mitarbeiter regelmäßig in völlig absurde und verzweifelnde Situationen. Was gestern als richtig galt, ist heute komplett falsch. Häufig klagen Mitarbeiter: »Egal was ich machte und wie ich es machte – es war hinterher immer falsch«. Systematisch provozierte Überforderungen lassen sich als mangelnde Kompetenz oder Leistungsbereitschaft uminterpretieren. Wenn dann im Mitarbeitergespräch oder bei Zielvereinbarungen die paradoxe Situation für den Mitarbeiter noch gänzlich als dessen Fehler dargestellt wird und zusätzlich in einer schlechten beruflichen Beurteilung mündet, dann ist der Sack zugeschnürt. Die psychische Belastung der betroffenen Person wächst dadurch ungeheuer.
Mobbing durch Vorgesetzte ist natürlich nicht ausschließlich das Werk von Angstbeißern, gestörten Persönlichkeiten sowie Karrieretypen. Vielmehr stehen die Vorgesetzten selbst unter immensem Druck und sollen die paradoxe Leistung erbringen, in zwei Richtungen alles richtig zu machen. »Führung im Sandwich« lautet eine treffende Charakterisierung dieses Zustands. Vorgesetzte werden nicht selten damit beauftragt, völlig

abstrakte, rein rechnerisch bestechende Ziele zu erreichen. Die Hauptverantwortlichen gehen dabei nicht selten nach dem Motto vor: »Ziele setzen und verdünnisieren«. Alleingelassen mit der Verantwortung, nicht erreichbare Ziele mit zu wenig Personal anzustreben, ist deren wachsende Tendenz zu Mobbing nachvollziehbar. Vorgesetzte sehen sich zudem selbst in der Rolle, dass sie auch das Unmögliche irgendwie schaffen müssen und Versager sind, wenn Vorgaben nicht umgesetzt werden. Das ist der ideale Nährboden für Burn-out, wie wir inzwischen wissen. Das entschuldigt im Einzelfall nichts, erklärt aber manches.

Bedenke:
Vorgesetzte stehen teilweise selbst vor unlösbaren Aufgaben und sollen unversöhnliche Ziele erreichen:
- Abstrakte Zielvorgaben, zum Teil ohne Realisierungschancen
- Führung im Sandwich
- Chronische Selbstinstrumentalisierung

Eine weitere Vertiefung dieser Sachverhalte würde den Umfang und den Anspruch dieses Ratgebers sprengen. Hier tut sich ein weites Feld für gesellschaftspolitische und gewerkschaftliche Initiativen auf. Ein letzter Aspekt ist in Bezug auf Mobbing von großer Tragweite.

4.4.2 Struktureller Täterschutz

Kann eine betriebliche Interessenvertretung einen Fall von »Mobbing durch normale Mitarbeiter« zweifelsfrei nachweisen, zeigen sich die Personalabteilungen zunehmend bereit, angemessene Maßnahmen einzuleiten. Das ist leider nicht so, wenn es um Mobbing durch einen Vorgesetzten geht!

Diese fatale Erfahrung haben Betriebs- und Personalräte sowie Betroffene in der Vergangenheit immer wieder gemacht. Vorgesetzte, die mobben, genießen offenbar einen besonderen »Welpenschutz«. Sobald einem Vorgesetzten vorgeworfen werden muss, dass er Mobbing betreibt oder betrieben hat, sehen sich die Berater von Mobbingbetroffenen einer weitgehend geschlossenen Phalanx der Führungskräfte gegenüber. Da sagt keiner etwas über den anderen. Und gleichermaßen unzugänglich verhalten sich die übergeordneten Stellen in der Regel. Es soll nicht sein, was nicht sein darf.

Selbst dann, wenn eine Führungskraft bereits unternehmensweit als eine schwierige Person bekannt ist, wird mit Worten abgewiegelt: »Den ändern wir nicht mehr«. Wie ist das möglich? Dem Ganzen scheint womög-

lich eine »Domino-Theorie« des Managements zugrunde zu liegen, die voraussetzt, dass Vorgesetzte die allein tragenden Säulen eines Unternehmens bzw. einer Dienststelle sind. Da sich die Institutionen erdenklich viel Mühe geben, die jeweils kompetentesten Persönlichkeiten in Führungspositionen zu positionieren, käme die »gewaltsame« Herausnahme einer solchen Führungskraft aufgrund von nachgewiesenem Mobbing einer architektonischen Katastrophe gleich. Das ganze System der Hierarchie würde sich infrage gestellt fühlen und die Stabilität der gesamten, systemtragenden Säulensystems könnte, so wird wohl befürchtet, zum Einstürzen gebracht werden.
Besonders schwierig wird es, wenn es sich um einen in der Öffentlichkeit bekannten Vertreter des Unternehmens bzw. der Dienststelle handelt, also einem Aushängeschild. Ähnlich sieht es aus, wenn die mobbende Führungskraft einem strategisch oder ökonomisch bedeutenden Teil des Unternehmens vorsteht, also einem Leistungsgaranten. Diesem Personenkreis wird von Seiten der Organisation in Bezug auf soziale Unverträglichkeit viel »verziehen«.
Diese etwas ironisch formulierten Hinweise sollen auf den Ernst der Lage aufmerksam machen, wenn es sich um Mobbing durch einen Vorgesetzten handelt. Das soll nicht falsch verstanden werden: Mobbing durch Vorgesetze ist keinesfalls unlösbar. Allerdings müssen der standardmäßig geltende »Welpenschutz« und die phalanxhafte Selbstschutzreaktion der übrigen Vorgesetzten bei der Bearbeitung eines Mobbingfalls als zusätzliche Erschwernisse unbedingt in Rechnung gestellt werden. Es ist teilweise schon grotesk, welche organisatorischen Verrenkungen und welche zusätzlichen Coachings, Meetings und immense Kosten einzelne Unternehmen in Kauf genommen haben, um einerseits die mobbende Führungskraft zu halten und andererseits die Schäden auszugleichen, welche diese Führungskraft angerichtet hat.

5. Psychische Gewalt

Nach dem gegenwärtigen Erkenntnisstand tritt Mobbing in erster Linie durch die Anwendung von psychischer (sowie sozialer) Gewalt in Erscheinung. Zwar kommen körperliche und sexuelle Gewalt sowie das Erzeugen von materiellen Schäden als Teil von Mobbing vor; sie sind jedoch Randerscheinungen oder Auswüchse. Allerdings lassen sich die gängigen Definitionen von Mobbing (vgl. etwa *Leymann, Brinkmann, Esser/Wolmerath)* nicht mit jeder beobachtbaren Form von psychischer Gewalt am Arbeitslatz zur Deckung bringen.

»Mobbing« fokussiert sich auf das isolierte, unterlegene einzelne Opfer. Tatsächlich finden wir aber durchaus Situationen, in denen eine einzige Person, zumeist in der Führungsposition stehend, eine ganze Abteilung in negativer Weise in Atem hält. Um die Theorie zu retten, hat man sich bisher damit beholfen, hierbei eine Reihe von parallelen Mobbingfällen zu konstruieren; das war jedoch keine wirklich zufriedenstellende Interpretation. »Mobbing« fokussiert sich außerdem auf der chronischen Feindseligkeit und auf das Endergebnis der Beseitigung der Betroffenen. Nicht berücksichtigt wurden dabei solche beruflichen Konstellationen, in denen die Anwender von psychischer Gewalt gleichzeitig alles tun, um ihre Opfer im Feld zu halten. Auch gibt es psychische Gewalt, die nicht systematisch und nicht auf eine einzelne Person konzentriert erfolgt, wie es laut Mobbingdefinition erwartet wird. Viel zu wenig sind bisher Elemente der Verführung sowie Methoden der Verstrickung der Betroffenen berücksichtigt worden, in denen sich psychische Gewalt ebenfalls zeigen kann, ebenso wenig die mentale Desorientierung oder psychische Destabilisierung eines Betroffenen als Selbstzweck oder als Kollateralschaden eines Täters mit Persönlichkeitsstörung.

Aus diesen Überlegungen heraus wollen wir neben »Mobbing« auch den Begriff der »psychischen Gewalt« thematisieren. Wichtige Überlegungen dazu lieferte *Marie-France Hirigoyen,* die uns mit ihren beiden Veröffentlichungen (2004, 2015) diesbezüglich voraus war. Wir wollen vermeiden, dass der Begriff »Mobbing« arbeitswissenschaftlich zu einem Pauschalbegriff wird, der für jede Art von negativem sozialem Umgang herhalten muss. Aber andererseits wollen wir sicherstellen, dass gravierende soziale Übergriffe im Arbeitsleben, die von der Mobbingdefinition nicht abgedeckt werden, trotzdem eine angemessene Berücksichtigung finden. Zum Verständnis erfolgt zunächst eine Erläuterung der »Gewalt«.

5.1 Was bedeutet Gewalt?

Gewalt bezeichnet die unmittelbare Anwendung von Zwang, der geeignet ist, den freien Willen anderer Menschen zu unterdrücken oder in eine Richtung zu lenken, welche die betroffenen Personen aus eigenem Willen nicht anstreben. Gewaltanwendung ist eine der möglichen Ausdrucksformen von Macht. Wer Macht besitzt, muss jedoch keine Gewalt anwenden; allerdings muss ein Machthaber prinzipiell dazu in der Lage sein. Beispiele für Gewalt am Arbeitsplatz finden sich in der Abb. 11.

In der deutschen Sprache wird die legitime Ausübung von Gewalt nur unzureichend von der schädigenden Gewalt unterschieden. Die legitime Anwendung von staatlicher Gewalt, die Durchsetzung rechtlich begründeter Interessen (z. B. Zwangsvollstreckung) sowie die Notwehr als eine legitime Gewaltanwendung zum Schutz des eigenen Lebens heißen ebenso »Gewalt« wie etwa sexuelle Übergriffe oder körperliche Schläge. Unzweifelhaft sind das gesamte Wirtschaftsleben und die Arbeitswelt von Machtbeziehungen durchdrungen, die sich als »strukturelle Gewalt« zeigen. So kann z. B. ein großer Autokonzern mehr Druck auf seine Zulieferer ausüben als ein einzelner Zulieferer gegenüber dem Autokonzern. Eine auf den ersten Blick legitim erscheinende Gewaltanwendung (z. B. fristlose Kündigung und Hausverbot wegen Diebstahl) kann sich später als illegitim herausstellen (z. B. es war untergeschobenes Diebesgut, um ein missliebiges Betriebsratsmitglied loszuwerden). Macht ist im Arbeitsleben allgegenwärtig. Sie zeigt sich etwa. in der unterschwelligen Furcht vor möglichem Verlust des Arbeitsplatzes.

Abb. 11: Beispiele für Gewalt am Arbeitsplatz

- Ein Kollege wird von zwei anderen bedroht und geschlagen
- Einer Mitarbeiterin werden die Reifen ihres privaten PKW zerstochen
- Der Werksschutz hindert ein Betriebsratsmitglied am Betreten des Betriebsgeländes

Grundsätzlich ist die Möglichkeit zur Anwendung von Gewalt ein existentieller Bestandteil menschlichen Lebens. Es ist ein jedermann prinzipiell zur Verfügung stehendes Mittel und jedem Menschen ein immer drohendes Ereignis. Das Prinzip der Gewaltlosigkeit in zwischenmenschlichen Beziehungen ist erstrebenswert und ermöglicht Kooperation; es ist jedoch keine Selbstverständlichkeit. Dazu erläutert der Soziologe *Popitz:*

»Der Mensch muss nie, kann aber immer gewaltsam handeln, er muss nie, kann aber immer töten – jedermann. (…) Gewalt ist in der Tat (…) eine Option menschlichen Handelns, die ständig präsent ist.« (Popitz, S. 76)

5.2 Psychische Gewalt am Arbeitsplatz

Auch psychische Gewalt ist im Arbeitsleben allgegenwärtig. Die meisten Beschäftigten haben sich offenbar daran gewöhnt, sie nehmen es hin wie schlechtes Wetter. Einige unserer Beispiele aus der Abb. 13 dürften in vielen Betrieben und Dienststellen als »normale« Verhaltensweisen gelten. Auch wenn es täglich passiert, gibt es für die Anwendung von psychischer Gewalt keinen legitimen Grund. Die Vorkommnisse haben sicherlich unterschiedliche Tragweite, es handelt sich jedoch stets um schädigende Gewaltanwendung.

Wie schon erwähnt wird Mobbing immer unter Beteiligung von psychischer Gewalt ausgeübt. Aber nicht jede Form psychischer Gewalt ist gleichzeitig Mobbing. Wir möchten mit unseren Erläuterungen dazu beitragen, dass derartige Übergriffe ebenfalls wichtig genommen und verhindert werden. Welche Konstellationen umfasst psychische Gewalt über die Mobbingdefinition hinaus?

Bedenke:
Besondere Konstellationen bei psychischer Gewalt, die über Mobbing hinausgehen:
- Eine Person attackiert eine Reihe von Personen oder die komplette Abteilung gleichzeitig
- Fluktuierende psychische Gewalt (d.h. Mobbing mit ständig wechselnden Betroffenen)
- Chaotische, Angst machende, stressige Arbeitsbedingungen aufgrund einer überforderten, beratungsresistenten Führungsperson, die jedoch »von oben« gedeckt wird
- Ein perverses System der Selbstdarstellung einer narzisstischen Führungspersönlichkeit, die sowohl aggressive als auch zugleich verführerische Elemente enthält und von der Opfern teilweise mitgetragen wird

Wird die psychische Gewalt rein instrumentell eingesetzt, dann soll sich das Opfer in eine Zwangslage versetzt sehen und sich unmittelbar dem Willen des Täters fügen. Im Arbeitsleben recht verbreitet ist die unmittelbare Bedrohung mit Arbeitsplatzverlust, wenn man eine bestimmte Anordnung eines Vorgesetzten nicht folgen will oder etwa die Ableistung von Überstunden verweigert.

Abb. 12: Definition »psychische Gewalt«

Psychische Gewalt bezeichnet den schädigenden Einsatz von Methoden der Kommunikation (verbal, mimisch, körpersprachlich, durch Verhalten),
- um den freien Willen anderer Menschen zu unterdrücken oder in eine Richtung zu zwingen, welche die betroffenen Personen aus eigenem Willen nicht anstreben

und/oder
- um die Wahrnehmung, das Denken, das Erinnern sowie die emotionalen Reaktionen anderer Menschen mit eigennütziger Zielrichtung sowie zur Selbstaufwertung zu manipulieren.

Das Mittel der Wahl bei der psychischen Gewalt ist das Hervorrufen von Angst in allen Variationen. Weitere typische Methoden sind die gezielte Beschämung, die Verführung, die Verstrickung und die mentale Desorientierung der Betroffenen.

Psychische Gewalt

Eine ebenfalls verbreite Form der psychischen Gewalt ist die Unsitte, einzelne Beschäftigte ohne Vorwarnung, aber auch ohne vorherige Aufklärung, worum es gleich gehen soll, zum Vorgesetzten ins Büro zu laden. »Kommen Sie doch mal bitte hoch zum Chef«. Während der Betroffene noch besorgt grübelt, was er denn diesmal falsch gemacht haben soll, sieht er sich beim Eintritt ins Chefzimmer einer ganzen Gruppe von Vorgesetzten mit grimmigen Minen gegenüber. Dabei handelt es sich um eine sehr unangenehme Zwangslage, die für eine Gefügigkeit des Beschäftigten sorgen soll.
Neben diesen gelegentlichen oder einmaligen Geschehnissen, die mit psychischer Gewalt einhergehen, geraten viele Beschäftigte auch in dauerhafte Belastungssituationen, die denen des Mobbing sehr ähnlich sind und nicht selten vergleichbare Auswirkungen haben.

Abb. 13: Beispiele für psychische Gewalt am Arbeitsplatz

- Herabsetzende Kommunikation mit allen Beschäftigten
- Wiederkehrende, anlasslose Drohung mit dem Ausspruch einer Kündigung
- Ankündigung von Personalabbau mit der Aufforderung an die betroffenen Abteilungen, die Abwicklung des Abbaus in »Eigenregie« durchzuführen
- Überrumpelnde, unfaire Durchführung von Personal- und Kritikgesprächen
- Inszenierung einer ausweglosen Situation, um die Unterschrift unter einen Änderungs- oder Auflösungsvertrag zu erzwingen
- Berufliche Erpressung oder Begünstigung für eine bestimmte (z. B. sexuelle, kriminelle) Gegenleistung

Folgendes ist kennzeichnend für psychische Gewalt: Der freie Wille und das persönliche Wertesystem des Menschen, über den psychische Gewalt ausgeübt wird, wird missachtet oder gebrochen. Aber dies muss nicht unbedingt auf eine aggressive Art geschehen, sondern kann auch auf eine charmante, verführerische Weise zustande kommen. So kann die Annahme eines Geschenkes oder eines beruflichen Vorteils im weiteren Verlauf zu einer Komplizenschaft zwingen, aus der es dann kein Entkommen mehr gibt, ohne selbst z. B. arbeitsrechtliche Konsequenzen tragen zu müssen.

Beispiel:
Um die persönliche Anerkennung des Chefarztes nicht zu verlieren, hatten sich einige Beschäftigte der Verwaltung dazu hinreißen lassen, falsche Aussagen über einen Oberarzt, den der Chefarzt loswerden wollte, zu Protokoll zu geben. Weitere unethische Maßnahmen folgten bis zur »erfolgreichen«

Entlassung des Oberarztes. Inzwischen sind jedoch die Beschäftigten dermaßen verstrickt, dass sich alle der zunehmenden Willkür des Chefarztes komplett ausgeliefert haben. Nach außen herrscht eine Festungsmentalität, intern traut jedoch keiner mehr keinem. Einige Mitarbeiter haben den Bereich »freiwillig« verlassen, um diesem fatalen Betriebsklima zu entgehen. Der Chef muss inzwischen nur noch mit subtilen Andeutungen agieren, damit ihm seine verbleibenden Mitarbeiter zu Willen sind.

Bei der reinen psychischen Gewalt geht es oft keineswegs darum, eine bestimmte Person aus dem beruflichen Umfeld herauszubekommen (wie es für Mobbing typisch ist). Der Täter versucht vielmehr, sein eigenes psychisches Gleichgewicht herzustellen oder für ausreichend Anerkennung der eigenen Person zu sorgen. Dazu neigen insbesondere Beschäftigte mit einer narzisstischen Persönlichkeitsstörung (Stichwort: selbstverliebt). Ihnen geht es ausschließlich darum, dass das soziale Umfeld an die eigene Großartigkeit und Unfehlbarkeit glaubt. Sie sorgen permanent selbst dafür, verlangen aber auch von den anderen, dass sie die Großartigkeit des Narzissten permanent in Szene setzen.
Narzisstische Persönlichkeiten verteilen gezielt Anerkennung an Personen, die für ihr Fortkommen und ihre Karriere wichtig sein könnten. Es geht ihnen aber eigentlich nur darum, mit dieser oberflächlich verteilten Anerkennung ihrerseits Huldigende und Anbetende zu rekrutieren, denn es fehlt ihnen selbst an etwas Wesentlichem: Einfühlungsvermögen und Mitgefühl für andere.

»Die Verführung (...) ist narzisstisch. Es geht darum, im anderen das einzige Objekt der Faszination zu suchen, nämlich das liebenswürdige Bild seiner selbst.« Tragischerweise werden die Personen, die den Narzissten in seinem übertriebenen Selbstbild bestätigen, nicht wirklich wertgeschätzt. »Denn die Gegenwart des anderen wird als Bedrohung, nicht als Ergänzung erlebt.« (Hirigoyen 2009, S. 116)

Solange das Blendwerk funktioniert, haben alle Beteiligten Vorteile. Sobald jedoch kritische Momente oder sogar Krisen auftreten, setzen eine kollektive Verleugnung und gnadenlose Schuldzuweisungen des Narzissten an Dritte ein. Typisch wäre hier auch chronisches Lügen. So wird einfach in Abrede gestellt, bestimmte Aussagen gemacht oder Anweisungen gegeben zu haben, obwohl jeder Beteiligte vom Gegenteil weiß. Dies wäre ein Beispiel für mentale Desorientierung, der betroffene Arbeitskollege ist sich am Ende selbst nicht mehr sicher, was er erlebt hat.

»Es ist dann eine Lüge, die jedem Augenschein spottet. Dennoch überzeugt gerade und vor allem die Lüge, an die der Lügner glaubt. Wie auch immer die Ungeheuerlichkeit der Lüge sein mag, der Perverse steht dahinter und überzeugt den anderen am Ende.« (Hirigoyen 2009, S. 128)

Eine andere Gruppe, die zu psychischer Gewalt neigt, sind Menschen mit paranoiden Persönlichkeitszügen. Sie vermuten beispielsweise überall Intrigen und unterstellen permanent, dass man an ihrem Stuhl sägt. In einem solchen Klima des gegenseitigen Verdächtigens fühlt sich niemand wirklich zu Hause. Es ist kein Mobbing, weil ja der Verdacht pauschal gegen jedermann im Raume schwebt, aber dennoch herrscht ein ausgesprochen schädliches Betriebsklima.
Als letztes Element möchten wir Sie mit dem Begriff der »perversen Kommunikation« bekannt machen, der ebenfalls von *Marie France Hirigoyen* stammt. Perverse Kommunikation sei nicht geschaffen, so schreibt sie, um durch Sprechen zu verbinden, sondern um fernzuhalten und jeglichen inhaltlichen Austausch zu unterbinden.

»Die Aggression wird verübt durch die Weigerung; beim Namen zu nennen, was geschieht; zu diskutieren; gemeinsam Lösungen zu finden. Handelte es sich um einen offenen Konflikt, wäre eine Auseinandersetzung möglich, und eine Lösung könnte gefunden werden. Aber nach den Regeln der perversen Kommunikation gilt es vor allem, den anderen am Denken zu hindern, am Begreifen, am Widerstand.« (Hirigoyen 2009, S. 122)

Die Anwendung von psychischer Gewalt ist häufig ein Mittel von gestörten Persönlichkeiten, um die eigenen Ängste zu kontrollieren. Die anderen Mitarbeiter lösen beim Täter diffuse Befürchtungen aus, weswegen er sie unter Kontrolle bekommen möchte. Dieser Hintergrund macht es nicht weniger grausam oder gefährlich. Andererseits wird psychische Gewalt auch durchaus gezielt als personalpolitisches Mittel eingesetzt oder sie kann Ergebnis verantwortungsloser Toleranz gegenüber fachlich kompetenten, aber sozial toxischen Führungskräften sein.
Wie auch immer, es darf nicht nur das lupenreine Mobbing sein, das entschlossene Maßnahmen auf den Plan ruft. Die beruflichen, gesundheitlichen, psychischen und betrieblichen Folgen von psychischer Gewalt sind nicht minder belastend.

B. No Mobbing! Die Handlungsmöglichkeiten der betrieblichen Interessenvertretung

In diesem Kapitel geht es um realistische Möglichkeiten der Prävention von Mobbing und psychischer Gewalt am Arbeitsplatz. Wir stellen die drei »Barrieren gegen psychische Gewalt« vor. Mit der ersten Barriere soll das Auftreten von Mobbing im Betrieb möglichst verhindert werden. Zweitens geht es um ein Frühwarnsystem, das bei ersten Anzeichen von Mobbing sensibel reagiert und den Betroffenen erste Hilfe zur Verfügung stellt. Drittens steht der Aufbau von verbindlichen Zuständigkeiten, Strukturen und Verfahren für den Fall von manifestem Mobbing sowie psychischer Gewalt am Arbeitsplatz im Fokus. Wie reagiert die Institution, wenn es trotz Vorsorge dennoch zu sozialen Übergriffen gekommen ist? Und wie lassen sich die sozialen, beruflichen, organisatorischen und gesundheitlichen Folgeschäden in Grenzen zu halten?

1. Der Stand der Dinge – 2020

Die jahrelange Berichterstattung in den Medien hat »Mobbing« zu einem bekannten und akzeptierten Phänomen gemacht. Wir finden es im Duden und bei Wikipedia; es ist inzwischen ein arbeitsmedizinisch anerkannter Risikofaktor für die Gesundheit. Ein Großteil der Arbeitnehmer hat inzwischen eine elementare Vorstellung davon, was Mobbing ist und welche negativen Auswirkungen damit verbunden sind. Viele Allgemeinmediziner, Betriebsärzte und insbesondere die Krankenkassen sind sensibilisiert für die Zusammenhänge zwischen Gesundheit und sozialem Klima am Arbeitsplatz und berücksichtigen das Thema Mobbing in Diagnostik und medizinischer Therapie. Im Internet finden sich weiterhin viele Angebote der Aufklärung und Hilfe.
Durch betriebliche Aufklärung ist es gelungen, eine Sensibilität auch bei einem Teil der Vorgesetzten und Führungskräfte herzustellen. Deren Bereitschaft ist in den zurückliegenden Jahren gewachsen, Mobbing als po-

tentielles Problem im eigenen Betrieb bzw. in der eigenen Dienststelle anzuerkennen. Von Führungskräften wird kaum noch abgestritten, dass es sich bei Mobbing um ein reales Phänomen handelt. Allerdings wird die Bedeutung für das eigene Unternehmen bzw. für die eigene Dienststelle weiterhin regelmäßig heruntergespielt nach dem Motto: »Mobbing, ja das gibt es schon, aber nicht bei uns!«

1.1 Einen Schritt vor, zwei zurück?

Andererseits ist der Schwung der ersten Jahre abgeflaut. Nicht wenige Anti-Mobbing-Aktivisten, die sich unmittelbar nach *Leymanns* Aufsehen erregender Veröffentlichung im Jahr 1993 engagiert haben, sind inzwischen im Ruhestand. Etliche Beratungsstellen haben ihren Dienst eingestellt. Das Thema Mobbing hat seine ursprüngliche Brisanz verloren. Die Öffentlichkeit hat sich daran gewöhnt, es ist nichts Besonderes mehr. Nun, das wäre der natürliche Lauf der Dinge. Wir sehen jedoch neue Trends in der »Mobbinglandschaft«, von denen drei Sorgen bereiten und nur einer zu Hoffnung Anlass gibt.

Trend 1: Rückbau. Die Landeshauptstadt München wurde im Jahr 1997 mit ihrer »Dienstvereinbarung für den Umgang mit Mobbing am Arbeitsplatz« zum Vorbild für den gesamten öffentlichen Dienst. Gleiches gilt für die Betriebsvereinbarung »Partnerschaftliches Verhalten am Arbeitsplatz« von Volkswagen aus dem Jahr 1996, soweit es die freie Wirtschaft betrifft. Viele Dienststellen und Betriebe sind ihnen gefolgt und haben ebenfalls Dienst- bzw. Betriebsvereinbarungen zur Mobbingproblematik (im weitesten Sinne) abgeschlossen. Leider müssen wir vermehrt feststellen, dass diese Vereinbarungen vielerorts nicht mehr »gelebt werden«. Gelegentlich gibt es dort noch vereinzelte Aktivisten aus früheren Zeiten, welche von Betroffenen angesprochen werden können; aber niemand wird mehr in Sachen Mobbing geschult. Weder Führungskräfte noch Interessenvertreter scheinen die Mobbing-Problematik aktuell auf ihrer To-do-Liste zu haben. Betriebliche Strukturen, die Mobbingbetroffenen Rat und Hilfe geben konnten, haben sich bereits aufgelöst oder befinden sich in der Auflösung. Anderenorts heißt es, die nach § 13 Abs. 1 AGG eingerichtete betriebliche Beschwerdestelle solle »das gleich mitmachen«.

Trend 2: Aktive Abwehr. Führungskräfte waren vom Thema Mobbing nie wirklich angetan. Mit den Jahren änderten sich zwar die Argumente, aber an den Vorbehalten hat sich im Prinzip nur selten etwas geändert (vgl. Abb. 14).

Abb. 14: Argumente von Führungskräften gegen Mobbing – im Wandel der Zeiten

- ab 1993: »Mobbing? – Gibt es nicht! Das ist eine Erfindung übereifriger Psychologen.«
- ab 1995: »Mobbing hat es schon immer gegeben. Was soll die Aufregung?«
- ab 1996: »Mobbing? – Gibt es schon, aber bei uns nicht!«
- ab 1998: »Mobbing? – Naja, vielleicht auch bei uns. Aber nur extrem selten.«
- ab 2000: »Mobbing kann es überall geben. Wir werden das nicht dulden.«
- ab 2012: »Das geschilderte Problem ist definitiv kein Mobbing, sondern etwas ganz anderes, nämlich ...«
- ab 2018: »Das Vorgehen des Betriebsrats gegenüber der Geschäftsführung und einzelnen Vorgesetzten ist Mobbing«

Im Rückblick lässt sich sagen, dass sich Führungskräfte, die Mobbing nicht relevant fanden, bis zum Jahr 2010 in gewisser Hinsicht in einer Defensivstellung befunden haben. Sie spürten, dass mit Mobbing auch eine fundamentale Kritik am Führungsstil in deutschen Unternehmen und Behörden einherging. Und Personalverantwortlichen wurde bewusst, dass sie selbst keine Rezepte für den Umgang mit solchen Formen von psychischer Gewalt hatten. Wenn man so will, ging es Führungskräften zunehmend darum, »politisch korrekt« aufzutreten. Insofern fühlten sie sich verpflichtet, Maßnahmen gegen Mobbing zu befürworten.
Inzwischen scheint sich der Wind gedreht zu haben. Immer häufiger berichten uns Betriebs- und Personalratsmitglieder, dass ihnen Vorgesetze oder Personalverantwortliche selbstbewusst gegenübertreten mit der Behauptung, dass ein angezeigter Problemfall »definitiv« kein Mobbing sei. Stattdessen werden altbackene Erklärungsmuster für Konflikte aufgetischt: »Die Chemie unter den Beteiligten stimmt nicht«, »Die betroffene Person ist zu empfindlich bzw. psychisch anfällig« oder »Es ist ein Konflikt, aber kein Mobbing«. Wichtig ist uns in diesem Zusammenhang nicht die Begründungen im Einzelfall (sie können gelegentlich ja auch stimmen), sondern das zutage tretende Muster: Selbstbewusst, abgeklärt, scheinbar auf dem neuesten Stand der Mobbingforschung – so treten viele Vertreter der Arbeitgeberseite heute auf. Als Folge stellt sich bei der Interessenvertretung Verunsicherung ein. Argumentative Versuche, dass es sich doch um Mobbing handelt, laufen nun leider häufiger ins Leere. Die Leidtragenden sind die Mobbingbetroffenen: Es passiert nichts und das Mobbing geht weiter.
Wir wissen nicht, wie dieser Trend in Gang gesetzt wurde. Vielleicht haben sich landauf, landab Personalverantwortliche abgestimmt, wie sie sich endlich aus der für sie misslichen Lage herausmanövrieren, dass sie

in der Vergangenheit »sich ständig mit irgendwelchen Mobbingfällen herumschlagen« mussten.

Trend 3: Mobbing gegen Betriebsratsmitglieder. Seitdem einige einschlägig bekannte Anwaltskanzleien das Geschäftsmodell der »Kündigung der Unkündbaren« auf den Markt gebracht haben, ist leider immer wieder systematisches Mobbing gegenüber einzelnen, besonders engagierten Betriebsratsmitgliedern und gelegentlich auch gegenüber sämtlichen Mitgliedern der Interessenvertretung festzustellen. Dieses Phänomen wird teilweise als »Betriebsrat-Bashing« bezeichnet. Immer wieder ist zu beobachten, dass das Mobbing präzise geplant und strategisch vorbereitet erfolgt. Teilwiese geschieht dies unter Einbeziehung von Arbeitskollegen, Vorgesetzten, Rechtsanwälten und Detektiven, wobei letztere teilweise mit bestimmten Aufträgen versehen in den Betrieb eingeschleust werden. Für die betroffenen Betriebsratsmitglieder gestaltet sich die Situation als psychisch extrem belastend. Der Schuss kann für den Arbeitgeber aber auch nach hinten losgehen, etwa wenn eine Solidarisierung der Belegschaft einsetzt und die Gewerkschaft effektive Schützenhilfe leistet. Manchmal ist es auch der reine Zufall, der das Geschehen ans Tageslicht bringt – etwa durch die Ausstrahlung einer Fernsehdokumentation mit dem Titel »Die Rausschmeißer – Feuern um jeden Preis«. Insoweit sei auf das Urteil des *ArbG Gießen* vom 10. 5. 2019 – 3 Ca 433/17 hingewiesen, in dem einem ehemaligen Betriebsratsmitglied eine Entschädigung in Höhe von 20 000 € zugesprochen wurde.

In diesem Zusammenhang ist weiter zu erwähnen, dass arbeitgeberseitig zunehmend der Vorwurf erfolgt, dass der Betriebsrat die Geschäftsführung oder wichtige Vorgesetzte mobben würde. Dabei war die Interessenvertretung lediglich ihren betriebsverfassungsrechtlichen Aufgaben nachgegangen, in dessen Verlauf sie das Verhalten einer Führungskraft kritisiert hatte. So wurde in einem Betrieb arbeitgeberseitig moniert, dass der Betriebsrat der Beschwerde eines Arbeitskollegen ordnungsgemäß nachgegangen war. Das sei Mobbing gegen die Leiterin der Personalabteilung, hieß es. In derartigen Fällen soll eine Einschüchterung mit umgekehrtem Vorzeichen erfolgen.

Trend 4: Burnout. Seit einigen Jahren dominiert das Thema »Psychische Belastungen« in Verbindung mit »Burnout« die Diskussionen in der Arbeitswelt. Das Thema scheint Mobbing in der Wahrnehmung nicht nur abgelöst zu haben, sondern es wird zugleich viel breiter akzeptiert. Das liegt wohl insbesondere daran, dass »Burnout« ein Phänomen ist, das auch die Arbeitgeberseite akzeptieren kann. Es trifft nämlich auch die eigene Klientel und ist gewissermaßen ein Markenzeichen der Leistungsgesellschaft. Wer Burnout erleidet, der hat zumindest vorher »Übermenschliches geleistet«.

Wie wirkt sich dieser Trend auf Mobbing aus? Es gibt einen Zusammenhang zwischen Burnout bei Führungskräften und Mobbing gegenüber Untergebenen. Führungskräfte können in einer fortgeschrittenen Phase des Mobbing in zynische, paranoide Verhaltensweisen verfallen, die für das Umfeld psychisch sehr belastend sind. Wichtiger ist jedoch folgender Zusammenhang. Nach §§ 3ff. ArbSchG sind die Arbeitgeber verpflichtet, eine Beurteilung der Arbeitsbedingungen (sog. Gefährdungsbeurteilung) vorzunehmen, dabei gewonnene Erkenntnisse in erforderliche Maßnahmen einfließen zu lassen und letztere auf ihre Wirksamkeit zu überprüfen (sog. Evaluation). Durch die Regelung des § 5 Abs. 3 Satz 2 Nr. 6 ArbSchG ist unverrückbar festgeschrieben, dass sich eine Gefährdung durch »psychischen Belastungen bei der Arbeit« ergeben kann.

Werden psychische Belastungsfaktoren und psychische Fehlbeanspruchungen ermittelt, dann findet sich relativ häufig falsches oder aggressives Führungsverhalten als Ursache, ebenso wie Kollegenmobbing.

Bedenke:
Die Gefährdungsbeurteilung nach § 5 ArbSchG beinhaltet die Chance, bislang im Verborgenen gebliebenes, nicht entdecktes Mobbing sichtbar zu machen.

1.2 Interessenvertretung ist weiterhin gefragt

Der wichtigste betriebliche Akteur gegen Mobbing war, ist und bleibt wohl auch in Zukunft die betriebliche Interessenvertretung. Häufig ist nur ein Mitglied des jeweiligen Gremiums aktiv, während sich die anderen eher zurückhalten. Das macht aber nichts, solange das Gremium hinter seinem »Mobbing-Aktivisten« steht. Es muss zumindest Konsens im Gremien über das betriebspolitische Ziel bestehen, Maßnahmen gegen Mobbing und psychische Gewalt in die Wege zu leiten.

Was soll das Gremium anstreben? Vorbeugende Maßnahmen haben Grenzen. Es gibt leider keine einmalige »Schutzimpfung« mit lebenslanger Immunisierung gegen Mobbing & Co.

Anfangs glaubte man, mit umfassender Aufklärung das Phänomen Mobbing in einem überschaubaren Zeitraum gegen Null fahren zu können. *Leymann* schrieb: »*So schrecklich auch manche Fälle sich darstellen, so einfach ist es in Wahrheit, Mobbing und Psychoterror am Arbeitsplatz zu unterbinden. Man muss nur früh genug damit anfangen – und es dann auch wirklich wollen*« (*Leymann* 1993, S. 12).

Es reicht leider nicht, etwas nur zu wollen. Einige Gremien verfolgten in der Vergangenheit zu hochgesteckte Ziele: Man plante Mobbing sozusagen komplett vorbeugend »abzuschaffen«. Das war unrealistisch. Das Fazit: Mobbing-Prävention ist keine einmalige, sondern eine dauerhafte Aufgabe.

> **Bedenke:**
> Mobbing-Prävention ist keine einmalige, sondern eine dauerhafte Aufgabe.

Was inzwischen erreicht wurde, das ist eine wirksame Unterstützung von Beschäftigten, sobald sie von Mobbing betroffen sind. Kein Arbeitnehmer ist einer Mobbingsituation mehr so vollkommen ausgeliefert, wie es noch in den 1990er Jahren der Normalfall war. Heute weiß fast jeder, dass es Mobbing gibt und was mit einem getrieben werden kann. Jedermann ist klar, dass man sich Hilfe holen muss, um eine solche Situation zu überstehen. Und besonders wichtig ist, dass es für Betroffene nicht mehr so schwer ist, tatsächlich Hilfe zu bekommen.
Trotz jahrzehntelanger Berichterstattung in den Medien und vielfältigen Anti-Mobbing-Aktivitäten scheint es nicht wesentlich weniger Mobbingfälle als 1993 zu geben. Und das dürfte nicht am fehlenden guten Willen der Protagonisten liegen. Was sind die Gründe dafür, dass es zu keiner deutlichen Verminderung des Mobbing in den Betrieben und Dienststellen gekommen ist?

1. Es gibt ausreichend strukturelle Gründe in unserer Arbeitswelt, die den Nährboden für Mobbing und psychische Gewalt immer wieder aufs Neue bereiten. Mobbing befördernde Faktoren scheinen eher zuzunehmen.
   Kontinuierliche Arbeitsverdichtung, permanente Reorganisation, Betriebsübergang, wechselnde Belegschaften, Leiharbeitnehmer, Konkurrenzdruck, ständige Leistungsbeurteilungen, fortlaufender Nachweis der eigenen Beschäftigungswürdigkeit, unterschwellige Angst vor Arbeitsplatzverlust sind einige der Stichworte, die einem dazu einfallen.
2. Alle Überlegungen, Mobbing einer gesetzlichen Regelung zuzuführen, sind bisher im Sande verlaufen. Der bundesdeutsche Gesetzgeber nimmt die Mobbingproblematik billigend in Kauf und verleugnet einen staatlichen Handlungsbedarf.
   Die rechtliche Situation in Deutschland bleibt unbefriedigend. Betroffene sehen häufig von rechtlichen Mitteln gegen akutes Mobbing ab,

weil die juristischen Hürden, die es zu überwinden gilt, viel zu hoch sind. Mobbing-Klagen ist in der Regel der Erfolg versagt. Die Mobber kommen beinahe ausnahmslos ungeschoren davon.

Was sich positiv vermelden lässt, ist dies: Betriebe und Dienststellen, in denen aktiv gegen Mobbing vorgegangen wurde, können mehrheitlich berichten, dass die Dauer und der Schweregrad neuer Fälle abnehmen. Viel öfter werden Mobbingfälle bereits in der Phase des Entstehens gemeldet, so dass hier die Zahl langjähriger Mobbingfälle deutlich zurückgegangen ist.

1.3 Betriebliche Konzepte gegen Mobbing

Betriebs- und Personalräte sowie Mitarbeitervertretungen werden also weiterhin eine entscheidende Rolle bei der Vorbeugung bzw. Abwehr von Mobbing und psychischer Gewalt haben. Eine dramatisierende Aufklärung nach dem Motto: »Mobbing ist etwas ganz Schlimmes!« macht allerdings weniger Sinn. Vielmehr kommt es darauf an, das Interesse für das Problem wach zu halten. Dies ist angesichts der allgemeinen Informationsüberflutung eine Herausforderung. Wichtig ist, den jeweils erforderlichen Informationsbedarf der Belegschaft herauszufinden und zu bedienen. Ein interessierendes Thema ist beispielsweise die Grenzziehung zwischen »Mobbing« und »Konflikt«. Das Vorgesetztenverhalten dürfte ohnehin vielerorts ein betrieblicher Dauerbrenner sein (s. a. Abb. 15).

Abb. 15: Überblick über aussichtsreiche Maßnahmen

- Aufklärung über Mobbing und psychische Gewalt
  Aufklären über den Unterschied zwischen Konflikt und Mobbing
- Sensibilisierung und Qualifizierung von Führungskräften und Vorgesetzten
  Aufklärung: »Schwarze Zahlen rechtfertigen keinen Psychoterror«
- Einrichten eines betrieblichen Frühwarnsystems
- Eine umfassende Gefährdungsbeurteilung einfordern und nach betrieblichen Problemzonen fahnden
- Netzwerk von Ersthelfern für psychische Gewalt und Mobbing etablieren
  Für ein funktionierendes Beschwerde- und Konfliktmanagement eintreten
- Schaffung von Verbindlichkeit mittels einer entsprechenden Betriebs- bzw. Dienstvereinbarung (z.B. »Fairer Umgang im Betrieb«)

1.3.1 Aufklärung über Mobbing und psychische Gewalt

Zu empfehlen ist eine sachliche, detaillierte Information über weniger bekannte Aspekte von Mobbing und möglicherweise über das Thema der psychischen Gewalt. Man muss bedenken, dass Informationen einen

Neuigkeitswert haben müssen, wenn sie auf Interesse stoßen sollen. Die grundlegenden Eckpunkte über Mobbing dürften inzwischen allgemein bekannt sein; Aufklärung darf nicht langweilen. Eine dramatisierende oder moralisch empörte Berichterstattung hat ohnehin ausgedient. Die Darstellung der unterschiedlichen Erscheinungsformen von Mobbing oder etwa über die emotionalen Fallen, in die Betroffene von psychischer Gewalt stolpern können, kann hilfreich sein. Der Unterschied, was ein Konflikt ist und wann bzw. wie Mobbing beginnt, ist für viele Beschäftigte eine wichtige Frage. Wichtig bleibt auch weiterhin die Information, an welche Personen und Institutionen man sich im (Verdachts-)Fall sowohl innerhalb als auch außerhalb des Betriebes bzw. der Dienststelle vertrauensvoll wenden kann.

Auszubildende sollten eine besondere Zielgruppe der Mobbingprävention sein, insbesondere, wenn es eine größere Zahl von ihnen gibt. Viele Jugendliche bringen leider eine »Mobbing-Vorgeschichte« aus der Schule mit – sei es als Opfer, sei es als Täter. Die Gefahr ist deshalb groß, dass es zu Beginn des Arbeitslebens zu einer unrühmlichen Fortsetzung kommt. In Gruppen von Jugendlichen gestaltet sich das Mobbing zumeist als gruppendynamische Aktivität. Es läuft auch über die sozialen Netzwerke wie WhatsApp und Facebook. Es bedarf eines sensiblen, aber auch entschlossenen Vorgehens, um die Jugendlichen einerseits zu »erreichen«, andererseits Mobbingübergriffe einzudämmen und betroffene Auszubildende zu schützen. In solchen Konstellationen sollte es eine enge Kooperation zwischen der Jugend- und Auszubildendenvertretung und dem Betriebs- bzw. Personalrat, aber auch mit den Ausbildern und den Auszubildenden geben.

Die betriebliche Interessenvertretung sollte ermitteln, ob es womöglich Risikogruppen im Betrieb bzw. in der Dienststelle gibt. Das können im konkreten Einzelfall ältere oder schwerbehinderte Arbeitnehmer oder Beschäftigte mit einem Migrationshintergrund sein. Denkbar sind auch spezielle Aufklärungsmaßnahmen etwa für Quereinsteiger, Leiharbeitnehmer sowie erstmalig in eine Führungsposition gelangte Arbeitnehmer. Der Betriebs- bzw. Personalrat kann hier eine eigenständige Aufklärungsarbeit in Form von Gesprächsangeboten machen oder auf den Arbeitgeber einwirken, dass sich dieser entsprechend positioniert. Aufklärungsarbeit muss heute mehr ins Detail gehen und spezifisch auf bestimmte Beschäftigtengruppen zugehen.

Selbstverständlich kann man das Thema Mobbing und/oder psychische Gewalt auch auf einer Betriebs- bzw. Personalversammlung ansprechen. Das ist nützlich, um das Thema im Bewusstsein der Belegschaft wach zu halten. Ratsam ist es insbesondere dann, wenn es aktuelle Probleme gibt und von der Arbeitgeberseite wenig oder keine Unterstützung kommt.

1.3.2 Sensibilisierung und Qualifizierung von Vorgesetzten

Die wohl wichtigste betriebliche Zielgruppe für die Verhinderung von Mobbing sind die Vorgesetzten auf allen Ebenen.

Vorgesetzte sind eine zahlenmäßig beachtliche Gruppe, die einerseits mit ihrem Vorbildverhalten einen positiven Einfluss auf das Betriebsklima ausüben, andererseits die Sanktionierung von sozialem Fehlverhalten bewerkstelligen können. Man darf dabei allerdings die Tatsache nicht aus den Augen verlieren, dass Vorgesetzte in sehr vielen Mobbingfällen in irgendeiner Form involviert sind, entweder als Täter, als (versagende oder überforderte) Beschwerdestelle oder als ignorante Möglichmacher.

Die vornehmliche Aufgabe des Betriebs- bzw. Personalrats besteht darin, auf den Arbeitgeber Einfluss zu nehmen, geeignete Qualifizierungsmaßnahmen für Vorgesetzte (etwa im Rahmen der innerbetrieblichen Fortbildung) durchzuführen. Einige Arbeitgeber sind sogar schon einen Schritt weiter und legen ein besonderes Augenmerk auf die soziale Kompetenz: Voraussetzung für eine Beförderung ist bei ihnen der Nachweis einer Qualifizierung im Konfliktmanagement und/oder zu Mobbing. Auch wenn die Führungskräfte entsprechend geschult sind, darf die Interessenvertretung das eigene Engagement nicht zurückfahren nach dem Motto: »Für Mobbing sind jetzt die Vorgesetzten zuständig!«. Das hieße, den Bock zum Gärtner zu machen.

Selbstverständlich sind bei den Vorgesetzten Führungsqualitäten gefordert: Sie müssen in die Lage versetzt werden, Tendenzen von Mobbing und psychischer Gewalt in ihrem Verantwortungsbereich frühzeitig zu erkennen. Sie sollen einfühlsam auf Beschwerden und Hinweise ihrer Untergebenen reagieren können und müssen die Bereitschaft sowie Kompetenz entwickeln, beim Auftauchen derartiger Übergriffe zeitnah praktisch und konsequent einzugreifen. Ganz im Gegensatz zu den berühmten »Drei Affen« sollten Vorgesetzte also hinsehen, zuhören und die Missstände verantwortungsbewusst ansprechen.

Vorgesetzte sollten unbedingt dafür sensibilisiert werden, dass für einen durchschnittlichen Arbeitnehmer das böse oder abfällige Wort seines Vorgesetzten viel schwerer wiegt als das eines gleichgestellten Arbeitskollegen. Ein bedeutsamer Teil von Stress und mangelnder Arbeitszufriedenheit der Beschäftigten hat seine Ursache in einem nicht angemessenen kommunikativen Führungsverhalten der direkten Vorgesetzten. Kommunikative Nachlässigkeit, Ignoranz oder Böswilligkeit von Vorgesetzten wirken sich nicht eins zu eins auf die hierarchisch untergeordneten Mitarbeiter aus, sondern mit »Hebelwirkung«. Es ist nicht ungewöhnlich, dass sich Mitarbeiter über »Mobbing« des Vorgesetzten beschweren, während dieser Vorgesetzte meint, er hätte seine Mitarbeiter nur ein wenig auf Trab bringen wollen.

Das Thema stößt auf eine größere Akzeptanz, wenn man nicht nur das negativ besetzte Stichwort »Mobbing« zur Sprache bringt, sondern zugleich positiv besetzte Ziele (z. B. gute Führung, Mitarbeitermotivation, Verbesserung des Betriebsklimas) damit verbindet. Allerdings muss darauf geachtet werden, dass die negativen sozialen Übergriffe, um deren Abwendung es ja eigentlich gehen soll, vor lauter positiven Zielsetzungen nicht unter den Tisch fallen. Wichtig zu kommunizieren ist, dass ein offenes und kompetentes Umgehen mit dem Thema Mobbing zugleich positive Entwicklungen fördert. Sich als Führungskraft dem Thema offensiv zu stellen bedeutet:

- es trägt zur Verbesserung des sozialen Miteinanders und des Betriebsklimas bei;
- es ist ein Zeichen von Führungsqualität (und nicht von Führungsschwäche);
- es stärkt die Autorität der Vorgesetzten (und untergräbt sie keineswegs);
- es hebt das Image des Betriebes bzw. der Dienststelle für Außenstehende (z. B. als Ausdruck der Einhaltung von sozialen Standards).

Ein besonders schwieriges Kapitel bei der Sensibilisierung von Vorgesetzten dürfte die allgemein anzutreffende Tendenz unter Führungskräften sein, sich gegenseitig »Deckung« zu geben, sobald Kritik oder Vorwürfe von »unten« geäußert werden. Nicht wenige Mobbingfälle endeten deswegen zu Lasten des Mobbingbetroffenen, weil Vorgesetzte nicht bereit sind, Zivilcourage gegenüber ihnen hierarchisch gleichgestellten Vorgesetzten zu zeigen.

1.3.3 Einrichten eines Frühwarnsystems

Vergleichbar mit dem »Tsunami-Frühwarnsystem« im Indischen Ozean kann die betriebliche Interessenvertretung dafür sorgen, dass sie an möglichst vielen Positionen innerhalb des Betriebes bzw. der Dienststelle Kontakt mit Menschen knüpft, die sensibel auf soziale Missstände reagieren und Meldung machen, wenn Mobbing und/oder seelische Gewalt aufgetreten sind. Die eigenen Ressourcen des Gremiums können ebenso genutzt werden wie etwa der betriebsärztliche Dienst, die eventuell vorhandene Sozialberatungsstelle, Mitarbeiter der Personalabteilung bzw. der Personalentwicklung, Fachkräfte für Arbeitssicherheit sowie alle interessierten Beschäftigten in dem Betrieb bzw. in der Dienststelle.

Das sorgfältige Umgehen mit einem derartigen Meldesystem ist sehr wichtig, damit es nicht für Bespitzelungen sowie Denunziationen missbraucht werden kann. Diese Gefahr schließt man aus, wenn umgekehrt ein großes Netzwerk von kompetenten und vertrauenswürdigen Ansprechpartnern gebildet wird, an welche sich jeder Beschäftigte zwecks Beratung und Hilfe wenden kann. Dazu mehr im nächsten Kapitel. Manche Betriebe sowie Dienststellen haben eine Hotline zu einer externen Beratungsstelle eingerichtet, an die sich alle Beschäftigten bei Sorgen jeder Art wenden können.

1.3.4 Psychischer Arbeitsschutz

Das Streben nach möglichst kompletter Verhütung von Gefährdungen und Gefahren prägt den betrieblichen Arbeitsschutz. Sicherheitsvorschriften, Sicherheitsbegehungen, Sicherheitsunterweisungen, Schutzmaßnahmen und Schutzkleidung prägen unsere Arbeitsplätze. Vergleichen wir jedoch die geltenden Standards im technischen Arbeitsschutz mit dem bestehenden Schutz gegenüber psychischen Belastungen, dann tun sich tiefe Gräben auf. Das trifft sowohl auf Schutzmaßnahmen gegenüber beruflich bedingtem Stress als auch insbesondere auf psychische Gewalt und Mobbing zu. Der psychische Arbeitsschutz steckt an dieser Stelle noch in den Kinderschuhen.

Als guter Einstieg bietet sich die Gefährdungsbeurteilung an, zu deren Durchführung der Arbeitgeber nach § 5 ArbSchG verpflichtet ist. Diese kann für ein gezieltes Suchen nach psychischen Gefährdungen genutzt werden. Dadurch lassen sich betriebliche Problemzonen ermitteln, in denen ein problematischer sozialer Umgang zu psychischen Beeinträchtigungen führt.

2. Die Fairnessbeauftragten – »Ersthelfer« bei Mobbing und psychischer Gewalt

Die wirksamste soziale Erfindung im Zusammenhang mit der Verhütung von Mobbingkatastrophen in den Betrieben und Dienststellen dürfte die »Mobbingbeauftragten« gewesen sein, der in der betrieblichen Praxis die unterschiedlichsten Bezeichnungen erfahren hat. Mancherorts heißen sie »Konfliktlotsen« (vgl. Abb. 16), vielfach werden sie »Fairnessbeauftragte« genannt. Diese Bezeichnung wird im Folgenden verwendet.

Fairnessbeauftragte sind nicht dazu da, das Auftreten von Mobbing generell zu verhindern. Das kann letztendlich niemand. Ihre besondere

Bedeutung liegt darin, dass sie jederzeit angesprochen werden können, wenn sich ein Beschäftigter im persönlichen Miteinander schlecht behandelt fühlt. Es ist erst einmal nur ein Angebot zur Aussprache, Information und Beratung, ohne dass sich daraus sogleich betriebliche Konsequenzen ergeben müssen. Ihre Einbeziehung kann unkontrollierte Eskalation ausbremsen und die drohende seelische Zerstörung von alleingelassenen Betroffenen weitgehend verhindern.

2.1 Die Entwicklung einer Idee

Als Mobbing zu Beginn der 1990er Jahre anfing, in das Bewusstsein der Öffentlichkeit einzudringen, waren es insbesondere Betroffene, die sich aus naheliegenden Gründen intensiv mit dem Thema beschäftigten und welche die gerade herausgegebenen Bücher, Zeitungsartikel und Fernsehberichte quasi aufsaugten. Engagierte Menschen vor allem aus den Bereichen von Kirche und Gewerkschaft bauten erste regionale und überregionale Strukturen auf, in denen Informationen, Rat und Hilfe zur Verfügung gestellt wurden. Bundesweit bekannt wurde das Hamburger Mobbingtelefon, das später viele Nachahmer fand. Doch das Echo aus den Betrieben und Institutionen blieb schwach. Die meisten Arbeitgeber bezweifelten die Existenz von Mobbing generell: »Mobbing? Das gibt es nicht!« Entsprechend zurückhaltend war das Engagement in den Personalabteilungen. Die Suche nach Hilfe innerhalb des Betriebes bzw. der Dienststelle blieb für Betroffene häufig erfolglos.
Heinz Leymann (1993, S. 167) war der festen Auffassung, dass Maßnahmen gegen Mobbing in erster Linie vom Management getroffen werden sollten. Aufgrund seiner scheinbar negativen Erfahrungen mit Gewerkschaftsvertretern in Schweden empfahl er den deutschen Interessenvertretern, sich komplett aus den Mobbingkonflikten vor Ort herauszuhalten und lieber für allgemeine Aufklärung zu engagieren. In dieser Tradition entwickelten *Ralf Brinkmann* und andere Autoren ausgefeilte Vorschläge für Vorgesetzte als Konfliktmanager bei Mobbing. Diese fanden in der Praxis allerdings keinen erkennbaren Widerhall. *Martin Resch* (1994, S. 174) empfahl deswegen schon im Jahr 1994 »eine (neutrale) Vertrauensperson im Betrieb zu suchen und sie zu informieren. Diese Person könnte in einer späteren Phase ein wichtiger Ratgeber und Zeuge sein.« Die Rolle der Interessenvertretung sah er für den Fall, dass andere betriebliche Akteure versagen, in einer strikt neutralen Konfliktmoderation.
Brigitte Huber schlug im gleichen Jahr erstmals einen »Mobbingbeauftragten« vor, in Analogie zum Suchtbeauftragten, ohne jedoch inhaltlich in die Tiefe zu gehen.

Abb. 16: Bezeichnungen für betriebliche Konflikt-Ersthelfer

- Ansprechperson
- Betriebliche Ansprechpartner
- Betriebsklima-Referent
- Fairnessbeauftragter
- Konfliktbeauftragter
- Konfliktlotse
- Konflikt-Ombudsmann
- Person des Vertrauens
- Konflikt-Rat
- Betriebliche Beratungsstelle
- Betriebliche Beschwerdestelle
- Mobbingkommission
- Konfliktkommission
- Clearingstelle
- Betrieblicher Vermittlungsausschuss
- Runder Tisch

Es lag also etwas in der Luft, denn es gab objektiv ein Erfordernis, dass sich irgendwer für die Mobbingbetroffenen als Ansprechpartner und Unterstützer zur Verfügung stellt. Die Vorgesetzten als Funktionsgruppe haben die ihnen zugedachte Rolle als Mobbingschlichter zu keinem Zeitpunkt übernommen. Faktisch kristallisierten sich alternative Akteure heraus: innerbetriebliche Sozialberatungsstellen, engagierte Betriebsärzte und vor allem die Betriebs- und Personalräte sowie Mitarbeitervertretungen. Die Interessenvertretungen agierten jedoch nur selten als Ganzes. Vielmehr waren es einzelne, sozial stark engagierte Interessenvertreter, denen die Rolle eines Mobbingbeauftragten quasi auf den Leib geschnitten schien. Wer als Mobbingbetroffener auf kein derartig engagiertes Betriebs- bzw. Personalratsmitglied oder Mitarbeitervertreter trifft – und das gilt heute ebenso – ist dann auf regionale Beratungsstellen angewiesen. Personalabteilung und Vorgesetzte sind auch heute nur in seltenen Fällen hilfreiche erste Ansprechpartner.
Mit zwei Kapiteln, nämlich »Die Mobbing-Sprechstunde« und »Die Mobbinganalyse« haben wir es im Jahr 1997 in der ersten Auflage dieses Ratgebers gewagt, ein Anforderungsprofil sowie ausführliche Handlungsanleitungen für diejenigen zu verfassen, die Mobbingbetroffenen systematisch helfen wollten. Wir positionierten uns damals gegen den allgemeinen Trend mit der These, dass man kein psychologischer Experte sein muss, um Mobbingbetroffene kompetent beraten und unterstützen zu können. In den ersten Betriebs- und Dienstvereinbarungen zu Mobbing

wurden noch keine speziellen Ansprechpersonen benannt, sondern nur die »üblichen Verdächtigen«, an die man sich mit seiner Beschwerde wenden konnte: der Vorgesetzte sowie der Betriebs- bzw. Personalrat. Es ist erfreulich, dass inzwischen die Benennung einer speziellen Anlaufstelle (z. B. betriebliche Beratungsstelle) oder von einzelnen Fairnessbeauftragten zur Standardausstattung der meisten Vereinbarungen gehört.
Einzelne Betriebe sowie Dienststellen haben sich dazu entschieden, eine zentrale betriebliche Anlaufstelle für Mobbingfälle einzurichten (z. B. Ford GmbH in Köln). Typischerweise arbeiten dort eine gewisse Anzahl von Konfliktbeauftragten zusammen. Die Zusammensetzung ist im Allgemeinen paritätisch, d. h., die eine Hälfte der Mitglieder wird vom Betriebsrat entsandt, die andere Hälfte wird von der Geschäftsleitung bestellt.

Bedenke:
Der Betriebs- bzw. Personalrat muss sorgfältig abwägen, wo die betriebliche Anlaufstelle für Mobbingbetroffene (der »Fairnessbeauftragte«) in rechtlicher Hinsicht angesiedelt sein soll.

Es ist natürlich besser, wenn es nicht nur einen einzigen Fairnessbeauftragten gibt, der dann als »Einzelkämpfer« agieren muss. Gibt es eine kleine Gruppe von ihnen, können die Ratsuchenden auswählen, wem sie ihr Vertrauen schenken wollen. Dann haben die Fairnessbeauftragten die Möglichkeit zur gegenseitigen Unterstützung und zur kollegialen Supervision. Es wird dann auch möglich, Problemfälle gemeinsam zu betreuen. Allerdings hängt die Realisierung solcher Strukturen auch von der Betriebsgröße ab. Die vorgenannten Beschwerdestellen sind heute zunehmend auch für Beschwerden nach dem Allgemeinen Gleichbehandlungsgesetz zuständig. Letzteres bietet sich vor allem mit Blick auf die Entscheidung des *BAG* vom 25. 10. 2007 – 8 AZR 593/06 (vgl. Kapitel A.1.1) an.

2.2 Die Funktionen des Fairnessbeauftragten

Fairnessbeauftragte, Mobbingbeauftragte, Konfliktlotsen, Vertrauenspersonen … – ganz gleich wie sie genannt werden; ihnen kommt eine spezielle Rolle im Betrieb bzw. in der Dienststelle zu. Sie haben besondere Funktionen für die Mobbingbetroffenen. Hierzu gibt es teilweise feste Regelungen in den abgeschlossenen Betriebs- bzw. Dienstvereinbarungen. Teilweise haben sich auch implizite, ungeschriebene Aufgaben herauskristallisiert.

Allein die gewählte Namensgebung setzt bereits Zeichen. »Mobbingbeauftragter« hat in jedem Fall einen demonstrativen, manchmal sogar provokativen Charakter. Hier wird deutlich gemacht: Es geht um Mobbing im eigenen Unternehmen! »Fairnessbeauftragter« steht mehr für einen Gesamtauftrag im Sinne von partnerschaftlichem Verhalten am Arbeitsplatz. Bei »Konfliktlotse« wird die wegweisende oder begleitende Rolle für die Konfliktbearbeitung betont; eine dirigierende Konfliktregulierung wird ausgeschlossen. Mit der sehr neutralen Formulierung »Ansprechperson« wird versucht, die innewohnende Brisanz herunterzuspielen.

In der betrieblichen Praxis ist gleichwohl zu empfehlen, eine Namensnennung wie »Konfliktbeauftragter« oder »Fairnessbeauftragte« zu wählen. Schließlich kann der Begriff »Mobbingbeauftragter« für Mobbingbetroffene und andere Ratsuchende auch eine Hemmschwelle sein. Wer sich dabei ertappt fühlt, den Mobbingbeauftragten aufzusuchen, der befürchtet vielleicht, viel zu früh schlafende Hunde zu wecken und dadurch erst recht Mobbingangriffen ausgesetzt zu werden.

Welche **betrieblichen Funktionen** erfüllen Fairnessbeauftragte und welche menschlichen Bedürfnisse können sie erfolgreich begleiten?

- **Botschafter für No-Mobbing:** Wie ein Leuchtturm, der die Hafeneinfahrt markiert, stehen die Fairnessbeauftragten als ein Signal für den ausdrücklichen Willen der Betriebsparteien, Mobbing nicht zu tolerieren. Die Botschaft lautet: Das Problem wird ernst genommen, eine wirksame Unterstützung ist in erreichbarer Nähe und ein fairer Umgang am Arbeitsplatz ist unsere Richtschnur.
- **Info-Hotline** für das Thema Konflikt: Bei den Fairnessbeauftragten kann jeder Beschäftigte unverbindlich die ihn bewegenden Fragen zu Mobbing, Konflikten sowie Meinungsverschiedenheiten an seinem Arbeitsplatz loswerden: Wie soll ich ein Ärgernis ansprechen? Ist das schon Mobbing? Soll ich mich entschuldigen? Was soll ich tun, wenn meine Arbeitskollegin schon seit einer Woche nicht mehr mit mir redet. Zur Funktion der Info-Hotline gehört auch die Kenntnis von weiterführenden Adressen und Informationsquellen. Die Konfliktkompetenz der meisten Beschäftigten ist begrenzt; das Bedürfnis, mit jemand Neutralem über solche Situationen und deren Bereinigung zu sprechen, ist groß. Zwischenmenschliche Unstimmigkeiten sind Sand im Getriebe der betrieblichen Abläufe; die Zeit für eine neutrale Klärung dürfte sich insofern schnell amortisieren.
- **Falschmeldungs-Filter:** Gelegentlich ist der subjektive Eindruck, gemobbt worden zu sein, bei genauerer, objektiver Betrachtung des Sachverhalts nicht aufrecht zu halten. Das Wort Mobbing ist inzwischen in die Alltagssprache übergegangen und wird deswegen auch

immer wieder leichtfertig oder überbesorgt verwendet. Insofern ist es hilfreich, wenn Beschäftigte sich an die Fairnessbeauftragten wenden, um dort ein Feedback zu ihrer Konflikt-Situation zu erhalten, bevor sie weitere Schritte unternehmen. Denn ist erst einmal das Wort »Mobbing« – egal ob berechtigt oder nicht – in einer Abteilung gefallen, dann verhärten sich dort unweigerlich die Fronten.

- **Ersthelfer:** Fairnessbeauftragte verfügen über das Image eines unkompliziert erreichbaren, vertrauensvollen, innerbetrieblichen Ansprechpartners für alle Arten von Konflikten und bei sozialen Übergriffen. Besondere Bedeutung hat die Gewährleistung der absoluten Verschwiegenheit gegenüber Außenstehenden, sei es die Abteilung, seien es die Vorgesetzten. Fairnessbeauftragte wirken als erste Ansprechpartner, wenn jemand sozial ausgegrenzt wird oder sich gemobbt oder diskriminiert fühlt. Man kann sie um Rat und Unterstützung bitten, wenn man sich unsicher ist, wie ein Konflikt ausgetragen werden soll. Beschäftigte können sich an die Fairnessbeauftragten wenden, um bei ihnen einfach mal das Herz auszuschütten, Sorgen mitzuteilen, ein unverstandenes Problem zu schildern. Die Metapher »Ersthelfer« soll deutlich machen, dass die Fairnessbeauftragten sich als erste Ansprechpartner, als Ratgeber, gegebenenfalls auch als Trostspender verstehen, die auf eine persönliche Anfrage hin tätig werden. Dabei ist ausdrücklich vorgesehen, dass der Konfliktlotse auch für ein einziges Gespräch in Anspruch genommen werden kann, bei dem sich ein Betroffener gedankliche oder gefühlsmäßige Klarheit verschaffen möchte. Wird der Fairnessbeauftragte nur als »Ersthelfer« in Anspruch genommen, dann möchte ein Betroffener ausschließen, dass er sich sofort in ein offizielles Konfliktbearbeitungsverfahren begeben muss. Später kann sich die Aufgabe des Fairnessbeauftragten noch erweitern, was von den Wünschen des Betroffenen und von der Art des Konflikts abhängt.
- **Konfliktlotse:** In dieser anspruchsvollen Funktion beraten und unterstützen die Fairnessbeauftragten den Ratsuchenden in allen Fragen der Konfliktbewältigung bzw. Mobbingabwehr. Das beginnt bei der gründlichen Analyse des Problems und setzt sich bei der Planung fort, wie die Konfliktbewältigung rein praktisch in Angriff genommen werden kann. Manchmal bleiben die Fairnessbeauftragten im Hintergrund, übernehmen eher die Rolle eines Coaches und bieten auf diese Weise Rückhalt für die selbstverantworteten Lösungsschritte eines Betroffenen. Typischerweise vermitteln sie häufig durch getrennte Gespräche bei den Konfliktparteien, bevor eine gemeinsame Klärung versucht wird. In anderen Fällen begleiten und unterstützen sie den Be-

troffenen in allen Konfliktaussprachen durch ihre persönliche Anwesenheit. Sie treten dann als »Person des Vertrauens« oder »sozialer Anwalt« in Erscheinung. Die gleichzeitige Wahrnehmung der Funktion eines neutralen Schlichters ist damit jedoch ausgeschlossen. Im Bedarfsfall können die Fairnessbeauftragten einen runden Tisch einberufen.
- **Konfliktmoderator:** In dieser Funktion treten Fairnessbeauftragte als direkte Vermittler zwischen den Beteiligten sowie zuständigen Vorgesetzten und als Moderatoren in Konfliktgesprächen auf. Hier gelten sie als »Herren des Verfahrens«, sind für die Bewältigung des Mobbingproblems vorschlagsberechtigt und können auch die Teilnahme an diesen Gesprächen für alle Beteiligten verbindlich machen.

Durch die Mitwirkung von Fairnessbeauftragten gelingt es zunehmend, Mobbing und schwerwiegende Konflikte in einer zufriedenstellenden Weise zu einem guten Ende zu bringen. Es ist eine anspruchsvolle, aber auch ein sehr befriedigende Aufgabe.

2.3 Konfliktkommission mit »robustem Mandat«

Die Arbeitgeberseite hat ein berechtigtes Interesse daran, dass sich Konfliktlösungsverfahren nicht endlos hinziehen und zu psychologisierenden »Quatschbuden« verkommen. Insofern haben sich Regelungen bewährt, die auf eine zügige Abarbeitung hinzielen und Zuständigkeiten eindeutig regeln. Mit Rückendeckung einer durchdachten Betriebs- bzw. Dienstvereinbarung sind Teilnahme, Mitwirkung der mittelbar Beteiligten sowie die Zielorientierung des Vorgehens verpflichtend. Insofern es sich um die Bewältigung eines normalen Konflikts handelt, können die Prinzipien einer Mediation (z. B. Freiwilligkeit der Teilnahme, Unparteilichkeit des Mediators) angewandt werden. Bei vorliegendem Mobbing, sexueller Belästigung, Diskriminierung sowie psychischer Gewalt wäre ein derartiges, scheinbar neutrales Vorgehen schädlich, würde es doch den Tätern in die Hände spielen und aus der Verantwortung entlassen. Hier sollte die Konfliktkommission tatsächlich mit einem robusten Mandat ausgestattet sein, d. h. verbindliche Teilnahme und Mitwirkung sichern, konkrete, umsetzbare Lösungen erarbeiten und den Entscheidungsträgern zur Umsetzung empfehlen – was im Einzelfall auch arbeitsrechtliche Konsequenzen oder gar Sanktionen beinhalten kann.

2.4 Unternehmensleitbild statt Betriebs- bzw. Dienstvereinbarung?

In vielen Betrieben und Dienststellen gibt es Leitbilder. Mit Hinweis auf die Existenz eines positiv formulierten Leitbildes versuchen Geschäftsführungen sowie Dienststellenleitungen immer wieder, den Wunsch der Interessenvertretung nach Abschluss einer Betriebs- bzw. Dienstvereinbarung zu »Mobbing« abzuschmettern. Das braucht sich das Gremium nicht gefallen zu lassen. Erstens ist nicht jedes Leitbild so positiv und unproblematisch, wie es die Führungsetage gerne darstellt. Wie der Konzern Wal-Mart seinerzeit in Deutschland anschaulich gezeigt hat, wird dabei bisweilen versucht, auch in die Persönlichkeitsrechte der Beschäftigten einzugreifen. Ein positives Leitbild formuliert gewünschte Ziele und Verhaltensweisen vornehmlich aus der Sicht des Unternehmens. Persönlichkeitsrechte der Beschäftigten werden dort im Allgemeinen nicht thematisiert. Unberücksichtigt bleibt beispielsweise auch, dass ein übereifriges Verfolgen der Ziele eines Unternehmens-Leitbildes durchaus zu Mobbing gegenüber Beschäftigten führen kann.
In den allermeisten Betriebs- und Dienstvereinbarungen zu Mobbing findet sich eine Präambel, in der positiv formuliert wird, dass gutes Betriebsklima und unternehmerischer Erfolg zusammengehören. Der Abschluss einer Betriebs- bzw. Dienstvereinbarung zum Thema »Partnerschaftliches Verhalten am Arbeitsplatz« wirkt auch vorbeugend gegen Mobbing und psychische Gewalt, wenn schwerwiegende Konflikte und andere soziale Übergriffe, die selbst noch kein Mobbing sind, mit einbezogen werden. Dadurch lässt sich eine Menge sozialer Zündstoff in einem frühen Stadium entschärfen.

2.5 Die rechtliche Verankerung des Fairnessbeauftragten

Die rechtliche Verankerung eines Fairnessbeauftragten in Hinblick auf seine Funktion, aber auch im Hinblick auf seinen persönlichen Schutz vor eventuellen Benachteiligungen, muss differenziert betrachtet werden. In der betrieblichen Praxis finden sich vier Möglichkeiten, in die Funktion eines Fairnessbeauftragten zu gelangen:

1. **als gremiumsintern gewählte Fairnessbeauftragte des Betriebs- bzw. Personalrats:** Ein oder mehrere Mitglieder der Interessenvertretung werden von dem Gremium zu Fairnessbeauftragten ernannt. Es handelt sich dabei um eine betriebspolitisch veranlasste Entscheidung, weil das Gremium ein Zeichen gegen Mobbing setzen will und weil

es zu keiner einvernehmlichen Regelung mit der Arbeitgeberseite gekommen ist.

2. **als betrieblicher Fairnessbeauftragter aus den Reihen des Betriebs- bzw. Personalrats:** In einer Betriebs- bzw. Dienstvereinbarung wird die Einsetzung von Ansprechpartnern einvernehmlich mit dem Arbeitgeber geregelt, wobei die Funktion der betrieblichen Fairnessbeauftragten an Mitglieder der Interessenvertretung delegiert wurden.
3. **als ehrenamtlicher betrieblicher Fairnessbeauftragter aus dem Kreis der Beschäftigten:** Hierbei handelt es sich üblicherweise um arbeitgeberseitig ausgewählten Beschäftigte (z. B. aus der Personalabteilung), die zu Fairnessbeauftragten bestellt werden. In anderen Betrieben und Dienststellen bedarf es zur Ernennung zum Fairnessbeauftragten hingegen eines Konsenses der Betriebsparteien.
4. **als vom Arbeitgeber eingestellte Funktionsträger:** In der Regel beauftragt der Arbeitgeber eine externe Person (z. B. Psychologe), in dem Betrieb bzw. in der Dienststelle als Fairnessbeauftragter zu agieren.

Fairnessbeauftragte, die zugleich Mitglieder der betrieblichen Interessenvertretung sind, besitzen den besonderen Schutz, den jedes Betriebs- bzw. Personalratsmitglied genießt (z. B. besonderer Kündigungsschutz; vgl. § 15 KSchG). Als Mitglied des Betriebsrats können sie im Rahmen des § 37 Abs. 6 BetrVG auf Kosten des Arbeitgebers an erforderlichen Schulungs- und Bildungsmaßnahmen teilnehmen. Entsprechendes gilt für Personalratsmitglieder gemäß § 46 Abs. 6 BPersVG. Dies ist spätestens seit dem Beschluss des *BAG* vom 15. 1. 1997 (7 ABR 14/96 – AiB 1997, 410) anerkannt. Für erforderliche Sachmittel (z. B. Fachliteratur zu Mobbing) hat der Arbeitgeber ebenfalls die Kosten zu tragen (vgl. § 40 BetrVG bzw. § 44 BPersVG).

Betriebs- bzw. personalratsintern gewählte Fairnessbeauftragte genießen den Vorteil eines relativ freien Handelns, da sie auch insoweit nicht dem Weisungsrecht des Arbeitgebers bzw. Dienststellenleiters unterfallen. Zu den Nachteilen gehören Vorbehalte, die ihnen bisweilen von den Vorgesetzten sowie von der Personalabteilung entgegengebracht werden.

Wenn Betriebs- bzw. Personalratsmitglieder als Fairnessbeauftragte auf der Grundlage einer Betriebs- bzw. Dienstvereinbarung handeln, dann müssen sie sich im Rahmen dessen bewegen, was in der Vereinbarung bezüglich ihrer Funktionen und Kompetenzen festgelegt worden ist. Als Mitglied der Interessenvertretung gelten für sie zudem alle sich aus dem Betriebsverfassungsgesetz bzw. einschlägigen Personalvertretungsgesetz ergebenden Rechte und Pflichten. Gelegentlich kann es dabei zu einem Rollenkonflikt kommen. Neben der Mobbingproblematik sind sie mit al-

len übrigen betrieblichen Problemen befasst, mit denen sich jede Interessenvertretung auseinanderzusetzen hat.
Ehrenamtliche Fairnessbeauftragte aus dem Kreis der Beschäftigten führen ihre Aufgaben auf der Grundlage der betreffenden Betriebs- bzw. Dienstvereinbarung und in dem darin festgeschriebenen Rahmen aus. Aus diesem Grund sollten ihre Rechte und Pflichten in einer solchen Vereinbarung umfassend verankert sein. Ansonsten sind Meinungsverschiedenheiten hinsichtlich der Aufgaben und Funktionen des Fairnessbeauftragten vorprogrammiert. Besonders wichtig sind dabei Regelungen bezüglich der Freistellung von der Arbeit für die Zeit der Ausübung des Beauftragtenmandats sowie zum Zwecke der Qualifizierung. Unverzichtbar ist die Regelung der Vertraulichkeit des Wortes, die Festschreibung der Pflicht zur Verschwiegenheit gegenüber Dritten, insbesondere gegenüber Vorgesetzten – auch über das Mandatsende hinaus.
Besorgt fragen sich ehrenamtliche Fairnessbeauftragte, wie es mit ihrem persönlichen und beruflichen Schutz bestellt ist. Sie könnten aufgrund ihrer Tätigkeit von negativ eingestellter Seite durchaus mit beruflichen Nachteilen und im schlimmsten Fall mit einem Arbeitsplatzverlust bedroht werden. Damit sie ihre Aufgabe nach bestem Wissen und Können durchführen können, sollte die Betriebs- bzw. Dienstvereinbarung ein entsprechendes Maßregelungsverbot enthalten. Zudem sollte jede Form der Behinderung, Bedrohung sowie Benachteiligung des Fairnessbeauftragten mit einer Sanktionsandrohung versehen werden. Wir können unsere Leser und Leserinnen aber diesbezüglich beruhigen: In der betrieblichen Praxis scheinen persönliche Behinderungen, Bedrohungen und Benachteiligungen von Fairnessbeauftragten bislang kaum stattgefunden zu haben.
Wird eine dem Weisungsrecht des Arbeitgebers unterstehende, fachlich qualifizierte Person (z. B. Arzt, Psychologe, Sozialarbeiter) als Fairnessbeauftragter eingesetzt, so hat diese Konstellation beachtenswerte Konsequenzen. Einerseits ist es positiv zu sehen, wenn der Arbeitgeber das Problembewusstsein hat, eine qualifizierte Kraft mit entsprechendem Zeitbudget und Befugnissen auszustatten, um sich der Mobbingproblematik anzunehmen. Andererseits handelt es sich bei dieser Person eben nicht um ein Mitglied des Betriebs- bzw. Personalrats mit den damit einhergehenden Rechten. Die notwendige Unabhängigkeit bei der Beurteilung von innerbetrieblichen Konflikten sowie der Zuschreibung von Verantwortlichkeiten (z. B. die Nennung des Mobbers beim Namen, das Ansprechen von betrieblichen Missständen) können ebenfalls nicht gegeben sein.

Um Rechtsstreitigkeiten vorzubeugen, sollten in der Betriebs- bzw. Dienstvereinbarung auf jeden Fall die Stellung und die Rechte des bzw. der Fairnessbeauftragten verankert sein. Gemäß dem Motto »neue Besen kehren gut« könnte es ansonsten geschehen, dass zum Beispiel ein Wechsel in der Geschäftsführung bzw. in der Dienststellenleitung dazu führt, dass die Arbeit des bzw. der Fairnessbeauftragten erschwert oder sogar untergraben wird.

Bedenke:
Stellung und Rechte des Fairnessbeauftragten sollten in einer Betriebs- bzw. Dienstvereinbarung festgeschrieben werden, um Rechtsstreitigkeiten vorzubeugen.

Wer die betriebliche Realität kennt, der weiß, dass ein Fairnessbeauftragter der zuvor beschriebenen Art nicht in jedem Betrieb und nicht in jeder Dienststelle durchzusetzen ist. Die Größe des Betriebes, seine wirtschaftliche Situation und die sich daraus ergebenden finanziellen Möglichkeiten sowie die Einsichtsfähigkeit des Arbeitgebers dürfen nicht übersehen werden. Vergleichbares gilt für die jeweilige Dienststelle. Trotzdem sollte versucht werden, das Maximum durchzusetzen. Abstriche können immer noch vorgenommen und Kompromisse eingegangen werden. Wer in den Verhandlungen einen »offiziellen« Fairnessbeauftragten nicht durchzusetzen vermag, der bekommt vielleicht eine (zusätzliche) Freistellung für ein Betriebs- bzw. Personalratsmitglied zugestanden, das die Aufgabe des Fairnessbeauftragten übernimmt.

3. Abschluss einer Betriebs- bzw. Dienstvereinbarung zu Mobbing und psychischer Gewalt

In einer gut durchdachten Dienst- bzw. Betriebsvereinbarung erreichen alle Bestrebungen der betrieblichen Interessenvertretung nach einem wirksamen Schutz der Beschäftigten vor den Auswirkungen von Mobbing und psychischer Gewalt ihren Höhepunkt.

3.1 Rechtliche Grundlagen

Sowohl unter der Betriebs- als auch unter der Dienstvereinbarung wird ein Vertrag verstanden (vgl. *HaKo-BetrVG*, § 77 Rn. 6f.; *Altvater u. a.*, § 73 Rn. 2), der von Betriebsrat und Arbeitgeber bzw. Personalrat und Dienststellenleiter gemeinsam geschlossen und schriftlich niedergelegt wird. Betriebs- und Dienstvereinbarungen gelten unmittelbar und zwingend (vgl. § 77 Abs. 4 Satz 1 BetrVG; *Altvater u. a.*, § 73 Rn. 10). Räumlich gilt die Betriebsvereinbarung nur für den oder die Betriebe, für den bzw. die sie abgeschlossen wurde. Sie erfasst – mit Ausnahme der in § 5 Abs. 2 und Abs. 3 BetrVG genannten Personenkreise und soweit sie nicht im persönlichen Geltungsbereich beschränkt ist – alle Arbeitnehmer des Betriebes (zu den Einzelheiten vgl. *HaKo-BetrVG*, § 77 Rn. 19ff.). Der Geltungsbereich einer Dienstvereinbarung ergibt sich aus ihrem Inhalt, wobei allerdings zu bedenken ist, dass sie nicht über den Geschäftsbereich der Dienststelle hinausgehen kann, deren Leiter die Dienstvereinbarung geschlossen hat *(Altvater u. a.*, § 73 Rn. 13).

Ansatzpunkt für den Abschluss einer Betriebsvereinbarung »Mobbing« ist zunächst § 87 Abs. 1 Nr. 1 BetrVG. Danach hat der Betriebsrat – soweit eine gesetzliche oder tarifliche Regelung nicht besteht – bei Fragen der Ordnung des Betriebes und des Verhaltens der Arbeitnehmer im Betrieb mitzubestimmen. Inhaltlich geht es dabei um die Gestaltung des Zusammenlebens und Zusammenwirkens der Arbeitnehmer im Betrieb *(HaKo-BetrVG*, § 87 Rn. 30). Entsprechendes gilt für die Personalvertretung. Gemäß § 75 Abs. 3 Nr. 15 BPersVG hat der Personalrat – soweit eine gesetzliche oder tarifliche Regelung nicht besteht – gegebenenfalls durch Abschluss einer Dienstvereinbarung mitzubestimmen über die Regelung der Ordnung in der Dienststelle und des Verhaltens der Beschäftigten.

Dass Mobbing die betriebliche Ordnung und das Verhalten der Arbeitnehmer im Betrieb bzw. der Beschäftigten in der Dienststelle betrifft, wird heute nicht mehr infrage gestellt (vgl. zuletzt *LAG Sachsen-Anhalt* vom 13.1.2014 – 4 TaBV 27/13 sowie *LAG München* vom 30.10.2012 – 6 TaBV 39/12). Gesetzliche Regelungen zu Mobbing gibt es nicht, tarifvertragliche Regelungen dazu existieren allenfalls vereinzelt in Haustarifverträgen, nicht jedoch in Branchentarifverträgen.

Ansatzpunkt für den Abschluss einer Betriebs- bzw. Dienstvereinbarung »Mobbing« ist ferner das Arbeitsschutzgesetz nebst seinen Verordnungen (vgl. *LAG Sachsen-Anhalt* vom 13.1.2014 – 4 TaBV 27/13, *LAG München* vom 30.10.2012 – 6 TaBV 39/12). Hierbei handelt es sich um Rahmenvorschriften im Sinne des § 87 Abs. 1 Nr. 7 BetrVG, so dass dem Betriebsrat bei Maßnahmen des Arbeitsschutzes ein recht umfangreiches Mitbe-

stimmungsrecht zusteht. Zugleich besteht die Verpflichtung des Betriebsrats gemäß § 80 Abs. 1 Nr. 1 BetrVG, über die Einhaltung von Vorschriften des Arbeits- und Gesundheitsschutzes zu wachen (vgl. HaKo-BetrVG, § 80 Rn. 11). Wichtig ist in diesem Zusammenhang und insbesondere für eine Aufarbeitung von Mobbing zu wissen, dass der Arbeitsschutz gemäß seinem heutigen Verständnis auch den Schutz der Beschäftigten vor psychischen Belastungen umfasst (vgl. *Pieper,* Einleitung Rn. 9).
Entsprechendes gilt für den Personalrat gemäß § 75 Abs. 3 Nr. 11 BPersVG, wobei zu vermerken ist, dass diese personalvertretungsrechtliche Norm weitreichender ist als die betriebsverfassungsrechtliche Vorschrift des § 87 Abs. 1 Nr. 7 BetrVG. Das Mitbestimmungsrecht der Personalvertretung umfasst – soweit eine gesetzliche oder tarifliche Regelung nicht besteht – alle Maßnahmen zur Verhütung von Dienst- und Arbeitsunfällen und sonstigen Gesundheitsschädigungen.
Da dem Betriebsrat in den sich aus § 87 Abs. 1 Nr. 1 und Nr. 7 BetrVG ergebenden mitbestimmungspflichtigen Angelegenheiten ein uneingeschränktes Initiativrecht eingeräumt ist, kann er von sich aus die Initiative ergreifen und vom Arbeitgeber den Abschluss einer Betriebsvereinbarung »Mobbing« verlangen. Sollte der Arbeitgeber hierzu nicht bereit sein, so kann der Betriebsrat das Zustandekommen der Betriebsvereinbarung im Wege des Einigungsstellenverfahrens verfolgen (vgl. § 87 Abs. 2 BetrVG). Geregelt ist das Einigungsstellenverfahren in § 76 BetrVG. Zu beachten ist, dass der Arbeitgeber sämtliche Kosten der Einigungsstelle gemäß § 76a Abs. 1 BetrVG zu tragen hat.
Vergleichbares gilt für den Bereich der Personalvertretung gemäß §§ 69 ff. BPersVG (vgl. *Altvater u. a.,* § 70 Rn. 1 ff.).

Bedenke:
Der Betriebs- bzw. Personalrat hat ein Initiativrecht zum Abschluss einer Betriebs- bzw. Dienstvereinbarung zu Mobbing. Ihren Abschluss kann der Betriebs- bzw. Personalrat notfalls im Einigungsstellenverfahren verfolgen.

Am 16.8.2006 ist das Allgemeine Gleichbehandlungsgesetz, kurz AGG genannt, in Kraft getreten. Ziel dieses Gesetzes ist es, Benachteiligungen aus Gründen der Rasse oder wegen der ethnischen Herkunft, des Geschlechts, der Religion oder Weltanschauung, einer Behinderung, des Alters oder der sexuellen Identität zu verhindern oder zu beseitigen (vgl. § 1 AGG). § 7 Abs. 1 AGG bringt es auf den Punkt: »Beschäftigte dürfen nicht wegen eines in § 1 genannten Grundes benachteiligt werden.« Und § 17 Abs. 1 AGG fordert vor allem den Arbeitgeber sowie den Betriebs- bzw.

Personalrat auf, »im Rahmen ihrer Aufgaben und Handlungsmöglichkeiten an der Verwirklichung des in § 1 genannten Ziels mitzuwirken.« Maßnahmen, die der Arbeitgeber auf der Grundlage des Allgemeinen Gleichbehandlungsgesetzes ergreift, unterfallen der Mitbestimmung des Betriebsrats gemäß § 87 Abs. 1 Nr. 1, Nr. 7 BetrVG bzw. der Mitbestimmung des Personalrats nach § 75 Abs. 5 Nr. 11, Nr. 15 BPersVG. Dies ist für die betriebliche Beschwerdestelle nach § 13 Abs. 1 AGG insoweit anerkannt, als der Betriebsrat bei der Einführung sowie Ausgestaltung des Verfahrens, in dem Arbeitnehmer ihr Beschwerderecht nach § 13 Abs. 1 wahrnehmen können, nach § 87 Abs. 1 Nr. 1 BetrVG mitzubestimmen hat (vgl. *BAG* vom 21.7.2009 – 1 ABR 42/08 – dbr 3/2010, 37). Unter Bezugnahme auf die Entscheidung des BAG vom 25.10.2007 (8 AZR 593/96; vgl. Kapitel A.1.1) muss dies aber auch darüber hinaus gelten. Schließlich ist zumindest seit diesem Urteil unbestritten, dass einzelne Mobbinghandlungen Benachteiligungen im Sinne des § 1 AGG sein können(s. a. *Wolmerath,* dbr 10/2007,S. 30ff.).

Obwohl sich der Abschluss einer Betriebs- bzw. Dienstvereinbarung zu Mobbing im Einzelfall als langwierig und steinig erweisen kann – das gilt unter anderem dann, wenn sich die Arbeitgeber mit Händen und Füßen wehrt, eine solche Vereinbarung abzuschließen und der Interessenvertretung alle möglichen Hindernisse in den Weg legt –, liegen die Probleme letztendlich in der Beantwortung der Frage, was Inhalt einer Betriebs- bzw. Dienstvereinbarung zu Mobbing sein sollte. Eine Betriebs- bzw. Dienstvereinbarung ist umso besser, je eher sie den konkreten betrieblichen Bedürfnissen gerecht wird. Pauschalierungen oder unumstößliche Verallgemeinerungen sind daher fehl am Platz. Wer es sich zu leicht macht und die Betriebsvereinbarung eines anderen Betriebes oder die Dienstvereinbarung einer anderen Dienststelle lediglich abschreibt, der wird nicht das Optimale erreichen. Eher dürfte von einer »Verschlimmbesserung« auszugehen sein. Entsprechendes gilt natürlich auch für solche Regelungen, welche die psychische Gewalt zum Gegenstand haben.

3.2 Zentrale Eckpunkte einer Betriebs- bzw. Dienstvereinbarung

Es gibt einige Aspekte, die unbedingt Bestandteil einer jeden Betriebs- bzw. Dienstvereinbarung sein sollten. Andere Aspekte sind dagegen spezifisch auf die Besonderheiten der jeweiligen Institution oder Firma auszugestalten, sie lassen Verallgemeinerungen wegen der konkreten betrieblichen Situation nicht zu. Ferner ist zu bedenken, dass die Ausgangslagen für die Verhandlungen sowie für den Abschluss einer Vereinbarung zur Mobbingproblematik und/oder zur psychischen Gewalt sehr unterschiedlich sind. So kann es sein, dass der Betriebsrat des einen Betriebs wegen der ablehnenden Haltung des Arbeitgebers nur minimale, der Betriebsrat eines anderen Betriebs wegen der Aufgeschlossenheit und des Problembewusstseins seines Verhandlungspartners hingegen optimale Vorstellungen verwirklichen kann. Gleiches gilt für den Bereich der Personalvertretung. Demgemäß sind die folgenden Eckpunkte einer Betriebs- bzw. Dienstvereinbarung zur Mobbingproblematik (vgl. Abb. 17) lediglich als Anhaltspunkte, Orientierungshilfen und Diskussionsgrundlage gedacht (s. a. *Wolmerath* 2017, S. 384).

Abb. 17: Eckpunkte für eine Betriebs- bzw. Dienstvereinbarung zur Mobbingproblematik

Überschrift:

- z. B. »Betriebsvereinbarung zu sozialem Umgang im Betrieb« oder »Dienstvereinbarung für ein partnerschaftliches Verhalten am Arbeitsplatz«

Präambel:

- Grund für den Abschluss der Betriebs- bzw. Dienstvereinbarung
- Absichten und Ziele der Vertragsparteien

Geltungsbereich:

- Räumlich: für welche(n) Betrieb(e), Abteilung(en) ...
- Persönlich: für welchen konkreten Personenkreis
- Zeitlich: sofern die Geltungsdauer der Betriebsvereinbarung (z. B. aus Gründen ihrer Erprobung) befristet sein soll

Begriffserklärung und Reichweite:

- Definition von Mobbing sowie psychischer Gewalt*
- Aufzählung von beispielhaften Mobbinghandlungen sowie Erscheinungsformen psychischer Gewalt (= nicht abschließender Katalog, der bei Bedarf ergänzt werden kann)
- Abgrenzung von Verhaltensweisen, die nicht Mobbing sind
- Einbeziehung von Verhaltensweisen, die kein Mobbing sind (z. B. Diskriminierung, [sexuelle] Belästigung, Stalking, Denunzierung)

* **Hinweis:** *Da es sich bei Mobbing nur um eine Erscheinungsform psychosozialer Belastungsfaktoren am Arbeitsplatz handelt, kann eine Betriebs- bzw. Dienstvereinbarung zur Mobbingproblematik ohne größere Schwierigkeiten auf weitere psychosoziale Belastungsfaktoren (z. B. Diskriminierung, [sexuelle] Belästigung, Stalking, Denunzierung) ausgeweitet werden. Damit werden die Betriebsparteien ihrer sozialen Verantwortung gemäß § 17 Abs. 1 AGG gerecht, an der Verwirklichung des in § 1 AGG genannten Ziels einer benachteiligungsfreien Arbeitswelt mitzuwirken.*

Abschluss einer Betriebs- bzw. Dienstvereinbarung

Verhaltenskodex:
- Aufzählung von einzelnen Verhaltensanforderungen
- Verbot unerwünschter Verhaltensweisen
- Umgang mit Problemen sowie Konfliktsituationen in dem Betrieb bzw. in der Dienststelle

Betriebsklima:
- Festschreibung von Maßnahmen zur Verbesserung des Betriebsklimas
- Zeitpunkt, Ort und Art der Durchführung solcher Maßnahmen
- Freistellung für die Teilnahme an den Maßnahmen
- Kostentragung durch den Arbeitgeber

Fairnessbeauftragte bzw. betriebliche Anlaufstelle:
- Funktion und Aufgabe
- Stellung (z. B. Mitglied des Betriebs- bzw. Personalrats, externe Person)
- Ausstattung (z. B. Büro, Literatur, Laptop, Handy)
- Hinzuziehung von Experten (z. B. Rechtsanwalt, Arzt, Sachverständiger)
- Schulung und Fortbildung
- Supervision und Coaching
- Kostentragung durch den Arbeitgeber

Konfliktlösungsverfahren:
- Regelung des Verfahrens zur Bewältigung von Konfliktsituationen
- Maßnahmenkatalog/Stufenverfahren
- Möglichkeit der Einschaltung externer Personen (z. B. Selbsthilfegruppe, Arzt, Psychologe, Mediator)

Schlichtungsstelle:
- Zuständigkeit: Bei Meinungsverschiedenheiten zwischen Betriebs- bzw. Personalrat und Arbeitgeber bzw. Dienststellenleiter, die sich aus der Anwendung der Betriebs- bzw. Dienstvereinbarung ergeben
- Besetzung der Schlichtungsstelle
- Regelung des Verfahrens vor der Schlichtungsstelle
- Hinzuziehung von Sachverständigen
- Kostentragung durch den Arbeitgeber

Hilfe für Mobbingbetroffene:
- Angebot von (therapeutischen) Maßnahmen und Hilfen (z. B. Gespräche, Vertrauen schaffen, Ängste abbauen)
- Zeitpunkt, Ort und Art der Durchführung der Angebote
- Freistellung für die Teilnahme an den Angeboten
- Kostentragung durch den Arbeitgeber

Sensibilisierung und Qualifizierung:
- Maßnahmen zur Sensibilisierung und Qualifizierung von Vorgesetzten und Beschäftigten (z. B. Vortrag, Seminar, Gesprächskreis)
- Zeitpunkt, Ort und Art der Durchführung der Maßnahmen

- Freistellung für die Teilnahme an den Maßnahmen
- Kostentragung durch den Arbeitgeber

Sanktionen (falls gewünscht):
- Aufzeigen der möglichen Sanktionsmittel (z.B. Ermahnung, Abmahnung, Versetzung, Kündigung)
- Regelung von Verfahrensfragen (z.B. Beteiligung der Interessenvertretung, Anhörung des Betroffenen, Aufklärung des Sachverhalts, Anrufung der Schlichtungsstelle bei Meinungsverschiedenheiten, Verweildauer einer Abmahnung in der Personalakte)

Schlussbestimmungen:
- Bekanntmachung (z.B. Aushang am Schwarzen Brett, Vorstellung der Betriebs- bzw. Dienstvereinbarung auf einer Betriebs- bzw. Personalversammlung, Download im Intranet des Betriebs bzw. der Dienststelle)
- Salvatorische Klausel
- Pflicht zur Evaluation und Fortschreibung der Betriebs- bzw. Dienstvereinbarung nach einer festgelegten Zeit oder zu einem bestimmten Zeitpunkt
- Inkrafttreten (einer unbefristeten Betriebsvereinbarung), Kündigung und Nachwirkung der Betriebs- bzw. Dienstvereinbarung

In der Vergangenheit wurden Betriebs- sowie Dienstvereinbarungen vereinzelt mit Formulierungen wie »Mobbinghandlungen erfüllen strafrechtliche Tatbestände« versehen. Da weder die betriebliche Interessenvertretung noch die Arbeitgeberseite derartige Feststellungen rechtsverbindlich treffen können und es auch nicht deren Aufgabe ist, solche Wertungen abzugeben, sollte auf derartige Formulierungen verzichtet werden. Sinnvoller und passender ist eher ein Hinweis, dass Mobbinghandlungen strafrechtliche Tatbestände erfüllen, zudem arbeits- bzw. dienstrechtliche Sanktionen zur Folge haben können. Vergleichbares gilt für eine knackige Formulierung wie »Mobbing stellt einen Kündigungsgrund dar«, die ebenfalls vermieden werden sollte.
Wichtig ist zu bedenken, dass die Arbeit des Betriebs- bzw. Personalrats mit dem Abschluss der Betriebs- bzw. Dienstvereinbarung nicht beendet sein darf. Die Realität zeigt immer wieder, dass Interessenvertretungen verbissen um den Abschluss einer Betriebs- bzw. Dienstvereinbarung kämpfen, ihre konsequente Umsetzung dann aber nicht verfolgen. So meinen manche Interessenvertreter, dass es zum Beispiel Alkoholprobleme von Beschäftigten nicht mehr gibt, sobald sie eine Betriebs- bzw. Dienstvereinbarung »Alkohol am Arbeitsplatz« abgeschlossen haben. Vergleichbares gilt für die Arbeitgeberseite. Wenn sie der Betriebs- bzw. Personalrat nicht drängt, vergessen sie leicht, ihrer sich aus § 77 Abs. 1

Satz 1 BetrVG bzw. § 74 Abs. 1 BPersVG ergebenden Pflicht nachzukommen und die Betriebs- bzw. Dienstvereinbarung umzusetzen.

Bedenke:
Mit dem Abschluss der Betriebs- bzw. Dienstvereinbarung sind die Probleme Mobbing und psychische Gewalt nicht gelöst. Die Interessenvertretung muss die Umsetzung der Betriebs- bzw. Dienstvereinbarung im Blick haben und sich bei Bedarf für eine Fortschreibung bzw. Korrektur der Vereinbarung einsetzen.

3.3 Durchsetzung einer Betriebs- bzw. Dienstvereinbarung

Erfreulicherweise wachsen die Bereitschaft und das Eigeninteresse von Dienststellenleitungen sowie von Geschäftsführungen, Regelungen für einen fairen Umgang und gegen soziale Entgleisungen wie Mobbing einzuführen. In solchen Fällen ist es überflüssig, von »Durchsetzung« zu sprechen. Vielmehr verständigen sich in solchen Institutionen die Betriebsparteien in einer weitgehend einvernehmlichen Diskussion auf möglichst geschmeidige, aber auch wirksame Maßnahmen.
Der Abschluss einer Betriebs- bzw. Dienstvereinbarung bietet alle Möglichkeiten, ein wirksames und zufriedenstellendes Melde- und Lösungsverfahren aufzubauen. Dabei lassen sich die konkreten betrieblichen Besonderheiten perfekt berücksichtigen.
Inzwischen sind in Deutschland hunderte von Betrieben und Dienststellen diesen Weg gegangen. In vielen anderen wird darüber diskutiert, ob man sich dem anschließen soll. Leider gibt es aber auch weiterhin Arbeitgeber und Dienststellenleiter, die wenig bis keine Begeisterung für den Abschluss einer Betriebs- bzw. Dienstvereinbarung zeigen. Manchmal fangen die Probleme sogar schon im eigenen Betriebs- bzw. Personalrat an. Eine Betriebs- bzw. Dienstvereinbarung zu Mobbing ist kein Selbstläufer. Erfahrungsgemäß müssen sich die Initiatoren mit einer Reihe von Widerständen, Bagatellisierungen und Ignoranz auseinandersetzen. Es muss nicht selten viel Überzeugungsarbeit geleistet werden.
Die Interessenvertretung sollte vorausschauend auf die Bedenken und Sorgen der Arbeitgeberseite eingehen. Neben dem vermeintlichen Imageproblem spielt die Sorge von Führungskräften eine große Rolle, dass zukünftig jede unliebsame Entscheidung, Anweisung oder Beurteilung durch Vorgesetzte als »Mobbing« diffamiert werden könnte. Diese Sorgen lassen sich argumentativ gut ausräumen. Leider werden sie von der Arbeitgeberseite regelmäßig nicht zur Sprache gebracht. Stattdessen wird lieber in Abrede gestellt, dass es überhaupt ein relevantes Problem gibt.

In einer solchen Situation kann der Betriebs- bzw. Personalrat an bestehende Leitbilder sowie Führungsrichtlinien anknüpfen. Eine Betriebs- bzw. Dienstvereinbarung zu Mobbing und/oder zu psychischer Gewalt wird sich dazu kaum in einem Widerspruch befinden, sondern eher in Einklang dazu stehen.
Der Zeitbedarf von dem ersten Gespräch bis zur Leistung der Unterschriften unter eine Betriebs- bzw. Dienstvereinbarung kann aus den vorgenannten Gründen bisweilen mehrere Jahre betragen. Eine lange Verhandlungsphase hat jedoch keineswegs nur Nachteile, denn diese Zeit kann intensiv zur Sensibilisierung von Beschäftigten und Vorgesetzten genutzt werden. Ein Handlungsdruck ergibt sich allerdings dann, wenn es akute Fälle von Mobbing und/oder psychischer Gewalt in der Dienststelle bzw. in dem Betrieb gibt.
Wenn der Appell an die Einsicht keine Wirkung zeigt, muss die Interessenvertretung sowohl ihre betriebspolitischen als auch die ihr zur Verfügung stehenden juristischen Werkzeuge nutzen.
Es sollte allen Beteiligten klar werden, dass es um mehr als Mobbing und psychische Gewalt geht, nämlich um ein partnerschaftliches Verhalten am Arbeitsplatz, um ein Stück »gute Arbeit«. Nahezu alle Betriebe und Dienststellen, in denen es entsprechende Vereinbarungen gibt, haben sowohl schwerwiegende chronische zwischenmenschliche Konflikte am Arbeitsplatz als auch soziale Übergriffe in ihre Regelungen einbezogen. Sie tun dies mit der Berechtigung, dass ungelöste zwischenmenschliche Probleme am Arbeitsplatz die Tendenz haben, sich längerfristig in Mobbing auszuwachsen.
Obwohl es um die Verhinderung oder Entschärfung von Mobbing und psychischer Gewalt geht, sollte die Betriebs- bzw. Dienstvereinbarung möglichst eine positiv formulierte Überschrift haben. Denn erstens soll den Beschäftigten nicht kollektiv unterstellt werden, dass sie alle potentielle Mobber wären. Zweitens geht es um Hilfsangebote und Strukturen zur konstruktiven Bewältigung von im Arbeitsleben letztlich unabwendbaren Konflikten und Unstimmigkeiten zwischen Menschen. Fakt ist, dass Konflikte am Arbeitsplatz viel zu häufig wenig sozialverträglich und sachlich nicht optimal ausgetragen werden. Deshalb sollte der Betriebs- bzw. Dienstvereinbarung auch eine Präambel vorangestellt werden, in der die Motive, die Zielrichtung und der Sinn des Ganzen in einem positiven Sinn erläutert wird.
Eine Definition und Erläuterung von Mobbing und psychischer Gewalt ist unerlässlich. Schließlich sollte jedermann wissen, welches Verhalten bei der Arbeit unerwünscht ist. Eines der wichtigsten Elemente einer Betriebs- bzw. Dienstvereinbarung zu Mobbing und psychischer Gewalt ist

die Bestimmung von legitimierten Ansprechpartnern, an die sich jeder wenden kann, der sich diskriminiert, gedemütigt oder gemobbt fühlt und/oder sich psychischer Gewalt ausgesetzt sieht. Oberhalb dieser Ebene müssen in der Betriebs- bzw. Dienstvereinbarung Strukturen und Vorgehensweisen definiert werden, wie im Einzelnen vorgegangen wird, sobald sich der Verdacht auf Mobbing oder psychische Gewalt bestätigt. Die Vorgesetzten dürfen sich dabei nicht von der Pflicht entbunden fühlen, sich selbst zu engagieren, wenn in ihrem Verantwortungsbereich Mobbing vorkommt.

4. Qualifizierung der Akteure

Wer sich als Betriebs-, Personalrat oder Mitglied der Mitarbeitervertretung der Mobbingproblematik annehmen möchte, der sollte sich zunächst auf den neuesten Stand des Wissens bringen. Das *BAG* hat in seinem Beschluss vom 15. 1. 1997 (7 ABR 14/96 – AiB 1997, 410) festgestellt, dass die sachgerechte Behandlung von Beschwerden Kenntnisse über Ursachen und Verläufe von Mobbinggeschehen und das Wissen um konkrete Abhilfemöglichkeiten verlangt. Neben der Lektüre von Büchern und Artikeln in (Fach-)Zeitschriften, dem Gespräch mit in die Mobbingthematik eingearbeiteten Gewerkschaftssekretären, Beratern, Selbsthilfegruppen etc. bietet sich für die Mitglieder der betrieblichen Interessenvertretung vor allem der Besuch von speziellen Schulungs- und Bildungsveranstaltungen zu Mobbing an. Da das diesbezügliche Seminarangebot äußerst umfangreich ist, besteht das Problem eher darin, den »richtigen« Seminaranbieter zu finden. Schauen Sie sich die Seminarausschreibungen und Seminarabläufe genau an, befragen Sie den Veranstalter nach den Referenten und deren Qualifikationen. Unterhalten Sie sich mit einem Betriebs- bzw. Personalratsmitglied, das bereits ein Mobbingseminar besucht hat. Seien Sie kritisch. Auf diese Weise schützen Sie sich vor unseriösen Seminarangeboten und vor mit der Mobbingproblematik unzureichend vertrauten Referenten.
Ist der passende Seminaranbieter gefunden, stellen sich regelmäßig zwei Fragen: Hat mich mein Arbeitgeber bzw. Dienststellenleiter zum Zwecke der Seminarteilnahme von der Arbeit freizustellen und wer trägt die durch die Seminarteilnahme entstehenden Kosten?
Gemäß § 37 Abs. 6 Satz 1 i. V. m. Abs. 2 BetrVG sind Betriebsratsmitglieder von ihrer beruflichen Tätigkeit ohne Minderung des Arbeitsentgelts für die Teilnahme an Schulungs- und Bildungsveranstaltungen zu be-

freien, soweit diese Kenntnisse vermitteln, die für die Arbeit des Betriebsrats erforderlich sind. Entsprechendes gilt – wobei bei den nachfolgenden Ausführungen lediglich eine Bezugnahme auf die Vorschriften des Bundespersonalvertretungsgesetzes erfolgt – für Personalratsmitglieder nach § 46 Abs. 6 BPersVG: Die Mitglieder des Personalrats sind unter Fortzahlung der Bezüge für die Teilnahme an Schulungs- und Bildungsveranstaltungen vom Dienst freizustellen, soweit diese Kenntnisse vermitteln, die für die Tätigkeit im Personalrat erforderlich sind. Sofern die Erforderlichkeit einer Schulungsteilnahme vorliegt, hat der Arbeitgeber bzw. Dienststellenleiter das betreffende Betriebs- bzw. Personalratsmitglied zum Zwecke der Seminarteilnahme von der Arbeit freizustellen und die durch die Seminarteilnahme entstehenden Kosten (z. B. Seminargebühr, Reisekosten, Übernachtungskosten) gemäß § 40 Abs. 1 BetrVG bzw. § 44 Abs. 1 BPersVG zu tragen (zu den Einzelheiten vgl. *HaKo-BetrVG*, § 37 Rn. 29ff. und § 40 Rn. 4ff.; *Altvater u. a.*, § 46 Rn. 84ff. und § 44 Rn. 36ff.).
Um den Nachweis der Erforderlichkeit einer Schulungsteilnahme zur Mobbingproblematik erbringen zu können, muss der Betriebs- bzw. Personalrat nach einer Entscheidung des *BAG* aus dem Jahre 1997 eine betriebliche Konfliktlage darlegen, aus der sich ein Schulungsbedarf für ihn ergibt und zu dessen Erledigung das auf dem Seminar vermittelte Wissen notwendig ist (*BAG* vom 15. 1. 1997 – 7 ABR 14/96 – AiB 1997, 410). Hierfür sei ausreichend, wenn der Betriebs- bzw. Personalrat vorträgt, dass er aufgrund der ihm bekannt gewordenen Konflikte initiativ werden wolle, um etwa durch Verhandlungen mit dem Arbeitgeber bzw. Dienststellenleiter über den Abschluss einer Betriebs- bzw. Dienstvereinbarung weiteren Mobbingfällen im Betrieb bzw. in der Dienststelle entgegenzuwirken. Gleiches gilt, wenn er auf diese Weise der Entstehung von Mobbing begegnen will (vgl. *BAG* vom 14. 1. 2015 – 7 ABR 95/12). In seiner Entscheidung vom 30. 10. 2012 hebt das *LAG München* (6 TaBV 39/12) hervor, dass es dem Betriebsrat möglich ist, präventiv tätig zu werden, d. h. er muss nicht den Eintritt von konkreten Mobbingsituationen im Betrieb abwarten, ehe er eines seiner Mitglieder schulen darf. Für die Bejahung eines Schulungsanspruchs genügt es, wenn der Betriebs- bzw. Personalrat im Bedarfsfall gegenüber dem Arbeitgeber bzw. Dienststellenleiter darlegt, dass sich Beschäftigte bei ihm beschwert bzw. einen Sachverhalt geschildert haben, wonach Mobbing im Betrieb bzw. in der Dienststelle existiert (s. a. *ArbG Kiel* vom 27. 2. 1997 – H 5d BV 41/96 – AiB 1997, 410) oder sich entwickeln kann (vgl. *BAG* vom 14. 1. 2015 – 7 ABR 95/12). Stets ist zu beachten, dass der Betriebs- bzw. Personalrat nicht verpflichtet ist, die Namen der Beschwerdeführer zu nennen – was er im Übrigen auch im Interesse der Betroffenen nicht tun sollte.

Unter Bezugnahme auf den Gedanken der Prävention, dem gerade im Zusammenhang mit der Mobbingproblematik eine besonders große Bedeutung zukommt, lässt es das *ArbG Bremen* für die Erforderlichkeit einer Seminarteilnahme genügen, wenn der Betriebsrat den Beschluss fasst, sich inhaltlich mit der Problematik auseinandersetzen zu wollen. Der Betriebsrat könne nicht darauf verwiesen werden, das Eintreten entsprechender Mobbingfälle abzuwarten (*ArbG Bremen* vom 17.12.2003 – 9 BV 81/03 – NZA 2004, 538; s.a. *LAG München* vom 30.10.2012 – 6 TaBV 39/12).

Noch einen Schritt weiter geht das *ArbG Weiden,* das sich gegen die Rechtsprechung des Bundesarbeitsgerichts aus dem Jahre 1997 wendet und betont, dass sich die Einstellung gegenüber der Mobbingproblematik seitdem geändert habe. Ausgehend von dem Umstand, dass es zu den gesetzlichen Aufgaben des Betriebsrats gehöre, Mobbing entgegenzuwirken und vor allem präventiv zu wirken, könne nicht verlangt werden, dass der Betriebsrat eine betriebliche Konfliktlage darlegt, um an einem Mobbingseminar teilnehmen zu können (*ArbG Weiden* vom 22.6.2005 – 1 BV 3/05 C – dbr 3/2006, 37). Leider wird diese Ansicht nicht von allen Arbeitsgerichten geteilt (vgl. zuletzt *LAG Hamm* vom 15.11.2012 – 13 TaBV 56/12)

Wichtig ist zu beachten, dass der Arbeitgeber bzw. Dienststellenleiter die Teilnahme an einer Schulungsveranstaltung nicht mittels eines Verweises auf das Studium von Mobbingliteratur verhindern kann (vgl. *ArbG Frankfurt/Main* vom 31.1.1996 – 7 BV 298/95 – AiB 1996, 557). Das Bestehen einer betrieblichen Sozialberatung steht der Erforderlichkeit eines Seminarbesuchs ebenfalls nicht entgegen (vgl. *BAG* vom 14.1.2015 – 7 ABR 95/12).

Bedenke:
Nur der Betriebs- bzw. Personalrat, der sich umfassend über die Mobbingproblematik informiert, kann gestaltenden Einfluss auf Konfliktsituationen im Betrieb nehmen.

Die Akzeptanz solcher Schulungsmaßnahmen durch den Arbeitgeber lässt sich erhöhen, wenn der Betriebs- bzw. Personalrat eine Inhouse-Schulung initiiert, zu welcher er Vorgesetzte, Mitarbeiter der Personalabteilung und weitere interessierte Personen mit Arbeitgeberfunktionen einlädt. Damit der Betriebs- bzw. Personalrat ausreichend Zeit für interne Diskussionen hat, kann die Teilnahme von solchen Personen, die nicht der Interessenvertretung angehören, auf den rein fachlichen Teil beschränkt bleiben (d.h. Grundinformation zu Mobbing, Umgang mit Mobbingbetroffenen), während man den betriebspolitischen Teil (z.B. Inhalt und Durchsetzung einer Betriebs- bzw. Dienstvereinbarung) im Anschluss an den gemeinsam durchgeführten Teil ausschließlich betriebs- bzw. personalratsintern behandelt.

C. Wie helfe ich mir selbst? Sinnvolles Vorgehen von Betroffenen

Die Wahrscheinlichkeit, im Laufe seines Berufslebens von Mobbing betroffen zu sein, liegt höher, als man vielleicht denkt. Die Mehrzahl der Beschäftigten geht deshalb wie selbstverständlich davon aus, dass es sie persönlich schon nicht »erwischen« wird. Insofern trifft es die meisten Menschen dann total unvorbereitet.

Wenn man sich unversehens in einer Mobbingsituation wiederfindet, möchte man magische Kräfte haben. Am liebsten hätten wir, dass alles nur ein böser Traum war, aus dem wir morgen früh befreit aufwachen. Am zweitliebsten hätten wir, dass es innerhalb von zwei, drei Wochen einfach wieder aufhört, weil alles nur ein Missverständnis gewesen ist, und wir nach dessen Aufklärung endlich wieder ruhig und ungestört an unsere Arbeit gehen können. Am drittliebsten wünschen wir uns, dass Jemand ein Machtwort spricht, das den Mobbern bis ans Ende ihres Arbeitslebens in den Ohren klingt. Das Problem: Die Magie funktioniert bei Mobbing nicht.

Das Dilemma für Mobbingbetroffene besteht darin, dass sie sich einerseits in einer der stressigsten Situation ihres (Arbeits-)Lebens befinden, in der sie sich weitgehend ausgeliefert und hilflos vorkommen. Andererseits stellt Mobbing höchste Anforderungen an die eigenen sozialen, beruflichen, konflikttechnischen und emotionalen Fähigkeiten eines Betroffenen, um einen solchen Angriff erfolgreich überstehen zu können.

Was tun? Bei Mobbing ist guter Rat teuer, aber zugleich ist der sprichwörtliche Weg zur Hölle mit guten Ratschlägen gepflastert. Uns ist bewusst, dass wir an dieser Stelle nicht für jeden Betroffenen und für jede Mobbingkonstellation die richtigen Hinweise geben können. Denn eines ist klar: jeder Mobbingfall ist ein Unikat. Im Folgenden zeigen wir daher verschiedene – uns sinnvoll erscheinende – Möglichkeiten auf, wie man als Betroffener eine Mobbingsituation durchstehen kann. Unsere Ausführungen sollen Mut machen, sie sollen Alternativen aufzeigen, sie sollen eine Systematik bereitstellen, sie sollen Auswege aufzeigen. Was wir nicht bieten können, das sind Patentrezepte.

1. Der erste Schock: Ich werde gemobbt!

Wie soll ich mich verhalten, wenn mir zum ersten Mal richtig bewusst wird, dass ich von Mobbing betroffen bin? Es geht hier um den Augenblick, an denen einem klar wird, dass es sich um viel mehr als zufällige Feindseligkeiten handelt. Ein ehemals Betroffener beschreibt es so: »*Es gab dann diese Phase, in der mir mit Erschrecken und ungläubiger Furcht klar wurde, dass es ganz gezielt gegen mich geht, dass ich tief in der Seele verletzt werde, dass meine berufliche Existenz vollkommen infrage gestellt wird. Vorher habe ich versucht, das Ganze irgendwie nicht an mich heranzulassen.*«

In der Beratung von Mobbingbetroffenen erleben wir immer wieder, dass dem Ratsuchenden ein Schreck durchfährt, wenn wir ihm bestätigen müssen, dass es sich in seinem Fall tatsächlich um Mobbing handelt. Obwohl der Ratsuchende genau aus diesem Grund zu uns gekommen ist, findet er die Bestätigung seiner eigenen Vermutung dann doch furchterregend. Es scheint ein vergleichbares Erlebnis zu sein wie bei einem problematischen Arztbesuch. Man ahnt längst die schlimme Diagnose und hofft trotzdem, dass sie sich nicht bewahrheiten möge.

Bedenke:
Mobbing ist bedrohlich, aber es ist keine Diagnose wie »unheilbarer Krebs«.

Es ist nicht schlimm, wenn man für kurze Zeit in Panik oder in dessen Gegenteil, eine Schreckstarre, verfällt. Danach muss man jedoch anfangen, dem Problem direkt ins Auge zu schauen. Es gibt keine erfolgversprechende Alternative zu einem aktiven persönlichen Umgehen mit Mobbing. Es ist ein schweres, aber längst kein »unheilbares« Problem.

Es gibt ein paar zentrale Fragen, die zügig abgeklärt werden sollten, sobald einem klar geworden ist, dass man tatsächlich Mobbing oder psychischer Gewalt ausgesetzt ist. Es geht dabei noch nicht um das praktische Vorgehen, sondern eher um eine grundlegende innere Richtungsbestimmung. Wir gehen diesen Fragen in die folgenden fünf Abschnitten nach.

1.1 Bin ich betroffen oder Opfer?

Heinz Leymann hat für diejenigen, die Mobbinghandlungen ausgesetzt sind, unterschiedslos den Begriff »Opfer« verwendet. Diese Bezeichnung legt es leider nahe, dass man sich quasi automatisch in einer passiven und

ausweglosen Lage befindet – etwa wie ein »Opfertier« oder wie ein Katastrophenopfer. Etwas sehr Böses ist einem geschehen, aber man konnte rein gar nichts dagegen tun und fatalerweise glaubt man nun, auch weiterhin nichts dagegen tun zu können, sondern auf mächtige Retter angewiesen zu sein, die einem aus dem Schlamassel heraushelfen werden.
Nach unserer Auffassung bedeutet das Angegriffenwerden durch Mobbing keineswegs, in diesem Sinne »Opfer« zu sein. Es macht beispielsweise sehr wohl einen Unterschied, ob Mobbing gerade erst begonnen hat oder schon Jahre wütet, ob es lediglich einen Angreifer gibt oder viele, ob man Rückhalt bei den Arbeitskollegen hat oder isoliert ist, ob es eine entsprechende Betriebs- bzw. Dienstvereinbarung gibt. Mobbing ist mit Sicherheit keine harmlose Situation; man sollte aber aus unserer Sicht seine Selbsthilfekräfte nicht dadurch schwächen, dass man sich selbst vorschnell in die Opferrolle begibt oder hineindrängen lässt. Es ist eine persönliche Entscheidung, vielleicht auch eine Frage der Weltanschauung, ob man sich infolge von Mobbing als Opfer oder als Angegriffener (Betroffener) definiert.
In der Opferrolle signalisiere ich mir selbst, dass ich absolut gar nichts machen kann. Aber es erwächst zugleich der Anspruch, dass das soziale Umfeld aufgrund meines Opfer-Seins nun umfassend verpflichtet ist, alles zu tun, um die Täter konsequent zur Rechenschaft zu ziehen, alle meine erlittenen Schäden auszugleichen, meinen beschädigten Ruf wiederherzustellen und abschließend jegliche Wiederholung einer solchen Situation für alle Zeiten auszuschließen. Man gibt als Opfer seine Rettung in fremde Hände, hat zugleich höchste Ansprüche, wie diese Rehabilitation aussehen soll. Als Opfer mag ich moralisch vollkommen im Recht sein, aber möglicherweise passiert trotzdem nichts, was meine Situation praktisch verbessert.
In der Rolle eines Mobbingbetroffenen mache ich mir keine Illusionen über die Tragweite der Übergriffe sowie über meine gegenwärtige Unterlegenheit. Ich suche natürlich gezielt nach Unterstützung, nach Trost und gutem Rat. Aber ich übernehme auch selbst die Verantwortung für mein Leben. Ich versuche Schritt für Schritt die eigenen Kräfte zu sammeln, einen Überblick über das Geschehen zu gewinnen, mir über eigene Schwachstellen klar zu werden, Unterstützung zu suchen und alles für mein Wohlergehen und eine bessere Zukunft in die Wege zu leiten.

1.2 Darf ich hoffen, dass es von selber aufhört?

Nein! Viele Betroffene fragen sich: »Ist es nicht besser abzuwarten? Hört es vielleicht von selber wieder auf?« Verbreitet ist die Hoffnung, dass die Mobbingattacken, welche auf unspektakuläre Weise begonnen haben, vielleicht auch wieder auf wundersame Weise eingestellt werden. In der betrieblichen Realität hören Mobbing und psychische Gewalt jedoch erst dann auf, wenn der Betroffene zur Strecke gebracht ist. Die Erfahrung zeigt sogar: Je länger eine solche Situation hingenommen wird, desto schwieriger wird es, Grenzen aufzuzeigen und eine zufriedenstellende Lösung zu finden.

Man sollte bedenken, dass das Mobbing in der Zeit des hoffnungsvollen Abwartens weitergeht und infolgedessen die eigene psychische, berufliche und gesundheitliche Belastung zunimmt. Ein weiterer Effekt des Abwartens wird häufig gar nicht in Betracht gezogen. Mit fortschreitendem Mobbing haben die Mobber zunehmend »Dreck am Stecken«. Dabei sammelt sich nicht selten auch rechtlich relevantes Fehlverhalten an. Deswegen wird es für die Mobber immer zwingender, den Gemobbten endgültig auszuschalten, bevor er ihnen nämlich seinerseits gefährlich werden kann. Eine friedliche oder stille Lösung des Mobbingkonflikts wird mit zunehmender Dauer immer unwahrscheinlicher.

Darum sollten Sie aufhören zu hoffen, dass es von alleine aufhört. Stattdessen sollten Sie schnellstmöglich erste eigene Schritte zum Selbstschutz einleiten und hilfreiche Kontakte anbahnen.

1.3 Muss ich da alleine durch?

Ja und nein. Viele Beratungsstellen berichten übereinstimmend, dass Betroffene oft sehr spät kommen. Oft sind es Scham, Schuld und manchmal sogar Stolz, welche Betroffene davon abhalten, rechtzeitig Hilfe zu suchen. Manche fühlen Scham darüber, weil sie überhaupt Ziel von Mobbing geworden sind und weil es ihnen nicht gelungen ist, sich erfolgreich selbst zu verteidigen. Es werden aber Jahr für Jahr so viele neue Fälle von Mobbing bekannt, dass sich niemand dafür schämen muss. Andere plagen Schuldgefühle oder sie sind von Selbstzweifeln angenagt, weil sie glauben, dass eigene Fehler die Ursache für das Mobbing sein könnten. Tatsache ist jedoch, dass die Mobber geradezu gierig nach Fehlern suchen – Fehler, die ja alle Menschen gelegentlich machen –, um gezielt Schaden zufügen zu können. Außerdem können Fehler niemals solche psychischen Grausamkeiten rechtfertigen, wie wir sie bei Mobbing immer wieder erleben. Und gelegentlich ist es auch der Stolz, der davon abhält, bei psychischer Gewalt nach Hilfe zu suchen. »Da muss ich doch alleine irgendwie mit fertig werden«, denkt so mancher. Faktisch werden wir bei psychischer Gewalt und Mobbing auf eine Weise attackiert, die

mit unseren normalen Alltagskonflikten nichts zu tun hat und die wir deswegen mit unserem »Bordwerkzeug« nicht bewältigen können.
Darum sollten Sie nicht versuchen, Mobbing völlig auf sich gestellt zu bewältigen. Stattdessen sollten Sie zügig professionelle Hilfe in Anspruch nehmen, Informationen sammeln und persönliche Unterstützung durch Arbeitskollegen und/oder Freunde suchen. Danach werden ihnen womöglich die Kräfte und »Flügel« wachsen, die Sie für eine erfolgreiche Bewältigung einer Mobbingsituation benötigen.

1.4 Helfen mir die anderen, wenn sie wissen, dass ich gemobbt werde?

Ja und nein, es kommt darauf an. Manche Mobbingbetroffene glauben, dass sie das Wort »Mobbing« nur laut genug im Betrieb oder auf der Dienststelle ausrufen müssen, damit sofort ein Shitstorm der Entrüstung über die bisher untätigen Vorgesetzten und die bösartigen Mobber hinwegfegt und das Mobbing dadurch schlagartig beendet wird. Um es nüchtern zu formulieren: Das Konzept »Beendigung von Mobbing durch Empörung der Massen« hat sich in der betrieblichen Praxis nicht bewährt.
Man mag das bedauern, aber man sollte den betrieblichen Realitäten ins Auge schauen. Die öffentliche Anklage »Ich werde von XY gemobbt« löst sehr gegensätzliche Reaktionen aus. *Ulla Dick* (2001) hat beobachtet, dass Vorgesetzte insbesondere dann abblocken und sich weigern, etwas zu tun, sobald explizit das Wort »Mobbing« fällt. Das Wort Mobbing scheint hier viele Reflexe in Gang zu setzen, die nicht unbedingt zugunsten des Mobbingbetroffenen wirken. Der öffentliche Vorwurf enthält indirekt einen Appell zur sofortigen Parteinahme: »Hältst Du es mit dem Opfer oder mit den Bösen?« Unbeteiligte Beschäftigte werden sich fragen, worauf sie sich dabei einlassen, wenn sich beispielsweise der Vorwurf später nicht aufrechterhalten lässt. Geschäftsführungen bekommen häufig eine Art »Allergie«, sobald das Wort Mobbing öffentlich in die Debatte geworfen wird und wehren sich mit allen zur Verfügung stehenden Mitteln dagegen.
Darum sollten sich Betroffene und ihre Unterstützer genau überlegen, ob und zu welchem Zeitpunkt Sie das Mobbing betriebsöffentlich anklagen wollen, um Druck auf gewisse Entscheidungsträger zu erzeugen. Aus taktischen Gründen kann es wirkungsvoller sein, die Übergriffe, Gemeinheiten und die Ausgrenzung zunächst deutlich, aber ohne ausdrückliche Verwendung des Begriffs »Mobbing« zu kommunizieren.
Im Kontakt mit wohlgesonnenen Arbeitskollegen und Vorgesetzten, mit dem Betriebs- bzw. Personalrat, beim Arzt oder in der Beratungsstelle

sollte man das Wort »Mobbing« hingegen keineswegs ausklammern. Hier wäre falsche Scham fehl am Platze, denn gemobbt zu werden ist kein Charakterfehler. Das hilft den anderen vielmehr, die Situation des Betroffenen besser einzuschätzen und womöglich angemessene Hilfe zu leisten.

1.5 Ist Flucht die beste Verteidigung?

Nein. Nach dem ersten Schreck haben manche Betroffene die Tendenz, schnellstmöglich das Feld zu räumen: »Das halte ich nicht aus, ich muss hier ganz schnell weg!«. Solche Fluchttendenzen sind nur zu verständlich. Dennoch sollte jeder Betroffene erst gründlich darüber nachdenken, ob er diesem spontanen Impuls nachgeben will oder nicht. Das heißt, erst einmal mehrere Nächte darüber schlafen.
Wenn sich die Situation tatsächlich als komplett verfahren herausstellt und die Mobber unangreifbar sind, dann mag einem letzten Endes nichts anderes übrig bleiben als zu gehen. Aber man sollte sich nicht selbst vorzeitig um die (verborgenen) Chancen bringen, die sich bei einem beharrlichen Vorgehen und mittels sozialer Unterstützung auftun könnten. Die folgenden Kapitel geben viele Anregungen dazu. Wenn dies alles nichts hilft, dann erst sollte man sich in Form eines Plan B Gedanken über einen geordneten Rückzug machen (vgl. Kapitel F.7). Das ist dann aber keine Flucht.
Abschließend eine Zusammenstellung wenig hilfreicher Handlungsweisen (s. a. Abb. 18).

Abb. 18: Was man angesichts von Mobbing nicht tun sollte

- Es für lange Zeit nicht wahrhaben wollen
- Hoffen, dass es irgendwie von selber aufhört
- Versuchen, ganz alleine damit klar zu kommen
- Sich sofort mit der öffentlichen Anklage beschweren: »Ich werde gemobbt!«
- In Panik verfallen und schnellstmöglich kündigen wollen

2. Angreifen, Standhalten oder Flüchten?

Wie gehe ich vor, nachdem mir klar geworden ist, dass ich psychischer Gewalt oder Mobbing ausgesetzt bin und dass sich die Sache nicht in einem klärenden Gespräch zu Ende bringen lässt? Was wird mir am besten helfen, aus meiner bedrohlichen Lage herauszukommen?

Wenn Sie detaillierte Hinweise suchen, welche konkreten Schritte im Einzelfall sinnvoll sein können, dann finden Sie entsprechendes in Kapitel D.: Das Vorgehen im Mobbingkonflikt. An dieser Stelle geben wir Ihnen zehn Empfehlungen, wie Sie als Betroffener aus der Defensive in die Offensive kommen. Sie müssen sich auf unsere Ausführungen natürlich immer Ihren eigenen Reim machen, denn Ihr Fall ist zumindest ein klein wenig anders als all die Mobbingfälle, mit denen wir bisher zu tun hatten. Beginnen wir mit einem provokativen Vorschlag: Nehmen Sie Mobbing als Herausforderung an!

2.1 Nehmen Sie Mobbing als Herausforderung an

Ohne Zweifel, als Betroffener sind Sie in der Defensive. Man hat Sie auf dem falschen Fuß erwischt, Sie sind verunsichert und erschüttert; Angst macht sich breit. Sie sind besorgt. Verständnislosigkeit, Ärger und vielleicht sogar Panik bilden eine unübersichtliche Mischung in Ihrem Innern. Ihre Gegner sind schwer greifbar, deren Handeln ist undurchsichtig, deren Position scheint übermächtig. Möglicherweise haben Sie sogar auf die eine oder andere Weise zur Entwicklung dieser Situation beigetragen: Sie waren vielleicht zu naiv, zu gutmütig, zu ehrgeizig oder haben einen Fehler gemacht? Man lässt Sie darüber im Unklaren. Ihre Gegner zeigen kein Interesse an einer einvernehmlichen Klärung. Das ist die Ausgangslage.

Tief in Ihrem Inneren wissen Sie aber auch, dass hier mit gezinkten Karten gespielt wird. Sie wissen, dass es ungerecht, unmoralisch, verletzend und vielleicht sogar menschenverachtend ist, was mit Ihnen getrieben wird. Gesundheit, Wohlbefinden und persönliche Würde sind gefährdet. Letztendlich geht es um Ihre berufliche und menschliche Existenz.

Sie könnten jetzt hoffen, dass irgendwelche Arbeitskollegen oder Vorgesetzte ihre Notlage bemerken, Zivilcourage zeigen und Ihnen mit massiver Hilfe beistehen. Die Mobber würden von denen in die Schranken gewiesen und das Mobbing wäre beendet. Das wäre vielleicht gerecht, passiert aber leider äußerst selten. Wenn Sie nicht beginnen, sich selbst zu helfen und Gegenwehr zu organisieren, dann werden Sie wahrscheinlich auf der Strecke bleiben. Natürlich brauchen Sie Unterstützung, aber ohne eigene Initiative wird Ihnen nicht geholfen. Deshalb raten wir: Nehmen Sie die Herausforderung an.

Oswald Neuberger hat uns in seinem Mobbingbuch kritisch begutachtet, er schreibt: »Esser & Wolmerath entwerfen damit das Bild eines souveränen, starken Opfers, das sich klug, sachlich und kompetent wehren kann; damit unterscheiden sie sich von Leymann, der – einen weit fortgeschrittenen Mobbingverlauf unterstellend – von der Unmöglichkeit des Opfers ausgeht, sich noch aus eigener Kraft aus den Verstrickungen zu lösen.« (*Neuberger*, S. 105) Wir gehen zwar nicht davon aus, dass man als Mobbingbetroffener aktuell in einer souveränen, starken Position *ist*, aber davon, dass man souverän und stark *werden* muss. Das unterscheidet uns von dem Ansatz von *Heinz Leymann:* Dessen Sicht basierte allerdings auf dem Umgang mit Opfern, die zehn Jahre und länger gemobbt worden waren, ohne zu verstehen, was mit ihnen geschieht (damals war »Mobbing« als Begriff ja noch nicht bekannt). Wir glauben stattdessen, dass man trotz Rückschlägen lernen kann, Woche für Woche ein bisschen souveräner mit der Situation umzugehen.

2.2 Knüpfen Sie Ihr soziales Netzwerk

Durch Mobbing wird das menschliche Grundbedürfnis nach sozialer Nähe, Anerkennung, Sicherheit und Dazugehörigkeit (Integration) massiv angegriffen. Deswegen empfiehlt sich als wichtige Gegenmaßnahme, in besonders starkem Maße auf sein bestehendes soziales Netzwerk zurückzugreifen sowie dieses Netzwerk durch viele weitere Verknüpfungen auszubauen. Für introvertierte Menschen mag dies womöglich ein zusätzlicher Stressfaktor werden. Sie sollten sich dann nicht durch viele neue Beziehungen überfordern, sondern gezielt nach einigen verlässlichen und kompetenten Beziehungspartnern suchen. Ein funktionierendes soziales Netzwerk bietet zwischenmenschliche Solidarität, Verständnis und die Gelegenheit, sich auszusprechen. Das funktionierende soziale Netzwerk ist der Ort, wo Mut gemacht, Ideen produziert und Trost gespendet wird.

Die wichtigsten moralischen Stützen für Mobbingbetroffene sind normalerweise Familienmitglieder und/oder Freunde. Bündnispartner im Betrieb bzw. in der Dienststelle sind von großem Wert, weil sie die betrieblichen Besonderheiten besser einschätzen können als Außenstehende. Von Vorteil ist es, wenn man persönlichen Kontakt zu einem Mitglied des Betriebs- bzw. Personalrats oder der Schwerbehindertenvertretung hat. Zum Netzwerk sollten wohlgesonnene Arbeitskollegen und Vorgesetzte gehören, selbst wenn diese vielleicht in einer anderen Abteilung oder Niederlassung tätig sind. Zwar können diese Menschen nicht unmittelbar eingreifen, doch die moralische Unterstützung durch Personen, welche die betrieblichen Hintergründe kennen, kann sehr ermutigend sein.

Ein besonders wichtiger Partner für Mobbingbetroffene ist die betriebliche Interessenvertretung, weil sie den gesetzlichen sowie betriebspolitischen Auftrag hat, den Schutz eines jeden einzelnen Beschäftigten zu gewährleisten (vgl. § 75 BetrVG, § 67 Abs. 1 BPersVG, § 17 Abs. 1 AGG). Mobbing untergräbt ja nicht nur die soziale Lage des Betroffenen, sondern gefährdet zudem die wirtschaftliche Existenz des Einzelnen bzw. ganzer Familien. Niemand kann diese Bedrohung auf die leichte Schulter nehmen. Bei dem Schutz vor missbräuchlichen und/oder schikanierenden Arbeitsanweisungen, vor ungerechtfertigten Abmahnungen, Versetzungen und Kündigung sowie für die Durchsetzung akzeptabler Arbeitsbedingungen gibt es für Mobbingbetroffene keine Alternative zu einer vertrauensvollen Zusammenarbeit mit dem Betriebs- bzw. Personalrat. Entsprechendes gilt natürlich für die Mitarbeitervertretung. Voraussetzung ist allerdings, dass die betriebliche Interessenvertretung der Mobbingproblematik gegenüber aufgeschlossen ist und über das notwendige Wissen verfügt.

2.3 Geben Sie der Lösung des Mobbingproblems oberste Priorität

Ohne Übertreibung kann man sagen, dass Mobbing eine der größten persönlichen und beruflichen Bewährungsproben darstellt, denen man in seinem Leben ausgesetzt sein kann. Es belastet die Betroffenen bis an die psychischen Grenzen und oft darüber hinaus. Vor Arbeitsbeginn, während der Arbeit und danach in der Freizeit spielt die Angst vor neuen Übergriffen und deren innere Verarbeitung eine dominante Rolle im Leben von Betroffenen. Dennoch ist zu beobachten, dass ein Teil der Betroffenen inkonsequent mit der Situation umgeht.

Manche versuchen, sich mit der Situation zu arrangieren und die Attacken passiv über sich ergehen zu lassen. Manche warten (vergeblich) auf eine Läuterung des Täters bzw. der Täter, hoffen auf eine Entschuldigung oder spontane Besserung, die aber nicht erfolgt. Andere haben Skrupel davor, sich zu wehren, weil sie das irgendwie »unter Niveau« finden. Oft schwingt die Hoffnung mit, dass sich das Mobbing irgendwie von selbst geben wird. In vielen Fällen wird das berufliche Engagement verstärkt, der herrschende Termindruck und die Abwicklung der Projektaufträge lenken schließlich auch ein wenig von dem bedrohlichen Problem ab.

Wenn Sie durch Mobbing angegriffen werden, sollten Sie der Lösung dieses Problems die oberste Priorität einräumen. Bedenken Sie, was auf dem Spiel steht. Sie dürfen nicht warten, bis das Mobbing unerträglich geworden ist und Sie keine psychischen, körperlichen und sozialen Reserven mehr haben.

Die Vergabe der obersten Priorität bedeutet keineswegs, dass jeder Gedanke, dass jede private Aktivität von Mobbing geprägt sein sollte. Machen Sie sich nur klar, dass Mobbing Ihr derzeitig größtes Problem ist und dass Ihre wesentlichen Aktivitäten darauf gerichtet sein müssen, zur Abwendung dieser existentiellen Bedrohung beizutragen (vgl. Abb. 19).

2.4 Finden Sie vertrauensvolle und kompetente Gesprächspartner

Nur wenigen Menschen gelingt es, Mobbing im Alleingang zu bewältigen. Die meisten brauchen für das Wiedererlangen des seelischen Gleichgewichts andere Menschen, mit denen sie über ihre Not sprechen, mit denen sie über Gegenmaßnahmen diskutieren können und die zu ihnen halten. Es nützt keinem, sich in seinem Kummer zu vergraben, um anderen nicht zur Last zu fallen. Wer im privaten Umfeld niemandem vertraut, der sollte professionelle Ansprechpartner aufsuchen. Gewerkschaften, kirchliche Organisationen und Krankenkassen sollten die entsprechenden Namen und Adressen in der Region kennen. Ansonsten wird man im Internet fündig. Selbsthilfegruppen findet man dort zum Beispiel unter *www.nakos.de*. NAKOS ist die zentrale Kontakt- und Beratungsstelle zur Anregung und Unterstützung von Selbsthilfegruppen in Deutschland.

Für eine Selbsthilfegruppe spricht, dass die Teilnehmenden ganz ähnliche Erfahrungen gemacht haben. Hier muss man nicht erst umfassend erläutern, was einem alles passiert ist; hier wird man auf Verständnis und Mitgefühl stoßen. Manche Gruppen bleiben allerdings beim Austauschen der leidvollen Erfahrungen stehen und nutzen ihr Beratungspotential nicht aus, um dem Einzelnen zu helfen, aus der Mobbingsituation herauszukommen.

So wichtig Unterstützung und Mitgefühl der Familienangehörigen auch sind, man sollte als Betroffener vermeiden, dass irgendwann nur noch über Mobbing gesprochen wird. Das führt dazu, dass die Anderen irgendwann nichts mehr davon hören wollen und sich nach und nach abwenden. Ständig mit dem Problem eines lieben Menschen konfrontiert zu sein, aber zugleich nichts Hilfreiches tun zu können, ist für viele nach einer gewissen Zeit unerträglich. Entlastend wäre es, einen Tag oder zwei Tage in der Woche festzulegen, in denen intensiv und zielgerichtet über das Mobbingproblem gesprochen wird, während es an den übrigen Wochentagen quasi »tabu« ist. Sie dürfen auch nicht aufhören »zu leben«, d. h. auch ganz normalen familiären Aktivitäten nachzugehen. Wenn wir sagen, dass Betroffene der Lösung des Mobbingproblems oberste Priorität einräumen sollen, ist damit nicht gemeint, dass darüber ununterbrochen zu reden ist.

Abb. 19: Handlungsalternativen – Wie ich mir selbst helfen kann

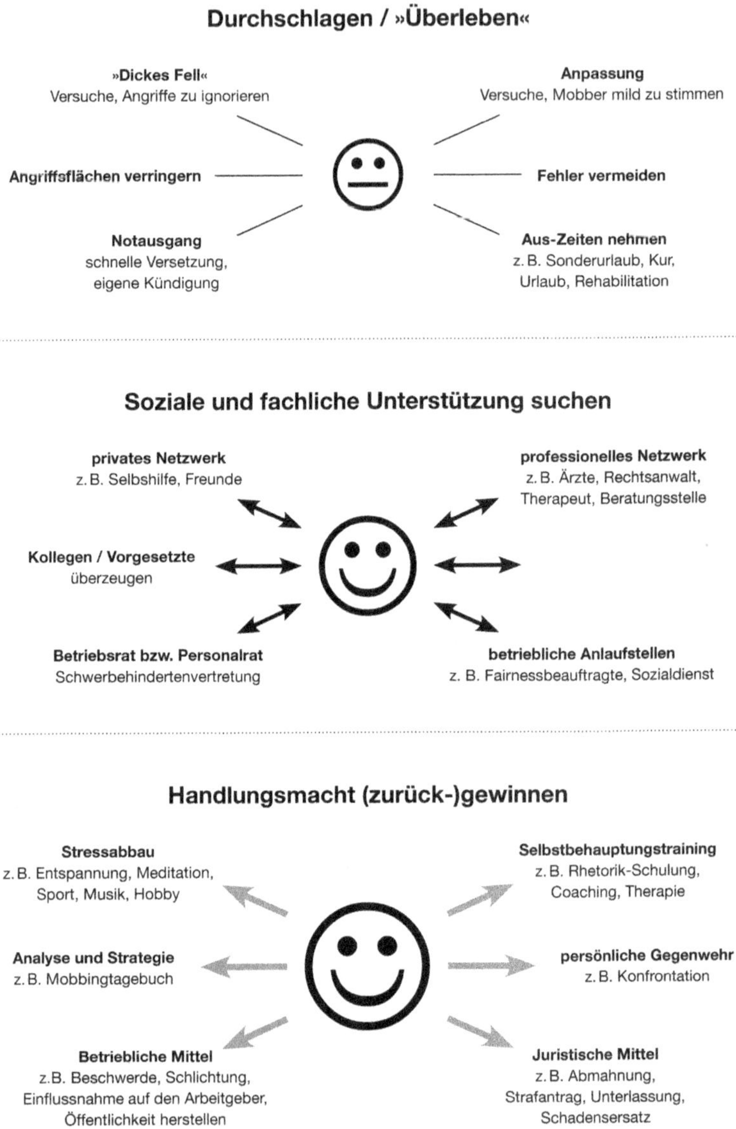

2.5 Lernen Sie, mit guten Ratschlägen gut umzugehen

Jeder Betroffene muss letzten Endes selbst beurteilen, welcher Weg für ihn akzeptabel ist und was er schließlich als eine befriedigende Lösung ansehen kann. Mobbingbetroffene sind – und das erklärt sich aus der außergewöhnlichen und extremen Situation bei Mobbing – zunächst in vieler Hinsicht ratlos, was sie denken, fühlen und tun sollen. Die Kommunikation mit anderen Menschen ist deswegen besonders wichtig: die Beratung, das Abwägen und das gemeinsame Durchdenken von Handlungsmöglichkeiten. Dabei ist zu beachten: Es gibt gut gemeinte und gute Ratschläge. An beidem besteht kein Mangel, wenn man gemobbt wird. Unterscheiden sollte man sie allerdings können. Gut gemeinte Ratschläge sind oft so pauschal gehalten, dass sie irgendwie »immer richtig« sind. Das Problem ist jedoch, dass man praktisch wenig damit anfangen kann oder sogar ein schlechtes Gewissen bekommt. Beliebt sind bei Mobbing etwa Ratschläge dieser Art: »Das musst Du Dir nicht gefallen lassen«, »Lass Dir am besten nichts anmerken« sowie »Lass Dir doch einfach ein dickes Fell wachsen«. Wenn das so einfach wäre! Wenig ermutigend sind auch Aussagen wie: »Das würde ich ganz einfach lösen, da musst Du doch nur ... tun«. Hier erübrigt sich unserer Meinung nach jeder Kommentar.

Wer sich wirklich mit Mobbing und psychischer Gewalt auskennt oder wer auch als Laie ernsthaft helfen möchte, der wird einem Betroffenen genau zuhören und versuchen, sich in den konkreten Fall einzufühlen. Erst danach lassen sich gute Ideen und Vorschläge unterbreiten, die sich umsetzen lassen. Aber auch gute Ratschläge können haarscharf am konkreten Problem vorbeigehen, denn jeder Mobbingfall ist anders. Frustrieren Sie Ihre Ratgeber nicht, indem Sie alle Vorschläge mit einem »Ja, aber ...« ins Leere laufen lassen, weil Ihnen der eine Rat auf den ersten Blick zu riskant und der andere ungewohnt erscheint. Lassen Sie sich stattdessen von alternativen Sichtweisen und Fragen anregen. Entscheiden, was für Sie schließlich am sinnvollsten ist, müssen Sie ohnehin selbst.

2.6 Nehmen Sie professionelle Hilfe in Anspruch

Scheuen Sie sich nicht, umfassend professionelle Hilfe in Anspruch zu nehmen. Schließlich sind die Belastungen für Mobbingbetroffene enorm. Gehen Sie zum Arzt, sobald Sie Beschwerden haben, um möglichen gesundheitlichen (Langzeit-)Schäden vorzubeugen. Lassen Sie sich von Ihrem Arzt auch im Hinblick auf eine Stressprävention sowie die Möglichkeit einer psychosomatischen Kur beraten. Nehmen Sie die Beratungsleis-

tung eines Rechtsanwalts bereits in einem frühen Stadium in Anspruch, selbst wenn Sie diese selbst bezahlen müssen. Sobald Sie den Eindruck haben, dass Sie bereits an einer Depression oder anderen psychischen Beeinträchtigung leiden, sollten Sie den Gang zu einem Facharzt für Neurologie und Psychiatrie nicht scheuen. Ihr Leiden hat rein gar nichts mit »verrückt sein« zu tun. Wenn Sie durch das Mobbing seelisch stark aus dem Gleichgewicht geraten sind, dann könnte Ihnen die Aufnahme einer psychologischen Therapie zu grundlegend besserer Lebensqualität verhelfen. Ähnlich, wie sich Manager bisweilen einen »Coach« leisten, um mit dem täglichen beruflichen Stress besser fertig zu werden, können Sie versuchen, einen Therapeuten, eine Selbsthilfegruppe oder eine Mobbingberatungsstelle zu finden, um sich in dieser für Sie schweren Zeit unterstützen zu lassen.
Zu den professionellen Helfern, die unmittelbaren Einfluss auf die Situation am Arbeitsplatz haben, gehören kompetente Mitglieder der betrieblichen Interessenvertretung. Weitere betriebliche Ansprechpartner können abhängig von der konkreten Situation vor allem sein: der Werkarzt, die betriebliche Sozialberatung, ein vertrauenswürdiger Mitarbeiter aus der Personalabteilung.

2.7 Dokumentieren Sie das Geschehen

Mobbing und psychische Gewalt setzen sich aus vielen Episoden und Vorkommnissen zusammen. Es passiert Gravierendes, aber auch viel Unscheinbares, dessen brisante Wirkung sich erst nach und nach herausstellt. Das kann kein Mensch detailliert im Gedächtnis behalten. Deswegen sollten Sie sich angewöhnen, nach Feierabend Notizen zu machen. Heben Sie Beweismittel auf. Ganz gleich, ob es sich um böse Anschreiben, verunstaltete Bilder, E-Mails oder eine SMS handelt. Halten Sie schriftlich fest, welche Personen die Übergriffe direkt oder indirekt mitbekommen haben. Das bekannte Stichwort dafür lautet: »Mobbing-Tagebuch«. Wenn Sie sich bislang keine Aufzeichnungen gemacht haben, dann nehmen Sie sich ein Wochenende und fertigen Sie rückwirkend einen umfassenden Bericht, was bisher geschehen ist. Das ist emotional belastend, aber möglicherweise auch befreiend und kann Ihnen helfen, einige Zusammenhänge klarer zu verstehen.

2.8 Investieren Sie in Lebensqualität

Als Mobbingbetroffener spüren Sie täglich, wie sehr die Übergriffe negativ auf Ihr psychisches und körperliches Wohlbefinden wirken. Es ist ver-

ständlich, dass die Energie auf schnellstmögliches Abstellen der belastenden Angriffe ausgerichtet wird: »Wenn das Mobbing aufhört, dann geht es mir auch wieder gut«. In den meisten Fällen gelingt es allerdings nicht, das Mobbing kurzfristig abzustellen. Selbstrettungsversuche wie eine spontan ausgesprochene Eigenkündigung oder ein überhastet erklärtes Einverständnis zu einer ungewollten Versetzung führen häufig nicht zu der erhofften Entlastung.
Deswegen sollten Betroffene jede Möglichkeit nutzen, ihr beeinträchtigtes Wohlbefinden und die mangelnde Lebensqualität durch eigene Aktivitäten außerhalb des Arbeitsplatzes zu kompensieren. Lassen Sie sich etwa von einem Arzt beraten, welche natürlichen Mittel Sie gegen Schlafstörungen anwenden können. Pflegen Sie Körper und Seele. Versuchen Sie zum Beispiel mit Meditation, Yoga, autogenem Training oder Sauna, Entspannung zu erreichen. Unternehmen Sie, was Ihnen Freude bereitet: gehen Sie angeln, besuchen Sie kulturelle Veranstaltungen, gehen Sie tanzen, schließen Sie sich einem Verein an ... Das bringt Sie nicht nur auf andere Gedanken, sondern macht Spaß und bringt Sie mit anderen Menschen zusammen. Sie haben die Möglichkeit, Ihr lädiertes Selbstbewusstsein wieder aufzubauen. Regelmäßiger Sport kann Ihnen helfen, die überzähligen Stresshormone abzubauen und körperlich widerstandsfähiger zu werden. Kritiker warnen, dass man nur dem eigentlichen Problem im Betrieb ausweichen würde, indem man Ablenkungen sucht. Unsere Überzeugung hingegen lautet: Sind Körper und Seele gestärkt worden, wird auch die betriebliche Auseinandersetzung besser gelingen.

2.9 Versuchen Sie nicht, den Mobber zu läutern

Einige Opfer von psychischer Gewalt versuchen unablässig, ihren Peiniger dazu zu bringen, mit sich selbst ins Gericht zu gehen und die eigene Schuld einzusehen. Nach dieser Selbsterkenntnis würde dieser, so die Hoffnung, von selbst mit dem Mobbing aufhören. Dieses Konzept ist zum Scheitern verurteilt.
Solange Sie den Mobber davon überzeugen wollen, dass Sie doch eigentlich ein liebenswerter Mensch sind, der die Angriffe gar nicht verdient hat, machen Sie sich von seinem Wohlwollen abhängig. Dasselbe gilt, wenn Sie versuchen, Ihre Handlungsweisen gegenüber dem Mobber ins rechte Licht zu rücken oder sich immer wieder zu rechtfertigen. Das ist in gewisser Weise eine kindliche Haltung: Der Böse soll wieder gut mit einem sein. Es ist naiv, auf solche Einsicht und anschließendes Wohlwollen von Menschen zu hoffen, die einen über Monate extrem feindselig und gnadenlos behandelt haben.

Die Anstrengungen sollten besser auf das pragmatische Ziel konzentriert werden, dass beispielsweise zukünftig die Mobbinghandlungen unterbleiben oder dass man als Gemobbter aus dem Schussfeld kommt. Eine Charakteränderung oder Läuterung des Mobbers sollte nicht oberstes Ziel sein.

2.10 Entwickeln Sie Ihre wirksame Strategie

Es sind Monate, manchmal sogar Jahre vergangen, in denen sich das Mobbing bzw. die psychische Gewalt ausgebreitet und an Macht gewonnen hat. Es gibt kein »zu spät«, um diesen Missständen Einhalt zu gebieten. Aber je länger das Mobbing wirken konnte, umso langwieriger wird es, um zu erträglichen Zuständen zurückzukehren. Es ist ein Irrtum zu glauben, dass es regelmäßig mit einer öffentlichen Anprangerung und der moralischen Verurteilung des Mobbers getan wäre. Je schneller Sie aktiv reagieren, umso größer sind die Reparaturchancen.
Sie werden nicht darum herumkommen, eine eigene, spezielle Strategie zu entwickeln, die der konkreten Situation und Ihnen als Person angemessen ist. Wenn Sie erst einmal ein passendes Konzept haben, werden Sie merken, wie Sie an Sicherheit und Überzeugungskraft gewinnen. Hätten Sie bei Beginn des Mobbing versucht, Ihrem Peiniger möglichst aus dem Weg zu gehen (Vermeidungsverhalten), so könnte es nun sein, dass Sie einer Begegnung nun erwartungsvoll entgegensehen.
Natürlich wünschen Sie sich, dass die Angriffe lieber heute als morgen vorbei sind. Es ist jedoch realistischer, wenn Sie sich darauf einrichten, dass das Problem noch eine Weile fortdauern wird. Hoffen Sie nicht auf die ganz schnelle Lösung. Es braucht naturgemäß seine Zeit, bis sich die Waage zu ihren Gunsten neigen wird.
Detaillierte Vorschläge, welche Maßnahmen Mobber tatsächlich beeindrucken oder zurückschrecken lassen, behandeln wir in Kapitel F. Viele der denkbaren Handlungsalternativen haben durchaus riskante oder widersprüchliche Seiten. Stets ist es vom konkreten Einzelfall abhängig, was sinnvoller Weise unternommen werden sollte. Von einer gründlichen Analyse und vom betrieblichen Kräfteverhältnis hängt die Entscheidung letztlich ab, ob Sie besser angreifen, standhalten oder lieber das Weite suchen sollten.

3. Wie Phönix aus der Asche

Der objektive Schlussstrich unter Mobbing und psychische Gewalt ist erreicht, sobald tatsächlich sichergestellt ist, dass gegen den Betroffenen weder von den ursprünglichen Tätern noch von Trittbrettfahrern oder Nachahmern weitere psychische Aggressionen erfolgen werden. Ein solcher Zustand lässt sich (in seltenen Fällen) durch Einsicht der Mobber, etwas häufiger durch einvernehmliche Konfliktschlichtung sowie regelmäßig durch Druck und Sanktionen gegen den Mobber, durch eine organisatorische Trennung der Konfliktparteien (z. B. Versetzung) oder durch wirksame persönliche Gegenwehr des Mobbingbetroffenen erreichen.
Das Ziel aller Bemühungen gegen das Mobbing besteht in der Erfüllung des Wunsches nach einem neuen Anfang. Betroffene erleben dann weit mehr als nur die Erleichterung, es endlich überstanden zu haben. Außenstehende sind oft überrascht, mit welchem Elan und welcher Kraft die ehemaligen Betroffenen in ihren neuen oder auch in den von Psychoterror befreiten alten Arbeitsbereichen ihre Aufgaben stemmen. Es ist eine Freude, dieses (Wieder-)Aufblühen der Persönlichkeit miterleben zu dürfen – welch ein Unterschied zu den verzagten, gestressten und angeschlagenen Menschen, denen man in der schwierigsten Zeit des Mobbing begegnet ist.
Lesen Sie die Einschätzung eines ehemaligen Mobbingopfers, das mit Unterstützung von Freunden, aber insbesondere auch aus eigener Kraft die Situation erfolgreich meistern konnte:

»Mobbing ist eine sehr böse Erfahrung. Das wünsche ich meinem schlimmsten Feind nicht. Na, sagen wir meinem zweitschlimmsten nicht! Aber ich bin dran gewachsen. Ich habe viel über Menschen und auch über mich selbst gelernt. Ich bin viel stärker geworden. Heute ist diese Erfahrung ein Teil von mir, das gehört einfach zu meinem Leben. So komisch das klingen mag, ich möchte diese Erfahrung aus heutiger Sicht gar nicht mehr missen.«

Doch es gilt realistisch zu bleiben. In einer großen Zahl von Fällen ist das Endresultat der Gegenwehr nicht so eindeutig positiv. Allzu oft wird das Ende der Übergriffe durch faule Kompromisse oder starke persönliche Nachteile erkauft, etwa die Zustimmung zu einer eigentlich nicht gewollten Versetzung. Wie schaffen es Betroffene, das Mobbing seelisch zu beenden?

3.1 Wann genau ist Mobbing erfolgreich überwunden?

Auch wenn die Mobbinghandlungen definitiv aufgehört haben, ist der subjektive Schlusspunkt häufig noch nicht erreicht. Die erlittene persönliche Demütigung, die gesundheitliche und psychische Belastung während des Mobbing oder die möglicherweise erlittene Rufschädigung können auch nach einer Beendigung der Angriffe auf dem ehemals Mobbingbetroffenen lasten. Manche Betroffene sind regelrecht traumatisiert oder tragen psychische und gesundheitliche Folgeschäden, die erst im weiteren Verlauf abklingen oder erst mit Hilfe von medizinischen Maßnahmen überwunden werden können.
Verbleiben beispielsweise Mobbingbetroffene und vormalige Mobber gleichermaßen am Arbeitsplatz, so bleibt auch die Unsicherheit, ob die Mobbingangriffe wiederaufleben könnten, sobald der Druck auf die Mobber nachlässt.
Häufig wird den Betroffenen ein symbolischer Abschluss vorenthalten, der z. B. in der Form einer Entschuldigung, einer Ehrenerklärung des Vorgesetzten, durch einen Handschlag, zwei Unterschriften unter einem Schlichtungsabkommen oder etwa durch eine Abmahnung des Täters erfolgen könnte. Nicht selten wird irgendetwas hinter den Kulissen ausbaldowert, mit dem Resultat, dass die Mobbingattacken unterbleiben. Das ist durchaus positiv, aber dennoch genauso undurchsichtig wie die Gründe, die ursprünglich zum Mobbing geführt haben. Hinterher tun dann die Beteiligten auch noch so, als wäre nie etwas geschehen. Ist Mobbing in einer solchen Fallkonstellation tatsächlich überwunden?
Daraus erwachsen neue Fragen: Womit muss man sich als Betroffener zufriedengeben? Nach welcher Art Lösung sollte ich streben? Worauf habe ich ein Anrecht? Manche ehemaligen Mobbingbetroffene kämpfen mit großer Leidenschaft für ein bestimmtes Ergebnis.
Sie wollen z. B. unbedingt, dass sich der Mobber und/oder die Vorgesetzten persönlich entschuldigen und ihre Schuld eingestehen. Das ist nachvollziehbar und wäre tatsächlich angemessen, ist aber angesichts der betrieblichen Realität häufig nicht erreichbar. Das hartnäckige, letzten Endes aber glücklose Streben wird mit dem Satz begründet: »Ich will doch nur Gerechtigkeit«.

Bedenke:
Gerechtigkeit finden bedeutet, symbolisch das soziale Gleichgewicht wiederherzustellen. Genugtuung erleben bedeutet, das innere Gleichgewicht wiederzufinden.

Wir haben bisher betont, dass es zwei verschiedene Möglichkeiten gibt, um nach der Beendigung des akuten Mobbing mit den zugefügten Schäden fertig zu werden. Die eine Möglichkeit ist mit dem Wort »Gerechtigkeit«, die andere mit dem Wort »Genugtuung« verbunden. Mit dem Streben nach Gerechtigkeit wird versucht, das Gleichgewicht der Kräfte auf der sozialen Bühne wiederherzustellen. Mit dem Hoffen auf Genugtuung kann man versuchen, den inneren Frieden zurückzugewinnen.

3.2 Die äußere, soziale Balance wiederherstellen – Gerechtigkeit finden

Nichts ist verständlicher, als dass ein durch Mobbing geschädigter Mensch versucht, alles in Bewegung zu setzen, damit ihm Gerechtigkeit widerfährt. Auch wir halten es für gerechtfertigt, der ungezügelten Aggression von Mobbern Grenzen und Sanktionen entgegenzusetzen. Auch ignorante Vorgesetzte und Arbeitgeber sollten viel stärker die Konsequenzen spüren müssen. Gerade deshalb nehmen die rechtlichen Erwägungen in diesem Ratgeber einen recht großen Stellenwert ein. Allerdings haben wir auch die Beobachtung gemacht, dass »Gerechtigkeit« als unerbittlich verfolgtes Ziel durchaus in eine Sackgasse führen kann.
Ein Problem mit dem Streben nach »Gerechtigkeit« bei der Aufarbeitung von Mobbing und psychischer Gewalt entsteht, wenn Gleiches mit Gleichem vergolten werden soll. Der Betroffene wünscht sich beispielsweise, dass im Nachhinein der Ruf und das Ansehen des Mobbers ruiniert werden, dass er gedemütigt wird, schlaflose Nächte verbringt oder Angst um seinen Arbeitsplatz haben muss. Es besteht die Vorstellung, dass der eigene Schaden, den der Mobbingbetroffene erlitten hat, dadurch wieder gut gemacht werden kann, indem der Verursacher selbst Schaden, Strafe und/oder soziale Ausgrenzung in zumindest ebenso großem Maße erleidet. So verständlich der Wunsch aufgrund der eigenen Verletzungen und Verbitterung im Einzelfall ist, bei der praktischen Umsetzung dieses Wunsches würden moralische und rechtliche Grenzen des Erlaubten bzw. Zulässigen überschritten. Außerdem fragt sich, ob durch einen solchen »Gegenschaden« das eigene Leid tatsächlich wieder gut gemacht werden kann. Teilweise schafft die Umsetzung der Vergeltungswünsche mehr Probleme, als sie zu lösen vermag.
Häufig sind bei Mobbing weder Gerechtigkeit noch rechtliche Konsequenzen erreichbar. Die Realisierung des Wunsches nach Sühne kann an mangelnder Beweisbarkeit oder schlicht an Machtkonstellationen scheitern. Viele Zeugen sind – aus unterschiedlichsten Gründen – nicht bereit, vor Gericht oder beim Vorgesetzten wahrheitsgemäß auszusagen. Das Ri-

siko eines strafrechtlichen Vorgehens besteht in der Regel darin, dass eine Vielzahl von Personen von der Strafwürdigkeit des Verhaltens überzeugt werden muss, nicht zuletzt die Staatsanwaltschaft und das Gericht. Berücksichtigt werden müssen weiter die Stichhaltigkeit von Beweisen, die Glaubwürdigkeit von Zeugen, die Einhaltung von Fristen sowie die Regeln der einschlägigen Prozess- bzw. Verfahrensordnung.
Problematisch wird es auch, wenn der Mobbingbetroffene bestimmte, genau ins Auge gefasste arbeitsrechtliche bzw. dienstrechtliche Konsequenzen für den Mobber – etwa dessen Versetzung, Abmahnung oder Kündigung – oder eine öffentliche Verurteilung wünscht. Die Festlegung auf eine bestimmte Form des gerechten Ausgleichs birgt die Gefahr, dass es als weitere persönliche Niederlage erlebt wird, wenn diese nicht durchgesetzt werden kann.

3.3 Mobbingbetroffene, die keine Ruhe finden können

Gelegentlich berauben sich Mobbingbetroffene selbst der Möglichkeit eines zufriedenstellenden Neuanfangs, weil sie auf die Idee einer irgendwie gearteten Bestrafung des Mobbers und an die strikte Herstellung von »Gerechtigkeit« fixiert waren. Es kann dann durchaus zu der paradoxen Situation führen, dass Mobbingbetroffene eine gute Chance zur Beendigung ihrer bedrückenden Situation ausschlagen (z. B. die Versetzung des Mobbers, die eigene Beförderung), weil das nicht »gerecht« genug wäre.
Natürlich haben Außenstehende leichter reden, wenn sie eine bestimmte Lösung für tragbar halten, während es der Betroffene als unerträgliche Fortführung der Demütigungen empfindet. Das Problem liegt darin, dass der psychische Schaden aus einem Mobbingkonflikt kaum objektiv zu messen ist. Es lässt sich zwar feststellen, wie oft jemand beleidigt wurde, aber nicht, wie »tief« die einzelne Beleidigung gegangen ist. Es gibt Mobbingbetroffene, die einfach keine Ruhe finden können und hartnäckig in jeder erdenklichen Weise versuchen, die Situation noch einmal grundlegend von vorne aufzurollen.
Leymann (1995, S. 114) hat diese Verhaltensweisen als Obsession bezeichnet, was so viel wie zwanghafte Besessenheit bedeutet. Er betonte ausdrücklich, dass diese Obsessionen durch die besonders ausweglosen und gemeinen Mobbingsituationen zustande kommen, also äußere Ursachen haben. Die Gefahr ist jedoch mit den Händen zu greifen, dass man sich in einen ausweglosen und endlosen Kampf mit allen möglichen Institutionen begibt. Regelrechte Obsessionen gelten in Fachkreisen als sehr schwer therapierbare psychische Störungen. Wie kann ich als Betroffener vermeiden, in diese Falle zu tappen?

Ein intensives Streben nach Gerechtigkeit ist der Versuch, das äußere, soziale Gleichgewicht wiederherzustellen. Während des Mobbing befinden sich die Macht, die Initiative des Handelns und der Erfolg offensichtlich auf der Seite des Mobbers. Im Nachhinein möchte der traumatisierte Betroffene dies nun wieder ausgleichen. Der Wunsch, dass das Mobbing beendet werden soll, hat sich erfüllt. Nun soll allen Umstehenden noch einmal vorgeführt werden, was für ein schlechter Mensch der Mobber war. Aber es bleibt ein schmerzender Stachel im Fleisch des Betroffenen: Auch wenn der Mobber unmoralisch und unsozial gehandelt hat, so bleibt doch die Tatsache der vorübergehenden Unterlegenheit, persönlichen Schwäche und vorübergehenden Handlungsunfähigkeit des Mobbingbetroffenen bestehen. Diese Erniedrigung schmerzt. Durch eine demonstrative Bestrafung oder offizielle Missbilligung würde nun der Mobber in die unterlegene Position gedrückt und müsste unangenehme Konsequenzen erdulden. Das soziale Gleichgewicht würde sich – für alle Außenstehenden sichtbar – wieder zu Gunsten des Mobbingbetroffenen verschieben.

Wenn in der Dienststelle bzw. in dem Betrieb diesem Verlangen nachgegangen wird, dann ist schließlich für den ehemals Betroffenen das Mobbing auch formal beendet. Ein Problem entsteht, wenn einerseits die Institution zu inkompetent oder verstrickt ist, um solche symbolischen Schritte einzuleiten oder wenn andererseits der Betroffene zu stark auf eine bestimmte Form der Wiedergutmachung fixiert bleibt.

Es geht hier nicht darum, das Streben nach Gerechtigkeit und die Forderung nach Bestrafung von Mobbern infrage zu stellen. Es geht vielmehr um problematische, selbstschädigende Handlungsweisen von Mobbingbetroffenen. Insbesondere kann die Hoffnung trügerisch sein, dass der innere Friede ausschließlich durch eine bestimmte äußere, symbolische Handlung oder eine spezielle Bestrafung des Täters erreicht werden kann.

3.4 Die innere Balance wiederherstellen – Genugtuung finden

Wir haben Menschen kennengelernt, die Mobbing aus eigener Kraft erfolgreich überwinden konnten. Es handelte sich dabei keineswegs um Bagatellfälle, sondern um Mobbingsituationen, die teilweise Jahre andauerten und beruflich sowie menschlich existenzbedrohlich waren. Die Betroffenen berichteten übereinstimmend von einem enorm wichtigen äußeren Faktor, der ihnen geholfen hatte. Es gab jeweils mindestens einen Menschen, der an sie glaubte und sie persönlich unterstützte. Es existierte darüber hinaus aber auch ein innerer Faktor, der für die erfolgreiche Überwindung des Mobbing entscheidend war: Dies war der (am Anfang oft schwache) Wille zur Selbstbehauptung und die wachsende Überzeugung, dass sie selbst ihre Lage zum Besseren ändern müssten.

Abb. 20: Was einem Betroffenen Genugtuung verschaffen kann

Gestärktes Selbstwertgefühl
- Den Glauben an sich selbst bewahrt zu haben
- Die Freude, zur eigenen Stärke zurückgefunden zu haben
- Das Gefühl, über sich selbst hinausgewachsen zu sein
- Selbst gerecht und fair geblieben zu sein

Soziale Anerkennung und Unterstützung
- Solidarität durch die Arbeitskollegen erfahren zu haben
- Solidarität durch Familie und Freunde erfahren zu haben
- Neue Freunde gefunden zu haben
- Einen Meinungsumschwung im Betrieb bewirkt zu haben

Den (moralischen) Sieg davongetragen zu haben
- Ansehensverlust des Mobbers erlebt zu haben
- Respekt der Arbeitskollegen und/oder der Vorgesetzen gewonnen zu haben
- Sicheres Gefühl gewonnen zu haben, dass man moralisch im Recht ist
- (Indirektes) Schuldeingeständnis des Mobbers zu erleben

Persönliche Erfolge trotz Mobbing
- Berufliches Fortkommen trotz Mobbing erfahren zu haben
- Berufliche Anerkennung erfahren zu haben
- Situation erhobenen Hauptes überstanden zu haben

Hinter die Kulissen des Mobbers geschaut zu haben
- Die schwachen, erbärmlichen Motive des Mobbers erkannt zu haben
- Erlebt zu haben, dass der Mobber auch nur »mit Wasser kocht«
- Entdeckt zu haben, dass der Mobber selbst Furcht hatte

Andere Erlebnisse, die das Gleichgewicht wiederherstellen können
- Der ehemalige Mobber braucht selbst Hilfe und Rat
- Der ehemalige Mobber wird selbst gemobbt und/oder erleidet Ungerechtigkeiten
- Erfahren, dass auch andere »starke« Persönlichkeiten unter Mobbing gelitten haben

Es ist vielleicht überraschend, dass Genugtuung selten nach juristischen Siegen eintritt. Obwohl es keine Versetzung oder andere arbeits- bzw. dienstrechtliche Konsequenz für den Mobber gab, sprechen viele ehemalige Betroffene trotzdem von einem befriedigenden Ende des Mobbing. Diese Betroffenen hatten die belastenden Erfahrungen des Mobbing auf eine Weise psychisch verarbeitet, dass ihnen das Gefühl gab, erstarkt und gewachsen zu sein. Dieses Gefühl von Genugtuung stellt sich meistens ungeplant ein.

Beispiele für spontane Genugtuung:
Simone B. hatte als nicht von ihrer beruflichen Tätigkeit freigestelltes Betriebsratsmitglied unter dauerhaften Mobbingangriffen ihres Vorgesetzten zu leiden, der sie mit unsachlicher Kritik wegen angeblicher Schlechtleistung und zu häufiger Abwesenheit traktierte. Mit Unterstützung des Betriebsrats gelang es ihr immerhin, den Mobber zum Schweigen zu bringen. Dennoch wurmte sie die erlittene Demütigung weiterhin. Beinahe zwei Jahre später kam eben dieser Abteilungsleiter ins Betriebsratsbüro, um sich in einer wichtigen arbeitsrechtlichen Frage beraten zu lassen. Augenblicklich hatte Simone B. das Gefühl tiefer Genugtuung.
In einem anderen Fall hatte die gemobbte Vera H. bereits ihren Arbeitsplatz aufgrund von Mobbing gekündigt. Der Geschäftsführer, dem die Vorfälle erst im Nachhinein bekannt wurden, entschuldigte sich nachträglich persönlich bei der Betroffenen und bot ihr eine Wiedereinstellung an. Sie empfand diese Geste des Geschäftsführers als persönlich außerordentlich befriedigend, auch wenn sie das Angebot nicht annahm. Für sie war das Kapitel Mobbing damit abgeschlossen.

Genugtuung ist ein individuelles Erleben, das nicht mit Absicht herbeigeführt werden kann. Man muss abwarten, bis es sich von selbst einstellt. Ist es aber passiert, dann ist der innere Frieden dauerhaft wiederhergestellt (vgl. die Beispiele in Abb. 20).

3.5 Mobbing verarbeiten und loslassen können

Mobbing und psychische Gewalt stellen schwere psychische, soziale und körperliche Beeinträchtigungen dar. Es sollte klar sein, dass man im Anschluss an akutes Mobbing eine längere Erholungs- und Verarbeitungsphase braucht. Die existentielle Bedrohung durch Mobbing macht es wahrscheinlich, dass die Vorfälle immer wieder durchlebt, überdacht und nachgefühlt werden müssen. Betroffene fragen sich im Nachhinein, was sie und andere Beteiligte hätten anders oder besser machen können. Es werden Überlegungen getroffen, um zukünftigen Gefahren besser gegenübertreten zu können. Schuldzuweisungen werden erstellt und wieder verworfen. Wut, aber auch Verzweiflung und Trauer können immer wieder auftreten.
Die Verarbeitung einer Mobbingerfahrung ist mit dem Prozess des Trauerns zu vergleichen. Zwar ist kein nahestehender Mensch gestorben, doch

das naive Vertrauen in ein neutrales bis wohlwollendes Verhalten der Mitmenschen wurde grundlegend infrage gestellt. Außerdem erlebt jeder Betroffene die Grenzen seiner sozialen Macht. Man hat hautnah erlebt, wie gefährdet die eigene soziale Position sein kann. Insofern sollte man mit sich selbst nicht ungeduldig sein, sondern verstehen, dass es eine Weile dauern muss, bis diese Erlebnisse wirklich verdaut sind.

3.6 Wenn das Loslassen nicht gelingt

Wenn das Loslassen nicht gelingt, sollten Sie als Betroffener über psychotherapeutische Hilfe nachdenken. Wer über Monate immer und immer wieder gedanklich und gefühlsmäßig dasselbe durcharbeiten muss, der steckt seelisch in einer Sachgasse. Womöglich leiden Sie an einer posttraumatischen Belastungsstörung, wie es Opfern von anderen lebensbedrohlichen Situationen ebenfalls häufig passiert (z. B. nach Naturkatastrophen). Nicht auszuschließen ist, dass Betroffene in eine tiefe Depression geraten, obwohl das Mobbing praktisch überwunden und vorbei ist. Auch eine Angststörung kann sich entwickeln; oder tiefes Misstrauen überschattet auf einmal alle privaten und beruflichen Beziehungen des betroffenen Menschen. Dringend muss nun einfühlsame kompetente ärztliche Hilfe gesucht werden, vorzugsweise durch eine Facharztpraxis für Neurologie und Psychiatrie. Oder es sollte über einen Kuraufenthalt nachgedacht werden, in einer der Einrichtungen, die sich auf arbeitsbedingte Belastungen und Mobbingfolgen spezialisiert hat. Manche erleben das als Demütigung: Ich bin doch nicht verrückt! Medizinische und psychotherapeutische Hilfe nach solchen Erlebnissen ist kein Beweis für Verrücktheit oder Charakterschwäche! Es ist doch eher eine große Hilfe beim Ablegen einer Last, die man viel zu lange alleine getragen hat.

3.7 Rückblick

Rückblickend beschreiben von Mobbing betroffene Menschen ihre Erlebnisse übereinstimmend mit etwa denselben Gedanken: »Es war eine sehr harte Erfahrung. Ich möchte nicht wieder so etwas auf eine so brutale Weise lernen müssen. Aber, aus heutiger Sicht, muss ich sagen, diese Erfahrung hat mich auch stark gemacht. Ich bin daran gewachsen«. Mit großer Sicherheit gelingt es Betroffenen, die gemachten Erfahrungen als Teil der eigenen Geschichte zu akzeptieren und notwendige Lehren für die Zukunft zu ziehen. Falls Sie noch mittendrin stecken, wenn Sie diese Zeilen lesen, denken Sie einfach daran: Auch Sie können das schaffen!

D. Wie helfe ich Betroffenen? Beratung und Unterstützung durch betriebliche Ersthelfer

Dieses Kapitel enthält Hinweise und Vorschläge für Menschen, die den Betroffenen von Mobbing und psychischer Gewalt durch Rat und Tat zu Seite stehen wollen. Dabei legen wir ein besonderes Augenmerk auf die betrieblichen Unterstützer. Wie können sie verantwortungsgerecht und wirkungsvoll beraten und helfen – ohne als Therapeut, Berater, Lebenskrisenhelfer oder Coach ausgebildet zu sein?

1. Wer darf bei Mobbing helfen?

Betroffene von Mobbing und psychischer Gewalt brauchen eine engagierte und kompetente Unterstützung. Das ist unstreitig. Die persönliche und zugleich berufliche Stabilisierung lässt sich umso wirksamer sicherstellen, je »dichter« die Helfer an den Betroffenen und ihrer sozialen Problemsituation dran sein können. Externe Experten mögen über notwendige fachliche Kompetenz verfügen, sie werden jedoch im Allgemeinen nur »Termine« anbieten können. Ihnen fehlt meistens auch die Kenntnis der betrieblichen Besonderheiten und sind nur Experten in einem für Mobbing wichtigen Teilbereich (z.B. medizinisch, psychologisch, juristisch).
So wertvoll etwa ein guter Jurist bei der Durchsetzung einer zufriedenstellenden Abfindungsregelung sein mag, so unerreichbar dürfte er sein, wenn ein Mobbingbetroffener etwa Trost nach einer am Vormittag erlittenen Demütigung an seinem Arbeitsplatz sucht. Deswegen darf man die Bedeutung von engagierten Unterstützern vor Ort, d.h. im eigenen Betrieb bzw. in der eigenen Dienststelle, nicht unterschätzen. Am Arbeitsplatz gibt es dagegen kaum Personen mit relevanten Qualifikationen, die zugleich unabhängig vom Arbeitgeber aktiv werden können. Und außerhalb der Betriebe und Dienststellen hängt es stark von der Region ab, in der man lebt. Deswegen gibt es derzeit keinen Weg vorbei an engagier-

ten Laien, die ihre Qualifikation erst im Laufe der Zeit durch wiederholte Hilfeeinsätze erwerben können.

> **Bedenke:**
> Es gibt weder innerhalb noch außerhalb der Betriebe und Dienststellen ein engmaschiges Netz professioneller Mobbingberatung. Wirksame Hilfe bei Mobbing steht und fällt deswegen mit dem Engagement von qualifizierten Laien.

Vor allem im öffentlichen Dienst gibt es die Tendenz, dass Dienststellenleitungen ausschließlich die eigenen Vorgesetzten als die zuständigen Ansprechpartner für Mobbing erklären möchten. Für den Fall, dass der zuständige Vorgesetzte selbst Verursacher des Mobbing sei, soll sich der Betroffene an den nächsthöheren Vorgesetzten wenden. Es wird erklärt, dass es ja zur ureigensten Kompetenz von Vorgesetzten gehören müsse, das Personal gut zu führen und eventuelle Mobbingsituationen in Eigenregie abzuwehren. In Wirklichkeit geht es wohl eher um den kaschierten Versuch, die Unantastbarkeit der Hierarchie zu gewährleisten und den Personalrat herauszuhalten. Personalräte sollten deswegen drauf achten, dass die Themen Mobbing und psychische Gewalt nicht ohne ihr Mitwirken angegangen werden. Darüber hinaus ist der Personalrat gut beraten, eigene Ansprechpartner für Mobbing zu benennen und in der Dienststelle bekannt zu machen.
Wir ermutigen die innerbetrieblichen Helfer schon seit vielen Jahren mit den Worten: Du musst kein psychologischer Experte sein, um Mobbingbetroffene gut beraten zu können. Wer ist geeignet? Was qualifiziert Menschen am Arbeitsplatz, bei Mobbing hilfreiche Unterstützung bieten zu können? Sicherlich gehört mehr als Alltagswissen über die Mobbingproblematik dazu. Daher sind der Besuch von geeigneten Seminaren und die Lektüre von spezieller Literatur unverzichtbar. Von besonderer Bedeutung sind jedoch menschliche Qualitäten. Im Umgang mit Betroffenen heißt das: Einfühlungsvermögen zeigen, Zuhören können und Geduld haben. Eine gewisse Professionalität sollte erworben werden, die wir mit den folgenden Worten charakterisieren: »Nähe zu den Menschen, aber Distanz zum Problem«. Bei der Bewältigung der zugrunde liegenden Konflikte bedarf es sicherlich persönlicher Integrität und Glaubwürdigkeit, Fairness, Konfliktbereitschaft sowie Kreativität; aber auch Konsequenz gehört dazu. Ein weiterer Vorteil ist die Kenntnis des Arbeitsplatzes sowie der Arbeitsbedingungen und -beziehungen, um realisierbare Lösungen finden zu können. Das sind einige Eckpunkte für eine »erfolgreiche Bewerbung« zum betriebsinternen Mobbinghelfer.

Wer darf also bei Mobbing helfen? Dies sind erstens Menschen, deren Hilfe von Betroffenen gesucht wird, d.h. Personen ihres Vertrauens. Zweitens ist das jeder, der sich ernsthaft und selbstkritisch an die Thematik heranarbeitet und versucht, mit Zivilcourage und gutem Menschenverstand jemandem zur Seite zu stehen. Drittens sind Fachkräfte zu nennen, deren Profession für die Überwindung des Mobbinggeschehens relevant ist.

2. Beratung durch Professionelle

Mit der Bezeichnung »Professionelle« meinen wir an dieser Stelle Menschen, die in einem Beruf (Profession) arbeiten, der für die Überwindung eines konkreten Mobbingproblems bedeutsam sein kann. In der Praxis werden von Betroffenen die folgenden drei Berufsgruppen besonders häufig in Anspruch genommen: Mediziner (insbesondere Allgemeinmediziner, Betriebsärzte sowie Fachärzte für Neurologie und Psychiatrie), Juristen (insbesondere Fachanwälte für Arbeitsrecht) sowie Psychologen (insbesondere niedergelassene Psychotherapeuten).

Man darf sagen, dass Mobbingsituationen nicht nur die Betroffenen selbst, sondern auch ihre professionellen Helfer häufig vor große Herausforderungen stellen. Dilettanten und Halbherzige sind für Ratsuchende in diesem Zusammenhang die größten Katastrophen. Aber man muss auch ergänzen: Die Beratung durch Professionelle ist im Hinblick auf eine wirkliche hilfreiche Unterstützung bei Mobbing und psychischer Gewalt nicht immer professionell genug. Diese kritische Einschätzung bezieht sich nicht auf deren berufliche Kernkompetenz – darüber können und wollen wir uns kein Urteil erlauben –, sondern auf deren fehlende Würdigung der Besonderheiten von Mobbing bzw. psychischer Gewalt.

Leymann beklagte seinerzeit in zugespitzter Form die aus seiner Sicht verbreitete Inkompetenz seiner Fachkollegen und ordnete dem Phänomen sogar eine eigene (vierte) Mobbingphase zu: »Ärzte, Psychiater, Psychologen etc. wählen aus unzutreffendem Wissen solche Diagnosen, die weiterhin stigmatisieren und schuldzuschreibend wirken« (*Leymann* 1995, S. 46). Aus heutiger Sicht lässt sich diese Kritik so pauschal nicht aufrechterhalten. Dennoch bleiben Wünsche offen.

Wer als Mediziner, Jurist oder Psychologe mit einem Mobbingbetroffenen zu tun hat, der sollte nie außer Acht lassen, dass sein Mandant bzw. Patient ein Problem am Hals hat, das regelmäßig über die Grenzen der Professionalität des einzelnen Arztes, Juristen sowie Psychologen hinaus-

reicht. Die Betroffenen sehen sich auf vielfältige Weise gleichzeitig infrage gestellt: beruflich, rechtlich, gesundheitlich, psychisch, biographisch, sozial und existentiell. Diese grundlegende Betroffenheit sollte man als Professioneller in seinen Überlegungen und Vorschlägen in Rechnung stellen. Es ist empfehlenswert mitzudenken, was in den anderen »Feldern« passieren könnte, wenn man selbst zu bestimmten Maßnahmen rät, oder welche Ressourcen mobilisiert werden sollten, damit eine Verbesserung der Situation langfristig gesichert werden kann.
Mobbingberatung durch Professionelle ist aus unserer Sicht immer dann zu wenig professionell, wenn der Berater das Mobbingproblem und den Mobbingbetroffenen zwar kompetent, aber ausschließlich professionszentriert durch seine nur-medizinische, nur-juristische oder nur-psychotherapeutische Brille betrachtet. Neben der mikroskopischen Betrachtung braucht man bei Mobbing halt auch den weiten Blick.

Bedenke:
Mobbingberatung durch Professionelle setzt voraus, dass man sein jeweiliges Geschäft »versteht« und dementsprechend verantwortungsvoll handelt, aber zugleich in der Lage ist, die Grenzen der eigenen Wirkungsmacht zu erkennen, und dass man bereit ist, andere Professionen und Akteure in synergetischer Form zu beteiligen oder dem Ratsuchenden vorschlägt, diese zusätzlichen Ressourcen einzubeziehen.

Die Lösung des Dilemmas sollte weder darin bestehen, dass man alle Fragen, die das Feld der eigenen Profession überschreiten, komplett ausblendet oder abblockt (Motto: »Damit habe ich nichts zu tun, dafür ist der … zuständig«), noch sollte man in gewisser Selbstüberschätzung versuchen, alles andere gleich mit zu erledigen. Es ist stattdessen wesentlich, dass man sich als professioneller Berater im Bereich seiner beruflichen Kompetenz souverän bewegt, aber zugleich das Gesamtgeschehen des Mobbing nicht aus den Augen verliert und einzuschätzen lernt, wo die eigenen Grenzen sind und wer als flankierender oder ergänzender Akteur sinnvoll einbezogen werden soll.
Es gibt derzeit noch wenig Literatur sowie Qualifizierungsangebote, in denen spezifisch für einzelne Berufsgruppen das Thema Mobbing aufbereitet wird. Ein Ratgeber für den (niedergelassenen) Arzt wurde vor wenigen Jahren von *Peter Teuschel* veröffentlicht, der als Psychiater in München arbeitet. Nach seiner Einschätzung wird sein Buch hauptsächlich von Mobbingbetroffenen gelesen, weniger hingegen von Fachkollegen.

Neben den drei genannten Berufsgruppen werden natürlich Beratungsstellen in Anspruch genommen. Das sind unter anderem psychosoziale Beratungsstellen (insbesondere der freien Wohlfahrtsverbände) sowie Beratungsangebote der Gewerkschaften und der Kirchen (Kirchlicher Dienst in der Arbeitswelt [KdA], katholische Betriebsseelsorge). Auch Kundenberater der Bundesagentur für Arbeit und solche der Krankenkassen kommen heute durchaus in die Situation, einen Mobbingbetroffenen zu beraten. Gemeindeseelsorger und Mitarbeiter der Telefonseelsorge werden ebenfalls gelegentlich mit Anfragen konfrontiert, die eine Mobbingsituation und/oder psychische Gewalt zum Gegenstand haben. Darüber hinaus gibt es Informationsangebote im Internet, bei denen zwar keine direkte Beratungsleistung offeriert (allenfalls ein gegenseitiges Beraten im Chat), aber auf Beratungsangebote hingewiesen wird. Schließlich finden sich in manchen Großstädten halb-kommerzielle Beratungsstellen, die unter Namen wie »Mobbing-Hilfe« firmieren. Die Kompetenz dieser Beratungsangebote sollte zumindest darin bestehen, dass sie als Ansprechpartner zur Verfügung stehen, dass sie zuhören, Grundinformationen zum Thema vermitteln sowie weiterführende Adressen, Hilfen und Informationen zur Verfügung stellen können.

3. Professionelle Beratung durch betriebliche »Ersthelfer«

Betriebs- und Personalratsmitglieder – Gleiches gilt für Mitarbeitervertreter – haben viele Kompetenzen, aber normalerweise keine juristische, medizinische und/oder psychologische Berufsausbildung. Dennoch müssen und wollen sie häufig in Mobbingsituationen tätig werden. Und tatsächlich sind sie häufig erfolgreich. Was sind die wichtigsten Dinge, die zu beachten und anzuwenden sind, damit ein Mitglied der Interessenvertretung erfolgreich beraten und begleiten kann?

3.1 Zuhören wollen

Das Wichtigste passiert bereits, sobald sich jemand ausreichend Zeit nimmt und vorurteilsfrei den Schilderungen eines Mobbingbetroffenen zuhört. Immer wieder hört man die Aussage: »Sie sind der Erste, der mir wirklich zuhört und das ernst nimmt, was ich sage«.

Dieser Satz spiegelt auch einen Teil des üblichen Leidenswegs von Mobbingbetroffenen wider: Keiner hatte sich bislang wirklich Zeit genom-

men. Vorschnell wurde in manchem Gespräch die Schwierigkeit des Betroffenen, sich effektiv gegen den bzw. die Mobber zu wehren, als persönliches Unvermögen abgewertet. Oft wurden halbherzige Ratschläge und wenig einfühlsamer Trost gespendet, was den Eindruck erweckte, man wolle den Betroffenen nur möglichst schnell abfertigen.
Es gibt zwar Naturtalente des Zuhörens, aber den meisten Menschen fällt es doch einigermaßen schwer. Für die Beratung von Mobbingbetroffenen ist das jedoch besonders wichtig. Gutes Zuhören heißt nicht schweigend dabeisitzen. Durch die Körpersprache (z. B. zugewandte Kopfhaltung, Blickkontakt, zustimmende Gestik und Mimik) kann man dem Ratsuchenden eine ungeteilte Aufmerksamkeit signalisieren. Dadurch kann sich der Ratsuchende auf sein Thema konzentrieren, anstatt Interesse erheischen zu müssen. Kurze verbale Signale unterstützen den Eindruck bleibender Aufmerksamkeit. Übertriebenes Gebaren wirkt allerdings unglaubwürdig. Das wichtigste Element guten Zuhörens sind gezielte Fragen, mit denen sich das Problem genauer verstehen lässt oder mit deren Hilfe es aus unterschiedlichen Blickwinkeln betrachtet werden kann. Hier entfaltet sich die aktive Seite des Zuhörens.

Bedenke:
Elemente des aktiven Zuhörens

- Aufmerksamkeit signalisieren (z. B. Nicken, verbale Bestätigung)
- Zeit lassen, um Aussagen und Einschätzungen »wachsen« zu lassen
- Verständnisfragen stellen (z. B. »Habe ich das richtig verstanden?«)
- Präzisierungsfragen stellen (z. B. »Wie war das jetzt am Dienstag genau?«)
- Bedeutungsfragen stellen (z. B. »Wie wichtig ist Ihnen das?«)
- Rotationsfragen stellen (z. B. »Wie sehen die anderen das Problem?«)

Fragen, um den Ratsuchenden in eine bestimmte Richtung zu drängen, sowie das Infragestellen des Ratsuchenden haben mit einem guten Zuhören nichts zu tun. Gutes Zuhören funktioniert nicht nebenbei. Versuchen Sie in der Mobbingberatung kein Multitasking! Suchen Sie nach Räumlichkeiten, in denen man ungestört sprechen kann. Machen Sie sich eines klar: Die Zeit, die Sie dem Betroffenen einräumen, ist ein bedeutendes Geschenk. Für die Unterstützung von Betroffenen ist der Faktor Zeit sehr wichtig.

3.2 Vertrauen aufbauen

Das erste Gespräch, das zwischen Ihnen und einem Mobbingbetroffenen in dieser Angelegenheit stattfindet, legt den Grundstein für eine vertrauensvolle Beratung. Vertrauen ist für ein erfolgreiches, gemeinsames Vorgehen unersetzlich. Es lässt sich aber nicht erzwingen, sondern muss zwischen den Beteiligten wachsen.
Als Mobbingberater können Sie Ihren Teil dazu beitragen, dass Vertrauen wächst. Allgemein lässt sich empfehlen, glaubwürdig und vertrauenswürdig zu sein. Sie müssen nicht alles sagen, was Sie denken. Manchmal ist es sogar ratsam, etwas zurückzuhalten und es erst zu einem anderen Zeitpunkt vorzubringen. Alles, was Sie sagen, muss ehrlich sein. Legen Sie offen, was Sie sich zutrauen und wo Sie Probleme bei der Unterstützung sehen. Wenn Sie selbst im Augenblick nicht weiterwissen, dann überspielen Sie das nicht. Wecken Sie keine falschen Hoffnungen. Tun Sie aber unbedingt das, was Sie versprochen haben zu tun.

Bedenke:
Vertrauensbildende Haltung und Verhalten von Mobbingberatern
- Glaubwürdig sein und vertrauenswürdig auftreten
- Die Vertraulichkeit des Wortes steht an oberster Stelle
- Vorschläge unterbreiten, aber auch zurückhaltend sein können – je nach Erfordernis
- Gefühlsmäßig beteiligt sein, aber nicht mitgerissen werden
- Eigene Grenzen akzeptieren und nennen
- Ausreichend Zeit mitbringen

Wenn sie Vertrauen erzeugen wollen, dann vermeiden Sie jedes Doppelspiel: Entrüsten Sie sich beispielsweise nicht im Beisein des Mobbingbetroffenen heftig über den untätigen Arbeitgeber, während Sie dem Geschäftsführer später im Beisein des Betroffenen freudig und vertraut die Hand schütteln. Taktische Winkelzüge sowie die Beteiligung an Machtspielchen, auch wenn sie zum Vorteil des Betroffenen angelegt sind, untergraben das bestehende Vertrauen. Sprechen Sie offen mit dem Mobbingbetroffenen darüber, welche Erwartungen Sie erfüllen können und welche nicht.
Vertrauen ist keine Einbahnstraße. Auch Sie haben ein Recht darauf, sich auf die Aussagen des Betroffenen verlassen zu können. Leider ist es nie ganz auszuschließen, dass Einzelne ihre Betroffenheit nur vortäuschen oder maßlos übertreiben, um sich Vorteile zu verschaffen. Da dies nur selten vorkommt, sollten Sie dennoch mit einem Vertrauensvorschuss an

diese Gespräche herangehen. Wenn Sie mit Bedacht vorgehen, brauchen Sie nicht um Ihren Ruf zu fürchten, wenn sich im Verlauf der Gespräche eine Täuschungsabsicht herausstellen sollte.
Erkennbares Misstrauen gegenüber Ratsuchenden ist kein empfehlenswertes Verhalten, denn eine distanzierte Haltung gegenüber dem Mobbingbetroffenen untergräbt natürlich eine vertrauensvolle Zusammenarbeit. Wer Unterstützung in Form von Mobbingberatung anbietet, der sollte dieses Versprechen auch praktisch einlösen und nicht nachträglich versuchen, eine irgendwie neutrale, unangreifbare Position einzunehmen. Sonst wird die Mobbingberatung zur Mogelpackung.
Gelegentlich passiert es, dass ein Ratsuchender irrtümlich davon überzeugt ist, dass er gemobbt wird. Wenn sich bei genauerem Hinsehen herausstellt, dass dies nicht der Fall ist, sollte das Vertrauen tragfähig genug sein, dass der Betroffene diese Einschätzung akzeptieren kann, ohne sich »verraten« zu fühlen. Das Aufklären solcher Fehleinschätzungen gehört zu den deeskalierenden Aufgaben von Mobbingberatern.

3.3 Klares Rollenverständnis

In Mobbingkonflikten zu beraten und darüber hinaus sogar zu vermitteln, ist keine Aufgabe, die man auf die leichte Schulter nehmen kann. Wichtig ist es, sich über die eigene Rolle im Klaren zu sein, die man in dem jeweiligen Fall innehat. Es macht einen Unterschied, ob man als Ersthelfer in einem vertraulichen Vier-Augen-Gespräch mit dem Mobbingbetroffenen oder etwa als Person des Vertrauens am runden Tisch im Beisein von Vorgesetzten agiert. Die Anforderungen an die unterschiedlichen Rollen sind im Kapitel B.2.2 dargestellt.
Wir bedienen uns des Begriffs des betrieblichen Ersthelfers, um damit die Rolle des Fairnessbeauftragten in der ersten Phase anschaulich auf den Punkt zu bringen. Mobbingbetroffene haben einen hohen Leidensdruck. Ihnen wird übel mitgespielt, sie leiden, sind krank. Ihnen drohen die Probleme über den Kopf zu wachsen; sie glauben, keine Reserven und Ressourcen mehr zu haben und sie reagieren besonders sensibel. Unabhängig vom Eigenanteil beim Entstehen des Mobbingkonflikts oder von möglicherweise versäumten Gelegenheiten brauchen die Betroffenen in dieser unübersichtlichen und bedrohlichen Situation vor allem zwischenmenschliche Unterstützung. Solche Unterstützung zu geben ist die zentrale Aufgabe als Ersthelfer bei Mobbing (vgl. Abb. 21).

Abb. 21: Unterschiedliche Funktionen und Rollen der Ersthelfer

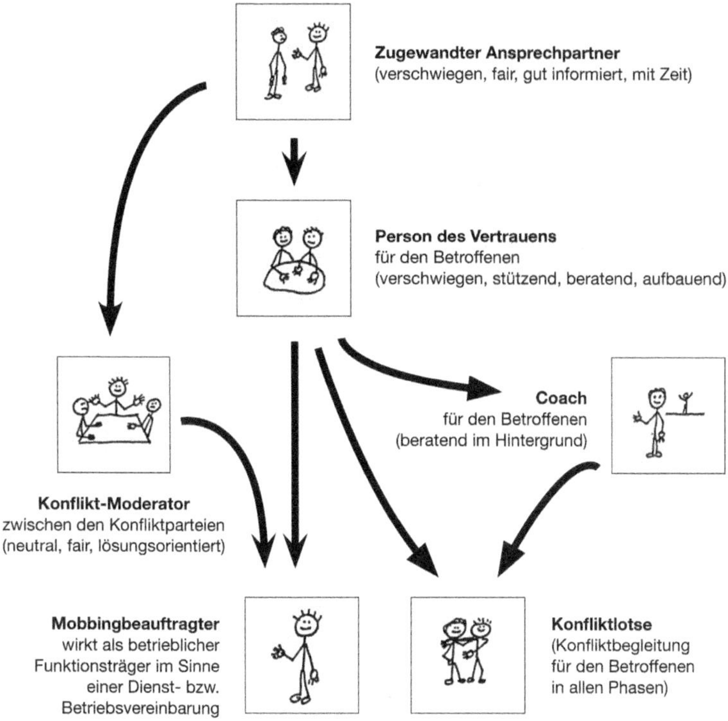

Nach der anfänglichen Beratungsphase in der Rolle des Ersthelfers müssen der Fairnessbeauftragte und der Betroffene gemeinsam entscheiden, wie es weitergehen soll. Dadurch wandelt sich auch die Rolle des Fairnessbeauftragten. Sie kann sich in die eines persönlichen Coachs, eines Konfliktlotsen, einer begleitenden Person des Vertrauens oder eines Konfliktmoderators entwickeln. Welche Anforderungen damit verbunden sind, lässt sich unseren Ausführungen in Kapitel B.2.2 entnehmen. Zu beachten ist dabei, dass nicht alle diese Rollen kompatibel sind. Sie können also nicht durch denselben Menschen wahrgenommen werden. Wer sich aufgrund guter Gründe beispielsweise in die Rolle eines Coachs oder einer Person des Vertrauens begeben hat, kann in demselben Mobbingfall nicht mehr in die Rolle eines überparteilichen, neutralen Konfliktmoderators schlüpfen.

Abb. 22: Persönliche »Geschäftsbedingungen« für Beratung

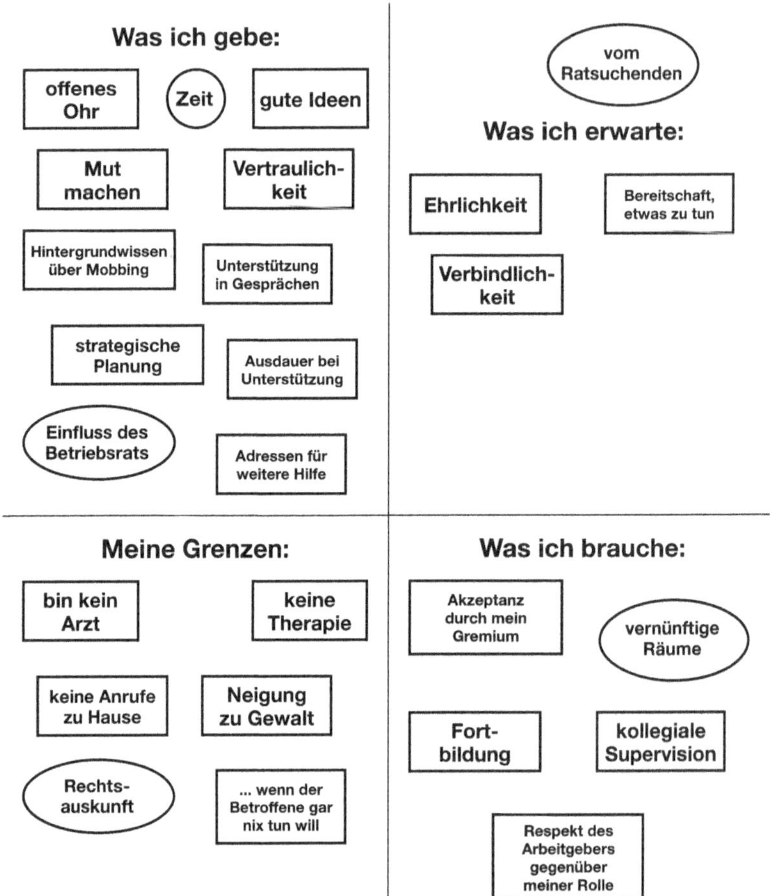

Es gibt nirgends in Deutschland eine offizielle Stellenbeschreibung für Konfliktlotsen, Fairnessbeauftragte sowie Ersthelfer. Es ist gegenwärtig ein soziales (Ehren)Amt, das aufgrund eigenen Entschlusses, der Entscheidung der Interessenvertretung oder auf der Grundlage einer Betriebs- bzw. Dienstvereinbarung ausgeübt wird. Es ist deswegen für jeden Fairnessbeauftragten sinnvoll und legitim, sowohl sein persönliches Angebot als auch seine persönlichen Grenzen für seine Beratungstätigkeit zu formulieren (vgl. Abb. 22).

3.4 Neutralität – Ein schwieriges Unterfangen bei Mobbing

Für die Schlichtung von »normalen« Konflikten gibt es keine Alternative zur Neutralität des Konfliktmoderators. Beide Seiten können nur einem Schlichter vertrauen, der den Interessen beider Seiten in neutraler Weise Geltung verschafft. In einer besonderen Form von Konfliktschlichtung, der Mediation, erwartet man sogar die Allparteilichkeit des Konfliktschlichters. Hierbei gilt es sogar als Voraussetzung, dass beide Konfliktparteien eine Lösung anstreben und sich freiwillig auf die Mediation einlassen.

Beim Vorliegen von Mobbing und von psychischer Gewalt sieht die Sache aber komplett anders aus. Die Mobber wollen im Prinzip gar keine einvernehmliche Lösung, sondern das Opfer zur Strecke bringen. Man muss davon ausgehen, dass sie sich nur aufgrund äußeren Drucks oder zur Pflege des eigenen Images auf eine Konfliktschlichtung einlassen. Sie »wollen« also nicht wirklich, sondern sie »müssen«, um das eigene Gesicht zu wahren. Dabei werden sie versuchen, den Mobbingbetroffenen in einem möglichst schlechten Licht dastehen zu lassen, etwa als unglaubwürdig und überempfindlich. Außerdem sind die Mobbingbetroffenen aufgrund der negativen, einschüchternden und demütigenden Vorerfahrungen häufig gar nicht in der Lage, souverän und auf Augenhöhe ihr eigenes Anliegen zu verteidigen.

Mediationsversuche und gut gemeinte neutrale Konfliktmoderationen verlaufen bei Mobbing im besten Falle ergebnislos, im negativen Fall werden sie von den Mobbern in Tribunale gegen den Mobbingbetroffenen umfunktioniert, in denen die Mobber ihre ganze Überlegenheit erneut zu Lasten des Betroffenen ausspielen.

Weil Mobbing kein Konflikt auf Augenhöhe, sondern ein asymmetrischer Konflikt ist, braucht der Betroffene in der Vorbereitung und Durchführung solcher Konfliktgespräche persönlichen Beistand. Wer zunächst als Ersthelfer und nachfolgend als persönlicher Coach gewirkt hat, der kann später nicht mehr als neutraler Konfliktmoderator auftreten. Im Gegenteil, er wird weiterhin als eine Person des Vertrauens gebraucht. Außerdem ist zu beachten: Der Mobbingbetroffene würde sich verraten fühlen, während die Mobber die Neutralität des als Moderator auftretenden Ersthelfers bei erster Gelegenheit ohnehin anzweifeln würden. Damit wäre die Funktion des Fairnessbeauftragten ausgelöscht. Ehrlicher und wirkungsvoller wird es an dieser Stelle, wenn eine weitere – von beiden Seiten akzeptierte Person – in die Rolle des Konfliktmoderators tritt, wobei der Mobbingbetroffene seine Person des Vertrauens behalten darf.

Bedenke:
Mediation mit dem Erfordernis zur Allparteilichkeit ist in einem asymmetrischen Konflikt wie Mobbing, in der die eine Seite die andere ausschalten will, nicht hilfreich.

Manchmal stellt sich das Problem der Befangenheit. Gegebenenfalls sollte dann auf eine Beteiligung an der Schlichtung verzichtet werden. Das gilt insbesondere, wenn der Berater mit dem Mobbingbetroffenen oder dem Mobber persönlich befreundet ist oder wenn der Mobbingschlichter in einer starken beruflichen Abhängigkeit von einem der Beteiligten steht. Dasselbe gilt, wenn der Konfliktlotse selbst »alte Rechnungen« offen hat oder den Mobbingbetroffenen persönlich nicht wertschätzt. Die Verstrickung des Beraters mit den beteiligten Personen wäre hier zu stark.
Es ist eine problematische Alternative, um der Gerechtigkeit willen eine Freundschaft (oder das eigene berufliche Fortkommen) zu riskieren oder umgekehrt wegen der Freundschaft die Gerechtigkeit zu beugen.
Mobbingberatung ist im Allgemeinen nicht mit einem einzelnen Beratungsgespräch erledigt. Sie geht regelmäßig, wenn der Betroffene es wünscht, in eine längere Phase von unterstützenden Gesprächen über. Dies ist erforderlich, weil Betroffene zunächst eine intensive Aufarbeitung ihrer Situation benötigen, bevor sie sich auf »offenes Gelände« wagen.
Selbstverständlich ist es möglich, als Ersthelfer oder Konfliktlotse des Mobbingbetroffenen Gespräche mit demjenigen zu führen, der das Mobbing betreibt – sei es, um sich selbst ein umfassendes Bild zu machen oder um die Gesprächsbereitschaft der anderen Seite auszuloten. Je stärker sich der Konflikthelfer auf den Betroffenen eingelassen hat und sein Anliegen für gerechtfertigt hält, desto weniger kann er in Gesprächen mit den (vermeintlichen) Mobbern »neutral« sein. Statt erzwungener oder geheuchelter Neutralität halten wir den fairen Umgang auch mit denjenigen, die wahrscheinlich zu Recht des Mobbing beschuldigt werden, für den richtigen Weg. Wichtiger als Neutralität ist unseres Erachtens eine gewisse Unbefangenheit und Offenheit, sich auch tatsächlich für die Argumente und die Sichtweise des Mobbers als Gegenseite zu interessieren. Denn nur mit solcher Offenheit lässt sich möglicherweise eine Bereitschaft für Lösungen erzeugen.

3.5 Das gute Erstgespräch

Das erste Gespräch gehört dem Mobbingbetroffenen als Person. Erst die folgenden Gespräche gehören zunehmend der Problemlösung. Der Betroffene braucht diese Chance, seine Gedanken und Gefühle einmal ungefiltert herauszulassen. Oft gab es für ihn bisher keine Gelegenheit, das ganze Geschehen im Zusammenhang darstellen zu dürfen. Bieten Sie als Beratungsperson diese wichtige Gelegenheit.

Bedenke:
Vorgehen im Erstgespräch: Zuhören – Nachfragen – Verstehen
- Situation des Betroffenen wirklich verstehen wollen
- Problem und Problemsicht des Betroffenen ernst nehmen
- Keine voreiligen Ratschläge geben, Ruhe bewahren
- Realistische Zuversicht vermitteln

Nicht alles, was der Mobbingbetroffene vorbringt, ist völlig durchdacht. Manches mag sich sogar widersprüchlich anhören. Das ist zu erwarten. Der Betroffene hatte bislang keine Gelegenheit, seine Situation in einem Gespräch ausführlich darzustellen und gründlich zu analysieren. Fassen Sie sich in Geduld. Hören Sie aufmerksam zu und versuchen Sie, so viel wie möglich zu verstehen. Fragen Sie nach, wenn Sie etwas nicht verstanden haben. Aber stellen sie den Betroffenen nicht infrage. Vor allem sollten Sie sich Ihre Warum-Fragen für die spätere Mobbinganalyse aufheben (vgl. Kapitel F.2.). Belasten Sie das Gespräch auch nicht mit voreiligen Ratschlägen. Zugespitzt ausgedrückt sind in dieser Beratungsphase eigentlich alle Ratschläge voreilig. Mancher Ratsuchende wird nach kurzer Zeit nur so »sprudeln«. Andere äußern sich nur zögerlich und stellen ihre Situation unscharf oder mit allgemeinen Redewendungen vor. Lassen Sie sich auch hier nicht entmutigen. Das Wichtigste in einem Erstgespräch ist nicht, ob Sie das Problem vollständig verstanden und schon Lösungen parat haben, sondern ob zwischen dem Mobbingbetroffenen und Ihnen Vertrauen zu wachsen beginnt.
Zum Ende des ersten (oder zweiten) Gesprächs sollten Sie gemeinsam die Ziele der Beratung festlegen. Finden Sie heraus, welchen Verlauf die Beratung nehmen soll: Möchte der Betroffene nur moralische Unterstützung? Sucht er in Ihnen einen Konfliktlotsen oder will er versuchen, seinen Fall selbst zu lösen? Im Verlauf der weiteren Gespräche sollten Sie überprüfen, ob die ursprüngliche Zielsetzung noch gilt oder verändert werden soll. Dies schafft Klarheit zwischen den Beteiligten und gibt der Beratung eine klare Linie sowie Verbindlichkeit. Das trägt dazu bei, spätere Enttäuschungen wegen unausgesprochener Erwartungen zu vermeiden.
Geben Sie dem Ratsuchenden ein möglichst klares Bild darüber, was Sie zu tun in der Lage sind, wie viel Zeit Sie investieren können und welche

Eingriffsmöglichkeiten Sie derzeit sehen. Verweisen Sie von vornherein darauf, dass es keine schnellen Lösungen geben wird, sondern dass mit Bedacht vorgegangen werden muss.

Bedenke:
Machen Sie den Betroffenen darauf aufmerksam, dass es bei Mobbing keine ganz schnellen Lösungen gibt.

Wir haben darauf hingewiesen, dass es im Erstgespräch nicht um Ratschläge geht. Andererseits empfehlen wir, Ruhe zu bewahren und realistische Zuversicht zu vermitteln. Wie geht das – ohne die Unterbreitung praktischer Ratschläge?

3.6 Realistische Zuversicht vermitteln

Für Betroffene, die emotional aufgewühlt sind und Furcht vor der Weiterentwicklung ihrer Mobbingsituation haben, kann die Ruhe, welche der Berater durch ein sicheres und überlegtes Vorgehen im Gespräch ausstrahlt, von großer Bedeutung sein. Typischerweise kommen Betroffene erst dann zur Beratung, wenn das Mobbing schon recht weit fortgeschritten ist. Gerade wenn die Beratungsperson nicht in eine hektische Betriebsamkeit verfällt, sondern besonnen vorgeht, strahlt sie – ohne Worte – die Zuversicht aus, dass es eine Lösung geben wird. Auch mit dosierten Worten kann man diese realistische Zuversicht zum Ausdruck bringen, indem man z. B. sagt: »Ich bin mir sicher, dass wir eine gute Lösung für sie finden werden«. Übertreibungen bewirken allerdings das Gegenteil.

Es spricht nichts dagegen, bereits im Erstgespräch sachliche Informationen über Mobbing, dessen Ursachen und Verlauf in einen gewissen Umfang zu vermitteln. Hinweise auf wichtige externe Ansprechpartner, etwa eine bestehende Selbsthilfegruppe in der Region, haben ebenfalls ihren Platz im Erstgespräch. Allein das voreilige Lösen wollen und Ratschläge geben nach dem Muster: »Da könnten Sie gleich mal ...« sollte unterbleiben.

Zuversicht vermitteln Sie auch dadurch, dass Sie sachliche Informationen über Ursachen, Verlauf und Folgen von Mobbing, aber auch über die Möglichkeiten zur Gegenwehr aufzeigen. Auch über die Grenze zwischen Konflikt und Mobbing kann man gegebenenfalls aufklären. Geben Sie dem Betroffenen Hinweise auf empfehlenswerte Literatur sowie Internetseiten. Überlassen Sie ihm eine Kopie aus Ihren eigenen Mobbingunter-

lagen, etwa der Mobbingdefinition oder einer Liste der Mobbinghandlungen.
Mobbingbetroffene kommen regelmäßig mit dem Gefühl zur Beratung, dass die eigenen subjektiven Möglichkeiten ausgeschöpft sind. Einen Überblick über die rechtlichen und außerrechtlichen Handlungsmöglichkeiten zu geben, ist deswegen wichtig. In einem Erstgespräch sollten hiervon besser nur einige Aspekte angesprochen werden, weil sonst zunächst mehr Verwirrung gestiftet als Orientierung gegeben wird. Mit fortdauernder Beratung muss über alle Handlungs- und Widerstandsmöglichkeiten informiert und beraten werden.

Bedenke:
Realistische Zuversicht durch sachliche Informationen unterstützen
- Über Ursachen, Verlauf und Folgen von Mobbing informieren
- Die Bedeutung von sozialen Bündnispartnern und Unterstützern vermitteln
- Unterschiedliche Widerstands- und Handlungsmöglichkeiten aufzeigen
- Positive Beispiele sammeln und präsentieren
- Mobbing-Literatur zur Verfügung stellen und seriöse Internet-Angebote vorstellen
- Adressen für externe Beratungen, Selbsthilfe sowie professionelle Hilfe überreichen

Zuversicht kann auch durch Berichte über erfolgreich abgeschlossene Mobbingfälle vermittelt werden. In den Medien werden allerdings eher schlechte Nachrichten verbreitet; bei Mobbing gibt es daher nur wenige Meldungen über erfolgreich beendete Mobbingfälle. Deswegen lohnt es sich, positive verfasste Berichte zu sammeln und sie den akut Betroffenen bekannt zu machen. Eine Ausnahme bildet vielleicht die Selbsthilfeliteratur zu Mobbing. Hier wollen die Autoren mit Beispielen belegen, dass ihre Methoden erfolgreich gewesen sind. In der Selbsthilfeliteratur gibt es dann auch Vorschläge, wie Mobbing überwunden werden kann. So anregend diese Vorschläge auch sein mögen, stets muss geprüft werden, ob sie in dem konkreten Fall tatsächlich zu einer Lösung führen können.

3.7 Ressourcen finden und pflegen

Ein Mobbingbetroffener ist in der Defensive und verfügt in dem Augenblick, in dem er zur Beratung kommt, definitiv über wenige persönliche Ressourcen, um das gegen ihn gerichtete Mobbing allein zu überwin-

den. Nein schlimmer, die Ressourcen reichen nicht einmal aus, um die eigene Gesundheit zu erhalten, um optimistisch zu bleiben. Die Gefahr besteht, den Arbeitsplatz, das Selbstwertgefühl oder noch mehr zu verlieren.
Der Fairnessbeauftragte kann einen extrem wichtigen Beitrag zum Erstarken des Betroffenen leisten, indem er sich systematisch und dauerhaft auf die gemeinsame Suche nach Ressourcen für den Betroffenen aufmacht. Dabei kann es sowohl darum gehen, verschollene Ressourcen wieder neu zu beleben als auch darum, neue Ressourcen zu erschließen (vgl. Abb. 23).
Die wichtigste Ressource eines Menschen dürfte dessen soziales Netzwerk sein. Die orientierenden Fragen lauten: Welche Menschen unterstützen mich? Wer steht mir bei? Wem bin ich wichtig? Wer schätzt mich wert? Wer hält zu mir? Und abgeschwächt: Wem ist meine problematische Situation nicht egal? Wenn sich im aktuellen Netzwerk nicht sehr viele Menschen befinden, sollte in Richtung Zukunft gefragt werden: Wer wird mich zukünftig unterstützen? Wem könnte es wichtig werden, die Ungerechtigkeit mir gegenüber abzustellen?

Bedenke:
Soziale Unterstützung ist das Wichtigste, wenn man Mobbing überstehen und überwinden will.

Soziale Unterstützung und Wertschätzung durch Partner, Kinder, Eltern, Freunde, Verwandte sowie ehemalige und gegenwärtige Arbeitskollegen bieten einen emotional mächtigen Schutzschirm gegen Mobbing. Freundschaft und Verständnis schützen davor, psychisch ins Abseits zu geraten. Auch wenn wir an anderer Stelle vor voreiligen Ratschlägen warnen, so geben wir hier den eindringlichen Rat: Führen Sie dem Mobbingbetroffenen immer wieder die Bedeutung sozialer Unterstützung für sein seelisches Überleben vor Augen. Helfen Sie ihm dabei, soziale Kontakte und Unterstützung zu aktivieren, zu bewahren und neue zu finden. Weil Mobbing dem Betroffenen den sozialen Boden unter den Füßen wegzieht, sind die soziale Verbundenheit und die Wertschätzung in den anderen Lebensbereichen für ihn umso wichtiger.
Das private Netzwerk ist besonders wichtig für die persönliche Stabilität. Bei Mobbing stellt sich jedoch regelmäßig die Frage nach darüber hinausgehenden Ressourcen, insbesondere nach professioneller Unterstützung. Je nachdem, wie der Mobbingfall gelagert ist und je nach persönlicher Si-

tuation und Widerstandkraft sind hier verschiedene Spezialisten gleichzeitig oder nacheinander gefragt.

Abb. 23: Professionelle Ressourcen für Betroffene

- Niedergelassener Arzt, Hausarzt des Vertrauens, Betriebsarzt
- Psychiater, Fach- bzw. Rehaklinik für Psychosomatik
- Fachanwalt für Arbeitsrecht, Gewerkschaftssekretär
- Psychotherapeut, psychologische Beratungsstelle, sozialpsychiatrischer Dienst
- Mobbingberatungsstelle, Anlaufstelle für Selbsthilfegruppen
- Beratungsstellen der KdA sowie der katholischen Betriebsseelsorge
- Bundesagentur für Arbeit, Integrationsamt

Darüber hinaus können sich Betroffene hilfreiche Informationen und Adressen im Internet besorgen und in einen Erfahrungsaustausch mit anderen Betroffenen eintreten.
Zu den persönlichen Ressourcen zählen unter anderem auch berufliche Fähigkeiten, jede Art von aktivierender Freizeitbeschäftigung und Hobbys.

3.8 Leitfaden für die Beratung

Jedes Beratungsgespräch mit einem Mobbingbetroffenen hat seine Besonderheit. Je nach der Situation und den Beteiligten nehmen die Gespräche einen unterschiedlichen Verlauf. Wir wollen uns nicht anmaßen, einen verbindlichen Standard für Beratungsgespräche erstellen zu wollen. Betriebs- und Personalratsmitglieder sowie Mitarbeitervertreter sind nicht ständig mit Mobbingfällen beschäftigt. Dies führt dazu, in einer akuten Situation nicht auf Routine zurückgreifen zu können. Die folgende Checkliste (vgl. Abb. 24) soll es ermöglichen, im »Eifer des Gefechts« einigermaßen den Überblick zu behalten.

Abb. 24: Checkliste für das Beratungsgespräch

1. **Vor dem Gespräch**
   - Kurze eigene Einstimmung auf das bevorstehende Gespräch
   - Störquellen (vor allem: Handy, Smartphone) möglichst ausschalten
   - Angenehme Gesprächssituation schaffen
   - Sitzordnung weder zu distanziert noch zu vertraulich
2. **Begrüßung**
   - Wenige einleitende Worte (»Türöffner«)
   - Getränk anbieten, soweit vorhanden
   - Einverständnis einholen: »Darf ich mir Notizen machen?«
   - Zeitraum gemeinsam festlegen (nicht länger als 60 Minuten)
   - Absolute Vertraulichkeit zusichern
3. **Zielsetzung für dieses Beratungsgespräch erfragen**
   - Frage: »Was ist für Sie das Ziel dieses Gesprächs?« oder »Welchen Wunsch haben Sie (heute) an mich?«
4. **Schilderung des Problems**
   - Ratsuchenden frei aussprechen lassen, hören Sie zu, was ihn bewegt
   - Ratsuchenden als Person »annehmen«, keine Wertungen abgeben
   - Mit Worten und Gesten zeigen, dass Sie zuhören; Ablenkungen vermeiden
   - Nachfragen, um die Gefühle und Erlebnisse besser nachempfinden zu können
   - Nachfragen, um den Sachverhalt und die Zusammenhänge besser verstehen zu können
   - Abschließende Zusammenfassung des Problems
5. **Mögliche Lösungen prüfen**
   - Ziele und Erwartungen des Ratsuchenden erfragen: »Was möchten Sie erreichen?«
   - Erwartungen des Ratsuchenden an die Rolle des Beraters erfragen
   - Mögliche Lösungen und Unterstützung aus der Sicht des Beraters einbringen
   - Keine Lösungen aufdrängen, nicht auf Vorschlägen beharren
   - Gemeinsame Beratung alternativer Wege zur Verbesserung der Situation
6. **Schwierigkeiten einkalkulieren**
   - Nicht gegen unrealistische Ziele des Ratsuchenden argumentieren, stattdessen gemeinsam eine Pro und Contra-Liste der möglichen Folgen erstellen
   - Keine oberflächliche Ermutigung bei Angst und Zurückhaltung des Ratsuchenden, stattdessen vorsichtig die Konsequenzen des Nichthandelns besprechen

- Nicht in Unruhe kommen, wenn Sie als Berater ebenfalls keine Lösung wissen, stattdessen beiderseitige Bedenkzeit vereinbaren

7. **Auf Lösungen hinarbeiten, nicht bei Problemen stagnieren**
   - Nicht auf Dauer mit denselben Problemen im Kreis drehen
   - Auf einen »ersten (bzw. nächsten) Schritt« hinarbeiten

8. **Bündnis eingehen**
   - Vereinbarung treffen, was als Nächstes getan werden soll
   - Arbeitsteiliges vorgehen, Betroffener und Berater erledigen ihre »Hausaufgaben«
   - Vereinbaren, in welcher Rolle der Berater für den Betroffenen da sein soll

Die Checkliste, kurz vor dem Gespräch noch einmal durchgelesen, bewahrt einen vor Flüchtigkeitsfehlern. Beim Überfliegen der Checkliste wird man sich vielleicht daran erinnern, dass es angesichts der zu erwartenden Menge an Informationen und deren Unübersichtlichkeit sinnvoll sein wird, Notizen anzufertigen.

3.9 Schwierigkeiten meistern

Selbstverständlich gelingt nicht alles perfekt. Manche Schwierigkeiten sind eher selbstgestrickt, andere entstehen in der Zusammenarbeit mit dem Betroffenen. Wichtig ist, keine übertriebenen Erwartungen an sich selbst zu stellen.

Eine Schwierigkeit kann darin bestehen, dass man die Bedürftigkeit des Betroffenen nach einer schnellen Entspannung allzu deutlich spürt und versucht, dieser Erwartung möglichst rasch nachzukommen. Aber: Eine gute Mobbingberatung zeigt sich nicht darin, dass die Berater für jede nur denkbare Problemlage spontan fertige Lösungen präsentieren können. Die Konfliktkonstellationen, die in dem Betrieb bzw. in der Dienststelle auftauchen, sind dazu viel zu unterschiedlich. Berater brauchen ein Grundwissen zu Mobbing und ein gutes Einfühlungsvermögen für die Situation des Betroffenen. Sie sollten Freude daran haben, passende Konzepte für die Lösung des jeweils vorliegenden Mobbingproblems zu entwickeln; aber sie sollten sich nicht selber mit der Erwartung in Stress bringen, schnellstens Lösungen präsentieren zu müssen. Im Gegenteil erhöht es die Glaubwürdigkeit, wenn sich Berater das Recht nehmen, eine Nacht über das Problem zu schlafen. Das ist zudem Ausdruck von Ernsthaftigkeit und Sorgfalt.

Die Qualität von Mobbingberatern zeigt sich insbesondere in ihrer Fähigkeit, mit Unsicherheit und der Tatsache, eben noch keine sichere Lösung zu wissen, umgehen zu können. Eine gewisse Gelassenheit ist also konflikttechnisch von Vorteil und strahlt Ruhe in Richtung des Betroffenen aus.

Bedenke:
Wer beraten will, der muss nicht (sofort) für alles einen Rat haben.

Eine weitere Schwierigkeit kann sich ergeben, wenn an den Berater etwas widersprüchliche Anforderungen gestellt sind. Mobbingberater müssen einerseits handlungsfreudig sein, andererseits aber auch zurückhaltend sein können, um ihrer Aufgabe gerecht zu werden. Wie das funktionieren soll? In bestimmten Situationen, die sich aus der Beratung ergeben, müssen Sie entschlossen handeln, beispielsweise in der Konfrontation mit einem Vorgesetzten, dem Arbeitgeber, dem Dienststellenleiter oder dem Mobber. Hier kann es erforderlich sein, dass Sie die Interessen des Mobbingbetroffenen ganz entschieden vertreten. Andererseits ist auch immer wieder Zurückhaltung angesagt. Vor allem dürfen Sie nicht ungefragt stellvertretend für den Mobbingbetroffenen handeln oder ihn zu Entscheidungen treiben. Aber auch beim Umgang mit Mobbern und Vorgesetzten kann diplomatisches Geschick von größerer Wirkung sein als ein moralischer »Eisenbesen«. Es ist nicht zu vermeiden, dass hier gelegentlich Fehler passieren. Versuchen Sie besonnen und reflektiert vorzugehen.
Es ist zwar wichtig, sich auf die Schilderungen des Mobbingbetroffenen einzulassen und mitzufühlen, aber emotional mitgerissen darf man wiederum nicht sein. Wir empfehlen daher: Halten Sie innerlich *Abstand zu den Vorgängen* bei gleichzeitiger *Nähe zur Person.*
Sicherlich ist Ihr Zeitkonto nicht unbegrenzt. Daraus ergeben sich gelegentlich Abstimmungsprobleme sowie Missverständnisse. Für das erste Gespräch muss jedoch unbedingt gelten: Nehmen Sie sich ausreichend Zeit. Wenn Sie spontan Sympathie für den Betroffenen haben, dann verbergen Sie das nicht aus »Neutralitätsgründen«. Wenn Sie hingegen Antipathie verspüren, sollten Sie das nicht zum Ausdruck bringen, sondern zumindest versuchen, dem Betreffenden gegenüber fair und offen zu bleiben. Es geht ja nicht um Freundschaft.
Manchen Konfliktlotsen bewegt die Furcht, dass ein Mobbingbetroffener während einer Beratung »außer sich geraten« könnte. Im Großen und Ganzen ist diese Furcht unbegründet, weil sich Mobbingbetroffene in existentieller Not normalerweise dorthin wenden, wo sie professionelle Hilfe erwarten können, nämlich bei einem Arzt, einer Klinik, einem The-

rapeuten sowie der Telefonseelsorge. Sehr selten kann es dennoch geschehen, dass ein Mobbingbetroffener in extremer Wut, Panik oder Verzweiflung in die Beratung kommt und die Gefahr besteht, dass er sich im Affekt zu unüberlegten Handlungen hinreißen lässt. Er droht z. B., sofort fristlos zu kündigen, das Büro seines Peinigers zu zertrümmern oder mit Suizid. Obwohl die meisten Berater wahrscheinlich niemals damit konfrontiert werden, halten wir es für sinnvoll, wenn Sie sich einmalig gedanklich mit solchen Extremsituationen auseinandersetzen, um dann im Ernstfall handlungsfähig zu sein.

Was Sie in einer solchen Situation tun können? Versuchen Sie, selber ruhig zu bleiben. Das heißt vor allem, dass Sie den »roten Faden« der Beratung nicht aus den Händen gleiten lassen dürfen. Im Affekt bricht die ganze Not des Betroffenen durch. Der Hilferuf nach außen ist dramatisch, damit den Außenstehenden die Ernsthaftigkeit des Anliegens deutlich wird.

Bringen Sie Ruhe in das Gespräch. Das erreichen Sie, indem Sie sich die Vorfälle weiter schildern lassen. Enthalten Sie sich dabei jeder negativen Bewertung, hören Sie zu, fragen Sie nach. Versuchen Sie nicht, hektisch gegen die unüberlegten Handlungen zu argumentieren. Es hilft mehr, wenn Sie Verständnis zeigen können: »Das Ganze ist für Sie also so schlimm, dass Sie nun schon daran denken …«. Kommen Sie im weiteren Verlauf des Gesprächs auf die Unterstützungsmöglichkeiten und Auswege, die es gibt. Als Außenstehender haben Sie einen gefühlsmäßigen Abstand zu dem Problem und können sachlicher abwägen, welche Möglichkeiten einem Mobbingbetroffenen heute, morgen und in der nächsten Woche zur Verfügung stehen. Das ist es, was der Mobbingbetroffene im Affekt von Ihnen benötigt.

Dabei darf es in dieser Extremsituation aber nicht stehenbleiben. Beide Beteiligten brauchen jetzt professionellen Support. Rufen Sie eine Klinik, einen Arzt oder Therapeuten, die Telefonseelsorge oder den sozialpsychiatrischen Dienst an. Diese Stellen kennen sich mit akuten seelischen Krisen aus. Vielleicht verfügt der Mobbingbetroffene bereits über entsprechende Kontakte – fragen Sie ihn. Rufen Sie im Einverständnis mit dem Mobbingbetroffenen eine dieser Stellen an. Erklären Sie am Telefon, dass Sie die entstandene Situation nicht allein bewältigen können und daher kompetente Hilfe benötigen. Übergeben Sie das Gespräch gegebenenfalls an den Mobbingbetroffenen. Lassen Sie einen Arzt kommen oder fahren Sie notfalls gemeinsam zu einer Einrichtung, die Kriseninterventionen durchführt. Telefonnummern dieser Dienste können leicht im Internet sowie über das örtliche Gesundheitsamt und die Telefonauskunft ermittelt werden.

Wenig hilfreich in der Beratung sind Appelle der Art: »Nimm es doch nicht so schwer!« oder »Mach dir einfach nichts daraus!«. Das Problem für den Mobbingbetroffenen besteht doch gerade darin, dass es so schwer für ihn ist und dass er es deswegen so schwer nimmt. Bei der Verkündigung von »Dickes Fell«-Parolen fühlt sich der Ratsuchende zu Recht nicht ernst genommen oder sogar abgewertet. Als Außenstehender hat man leicht reden. Wären wir selbst in der Situation, würde uns die Souveränität möglicherweise auch schnell abhandenkommen.
Auch Tröstungen wie »Denk lieber an etwas anderes« sind immer noch populär. Aber wir sollten nicht vergessen, dass es darum geht, Probleme zu bewältigen, und nicht darum, dem Betroffenen die Probleme auszureden. Auch tröstende Ermutigungen der Art: »Es wird schon wieder« kann man sich getrost sparen. Sie ermutigen nicht. Diese Art von Trost versucht vom Leid »wegzutrösten«. Es ist eine traditionelle Art und Weise, so wie wir kleine Kinder trösten, indem man sie ablenkt. Setzen wir gedankenlos diese Art von Trost für Erwachsene ein, dann erleben sie bloß ein leicht durchschaubares Ablenkungsmanöver.

Bedenke:
Keinen billigen Trost spenden

- Keine pauschalen Tröstungen (z. B. »Wird schon wieder«)
- Keine Verharmlosung (z. B. »Nimm's doch nicht so schwer«)
- Keine Entmündigung (z. B. »Das machen wir schon«)
- Keine eigenen Heldengeschichten (z. B. »Bei mir war es so: ...«)

Statt Trost können Sie schlicht und einfach ihr Mitgefühl ausdrücken: »Ja, das ist eine sehr bedrückende Situation für Sie!« oder »Das ist ja so eine Gemeinheit, die Sie da jede Woche durchmachen. Überkommt Sie da nicht manchmal eine fürchterliche Wut?« Diese Art von Mitgefühl geht nicht vom bedrohlichen Thema weg, sondern lässt sich darauf ein.
Eine andere uneffektive Form der Beratung besteht darin, dass der Berater bevorzugt erfolgreiche Lösungen für Probleme aus seiner eigenen Vergangenheit schildert oder das spontane Einfälle zum Besten gegeben werden, die aber ihren Praxistest noch nicht bestanden haben. Das nennen wir »Heldengeschichten«. Sie mögen gut gemeint sein, sind es aber häufig nicht. Den Heldengeschichten ist positiv der Versuch abzugewinnen, sich mit dem Betroffenen auf die gleiche Ebene zu stellen: »Schau, ich war auch schon mal in so einer schwierigen Situation. Ich bin also wie Du, nicht besser und nicht schlechter. Du kannst mir vertrauen, ich stehe zu Dir«. Heldengeschichten hinterlassen beim Ratsuchenden aber häufig

und unterschwellig eine gegenteilige Botschaft: »Es ist doch ganz einfach, mit der Situation fertig zu werden, Du müsstest Dich nur besser anstellen«.

Mobbingbetroffene haben ohnehin mit ihrem Selbstwertgefühl zu kämpfen. Nun begegnen sie jemandem, dem Lösungen so leicht über die Lippen kommen und der selbst scheinbar alles im Griff hat. Das kann erniedrigend wirken und Zweifel hervorrufen, ob sich der Berater auf die Situation des Betroffenen wirklich einlassen will. Natürlich dürfen Berater auch eigene Erlebnisse und eigene Problemlösungsideen in die Beratung einfließen lassen. Es kommt auf das Fingerspitzengefühl an. Lassen Sie Ihre »Heldengeschichten« so einfließen, dass Sie dabei nicht »besser dastehen« als der Betroffene. Der Mobbingbetroffene muss in diesen Beispielen Muster von tatsächlich gelungenen Konfliktbearbeitungen erkennen können, wobei ihm genügend Spielraum gelassen wird, seinen eigenen Weg zu gehen.

3.10 Die »Ja, aber ...«-Falle

In die »Ja, aber ...«-Falle tappen Sie, wenn Sie zu früh, zu häufig, zu heftig Ratschläge erteilen oder wenn Sie dabei die Ängste des Ratsuchenden nicht wahrnehmen.

Bedenke:
Beispiel für die »Ja, aber ...«-Falle
Berater: Das beste Mittel gegen den Mobber wäre ein Mobbing-Tagebuch.
Ratsuchender: Nun, das habe ich schon mal versucht, aber das bringt ja doch nichts.
Berater: Wieso, in einem anderem Fall hatte es guten Erfolg. Sie müssen es nur machen!
Ratsuchender: Gut und schön, aber was mach ich letzten Endes damit? Bewiesen ist dann doch nichts.
Berater: Sie müssen einfach Zeugen und andere Beweismittel dazu bekommen. Fragen Sie doch mal einen Arbeitskollegen, der dabei war, ob er das bezeugt.
Ratsuchender: Aber mit mir will doch keiner mehr was zu tun haben.
Berater: Haben Sie denn schon einmal wirklich versucht, einen zu fragen?
Ratsuchender: Nein, aber das würde ich auch nicht versuchen. Das wäre ein gefundenes Fressen.
Berater (langsam ärgerlich): Was wollen Sie nun eigentlich? Soll ich Ihnen nun helfen oder was? Jeden Ratschlag, den ich hier vorbringe, machen Sie zunichte.

In diesem Beispiel sitzt der Berater nicht mit offenen Ohren im Gespräch. Hinter den abwehrenden Bemerkungen des Ratsuchenden, die den Berater schließlich wütend machen, zeigen sich jeweils ernst zu nehmende Aspekte des Problems. Der Berater möchte hier seinen eigenen Tipp, das Mobbing-Tagebuch, an den Mann bringen und wischt die Bedenken des Ratsuchenden vom Tisch. Am Ende einer »Ja, aber …«-Falle droht fast immer ein Zerwürfnis. Der Berater wird ärgerlich, weil er sich in eine Falle gelockt fühlt: einerseits ist er um Rat gebeten worden, andererseits wird jeder Rat mit einem »Aber« infrage gestellt. Der Ratsuchende fühlt sich nicht respektiert und nicht wirklich gehört. Er wird seinerseits ärgerlich oder enttäuscht.
Eine »Ja, aber …«-Falle kann auch zuschnappen, ohne dass der Berater Fehler macht. Dies ist dann der Fall, wenn der Ratsuchende überfordert, wankelmütig, seiner Ziele und Erfolgschancen unsicher ist. Um praktische Experimente zu vermeiden, die Risiken bergen und Angst heraufbeschwören, wird erst einmal alles infrage gestellt und zerredet. Das ist bei Mobbingbetroffenen sicherlich nicht selten der Fall. Diese Falle kann aber auch dann zuschnappen, wenn der Mobbingbetroffene eigentlich gar nicht aktiv werden will, wenn er insgeheim hofft, dass Sie die Probleme stellvertretend für ihn in die Hand nehmen. Die »Ja, aber …«-Falle ist nicht unbedingt auf das Wörtchen »aber« angewiesen. Man kann auch auf andere Weise Einwände formulieren. Das Gefühl, in dieser Falle zu sitzen, kann Sie auch dann überkommen, wenn Sie nun schon mehrere Sitzungen hatten und sich scheinbar weiter alles nur im Kreis dreht, obwohl Sie schon viele Ansätze von Lösungen vorgebracht haben.

Bedenke:
Drei mögliche Ursachen für die »Ja, aber …«-Falle

- Die mit den guten Vorschlägen verbundenen Schwierigkeiten und Risiken werden nicht genau analysiert und nicht fundiert ausgeräumt (rationaler Engpass)
- Die Ängste vor dem Handeln und die Erwartungsängste vor negativen Konsequenzen sind sehr groß (emotionaler Engpass)
- Der Ratsuchende will, dass der Ratgeber stellvertretend handelt, oder er will gar nicht, dass etwas getan werden soll (motivationaler Engpass)

Egal, welche Gründe hinter der Falle stecken, Sie können sich in drei Schritten wieder selbst aus dieser befreien. Der erste Schritt besteht darin, dass Sie offen ansprechen, dass Sie das Gefühl haben, in einer »Ja, aber …«-Falle zu sitzen. Fragen Sie den Mobbingbetroffenen, ob er das auch so sieht. Wenn ja, dann gehen Sie zum zweiten Schritt über. Wenn nicht, versuchen Sie in Erfahrung zu bringen, welchen praktischen Nutzen die Gespräche aus der Sicht des Mobbingbetroffenen hatten. Der zweite Schritt besteht darin, dass Sie etwa fragen: »Wie müsste der Rat beschaffen sein, der Ihnen helfen könnte?«. Sie kommen damit dem persönlichen Zerwürfnis (Enttäuschung, Ärger) zuvor und geben beiden Seiten eine neue Chance, das Mobbingproblem sachlich und von derselben Seite des Tisches aus zu betrachten. Geben Sie dem Ratsuchenden ausreichend Zeit darüber nachzudenken, welche Aspekte und Bedingungen ein »guter Ratschlag« haben müsste. Mit ziemlicher Sicherheit werden dem Betroffenen einige einfallen und Sie können dann gemeinsam weiter an Lösungen arbeiten.

Bedenke:
Eine hilfreiche Frage, wenn die Beratung nicht weiterkommt, lautet: »Wie müsste der Rat beschaffen sein, der Ihnen helfen könnte?«.

Die Frage: »Wie müsste der Rat beschaffen sein, der Ihnen helfen könnte?« muss mit Bedacht eingesetzt werden, weil sie sich ansonsten verschleißt. Versuchen Sie, in einem dritten Schritt herauszufinden, welche tieferen Ursachen dahinter liegen, dass Sie beide in die Falle geraten sind. Wurde nicht genug nachgedacht, lag ein rationaler (gedanklicher) Engpass vor. Wurden die Ängste, Erwartungen und Befürchtungen nicht genügend berücksichtigt, dann sind Sie auf einen emotionalen Engpass gestoßen. Möglicherweise haben Sie versäumt, sich genau über die Ziele der Beratung zu verständigen, so dass zum Beispiel die Motive von Ratgeber (»Etwas gegen den mobbenden Vorgesetzten unternehmen!«) und Ratsuchendem (»Mal alles loswerden können«) nicht übereinstimmen.

3.11 Das erste Mal

Die Furcht, den Anforderungen und Erwartungen nicht gerecht zu werden, lässt sich nicht mit Worten oder Buchstaben ausräumen. Zur Erhöhung der Handlungsfähigkeit bieten sich vertiefende Schulungsmaßnahmen etwa zu Themen wie Mobbing Aufbaukurs, Konfliktmanagement, sowie Mediation an. Des Weiteren können Seminare mit dem thematischen Schwerpunkt »Gesprächsführung« bzw. »Grundlagen der Kommunikation« hilfreich sein. Eine wirkungsvolle Unterstützung kann durch eine professionelle oder kollegiale Supervision erfolgen. Darüber hinaus dürfte der kontinuierliche Kontakt mit anderen Stellen, die mit Mobbing befasst sind, den eigenen Horizont erweitern. Irgendwann ist das erste

Mal – auch für einen betrieblichen Konfliktberater. Wenn Sie im Text bis hierhergekommen sind, dann sollten Sie sich ausreichend Anregung und Ermutigung angelesen haben, um in der konkreten Anforderung ihren Mann bzw. ihre Frau stehen zu können. Wir wünschen Ihnen viel Erfolg bei Ihrer ersten Mobbingberatung!

E. Die rechtliche Seite – Möglichkeiten und Grenzen von juristischen Maßnahmen

Immer wieder stellen sich vor allem die Betroffenen die Frage, wie das Mobbingphänomen rechtlich zu bewerten ist und welche juristischen Maßnahmen sich daraus ableiten lassen. In der gleichen Weise tun dies Vorgesetzte, der Betriebs- bzw. Personalrat sowie diejenigen Personen, die als Fairnessbeauftragte oder Mobbingberater mit einer konkreten Mobbingsituation konfrontiert werden. Dass dies in vergleichbarer Weise auch für Diskriminierungen, Belästigungen sowie der psychischen Gewalt gilt, liegt auf der Hand.

Die Schwierigkeit der rechtlichen Bewertung von Mobbing ist immer wieder darin zu erblicken, dass es eine Vielzahl von Verhaltensweisen gibt. Würde man jede dieser Verhaltensweisen als eine in sich abgeschlossene Handlung bewerten, dann würde dem Mobbinggeschehen in seiner Gesamtheit erst bei der Bestimmung des Sanktionsmittels (z. B. Geld- oder Freiheitsstrafe) sowie der Sanktionshöhe (z. B. 15 oder 20 Tagessätze Geldstrafe, drei oder fünf Monate Gefängnis) eine – dann allerdings nicht zu unterschätzende – Bedeutung zukommen. Eine solche Betrachtungsweise würde den Mobber schützen und den Mobbingbetroffenen benachteiligen. Schließlich hängt von dem Zeitpunkt der Vornahme einer Handlung der Beginn von rechtlich bedeutsamen Fristen ab. Das *BAG* hat diesen Umstand erkannt und wertet das Gesamtverhalten als eine Verletzungshandlung im Rechtssinne. Es gelangt damit zu dem Ergebnis, dass eine arbeitsvertraglich oder tarifvertraglich vereinbarte Ausschlussfrist regelmäßig erst mit dem letzten Tun des Mobbers beginnt (*BAG* vom 16. 5. 2007 – 8 AZR 709/06).

Zu beachten ist weiter, dass sich Generalisierungen bei der rechtlichen Bewertung von Mobbing verbieten. Auch wenn zwei Situationen auf den ersten Blick identisch erscheinen, so können die Ergebnisse höchst unterschiedlich ausfallen – der Teufel steckt halt im Detail. Maßgebend ist für die Bewertung stets der konkrete Einzelfall mit seinen ganz individuellen Besonderheiten.

Bedenke:
Für die rechtliche Bewertung von Mobbing kommt es auf den konkreten Einzelfall mit seinen individuellen Besonderheiten an. Generalisierungen sind fehl am Platz.

Wer sich mit der Mobbingproblematik auseinandersetzen möchte, der sollte die rechtliche Seite des Mobbing kennen. Er sollte sich sowohl mit der juristischen Theorie als auch mit der rechtlichen Lebenswirklichkeit auseinandersetzen. Zu Letzterem gehört die erste Erkenntnis, dass sich die deutschen Gerichte nur am Rande mit Mobbing befassen. Von den 1544491 bei juris (*www.juris.de*) unter »Rechtsprechung« enthaltenen Dokumenten ergab die Suche mit dem Begriff »Mobbing« 2167 Treffer (Datum der Abfrage: 18.6.2020). Danach liegt die Quote der Gerichtsentscheidungen, in denen das Wort »Mobbing« vorkommt, bei etwas mehr als 0,1 %. Würde man das Ergebnis auf tatsächliche Mobbingfälle begrenzen, dann würde die Quote noch wesentlich geringer ausfallen. Dies alles lässt den Schluss zu, dass nur die allerwenigsten Mobbingbetroffenen den Rechtsweg beschreiten und die Gerichte sich nur äußerst selten mit Mobbing zu beschäftigen haben.
Dem schließt sich eine weitere Erkenntnis an: Wer sich die zur Mobbingproblematik ergangene Rechtsprechung ein wenig genauer anschaut, der stellt unweigerlich fest, dass zwei Aspekte im Vordergrund stehen: die Auseinandersetzung um Schadensersatz und Schmerzensgeld. Der Blick in die Gerichtsentscheidungen führt zu einem für Mobbingbetroffene bitteren Ergebnis: Die meisten Rechtsstreitigkeiten sind für die Mobbingbetroffenen negativ ausgegangen. Und bei denen, die obsiegt haben, ist nicht bekannt, welchen Preis sie dafür bezahlt haben. Zuversicht kann dies dem Leser an dieser Stelle nicht geben, zumal der Berliner Arbeitsrichter *Bernd Ruberg* den »dringenden Rat« gibt, »beim Gang vor Gericht das Wörtchen ›Mobbing‹ lieber zu Hause zu lassen! … Den ›Mobbingschutzprozess‹ ohne seinen ›Titel‹ zu führen« (vgl. *Ruberg*, S. 152).
Eine desillusionierende Betrachtung der juristischen Seite von Mobbing ist jedoch äußerst hilfreich. Denn sie öffnet vor allem dem Mobbingbetroffenen die Augen und kann vor einem »juristischen Tiefschlag« bewahren.
Die Betrachtung der rechtlichen Seite von Mobbing sowie die rechtliche Bewertung der konkreten Mobbingsituation sollten von Fachleuten erfolgen, die sich mit der Mobbingproblematik beschäftigen und auf diesem Gebiet erfahren sind. In der gleichen Weise, wie sich die Gerichte nur am Rande mit Mobbing befassen, beschäftigen sich auch Rechtsanwälte so-

wie gewerkschaftliche Rechtsschutzsekretäre und sonstige Verbandsvertreter sowie Verbandsjuristen äußerst selten mit der Mobbingthematik. Die Problematik besteht daher immer wieder in dem Auffinden fachkompetenter Ansprechpartner, die über freie Kapazitäten verfügen. Auch das muss ein Mobbingbetroffener wissen.

Bedenke:
Die rechtliche Bewertung einer konkreten Mobbingsituation sollte durch solche Fachleute erfolgen, die sich mit der Mobbingproblematik umfassend auskennen.

1. Möglichkeiten und Grenzen des Rechts

Wenn die eigene Situation schwierig oder vielleicht sogar aussichtslos ist, dann wird das Recht von Mobbingbetroffenen oftmals als die letzte Möglichkeit zur Rettung gesehen. Worte wie »Wer anders soll mir jetzt noch helfen können ...« sind immer wieder zu vernehmen, die nicht selten mit einem Hinweis bezüglich des Verhaltens der Vorgesetzten sowie der betrieblichen Interessenvertretung verbunden werden. So kann man etwa Folgendes gesagt bekommen: »Meine Vorgesetzten haben nichts getan; und der Betriebsrat hat mir gesagt, dass er mir nicht helfen könne«. Verstärkt wird die Hoffnung, die Mobbingbetroffene in das Recht setzen, immer wieder durch ihre nicht-juristischen Unterstützer. Manchmal bekommt ein Mobbingbetroffener von seinem Therapeuten oder Arzt zu hören, dass er auf jeden Fall klagen sollte. Schließlich werde ihm ganz übel mitgespielt. Zudem stehe nach den Ausführungen des Betroffenen eindeutig fest, dass es sich in dem vorliegenden Fall um Mobbing handeln würde. Vergleichbares gilt hin und wieder auch für Selbsthilfegruppen.
So gut der Rat zur Klage auch gemeint ist. Regelmäßig wird bei seiner Erteilung außer Acht gelassen, dass das Recht eine sprichwörtliche Hilfskrücke ist, die man grundsätzlich erst dann ergreifen sollte, wenn eine zuvor versuchte einvernehmliche Regelung zwischen den Betroffenen zu keinem Erfolg geführt hat oder nicht möglich ist. Das gilt für alle Lebenslagen. Richter sind gute »Streitentscheider«, aber nur selten »Konfliktbewältiger« im Sinn einer Win-win-Lösung. Richter entscheiden einen Rechtsstreit, tragen damit aber nur höchst punktuell zu einer Bewältigung des dahinter liegenden Konflikts bei. Gerade deshalb gibt es bei gerichtlichen Auseinandersetzungen »Gewinner« und »Verlierer«. Dies ist selbst bei einer einvernehmlichen Streitbeilegung im Wege des Vergleichs

der Fall. Denn man gibt etwas, um etwas anderes zu bekommen – wobei der Konflikt in der Regel in den Hintergrund tritt. Von einer Konfliktbewältigung wird bei einer Vergleichsverhandlung nur höchst selten die Rede sein. Die Beendigung eines Arbeitsverhältnisses gegen Zahlung einer Abfindung ist das beste Beispiel für eine solche Situation. Zwar erhält der Arbeitnehmer eine Abfindung, verliert dafür aber seinen Arbeitsplatz – was vor allem dann tragisch ist, wenn der betreffende Arbeitnehmer eine ihm zur Last gelegte Verfehlung überhaupt nicht begangen hat.

Hinzu kommt, dass »Recht haben« und »Recht bekommen« zwei unterschiedliche Paar Schuhe sind, wobei »Recht« nicht automatisch mit »Gerechtigkeit« gleichzusetzen ist. Ob jemand vor Gericht Recht bekommt, hängt von zahlreichen Faktoren ab. Wer etwas von einem anderen begehrt, der muss dem Gericht gegenüber sein Begehren darlegen und die dafür entscheidungsrelevanten Tatsachen gegebenenfalls auch beweisen können. Er muss das Gericht – sprich die mit der Entscheidungsfindung befassten Richter – überzeugen, dass alle Voraussetzungen gegeben sind, um ihm das Begehrte zusprechen zu können. Dies bedeutet in der Konsequenz zweierlei:

- Wem die Worte fehlen und wer sein Begehren nicht in einer von dem Gericht nachvollziehbaren Weise artikulieren (= substantiiert darlegen) kann, der wird seinen Prozess verlieren.
- Wer seine Darlegung nicht mit entsprechenden Beweisen untermauern kann, der wird seinen Prozess ebenfalls verlieren – es sei denn, dass die andere Seite (= Beklagter) zu den dargelegten Aspekten schweigt oder diese sogar ausdrücklich zugesteht.

Und ein Weiteres kommt hinzu, wenn man sich den Prozessbevollmächtigten zuwendet, bei denen es sich in der Regel um Rechtsanwälte oder gewerkschaftliche Rechtsschutzsekretäre handelt. Jeder Prozessbevollmächtigte will seinen Mandanten bestmöglich vertreten und ihm zu dem gewünschten Ergebnis verhelfen. Dass er dabei bisweilen über das sprichwörtliche Ziel hinausschießen kann, weil er »Benzin in das lodernde Feuer gießt«, liegt auf der Hand – wobei ein solches Verhalten in bestimmten Situationen genau das Richtige sein kann, etwa wenn es darum geht, eine Basis für Verhandlungen bezügliche einer einvernehmlichen Beendigung des Beschäftigungsverhältnisses gegen Zahlung einer Abfindung zu bereiten. Manchmal versperrt ein Prozessbevollmächtigter mit seinem Tun eher Türen, als dass er diese öffnet. Die Bewältigung eines Konfliktes in dem Sinn einer Win-win-Lösung wird dann schnell immer unwahrscheinlicher. Es hilft einem Mobbingbetroffenen in seiner Not kaum weiter, wenn ein derartiges Verhalten von dem Prozessbevollmächtigten der gegnerischen Seite an den Tag gelegt wird. Und genau das kann nur allzu schnell geschehen, wenn man den Mobber und/oder seinen Arbeitgeber bzw. Dienstherrn verklagt. Dieses Wissen bezüglich der möglichen Reaktionen der Gegenseite und deren Prozessbevollmächtigten kann für einen Mobbingbetroffenen ebenfalls hilfreich sein für seine Entscheidung, ob die Beschreitung des Rechtsweges oder die Ergreifung sonstiger juristischer Mittel in dem vorliegenden Fall wirklich abgebracht ist.

Bei aller noch so ausführlichen Beratung: Die Entscheidung, ob die Beschreitung des Rechtswegs oder das Ergreifen einer bestimmten juristischen Maßnahme in dem konkreten Einzelfall erfolgen soll, hat der Mobbingbetroffene zu treffen. Da jedes Handeln mit Konsequenzen verbunden ist, sollte der Mobbingbetroffene die Entscheidungsfindung nicht aus der Hand geben und sein Tun nicht nach dem Votum Dritten ausrichten bzw. davon abhängig machen. Um dem Mobbingbetroffenen seine Entscheidungsfindung zu erleichtern, bietet sich die Beantwortung geeigneter Fragen an, wie sie in der Abb. 25 dargestellt sind.

Abb. 25: Fragen, die vor einer Entscheidungsfindung beantwortet werden sollten

- Was ist mein Ziel, was will ich erreichen (z. B. meinen Arbeitsplatz behalten, das Unternehmen verlassen)?
- Was erhoffe ich mir für den Fall, dass ich das Ziel erreiche (z. B. Genugtuung, Wiedergutmachung, Gerechtigkeit)?
- Was ist erforderlich, damit ich das Ziel erreichen kann (z. B. Erhebung einer Klage)?
- Kann ich – möglichst genau – artikulieren, was mir widerfahren ist, was ich alles erlebt habe (z. B. Wer hat was wann und wo getan)?
- Kann ich das, was ich artikulieren kann, gegebenenfalls auch beweisen (z. B. mittels Urkunden, Zeugen)?
- Welche Folgen sind mit einem Scheitern der angedachten Maßnahme verbunden bzw. was ist in einem solchen Fall zu erwarten (z. B. Verhärtung der Situation)?
- Hilft mir die angedachte Maßnahme wirklich, sofern sie erfolgreich ist (z. B. Versetzung auf einen anderen Arbeitsplatz)?
- Wird mit alledem wirklich das erreicht, was ich mir erhoffe (z. B. Genugtuung, Wiedergutmachung, Gerechtigkeit)?
- Gibt es eine Alternative zu der angedachten Maßnahme?
- Welche Chancen und Risiken sind mit dieser Alternative verbunden?

In manchen Fällen ist es angezeigt, dass der juristische Helfer im Hintergrund bleibt, mithin nicht nach außen erkennbar in Erscheinung tritt. Hier besteht seine Unterstützung in einem Beraten und Coachen. Ein solches Vorgehen kann sich vor allem dann anbieten, wenn ein sprichwörtliches Aufheizen der Situation vermieden werden soll. Es gibt viele Mobbinglagen, die auf diese Weise bewältigt worden sind. In anderen Fällen gibt es einen Zeitpunkt, in dem der juristische Berater aus dem Hintergrund heraustritt und nunmehr für Dritte erkennbar aktiv wird. Für das richtige Vorgehen kommt es auf die besonderen Umstände des konkreten Einzelfalls an. Und auch das ist eine Kunst, die es bei Mobbing zu beachten gilt.

2. Rechtlich betrachtet: Der Mobber

In rechtlicher Hinsicht dürften sich in sehr vielen Fällen Sanktionen gegen den Mobber erübrigen – insoweit hat sich gegenüber den 1990er Jahren prinzipiell nichts verändert. In den frühen Phasen von Mobbing wird sich der Mobber regelmäßig im Rahmen des rechtlich Erlaubten bewegen. Schließlich muss der bloße Ausdruck von Missachtung, Nichtachtung, Missbilligung, Abneigung sowie die Austragung zwischenmenschlicher Konflikte als Bestandteil des sozialen Lebens von jedem Mitglied der Gesellschaft hingenommen werden. Das gilt auch für die Arbeitswelt, worauf die Arbeitsgerichte in ihren Entscheidungen auch immer wieder hinweisen. Zu Beginn des Mobbing wird der Mobber nur höchst selten – nach juristischen Maßstäben gemessen – vorsätzlich handeln und mit seinem Verhalten beabsichtigen, dem Mobbingbetroffenen einen Schaden zuzufügen. In der überwiegenden Zahl der Fälle wird es der Mobber als »normal« ansehen, Konflikte am Arbeitsplatz auszutragen, indem er sein Gegenüber (z. B. Arbeitskollegen, Vorgesetzten, Untergebenen) mit Missachtung, Missbilligung oder sozialer Ausgrenzung »bestraft«. Das Verhalten wird als rechtens, als sozialadäquat, betrachtet (s. a. *Däubler*, S. 79). Mit Fortschreiten des Mobbingprozesses werden rechtliche Konsequenzen hingegen immer denkbarer. Ab einem bestimmten Zeitpunkt schlägt das sozialadäquat Erlaubte oftmals in rechtlich zu sanktionierende Handlungen um. Dann geht es dem Mobber häufig nur noch um die Verwirklichung seines Zieles – die »Beseitigung« seines Gegenübers. Angriffe werden gezielt geplant und erreichen auf diese Weise die Stufe des vorsätzlichen Handelns.

2.1 Strafrechtliche Aspekte

Um in strafrechtlicher Hinsicht zur Verantwortung gezogen werden zu können, muss der Mobber einen Straftatbestand in rechtswidriger Weise verwirklicht haben. Ferner wird verlangt, dass der Mobber vorsätzlich (d. h. nach einer im Strafrecht gebräuchlichen Kurzformel: mit Wissen und Wollen) gehandelt hat. Fahrlässiges Handeln (d. h. der Mobber verwirklicht einen Straftatbestand rechtswidrig und vorwerfbar, ohne die Verwirklichung zu erkennen oder zu wollen) ist hingegen nur strafbar, wenn das Gesetz ein solches ausdrücklich mit Strafe bedroht (vgl. § 15 StGB).

Als rechtswidrig wird die Verwirklichung eines Straftatbestandes bezeichnet, wenn sie der Rechtsordnung widerspricht – mithin in Widerspruch mit der Gesamtheit der Rechtsvorschriften steht, die die Rechtsgemeinschaft zur Regelung der Beziehungen untereinander getroffen hat.

In der frühen Phase von Mobbing wird es – wie bereits erörtert – regelmäßig an der Rechtswidrigkeit ermangeln. Als gesellschaftlich zulässig und somit als sozialadäquat wird es betrachtet, wenn jemand von den Arbeitskollegen »geschnitten« wird. Weder die Bereitschaft zur Kommunikation noch die Verpflichtung zu korrektem sozialen Verhalten kann erzwungen werden (s. a. *Däubler*, S. 79). Sobald allerdings die Grenze dessen, was noch als sozialadäquat betrachtet und somit als rechtlich zulässig erachtet werden kann, überschritten wird, ist eine rechtswidrige Tatbestandsverwirklichung denkbar.

Mobbing ist – abstrakt betrachtet – geeignet, eine Reihe von Straftatbeständen zu verwirklichen. In Betracht kommen vor allem:

- Sachbeschädigung (§ 303 StGB)
- Vorsätzliche Körperverletzung (§ 223 StGB)
- Fahrlässige Körperverletzung (§ 229 StGB)
- Nachstellung (§ 238 StGB)
- Nötigung (§ 240 StGB)
- Beleidigung (§ 185 StGB)
- Üble Nachrede (§ 186 StGB)
- Verleumdung (§ 187 StGB)
- Beleidigung trotz Wahrheitsbeweises (§ 192 StGB)
- Straftaten gegen Betriebsverfassungsorgane und ihre Mitglieder (§ 119 BetrVG).

Nach § 303 Abs. 1 StGB wird wegen Sachbeschädigung bestraft, wer rechtswidrig eine fremde Sache beschädigt oder zerstört. Aber auch die versuchte Beschädigung bzw. Zerstörung einer fremden Sache ist gemäß § 303 Abs. 3 StGB mit Strafe bedroht. Relativ häufig dürfte eine Strafbarkeit des Mobbers nach dieser Vorschrift in Betracht kommen. Schließlich kann eine solche Tat am Arbeitsplatz recht leicht ausgeführt werden. Kaum ein Beschäftigter rechnet damit, dass eine ihm gehörende Sache am Arbeitsplatz beschädigt oder im schlimmsten Fall sogar vollständig zerstört wird. Wer auf eine günstige Gelegenheit wartet sowie die Arglosigkeit des Mobbing betroffenen ausnutzt, der kann eine solche Tat ohne große Anstrengungen begehen.

Beispiel für eine Sachbeschädigung:
Herr Meier ist über das Verhalten seines Arbeitskollegen Schmidt empört.
Nach der Beendigung seiner Spätschicht kommt Herr Meier an dem PKW des Arbeitskollegen vorbei. Er nutzt die Gelegenheit und zieht mit seinem Autoschlüssel, den er in der Hand hält, über den Lack des Fahrzeugs. Tiefe Kratzer, die bis auf das Blech reichen, sind die Folge.

Setzt der Mobber sein Handeln bewusst ein, um den Mobbing betroffenen in dessen Gesundheit zu schädigen, so ist Raum für eine Strafbarkeit wegen vorsätzlicher Körperverletzung gemäß § 223 Abs. 1 StGB, soweit durch die Handlung des Mobbers ein – wenn auch nur vorübergehender – pathologischer Zustand hervorgerufen oder gesteigert wird. Die versuchte Körperverletzung ist gemäß § 223 Abs. 2 StGB ebenfalls strafbar.
Eine Strafbarkeit wegen fahrlässiger Körperverletzung (§ 229 StGB) kommt in Betracht, wenn der Mobber zwar nicht bewusst und gewollt den Körper oder die Gesundheit des Mobbingbetroffenen verletzt hat, er jedoch – in ihm vorwerfbarer Weise – damit rechnen konnte, dass der Mobbingbetroffene einen derartigen Schaden erleiden würde.

Beispiel für eine vorsätzliche Körperverletzung:
Die Arbeitskollegen Bäcker und Müller geraten auf einer Baustelle in Streit.
Herr Bäcker gerät hierbei derart in Wut, dass er zu einem Messer greift und damit auf seinen Arbeitskollegen Müller losgeht. Dabei ruft Herr Bäcker: »Dich mache ich fertig«. Herr Müller erleidet mehrere Stichwunden, die im Krankenhaus behandelt werden müssen.

Beispiel für eine versuchte vorsätzliche Körperverletzung:
Bleiben wir bei dem vorangegangenen Beispiel, das sich allerdings dadurch unterscheidet, dass Herr Müller nur deswegen keine Stichwunden erleidet, weil Folgendes geschieht: Der Vorarbeiter Schmidt sieht den Angriff, geht

auf die beiden Arbeitskollegen zu und schlägt das Messer mit einer Holzlatte aus der Hand des Angreifers. Durch das beherzte Eingreifen des Vorarbeiters wird verhindert, dass Herr Müller verletzt wird.

Beispiel für eine fahrlässige Körperverletzung:
Die Arbeitskollegen Schmitz und Müller sind damit beschäftigt, ein Gerüst aufzubauen. Herr Schmitz legt Laufbretter auf das Gerüst, ohne diese zu sichern. Seinem Arbeitskollegen sagt er hiervon nichts. Herr Müller, der davon ausgeht, dass die Laufbretter gesichert sind, besteigt das Gerüst. Wenige Sekunden später stürzt er unweigerlich in die Tiefe. Ein gebrochenes Bein ist die Folge.

Wird Mobbing eingesetzt, um den Mobbingbetroffenen zu einer bestimmten Handlung (z. B. Niederlegung des Betriebsratsamtes, Leistung der Unterschrift unter einen Auflösungsvertrag), Duldung oder zu einem Unterlassen (z. B. Nichtantritt einer Dienstreise, Verzicht auf die Stellung eines Strafantrages) zu bewegen, so kann eine Bestrafung wegen Nötigung (§ 240 StGB) infrage kommen. Erforderlich ist der Einsatz des Nötigungsmittels »Gewalt« oder »Drohung mit einem empfindlichen Übel«. Gewalt in diesem Sinne ist der (zumindest auch) physisch (körperlich) vermittelte Zwang zur Überwindung eines geleisteten oder erwarteten Widerstands. Drohung ist hingegen das Inaussichtstellen eines künftigen Übels, auf dessen Eintritt der Drohende Einfluss hat oder zu haben vorgibt. Ist dieses Übel von einer solchen Erheblichkeit, dass seine Ankündigung bereits geeignet erscheint, den Bedrohten im Sinne des Verlangens des Drohenden zu motivieren, ist die Drohung mit einem empfindlichen Übel versehen (vgl. *Fischer*, § 240 Rn. 7, 30 ff.).

Beispiel für eine Nötigung durch den Einsatz von Gewalt:
Herr Bäcker versperrt seinem Arbeitskollegen Müller den Weg, damit dieser die Stempeluhr nicht mehr rechtzeitig bedienen kann.

Beispiel für eine Nötigung durch das Drohen mit einem empfindlichen Übel:
Herr Bäcker teilt seiner Arbeitskollegin Müller mit, dass er im Betrieb einige »interessante« Geschichten aus dem Leben von Frau Müller erzählen werde, falls diese an ihrer Bewerbung für die Stelle der Abteilungsleitung festhalte.

Eine Strafbarkeit wegen Beleidigung (§ 185 StGB) kommt in Betracht, wenn mit der Handlung des Mobbers eine Missachtung oder Nichtachtung des Mobbingbetroffenen einhergeht, die seinen ethischen oder sozialen Wert betrifft. Für die Beantwortung der Frage, ob eine derartige Ehrverletzung vorliegt, ist maßgeblich, wie ein außenstehender Dritter die Handlung verstehen würde. Unerheblich ist hingegen, auf welche Weise die Miss- bzw. Nichtachtung zum Ausdruck gebracht wurde und wie der Mobbingbetroffene diese verstanden hat (vgl. *Fischer*, § 185 Rn. 8; s. a. *Däubler*, S. 80).

> **Beispiel für eine Beleidigung:**
> Herr Meier geht in die Kantine. Dort wird er, ohne hierzu einen Anlass gegeben zu haben, von seinem Arbeitskollegen Schmitz wüst beschimpft. Der verbale Angriff von Schmitz endet mit den Worten: »Du perverser Hurenbock«.

Im Zusammenhang mit Mobbing standen Beleidigungen schon immer mit im Zentrum der möglichen Handlungen eines Mobbers. Eine neue Dynamik hat sich mit der Verbreitung der sozialen Medien ergeben. Beleidigungen finden immer öfter in sozialen Medien statt. Stand dabei zunächst das Verhalten unter Schülern im Vordergrund, so hat sich dies inzwischen geändert. Auch in der Arbeitswelt werden die sozialen Medien als Plattform für Beleidigungen genutzt. Für Aufregung sorgten im September 2014 die Berichte in der Presse, wonach ein Polizeianwärter eine Kollegin mit Zuwanderungshintergrund über Monate hinweg verbal und mittels »WhatsApp« mit Mobbingangriffen überzogen hatte (vgl. *Westfälischer Anzeiger* vom 11. sowie vom 13. 9. 2014). Das Fatale an dieser Form des Mobbing – »Cybermobbing« genannt – ist, dass es offensichtlich ein anderes Unrechtsbewusstsein bei den Tätern gibt. Bei vielen Cybermobbern dürfte ein Unrechtsbewusstsein gänzlich fehlen, wenngleich dies nicht vor Strafe schützt.
Abzugrenzen ist die Beleidigung von dem »Kollegenscherz«, der als solches einer strafrechtlichen Sanktion entzogen ist. Er ist nur dann als Beleidigung strafbar, wenn der Scherz eingesetzt wird, um die Minderwertigkeit des Gefoppten zum Ausdruck zu bringen.

> **Beispiel für einen »Kollegenscherz« und für seine Abgrenzung zur Beleidigung:**
> Herr Meier begrüßt seinen Arbeitskollegen Schmidt am Arbeitsplatz mit den Worten: »Da kommt ja unsere alte Schwuchtel«. Hierauf antwortet Herr Schmidt: »Tag, Kanake«.
> Auch wenn es dabei nicht um am Arbeitsplatz gewünschte Umgangsfor-

men handelt, so sind die Äußerungen der beiden Arbeitskollegen in strafrechtlicher Hinsicht ohne Belang. Solche »Kollegenscherze« sind einer Strafbarkeit entzogen.
Anders ist es jedoch in der folgenden Fallgestaltung. Herr Müller begrüßt seinen Arbeitskollegen Bauer stets mit den Worten: »Da kommt ja unsere alte Schwuchtel«, obwohl ihn Herr Bauer bereits mehrfach gebeten hat, dies zu unterlassen. Von einem »Kollegenscherz« kann hier nicht gesprochen werden. Die Äußerungen von Herrn Müller sind unzweideutig als Beleidigungen aufzufassen, da er mit diesen gezielt eine Minderwertigkeit seines Arbeitskollegen Bauer zum Ausdruck bringt.

Während sich die Beleidigung auf einer Ebene zwischen zwei Personen abspielt – die eine Person beleidigt, die andere Person wird beleidigt –, tritt bei der üblen Nachrede und bei der Verleumdung eine dritte Person hinzu. Der, um den es letztendlich geht, ist allerdings nicht »Ohrenzeuge« der Tat.
Verbreitet oder behauptet der Mobber gegenüber einem oder mehreren Dritten nachweislich unwahre Tatsachen über den Mobbingbetroffenen, die geeignet sind, diesen verächtlich zu machen, so ist an eine Strafbarkeit wegen übler Nachrede (§ 186 StGB) zu denken.
Da es bei der Strafbarkeit wegen übler Nachrede nur darauf ankommt, ob die verbreitete bzw. behauptete Tatsache nachweislich unwahr ist (d.h. frei erfunden ist und somit nicht als wahr bewiesen werden kann), wird der Mobber gemäß § 186 StGB auch dann bestraft, wenn er die Unerweislichkeit der Tatsache nicht kennt – er also nicht weiß, dass die Tatsache frei erfunden und somit nicht als wahr bewiesen werden kann. Wird die Tatsache als wahr bewiesen, entfällt eine Strafbarkeit wegen übler Nachrede, da der Mobber ja dann etwas erzählt hat, was der Wahrheit entspricht. In einem solchen Fall kann allerdings eine Strafbarkeit wegen Beleidigung trotz Wahrheitsbeweises (§ 192 StGB) infrage kommen. Voraussetzung ist, dass das Vorhandensein einer Beleidigung aus der Form der Behauptung oder Verbreitung oder aus den Umständen, unter welchen sie geschah, hervorgeht. Strafrechtlich verboten ist insoweit die Behauptung bzw. Verbreitung einer wahren Tatsache in einer herabsetzenden verunglimpfenden Weise.
Kennt der Mobber die Unwahrheit der von ihm behaupteten oder verbreiteten Tatsache, so ist eine Strafbarkeit wegen Verleumdung (§ 187 StGB) zu prüfen.

Beispiel für eine üble Nachrede:
Herr Meier erzählt in der Kantine, dass seine Arbeitskollegin Bäcker – was nachweislich nicht der Fall ist – in ihrer Freizeit als Prostituierte tätig sei. Herr Meier will diese »Info« angeblich von einem anderen Arbeitskollegen erfahren haben; ob sie der Wahrheit entspricht, sei ihm nicht bekannt.

Beispiel für eine Verleumdung:
Herr Müller erzählt in der Kantine aus verschmähter Liebe, dass seine Arbeitskollegin Fischer in ihrer Freizeit der Prostitution nachgeht. Er weiß, dass dies nicht stimmt und dass er Frau Fischer mit seinem Gerede Schaden zufügt.

Beispiel für eine Beleidigung trotz Wahrheitsbeweises:
Herr Schmitz ist vor einiger Zeit wegen falscher uneidlicher Aussage (vgl. § 153 StGB) verurteilt worden. Sein Arbeitskollege Meier erzählt dies in der Kantine. Seinen Bericht beendet er mit folgenden Worten: »Wer einmal lügt, der lügt immer; und wer lügt, ist auch noch zu ganz anderen Sachen fähig. Denkt doch einmal an die Pakete, die immer wieder aus seinem Lieferwagen verschwinden. Mehr sage ich dazu nicht. Und ausgerechnet den wollt ihr in den Betriebsrat wählen?«

§ 119 BetrVG enthält die Strafandrohung für Straftaten gegen Betriebsverfassungsorgane und ihre Mitglieder. Richtet sich das Mobbing beispielsweise gegen ein Mitglied bzw. Ersatzmitglied

- des Betriebsrats bzw. Gesamt- oder Konzernbetriebsrats,
- der Jugend- und Auszubildendenvertretung bzw. Gesamt- oder Konzern-Jugend- und Auszubildendenvertretung,
- der Einigungsstelle oder
- des Wirtschaftsausschusses

um seiner Tätigkeit willen, so ist eine Strafbarkeit gemäß § 119 Abs. 1 Nr. 3 BetrVG möglich.
Vergleichbares gilt, wenn das Gremium, dem das oben bezeichnete Mitglied bzw. Ersatzmitglied angehört, durch Mobbing in seiner Tätigkeit behindert oder gestört wird (vgl. § 119 Abs. 1 Nr. 2 BetrVG).
Führt Mobbing zu einer Behinderung oder Beeinflussung der Wahl etwa des Betriebsrats oder der Jugend- und Auszubildendenvertretung, so kommt eine Strafbarkeit wegen § 119 Abs. 1 Nr. 1 BetrVG in Betracht.

Beispiel für Straftaten gegen Betriebsverfassungsorgane und ihre Mitglieder:
Der Vorgesetzte Müller schikaniert den Betriebsratsvorsitzenden Bauer, um diesen zur Niederlegung seines Betriebsratsmandats und zu einem Ausscheiden aus dem Arbeitsverhältnis zu bewegen.

Wegen Nachstellung (Stalking) macht sich gemäß § 238 StGB strafbar, wer einem Menschen unbefugt nachstellt, indem er beharrlich

- dessen räumliche Nähe aufsucht,
- unter Verwendung von Telekommunikationsmitteln oder sonstigen Mitteln der Kommunikation oder über Dritte Kontakt zu diesem herzustellen versucht,
- unter missbräuchlicher Verwendung von dessen personenbezogenen Daten Bestellungen von Waren oder Dienstleistungen für diesen aufgibt oder Dritte veranlasst, mit diesem Kontakt aufzunehmen,
- diesen mit der Verletzung von Leben, körperlicher Unversehrtheit, Gesundheit oder Freiheit seiner selbst oder einer ihm nahe stehenden Person bedroht oder
- eine andere vergleichbare Handlung vornimmt

und dadurch seine Lebensgestaltung schwerwiegend beeinträchtigt.

Beispiel für eine Nachstellung:
Frau Meier hat eine »Affäre« mit ihrem Arbeitskollegen Schmitz beendet, womit dieser nicht einverstanden ist. Nach dem Motto: »Ich und sonst niemand« ruft er seine Arbeitskollegin mehrmals am Tag sowie in der Nacht an. Sobald sich Frau Meier meldet, legt er auf. Zudem »verfolgt« Herr Schmitz seine Arbeitskollegin. Wo immer sie hingeht, taucht Herr Schmitz auf. Nach einiger Zeit traut sich Frau Meier nicht mehr aus dem Haus. Wenn sie zu Hause ist, vermeidet sie es, das Licht einzuschalten. Sobald das Telefon klingelt, fängt sie an zu zittern.

Die Entwicklungen im Bereich der sozialen Medien eröffnen den Stalkern die Möglichkeit, diese zum Begehen von Stalking zu nutzen. Hierbei handelt es sich um eine traurige Begleiterscheinung der modernen Kommunikationstechniken, die im Zusammenhang mit Mobbing nicht ausgeklammert werden darf.
Auch wenn im Zusammenhang mit Mobbing nahezu jeder Straftatbestand begangen werden kann, so handelt es sich bei den angesprochenen Delikten um zentrale strafrechtliche Aspekte, die im Zusammenhang mit einer konkreten Mobbingsituation von Bedeutung sein können.
Soweit also die theoretische Seite. Wenden wir uns nunmehr der strafrechtlichen Lebenswirklichkeit zu. Liegt die Verwirklichung eines Straftatbestandes durch den Mobber nahe, so stellt sich die Frage nach den drei »W«: »Wer« muss »was« »wie« tun, damit gegen den Mobber in strafrechtlicher Hinsicht vorgegangen werden kann?
Um tätig werden zu können, müssen die Strafverfolgungsbehörden zunächst Kenntnis von dem strafrechtlich relevanten Verhalten erhalten.

Dies kann auf zweierlei Weise geschehen – mittels Strafanzeige oder Strafantrag.

Bei der Strafanzeige handelt es sich um die Mitteilung des Verdachts einer Straftat versehen mit der Anregung, die Strafverfolgbarkeit zu prüfen. Strafanzeige kann jeder bei der Staatsanwaltschaft, der Polizei sowie dem Amtsgericht erstatten, ohne allerdings hierzu rechtlich verpflichtet zu sein.

Der Strafantrag ist hingegen die Erklärung des Verletzten oder sonst gesetzlich dazu Berechtigten, dass er die Strafverfolgung wegen einer Straftat wünscht, deren Verfolgung das Gesetz von einem solchen Antrag abhängig macht.

Der Strafantrag ist insoweit Prozessvoraussetzung (vgl. §§ 194, 230, 238 Abs. 4, 303c StGB, § 119 Abs. 2 BetrVG) für die

- (versuchte) Sachbeschädigung (§ 303 StGB)
- (versuchte) Körperverletzung (§ 223 StGB)
- fahrlässige Körperverletzung (§ 229 StGB)
- Nachstellung (§ 238 StGB)
- Beleidigung (§ 185 StGB)
- üble Nachrede (§ 186 StGB)
- Verleumdung (§ 187 StGB)
- Beleidigung trotz Wahrheitsbeweises (§ 192 StGB)
- Straftaten gegen Betriebsverfassungsorgane und ihre Mitglieder (§ 119 Abs. 1 BetrVG).

Insoweit spricht man bei diesen Straftaten auch von »Antragsdelikten«. Nur die Nötigung (§ 240 StGB) ist ein »Offizialdelikt«, das auch ohne einen entsprechenden Strafantrag verfolgt und bestraft werden kann. Bei der Nachstellung (vgl. § 238 Abs. 4 StGB) ist die Stellung eines Strafantrags ausnahmsweise dann nicht erforderlich, wenn die Strafverfolgungsbehörde wegen des besonderen öffentlichen Interesses an der Strafverfolgung ein Einschreiten von Amts wegen für geboten hält.

Dieser Umstand führt zu der wichtigen Erkenntnis, dass es für eine strafrechtliche Sanktionierung des Mobbers regelmäßig eines Strafantrags bedarf, den grundsätzlich nur der Mobbingbetroffene innerhalb einer Frist von drei Monaten ab Kenntniserlangung von der Tat stellen kann (§ 77b StGB; zu den Ausnahmen der Antragsberechtigung vgl. §§ 77 Abs. 2, Abs. 3, 77a StGB und § 119 Abs. 2 BetrVG). Wird bedacht, dass der Mobbingbetroffene – solange er sich noch in einer akuten Mobbingsituation befindet – häufig psychisch schwer angeschlagen ist, so wird er eher selten von der Möglichkeit Gebrauch machen und einen Strafantrag gegen den Mobber stellen. Schließlich wirft die Möglichkeit der Stellung eines Strafantrags für den Mobbingbetroffenen zahlreiche Fragen auf.

Mögliche Fragen, die sich einem Mobbingbetroffenen stellen:

- Was geschieht, wenn der Mobber von dem Strafantrag erfährt; wird er mich in Ruhe lassen, oder wird alles nur noch schlimmer?
- Was geschieht, wenn der Mobber nicht sanktioniert wird; hat er dann einen Freibrief für sein Tun?
- Wird das Gericht mir oder dem Mobber glauben?
- Kann ich das Tun des Mobbers beweisen?

Regelmäßig wird dem Mobbingbetroffenen – solange er sich noch in dem Geschehensprozess befindet – die erforderliche Kraft fehlen, aus eigenem Antrieb heraus tätig zu werden. Die psychische Belastung ist für ihn einfach zu groß. An einer strafrechtlichen Aufarbeitung wird er von sich aus häufig erst zu einem späteren Zeitpunkt denken, wenn er einen gewissen Abstand zu dem Geschehen (z. B. nach einem längeren Klinikaufenthalt, nach einem Ausscheiden aus dem Beschäftigungsverhältnis) hat und ein weiteres Mal in eine Auseinandersetzung mit dem Mobber – sei es auch nur aus Rachegefühlen heraus – eintreten kann. Nur wird es für die Stellung eines Strafantrags dann oftmals zu spät sein.

Bedenke:
Um dem Mobber einer strafrechtlichen Sanktion zuführen zu können, bedarf es regelmäßig eines Strafantrages des Mobbingbetroffenen, der innerhalb einer Frist von drei Monaten ab Kenntniserlangung von der Straftat zu stellen ist.

2.2 Zivilrechtliche Aspekte

In zivilrechtlicher Hinsicht kommen schwerpunktmäßig als mögliche Sanktionen gegen den Mobber in Betracht:

- Schadensersatz wegen unerlaubter Handlung (§ 823 BGB);
- Widerruf und Unterlassung ehrverletzender Äußerungen (analog §§ 1004, 823 BGB);
- Unterlassung von weiteren Mobbinghandlungen (analog §§ 1004, 823 BGB);
- Schmerzensgeld (§ 253 Abs. 2 BGB);
- Geldentschädigung wegen der Verletzung des allgemeinen Persönlichkeitsrechts (§ 823 Abs. 1 BGB i. V. m. Art. 1 Abs. 1, Art. 2 Abs. 1 GG und Art. 8 Abs. 1 EMRK).

Nach § 823 Abs. 1 BGB ist unter anderem zum Schadensersatz verpflichtet, wer das Leben, den Körper, die Gesundheit oder die Freiheit eines anderen verletzt.

Erforderlich für die Schadensersatzpflicht des Mobbers ist eine vorsätzliche oder fahrlässige Schadenszufügung. In dem frühen Stadium von Mobbing wird es regelmäßig am Vorsatz mangeln. Ob der Mobber später mit Vorsatz gehandelt hat, ist eine Frage der Beweisbarkeit, zu der wir später zurückkommen werden.
Wahrscheinlicher ist eine fahrlässige Tatbestandsverwirklichung. Gemäß § 276 Abs. 2 BGB handelt fahrlässig, »wer die im Verkehr erforderliche Sorgfalt außer Acht lässt«. Fahrlässig handelt in diesem Sinne sowohl derjenige, der den Schaden zwar voraussieht aber hofft, er werde nicht eintreten (sog. bewusste Fahrlässigkeit), als auch derjenige, der den Erfolg nicht voraussieht, ihn aber bei gehöriger Sorgfalt hätte voraussehen und verhindern können (sog. unbewusste Fahrlässigkeit). Anders als im Strafrecht stellt der zivilrechtliche Fahrlässigkeitsbegriff nicht auf die dem Täter zumutbare Einsichts- und Handlungsfähigkeit ab. Vielmehr wird ein objektiver Sorgfaltsmaßstab angelegt. Dieser beurteilt sich nach den Anforderungen (sprich typischen Kenntnissen und Fähigkeiten) der im engeren Verkehrskreis Beteiligten.

Beispiel für ein fahrlässiges Verhalten in zivilrechtlicher Hinsicht:
Herr Meier baut an seiner Maschine eine Sicherungsvorrichtung ab, die es ihm ermöglicht, eine höhere Stückzahl zu produzieren. Zum Ende seiner Schicht übergibt er die Maschine seinem Arbeitskollegen Bauer, der von der Manipulation nichts weiß und diese auch nicht erkennen kann. Dem Herrn Meier ist bewusst, dass sein Arbeitskollege einem erhöhten Verletzungsrisiko ausgesetzt ist, hofft aber, dass diesem schon nichts geschehen werde. Herr Bauer erleidet im Verlaufe der Schicht einen Arbeitsunfall mit erheblichen Verletzungen. Herr Meier hat fahrlässig gehandelt.

Aufgrund der inzwischen mehr als 25 Jahre währenden Diskussion in der deutschen Arbeitswelt darf davon ausgegangen werden, dass die möglichen Folgen von Mobbing allgemein bekannt sind. Auch wenn sich Mobber häufig nicht als solche betrachten und sie ihr Wirken mit Floskeln, wie »so schlimm ist es doch gar nicht, was ich da tue« und »was kann ich dafür, wenn er eine solche Mimose ist«, zu rechtfertigen versuchen, dürfte ihnen in zivilrechtlicher Hinsicht zumeist ein fahrlässiges Handeln vorgeworfen werden können.
Ob der Mobbingbetroffene tatsächlich Schadensersatz erhalten wird, hängt maßgeblich davon ab, ob er die verletzende Handlung, das Verschulden des Mobbers, den Schadenseintritt sowie die jeweilige Zurechenbarkeit nicht nur darlegen, sondern auch beweisen kann. Gelingt ihm das vor Gericht nicht, verliert der Mobbingbetroffene den Prozess

und damit vielleicht auch den Rest seines Selbstwertgefühls. Selbst wenn der Mobbingbetroffene den Rechtsstreit gewinnt, so ist damit nicht automatisch der Erhalt von Schadensersatz gewährleistet. Schlimmstenfalls hält der obsiegende Mobbingbetroffene mit dem Urteil einen Titel in der Hand, aus dem er unter Umständen erfolglos die Zwangsvollstreckung gegen den unterlegenen Mobber versuchen kann, weil dieser vermögenslos ist.

Neben der Erhebung einer Schadensersatzklage besteht für den Mobbingbetroffenen die Möglichkeit, den Mobber auf Widerruf und Unterlassung ehrverletzender Äußerungen bzw. Unterlassung von Mobbinghandlungen in Anspruch zu nehmen (analog §§ 1004, 823 BGB). Dabei ist zu beachten, dass den Mobbingbetroffenen auch hier die Darlegungs- und Beweislast trifft. Bei einem positiven Prozessausgang kann der Mobbingbetroffene gegen den unterlegenen Mobber, der einer gerichtlich auferlegten Unterlassungspflicht zuwider handelt, durch das Gericht für jeden Fall der Zuwiderhandlung ein Ordnungsgeld (höchstens 250 000 € je Zuwiderhandlung), und für den Fall, dass das Ordnungsgeld nicht beigetrieben werden kann, Ordnungshaft oder auch unmittelbar Ordnungshaft von bis zu sechs Monaten (insgesamt aber nicht länger als zwei Jahre; vgl. § 890 ZPO) verhängen lassen.

Gemäß § 253 Abs. 2 BGB kann der Mobber insbesondere im Falle der Verletzung des Körpers oder der Gesundheit des Mobbingbetroffenen verpflichtet sein, wegen eines Schadens – der kein Vermögensschaden sein darf – Schmerzensgeld zu zahlen. Mit der Zahlung des Schmerzensgeldes soll dem Mobbingbetroffenen Genugtuung verschafft und ihm zudem ein Ausgleich dafür gewährt werden, dass seine Lebensqualität deutlich gemindert ist (vgl. *Däubler*, BGB, S. 1144). Als Nichtvermögensschaden im Sinne dieser Vorschrift kommen vor allem nachteilige Folgen für die körperliche und seelische Verfassung des Mobbingbetroffenen (z. B. Schmerzen, Kummer, Sorgen, Wesensänderung, Schmälerung der Lebensfreude) in Betracht.

Bei Eingriffen in das allgemeine Persönlichkeitsrecht kann der Mobbingbetroffene einen Schadensersatzanspruch aus § 823 BGB i. V. m. Art. 1 Abs. 1, 2 Abs. 1 GG sowie Art. 8 Abs. 1 EMRK haben. Ein solcher wurde beispielsweise einer Anzeigenvertreterin zuerkannt, deren Arbeitgeber eine krankheitsbedingte Arbeitsunfähigkeit zum Anlass genommen hatte, in seiner Stadtteilzeitung zu berichten, dass die Anzeigenvertreterin an »astraler Hypertrophie« (mithin unter einer eingebildeten Krankheit) leide und für lange Zeit nicht mehr tätig werden könne (vgl. *LAG Berlin* vom 5. 3. 1997 – 13 Sa 137/96). Anfang Mai 2019 wurden einem ehemaligen Betriebsratsmitglied 20 000 € zugesprochen. In ihrem Betrieb wurden auf Anraten eines einschlägig bekannten Rechtsanwaltes drei Personen eingeschleust, um Kündigungssachverhalte hinsichtlich unliebsamer Interessenvertreter zu konstruieren (vgl. *ArbG Gießen* vom 10. 5. 2019 – 3 Ca 433/17 – AiB 10/2019, 52). In diesem Zusammenhang ist auf eine Entscheidung des *EGMR* vom 17. 9. 2019 (Nr. 40942/14 – Iovecev u. a./Republik Moldawien und Russland) hinzuweisen, in dem offensichtlich zum ersten Mal Mobbing unter den Schutz des Art. 8 EMRK gestellt worden ist (vgl. *Lörcher*, HSI-Newsletter 3/2019, Anm. unter III).

2.3 Arbeitsrechtliche Aspekte

Mobber beeinflussen durch ihr Verhalten das Betriebsklima in einer nicht zu unterschätzenden Weise. Mobbing hat unter anderem Einfluss auf die Qualität der zu verrichtenden Arbeit sowie deren Ergebnisse und auf den Krankenstand – Aspekte, die in der betrieblichen Praxis immer wieder vernachlässigt und in ihrer Bedeutung häufig unterschätzt werden.
Mobber verstoßen mit ihrem Verhalten gegen ihre arbeitsvertraglichen Nebenpflichten – sich für die Interessen des Arbeitgebers sowie des Betriebes bzw. der Dienststelle einzusetzen und alles zu unterlassen, was diese Interessen beeinträchtigen könnte –, indem sie ihrem Arbeitgeber einen finanziellen Schaden in unterschiedlichster Höhe zufügen – ein Schaden, der beispielsweise in krankheitsbedingten Entgeltfortzahlungskosten oder (Gewährleistungs-)Ansprüchen Dritter besteht. § 7 Abs. 3 AGG bestimmt sogar ausdrücklich für den Fall einer Benachteiligung aus den in § 1 AGG genannten Gründen, dass es sich dabei um die Verletzung vertraglicher Pflichten handelt.
Die durch Mobbing verursachten Nebenpflichtverletzungen können mit einer Ermahnung, einer Abmahnung, einer Versetzung und als letztes Mittel mit einer verhaltensbedingten ordentlichen oder außerordentlichen (Änderungs-)Kündigung sanktioniert werden, wobei sich ihre Rechtmäßigkeit nach allgemeinen arbeitsrechtlichen Grundsätzen richtet.

> **Bedenke:**
> In arbeitsrechtlicher Hinsicht kommen für den Mobber als Sanktionsmöglichkeiten die Ermahnung, die Abmahnung, die Versetzung sowie die Kündigung in Betracht.

Mittels einer Ermahnung kann die Verletzung arbeitsvertraglicher Pflichten (z. B. unentschuldigtes Fehlen) gerügt und der Ermahnte zur Einhaltung seiner arbeitsvertraglichen Pflichten angehalten werden. Dies kann sowohl schriftlich als auch mündlich erfolgen. Die Ermahnung setzt sich aus zwei Bestandteilen zusammen:

1. die Beschreibung einer Verletzung arbeitsvertraglicher Pflichten und
2. die Aufforderung zur Verhaltensänderung.

Wird diesem Sanktionsmittel ein dritter Bestandteil, die Androhung von Rechtsfolgen für den Fall der Wiederholung, hinzugefügt, so handelt es sich um eine Abmahnung. Die in Aussicht gestellte Rechtsfolge besteht in der Regel in der Androhung einer Kündigung des Arbeitsvertrags. Die Abmahnung kann wiederum sowohl mündlich als auch schriftlich ausgesprochen werden. Aus Gründen ihrer Beweisbarkeit erfolgen Abmahnungen in der betrieblichen Praxis überwiegend schriftlich.

Beispiel für eine Ermahnung:
Vorarbeiter Meier demütigt seinen Untergebenen Bäcker, indem er ihn vor allen Arbeitskollegen anweist, sich zu bücken und seine Schuhe zu küssen. Andernfalls werde Herr Bäcker schon sehen, wer der Herr im Hause ist. Herr Bäcker beugt sich dieser Anweisung. Der Geschäftsführer sieht dies durch Zufall, spricht den Vorarbeiter auf diesen Vorfall an und erklärt ihm, dass er sein menschenverachtendes Verhalten nicht duldet. Anschließend fordert er ihn auf, sein Verhalten gegenüber Untergebenen ab sofort und für die Zukunft zu ändern.

Beispiel für eine Abmahnung:
Herr Schmidt äußert in der Kantine lauthals ausländerfeindliche Parolen. Der Geschäftsführer erfährt hiervon durch die Beschwerde eines Arbeitnehmers. Der Geschäftsführer bestellt den Herrn Schmidt in sein Büro und weist ihn darauf hin, dass er es zu unterlassen habe, ausländerfeindliche Äußerungen auf dem Betriebsgelände zu tätigen. Sofern er sein Verhalten nicht ändere, habe er mit der Kündigung seines Arbeitsvertrags zu rechnen.

In dem ersten Beispiel gibt es keine Androhung von rechtlichen Konsequenzen für den Wiederholungsfall, so dass eine Ermahnung ausgesprochen wurde. Demgegenüber erfolgt in dem zweiten Beispiel eine Androhung von Rechtsfolgen für den Fall der Wiederholung. Mithin liegt eine Abmahnung vor.

Dem Arbeitgeber steht es zur freien Disposition, ob er wegen einer Verletzung arbeitsvertraglicher Pflichten von der Möglichkeit Gebrauch macht, eine Ermahnung oder eine Abmahnung auszusprechen. Möchte er über das Fehlverhalten hinwegsehen, wird er auf den Ausspruch einer Abmahnung bzw. Ermahnung verzichten. Möchte er hingegen »erziehe-

rische« Ziele verfolgen, dürfte er am ehesten eine Abmahnung aussprechen. Schließlich stellt diese ein starkes Druckmittel dar, um den Betreffenden zu einer Änderung seines Verhaltens am Arbeitsplatz zu bewegen.
Bei der Kündigung handelt es sich um das schärfste Sanktionsmittel arbeitsvertraglicher Pflichtverletzungen, da sie auf die Beendigung des Arbeitsverhältnisses gerichtet ist. Bei Mobbing dürfte sie von dem Arbeitgeber regelmäßig als eine verhaltensbedingte Kündigung – nach einer erneuten Pflichtverletzung trotz vorhergehender Abmahnung – unter Einhaltung der im Einzelfall zu beachtenden Kündigungsfrist ausgesprochen werden.
Nur wenn dem Arbeitgeber unter Berücksichtigung aller Umstände des Einzelfalles und unter Abwägung der Interessen sowohl des Arbeitgebers als auch des Arbeitnehmers die Fortsetzung des Arbeitsverhältnisses bis zum Ablauf der Kündigungsfrist nicht zuzumuten ist, kann der Ausspruch einer außerordentlichen (fristlosen) Kündigung erfolgen.
Beide Kündigungsarten sind sog. Beendigungskündigungen, da sie auf die Beendigung des Arbeitsverhältnisses abzielen. Hiervon unterscheidet sich die Änderungskündigung dadurch, dass sie auf eine vertragliche Umgestaltung des Arbeitsverhältnisses gerichtet ist. Der Arbeitgeber spricht zwar eine Kündigung aus, bietet dem Arbeitnehmer jedoch gleichzeitig den Abschluss eines neuen Arbeitsvertrags zu geänderten – oftmals schlechteren – Konditionen an.

Beispiel für eine ordentliche (fristgemäße) Kündigung:
Nachdem Herr Meier seine ausländerfeindliche Hetze trotz erfolgter Abmahnung fortgesetzt hat, wird ihm – nach erfolgter Anhörung des Betriebsrats gemäß § 102 BetrVG – unter Einhaltung der sich aus dem einschlägigen Tarifvertrag ergebenden Kündigungsfrist gekündigt.

Beispiel für eine außerordentliche (fristlose) Kündigung:
Das ausländerfeindliche Verhalten von Herrn Meier eskaliert eines Tages, indem er seinen ausländischen Arbeitskollegen ohne ersichtlichen Grund tätlich angreift und mit einem Messer schwer verletzt. Um das Leben und die Gesundheit seiner ausländischen Arbeitnehmer besorgt, sieht der Geschäftsführer keine andere Wahl, als Herrn Meier mit sofortiger Wirkung zu kündigen.

Beispiel für eine Änderungskündigung:
Herr Meier diskriminiert und beleidigt fortlaufend seinen ausländischen Arbeitskollegen. Da der Geschäftsführer einerseits nicht auf die Arbeitskraft von Herrn Meier verzichten möchte, andererseits dessen Arbeitskollegen

vor den Angriffen des Herrn Meier schützen muss, spricht er Herrn Meier gegenüber die Kündigung des Arbeitsvertrags unter Beachtung der tarifvertraglich einzuhaltenden Kündigungsfrist aus, wobei er ihm gleichzeitig das Angebot unterbreitet, weiterhin für ihn in einem 2 km entfernten Betriebsteil zu ansonsten unveränderten Bedingungen zu arbeiten.

Eine Änderungskündigung wird vor allem dann ausgesprochen, wenn eine Versetzung des Mobbers auf einen anderen Arbeitsplatz mittels der Ausübung des Direktionsrechts (auch Weisungsrecht genannt) durch den Arbeitgeber nicht möglich ist. Dies ist etwa dann der Fall, wenn die zu verrichtende Tätigkeit des Mobbers im Arbeitsvertrag ganz genau beschrieben ist. Ist die vom Mobber zu verrichtende Tätigkeit hingegen nur grob umrissen, so kann eine Versetzung im Wege der Zuweisung eines anderen Arbeitsplatzes möglich sein.

Beispiel für eine Versetzung durch Weisung:
Frau Meier ist als »Sachbearbeiterin« eingestellt. In ihrem Arbeitsvertrag hat sie sich bereit erklärt, jede ihrer Ausbildung und beruflichen Fähigkeit entsprechende Tätigkeit zu verrichten. Der Geschäftsführer möchte Frau Meier von dem Einkauf in den Verkauf versetzen, wo sie vergleichbare Tätigkeiten verrichten soll. Um die Versetzung zu erreichen, genügt eine entsprechende Weisung.

Beispiel für eine Versetzung durch Änderungskündigung:
Frau Meier ist als »Sekretärin des Geschäftsführers« eingestellt. Dies steht so in ihrem Arbeitsvertrag. Möchte der Geschäftsführer beispielsweise der Frau Meier einen Arbeitsplatz in der Abteilung Vertrieb zuweisen, dann muss er eine Änderungskündigung aussprechen.

Mit seinem Urteil vom 24.4.1996 hat das *BAG* (5 AZR 1031/94) unmissverständlich klargestellt, dass ein Arbeitnehmer seine Versetzung nicht dadurch verhindern kann, indem er von seinem Arbeitgeber den Ausspruch einer Abmahnung an Stelle der beabsichtigten Versetzung mit der Begründung verlangt, die Abmahnung stelle das mildere Mittel gegenüber der Versetzung dar. Schließlich – so das *BAG* – ist es Sache des Arbeitgebers zu entscheiden, wie er auf betriebliche Konfliktlagen reagieren will (s. a. *LAG Rostock* vom 30.7.2019 – 5 Sa 233/18).

2.4 Dienstrechtliche Aspekte

Verletzt ein Beamter schuldhaft die ihm obliegenden Pflichten, so begeht er gemäß § 77 Abs. 1 Satz 1 BBG, § 47 Abs. 1 Satz 1BeamtStG ein Dienstvergehen, das unter Beachtung der einschlägigen beamtenrechtlichen Bestimmungen sanktioniert werden kann (z. B. Verweis, Geldbuße, Kürzung der Dienstbezüge, Entfernung aus dem Beamtenverhältnis; vgl. § 5 BDG). Im Zusammenhang mit der Mobbingproblematik stehen folgende Pflichten im Vordergrund, deren Missachtung eine Disziplinierung zur Folge haben können (vgl. *Wolmerath*, S. 212 m. w. N.):

1. Die Pflicht zur Wahrung des Betriebsfriedens verpflichtet den Beamten, falsche Beschuldigungen, Verdächtigungen, Beleidigungen, Bedrohungen und Tätlichkeiten gegenüber seinen Arbeitskollegen zu unterlassen;
2. Die Pflicht zur kollegialen Zusammenarbeit;
3. Die Pflicht zu achtungswürdigem und vertrauensvollem Verhalten verpflichtet den Beamten, Beleidigungen und Verunglimpfungen seines Vorgesetzten sowie achtungswidrige Äußerungen über die Dienststelle und/oder über seine Vorgesetzten gegenüber Dritten zu unterlassen. Gleiches gilt für Drohungen und Tätlichkeiten;
4. Die Pflicht, Gesetz und Recht zu wahren, mithin »Straftaten im Amt« (z. B. den Kollegendiebstahl) zu unterlassen;
5. Die Pflicht zu Gehorsam, d. h. Anordnungen des Vorgesetzten zu befolgen;
6. Die Pflicht zur Vermeidung jeglicher Verquickung von dienstlichen Handlungen bzw. Unterlassungen mit privaten Interessen.

Soweit es sich bei dem Beamten um einen Vorgesetzten handelt, treffen diesen unter anderem folgende Pflichten (vgl. *Wolmerath*, S. 213 m. w. N.):

1. Vorgesetzte haben Beleidigungen von Untergebenen zu unterlassen.
2. Vorgesetzte haben sich achtungswürdig gegenüber Untergebenen zu verhalten.
3. Vorgesetzten obliegt die Fürsorge für die ihnen unterstellten Beamten.
4. Vorgesetzte haben den Dienst im erforderlichen Maße zu beaufsichtigen. Pflichtwidrig handelt insoweit auch, wer Pflichtwidrigkeiten seiner Untergebenen duldet, fördert oder sogar veranlasst.
5. Vorgesetzte sind gegenüber ihren Untergebenen verpflichtet, jeden Missbrauch ihrer Dienststellung zu unterlassen.

3. Rechtlich betrachtet: Der Arbeitgeber

Mobbing kann auch für den Arbeitgeber (bzw. Dienstherrn) mit Konsequenzen behaftet sein. So kann er selbst als Mobber auftreten. In diesem Fall unterfällt er den vorstehend aufgezeigten Sanktionsmöglichkeiten. Aber auch dann, wenn er nicht selbst aktiv als Mobber tätig wird, können sich für ihn strafrechtliche, zivilrechtliche sowie arbeits- bzw. dienstrechtliche Konsequenzen ergeben.

3.1 Strafrechtliche Aspekte

Hat die für den Arbeitgeber bzw. Dienstherrn handelnde Person (z. B. Geschäftsführer, Dienststellenleiter) einen anderen (z. B. Vorgesetzten, Arbeitskollegen des Mobbingbetroffenen) zu einer vorsätzlich begangenen Tat bestimmt – in ihm den Entschluss zur Tatbegehung hervorgerufen –, so wird sie gemäß § 26 StGB als Anstifter genau wie der Täter bestraft.

> **Beispiel für eine Anstiftung:**
> Der Geschäftsführer möchte das Betriebsratsmitglied Müller »loswerden«. Er überzeugt zu diesem Zweck den Vorgesetzten von Herrn Müller, diesen so lange unter Druck zu setzen, bis Herr Müller kündigt.

Besteht das Tun des »Arbeitgebers« lediglich in einer vorsätzlichen Hilfeleistung des Mobbers zu einer vorsätzlich begangenen Tat (z. B. verbaler Beistand; Aushändigung eines Zimmerschlüssels, der es dem Mobber ermöglicht, seinen Arbeitskollegen am Arbeitsplatz ein- oder auszusperren), so ist dieser in strafrechtlicher Hinsicht Helfer und als solcher wegen Beihilfe (vgl. § 27 StGB) zu bestrafen.

> **Beispiel für eine Beihilfe:**
> Geschäftsführer Meier weiß, dass Herr Bäcker seinen Arbeitskollegen Schmidt mobbt. Er bittet Herrn Bäcker zu einem Gespräch. Im Verlaufe dieser Unterredung gibt der Geschäftsführer dem Herrn Bäcker unmissverständlich zu verstehen, dass Herr Schmidt eine derartige Behandlung verdiene. Herr Bäcker solle nur so weitermachen, der Geschäftsführer werde ihm den Rücken freihalten.

Eine Straftat kann nicht nur durch ein aktives Tun begangen werden. Auch Nichtstun (sog. Unterlassen) kann strafbar sein (vgl. § 13 StGB).

Voraussetzung hierfür ist allerdings, dass der »Arbeitgeber« rechtlich dafür einzustehen hat, dass die Schadensverursachung beim Mobbingbetroffenen nicht eintritt und die Unterlassung der Verwirklichung des gesetzlichen Tatbestandes durch ein Tun entspricht. Die Rechtspflicht des »Arbeitgebers«, dafür Sorge zu tragen, dass die Beschäftigten an ihren Arbeitsplätzen bzw. im Betrieb oder in der Dienststelle nicht durch Handlungen Dritter Schaden an Leben, Gesundheit oder Eigentum erleiden, lässt sich aus der Fürsorgepflicht des Arbeitgebers bzw. Dienstherrn herleiten. So ist beispielsweise der Arbeitgeber gehalten, seine Beschäftigten vor tätlichen Angriffen seitens anderer Arbeitskollegen zu schützen sowie die freie Entfaltung der Persönlichkeit aller im Betrieb bzw. in der Dienststelle Beschäftigten sicherzustellen (s. a. § 75 Abs. 2 Satz 1 BetrVG). Voraussetzung der Strafbarkeit wegen Unterlassens ist allerdings, dass der »Arbeitgeber« von solchen Mobbinghandlungen positive Kenntnis erlangt, aufgrund derer er eine strafrechtlich relevante Schadensverursachung vorhersieht und dennoch untätig bleibt, obwohl es ihm wegen seiner besonderen Stellung gegenüber seinen Beschäftigten ein Leichtes wäre, dem Mobbing ein Ende zu bereiten.

Beispiel für ein strafrechtlich relevantes Unterlassen:
Der Geschäftsführer erfährt, dass Herr Müller von seinem Arbeitskollegen Schmidt gemobbt wird. Ihm ist bekannt, dass Herr Müller bereits mehrfach in Tränen ausgebrochen ist und sich wegen der Mobbingangriffe in ärztlicher Behandlung befindet. Der Geschäftsführer befürchtet eine unmittelbar bevorstehende Eskalation der Situation. Dennoch unternimmt er nichts. Kurze Zeit später erleidet Herr Müller im Verlaufe einer Mobbingattacke einen Nervenzusammenbruch.

Eine Strafbarkeit des »Arbeitgebers« wegen unterlassener Hilfeleistung (vgl. § 323c StGB) ist möglich, wenn dieser Zeuge eines Mobbingangriffes ist und nicht zur Abwendung eines Schadens beim Mobbingbetroffenen tätig wird, obwohl es ihm in zumutbarer Weise möglich ist.

Beispiel für eine unterlassene Hilfeleistung:
Der Geschäftsführer beobachtet, wie Herr Müller seinen Arbeitskollegen Schmidt wütend beschimpft, ihn regelrecht »fertig macht«. Herr Schmidt steht unmittelbar vor einem Nervenzusammenbruch, was für den Geschäftsführer deutlich zu erkennen ist. Dennoch greift dieser weder ein noch unternimmt er etwas, sondern wendet sich ab und verlässt den Ort des Geschehens. Unmittelbar danach bricht Herr Schmidt zusammen.

3.2 Arbeitsrechtliche Aspekte

Soweit er nicht selbst als Mobber handelt, ist an eine Schadensersatzpflicht des Arbeitgebers wegen der Verletzung seiner arbeitsvertraglich geschuldeten Fürsorgepflicht zu denken. Die Fürsorgepflicht verpflichtet ihn vor allem, seine Beschäftigten vor Beeinträchtigungen seelischer und körperlicher Art zu schützen. Wird durch Mobbing z. B. die Gesundheit des Mobbingbetroffenen in Mitleidenschaft gezogen, obwohl dem Arbeitgeber die Mobbingsituation bekannt ist und er diese in zumutbarer Weise beseitigen kann, so hat er dem Mobbingbetroffenen den durch sein Verhalten verursachten Schaden (z. B. Heilungskosten, Differenz zwischen Entgelt und Krankengeld nach Ablauf der Entgeltfortzahlungspflicht) zu ersetzen.
Zu beachten ist hierbei, dass sich der Arbeitgeber auch das Verhalten solcher Personen zurechnen lassen muss, die als Personalleiter oder in einer Vorgesetztenfunktion an seiner Stelle handeln (vgl. § 278 BGB; s. a. *Däubler*, S. 83 f.).
Das *LAG Thüringen* hat die Arbeitgeberpflichten in seinem Urteil vom 10. 4. 2001 (5 Sa 403/00 – PersR 2001, 352 = AuR 2001, 274) wie folgt beschrieben:

»Der Arbeitgeber ist verpflichtet, das allgemeine Persönlichkeitsrecht der bei ihm beschäftigten Arbeitnehmer nicht selbst durch Eingriffe in deren Persönlichkeits- oder Freiheitssphäre zu verletzen, diese vor Belästigungen durch Mitarbeiter oder Dritte, auf die er einen Einfluss hat, zu schützen, einen menschengerechten Arbeitsplatz zur Verfügung zu stellen und die Arbeitnehmerpersönlichkeit zu fördern. Zur Einhaltung dieser Pflichten kann der Arbeitgeber als Störer nicht nur dann in Anspruch genommen werden, wenn er selbst den Eingriff begeht oder steuert, sondern auch dann, wenn er es unterlässt, Maßnahmen zu ergreifen oder seinen Betrieb so zu organisieren, dass eine Verletzung des Persönlichkeitsrechts ausgeschlossen wird.«

Damit hat das *LAG Thüringen* dem Arbeitgeber eine Organisationspflicht dergestalt auferlegt, seinen Betrieb so zu organisieren, dass keiner seiner Beschäftigten durch Mobbing Schaden erleidet. Die Konsequenz ist mithin, dass der Arbeitgeber nach den Grundsätzen der Haftung für Organisationsverschulden in Regress genommen werden kann, der dieser Pflicht nicht nachkommt.
In seinem Urteil vom 19. 2. 2004 (2 Ta 12/04 – AuR 2004, 275) gelangt das *LAG Rheinland-Pfalz* zu der folgenden Feststellung: Die zahlreich in Betracht kommenden Mobbinghandlungen können darin bestehen, dass

der Betroffene tätlich angegriffen oder auch nur geringschätzig behandelt, von der Kommunikation ausgeschlossen, beleidigt oder diskriminiert wird. Für den Arbeitgeber besteht die Nebenpflicht aus dem Arbeitsverhältnis, das Opfer vor derartigen Belästigungen und Attacken zu schützen und allgemein für ein ausgeglichenes Betriebsklima zu sorgen. Bei einer Verletzung dieser Pflicht können Schmerzensgeldansprüche des Opfers in Betracht kommen.

Bedenke:
Der Arbeitgeber ist verpflichtet, seinen Betrieb so zu organisieren, dass kein Betriebsangehöriger durch Mobbing zu Schaden kommt.

Sofern der Arbeitgeber seine Fürsorgepflicht verletzt, kann er deswegen von dem Mobbingbetroffenen »ermahnt« bzw. »abgemahnt« werden. Allerdings kann sich dies – insoweit sei ein Vorgriff auf den Abschnitt 5.4 gestattet – ein Arbeitnehmer in aller Regel nur dann erlauben, wenn er für seinem Arbeitgeber von besonderem Wert ist, vor allem nur schwer durch eine andere Person ersetzt werden kann. Das ist leider nur sehr selten der Fall. Je leichter es für den Arbeitgeber ist, einzelne Arbeitnehmer auszutauschen, desto unbeeindruckter wird er von einer ausgesprochenen »Ermahnung« bzw. »Abmahnung« durch den Mobbingbetroffenen sein. Bisweilen dürfte eine solche sogar mit dem Hinweis quittiert werden, dass der Mobbingbetroffene ja »gehen« könne, wenn es ihm bei seinem Arbeitgeber nicht mehr gefalle. Alles in allem ist es daher nicht besonders verwunderlich, dass Arbeitnehmer von der Möglichkeit des Ausspruchs einer »Ermahnung« bzw. »Abmahnung« nur höchst selten Gebrauch machen. Sie werden allenfalls zur Vorbereitung eines Schadensersatzprozesses gegen den Arbeitgeber ausgesprochen. Aus Gründen ihrer Beweisbarkeit sollten »Ermahnungen« und »Abmahnungen« stets schriftlich erfolgen. Wegen der mit ihnen möglicherweise verbundenen Konsequenzen sollten sie nur nach einer ausführlichen Rechtsberatung und in Absprache mit einem erfahrenen Rechtsbeistand erfolgen.
Soweit dem Mobbingbetroffenen ein Festhalten an seinem Arbeitsverhältnis nicht mehr abverlangt werden kann, ist an eine ordentliche (fristgemäße) Kündigung unter Einhaltung der im Einzelfall zu beachtenden Kündigungsfrist zu denken. Soweit dem Arbeitnehmer ein Abwarten bis zum Ablauf der Kündigungsfrist nicht zugemutet werden kann, ist bisweilen der Ausspruch einer außerordentlichen (fristlosen) Kündigung des Arbeitsvertrags gemäß § 626 BGB möglich (vgl. Abschnitt 4. bezüglich der Möglichkeiten und Konsequenzen für den Mobbingbetroffenen).

Hierbei ist stets zu bedenken, dass die Kündigung gemäß § 623 BGB schriftlich erfolgen muss.

Bedenke:
Verletzt der Arbeitgeber seine Fürsorgepflicht gegenüber dem Mobbing betroffenen, so kann der Arbeitgeber von dem Mobbingbetroffenen »ermahnt« und »abgemahnt« werden. Gegebenenfalls kann der Arbeitsvertrag (fristlos) gekündigt werden. Hiervon wird regelmäßig jedoch nur derjenige Gebrauch machen können, der in sozialer Hinsicht abgesichert ist oder auf das erhoffte Reagieren des Arbeitgebers vertrauen kann.

Gemäß einem Urteil des *BAG* vom 21.3.2001 (5 AZR 352/99) können die Voraussetzungen für ein ärztliches Beschäftigungsverbot (vgl. § 16 MuSchG) unter anderem dann vorliegen, wenn psychisch bedingter Stress Leben oder Gesundheit von Mutter und Kind gefährdet. Voraussetzung hierfür ist, dass der gefährdende Stress gerade durch die Fortdauer der Beschäftigung verursacht oder verstärkt wird.

3.3 Dienstrechtliche Aspekte

Da es in disziplinarrechtlicher Hinsicht ohne Belang ist, in welcher Form eine Dienstpflichtverletzung begangen wird (d.h. Versuch oder Vollendung, Anstiftung bzw. Beihilfe oder Täterschaft), kann auch der Dienstherr bzw. Dienststellenleiter mit einer Disziplinarmaßnahme sanktioniert werden, der – ohne Mobber zu sein – tatenlos bleibt, obwohl er beispielsweise infolge einer Beschwerde des Mobbingbetroffenen oder eines Hinweises des Personalrats oder aus der Belegschaft von einer konkreten Mobbingsituation in Kenntnis gesetzt wurde.
Nach einer Entscheidung des *BGH* vom 1.8.2002 (III ZR 277/01 – DÖD 2002, 283) haftet der Dienstherr des Schädigers nach Amtshaftungsgrundsätzen für Schäden, die dadurch entstehen, dass ein Polizeibeamter im Rahmen der gemeinsamen Dienstausübung durch seinen Vorgesetzten systematisch und fortgesetzt schikaniert wird. In vergleichbarer Weise hat das *OLG Stuttgart* am 28.7.2003 (4 U 51/03 – NVwZ-RR 2003, 715) entschieden, dass Mobbing zu einem Amtshaftungsanspruch führen kann, wenn Vorgesetzte eines Beamten im Rahmen der gemeinsamen Dienstausübung durch pflichtwidrige Handlungen das Persönlichkeitsrecht des Beamten oder dessen Gesundheit geschädigt haben.

4. Rechtlich betrachtet: Die Interessenvertretung

Sofern sich einzelne oder mehrere Betriebs- bzw. Personalratsmitglieder an Mobbing beteiligen, gelten für sie gegenüber dem bereits Dargelegten in juristischer Hinsicht keine Besonderheiten. Je nach der Lage des konkreten Einzelfalls kann Mobbing den Ausschluss eines Mitglieds aus dem Betriebsrat oder – sofern alle Betriebsratsmitglieder mobben, was hoffentlich in der betrieblichen Praxis nicht vorkommt – die Auflösung des Betriebsrats nach § 23 Abs. 1 BetrVG rechtfertigen. Entsprechendes gilt für den Personalrat und seine Mitglieder gemäß § 28 Abs. 1 BPersVG. Voraussetzung dafür ist eine grobe Verletzung der gesetzlichen Pflichten: Nach § 75 Abs. 1 BetrVG ist der Betriebsrat verpflichtet, darüber zu wachen, dass alle im Betrieb tätigen Personen nach den Grundsätzen von Recht und Billigkeit behandelt werden, insbesondere, dass jede Benachteiligung von Personen aus Gründen ihrer Rasse oder wegen ihrer ethnischen Herkunft, ihrer Abstammung oder sonstigen Herkunft, ihrer Nationalität, ihrer Religion oder Weltanschauung, ihrer Behinderung, ihres Alters, ihrer politischen oder gewerkschaftlichen Betätigung oder Einstellung oder wegen ihres Geschlechts oder ihrer sexuellen Identität unterbleibt. Der Betriebsrat hat ferner die freie Entfaltung der Persönlichkeit der im Betrieb beschäftigten Arbeitnehmer zu schützen und zu fördern (§ 75 Abs. 2 Satz 1 BetrVG). An ihn gerichtete Beschwerden (vgl. § 85 Abs. 1 BetrVG) hat der Betriebsrat nachzugehen; bei berechtigten Beschwerden hat er beim Arbeitgeber auf Abhilfe hinzuwirken. Kommt der Betriebsrat bzw. eines seiner Mitglieder den auferlegten Amtspflichten nicht nach oder verstößt er selbst gegen die in § 75 Abs. 1 BetrVG niedergelegten Grundsätze (z. B. durch absichtliches Untätigbleiben), so kann hierin die gemäß § 23 Abs. 1 BetrVG erforderliche Pflichtverletzung liegen.

Entsprechendes gilt für den Personalrat und seine Mitglieder. Gemäß § 67 Abs. 1 Satz 1 BPersVG hat die Personalvertretung darüber zu wachen, das alle Angehörigen der Dienststelle nach Recht und Billigkeit behandelt werden, insbesondere, dass jede Benachteiligung von Personen aus Gründen ihrer Rasse oder wegen ihrer ethnischen Herkunft, ihrer Abstammung oder sonstigen Herkunft, ihrer Nationalität, ihrer Religion oder Weltanschauung, ihrer Behinderung, ihres Alters, ihrer politischen oder gewerkschaftlichen Betätigung oder Einstellung oder wegen ihres Geschlechts oder ihrer sexuellen Identität unterbleibt. Anregungen und Beschwerden von Beschäftigten hat die Personalvertretung entgegenzunehmen und, falls sie berechtigt erscheinen, durch Verhandlung mit dem Leiter der Dienststelle auf ihre Erledigung hinzuwirken (§ 68 Abs. 1 Nr. 3 BPersVG). Letztendlich hat die Personalvertretung gemäß § 66 Abs. 2 Satz 1 BPersVG alles zu unterlassen, was geeignet ist, die Arbeit und den Frieden der Dienststelle zu beeinträchtigen.

Beispiel für eine grobe Pflichtverletzung:
Frau Müller fühlt sich von ihrem Vorgesetzten ständig schikaniert und bloßgestellt. Sie richtet daher eine Beschwerde an ihre betriebliche Interessenvertretung und verbindet dies mit der ausdrücklichen Bitte, für Abhilfe zu sorgen. Die Interessenvertretung, die sich mit solch einem »Kinderkram« nicht befassen will, geht den Beschwerden nicht nach. Vielmehr landet diese sofort nach ihrem Erhalt im Papierkorb.

5. Rechtliche Handlungsmöglichkeiten des Mobbingbetroffenen

Für den Mobbingbetroffenen stellt sich im Anschluss an die Darstellung der juristischen Seite die Frage, was er konkret in seinem Fall unternehmen kann, um sich mit rechtlichen Mitteln gegen das Mobbing zur Wehr zu setzen. Abhängig von den besonderen Umständen des konkreten Einzelfalls stehen ihm insbesondere folgende Handlungsmöglichkeiten zur Verfügung:

- Beschwerde an den Betriebs- bzw. Personalrat
- Beschwerde an den Vorgesetzten oder Arbeitgeber bzw. Dienstherrn
- »Ermahnung« des Arbeitgebers bzw. Dienstherrn
- »Abmahnung« des Arbeitgebers bzw. Dienstherrn
- Kündigung des Arbeitsverhältnisses
- Erhebung einer Schadensersatzklage gegen den Arbeitgeber bzw. Dienstherrn
- Erhebung einer Schadensersatzklage gegen den Mobber
- Stellung eines Strafantrags
- Sühneversuch vor der zuständigen Vergleichsbehörde
- Erhebung einer Privatklage gegen den Mobber.

Bereits an dieser Stelle sei ein wichtiger Hinweis erlaubt: Der Ausgang eines straf-, disziplinar-, zivil- bzw. arbeitsrechtlichen Verfahrens lässt sich nur schwer vorhersagen. Schließlich gibt es zu viele Unwägbarkeiten, die bei der Verfahrenseinleitung nicht bedacht werden oder zu diesem Zeitpunkt nicht erkennbar waren. Da jeder Fall – mögen auch Gemeinsamkeiten oder Ähnlichkeiten vorliegen – aufgrund seiner Besonderheiten höchst individuell zu bewerten ist, verbieten sich Verallgemeinerungen. Insbesondere Zeitungsberichte und Erzählungen Dritter bieten keine Gewähr für deren Richtigkeit. Lassen Sie sich nicht durch gut gemeinte Ratschläge Dritter (z. B. Selbsthilfegruppe, Therapeut, Gutachter, Berater) in eine gerichtliche Auseinandersetzung treiben oder von Dritten instrumentalisieren, auch wenn Ihre Gerichts- und Anwaltskosten vielleicht von einer Rechtsschutzversicherung oder von der Gewerkschaft getragen werden. Seien Sie kritisch. Schließlich sind »Recht haben« und »Recht bekommen« zwei unterschiedliche Paar Schuhe. Im Zweifel muss dem Mobber sein Tun nachgewiesen werden. Und genau darin liegt in aller Regel das Problem.

Prozesse gehen immer wieder nur deswegen verloren, weil die Beweisführung misslingt, es keine Beweise gibt oder vorhandene Beweismittel aus Unachtsamkeit sowie Unkenntnis nicht in die gerichtliche Auseinandersetzung eingeführt worden sind. Um rechtlich bedeutsames Tun beweisen zu können – eine Pflicht, die grundsätzlich den Mobbingbetroffenen trifft – bedarf es einiger Anstrengungen. Eine sorgfältige und gut durchdachte Vorbereitung der gerichtlichen Auseinandersetzung ist in der Regel wichtiger als die eigentliche Prozessführung. Mögliche Zeugen sollten im Vorfeld befragt werden, ob sie vor Gericht aussagen würden. Um sich auch noch nach längerer Zeit an einzelne Geschehnisse erinnern zu können, sollten aussagewillige Zeugen gebeten werden, das (Mit)Erlebte schriftlich festzuhalten. Beweise (z. B. ärztliche Befunde, beleidigende Briefe, diskriminierende E-Mails) sollten sorgfältig aufbewahrt bzw. gespeichert werden, um sie gegebenenfalls in ein Gerichtsverfahren einführen zu können. Auch aus Gründen der Beweiserleichterung und -sicherung ist es für den Mobbingbetroffenen ratsam, ein Mobbing-Tagebuch (vgl. Kapitel F.2.1.3) zu führen. Dabei ist es ohne Belang, ob es handschriftlich oder mittels Computer gefertigt wird. Anhand solcher Aufzeichnungen lassen sich später einzelne Geschehensverläufe besser nachvollziehen und Lücken im Erinnerungsvermögen schließen. Dabei ist zu beachten, dass dem Mobbing-Tagebuch als solchem kein alleiniger und unumstößlicher Beweiswert zukommt. Schließlich können Tagebuchaufzeichnungen bisweilen frei erfunden und Bestandteil einer Strategie sein, um eine bestimmte Person des Mobbing zu bezichtigen. Insoweit kann niemals ausgeschlossen werden, dass die gute Idee des Mobbing-Tagebuchs von einem Mobber zu seinen Zwecken missbraucht wird.

Bedenke:
Wer das Verhalten des Mobbers sanktioniert haben möchte, der sollte zunächst umfassend Beweise sichern.

Wer rechtliche Schritte erwägt, der sollte stets bedenken, welche Folgen sich für ihn aus einem negativen Verfahrensausgang ergeben können. Was ist, wenn der Mobber vor Gericht »gewinnt«; hat er dann nicht »Oberwasser« mit der Folge, dass man in einem noch intensiveren Maß Mobbingangriffen ausgesetzt wird? Der vor Gericht obsiegende Mobber wird sich in seinem Handeln bestätigt fühlen und zu der Überzeugung gelangen, im Rahmen des gesetzlich Erlaubten zu handeln. Im schlimmsten Fall wird er den Mobbingbetroffenen als persönliches »Freiwild« begreifen.
Der vor Gericht obsiegende Mobbingbetroffene kann mit einem Sieg zwar die »Schlacht« gewinnen, aber dennoch den »Krieg« verlieren. Schließlich geschieht es bisweilen, dass ein Täter zum Opfer stilisiert und dem eigentlichen Opfer die Verantwortung für die eingetretenen Konsequenzen aufgebürdet wird.

Bedenke:
Wer die Einleitung rechtlicher Schritte erwägt, der sollte immer auch die Risiken im Blick haben.

5.1 Unterstützung der Unterstützer

In der Praxis erlebt man immer wieder, dass sich ein Mobbingbetroffener zwar an den betrieblichen Fairnessbeauftragten, an einen Rechtsanwalt, an seine Gewerkschaft sowie an seinen Hausarzt wendet, um von diesen Unterstützung zu erfahren, diese jedoch im Gegenzug häufig bei ihrer Aufgabe nicht ausreichend unterstützt. Offensichtlich glaubt der eine oder andere Mobbingbetroffene, dass beispielsweise der von ihm beauftragte Rechtsanwalt schon alles richten wird, sobald man diesem das Mandat übertragen und ihm sein Anliegen vorgetragen hat. Das allein reicht leider nicht aus. Jeder Unterstützer braucht neben dem Vertrauen des Mobbingbetroffenen vor allem die für seine Arbeit erforderlichen Informationen, um überhaupt im Interesse des Mobbingbetroffenen tätig werden zu können. Wer dem Unterstützer dieses Wissen nicht vermittelt, der kann nicht mit optimaler Hilfe rechnen.
Dass diese Wissensvermittlung für den Mobbingbetroffenen nicht immer leicht ist, liegt auf der Hand. Von Ängsten, Selbstzweifeln und Hilflo-

sigkeit überwältigt, müssen manche Mobbingbetroffene ihre eigene Lähmung überwinden, in die sie aufgrund der Mobbingangriffe geraten sind. Wer meint, vergleichbar einem Schiffbrüchigen ohne eigenes Zutun aus »seiner Seenot« gerettet werden zu müssen, der wird keine Erfolg versprechende Unterstützung erfahren können. Es muss jedem Mobbingbetroffenen bewusst sein, dass er die ihm »zugeworfene Rettungsweste« auch ordentlich »überzieht«.
Hilfreich kann es sein, insbesondere einem Rechtsanwalt bei Bedarf eine schriftlich abgefasste ausführliche Schilderung des Mobbinggeschehens zur Verfügung stellen zu können, die auch die Nennung möglicher Zeugen und anderer Beweismittel beinhalten sollte. Sofern gewünscht können die Unterlagen dem Unterstützer vorab zur Vorbereitung des ersten Gesprächs überreicht werden. Dies ermöglicht dem Unterstützer eine ausführliche Vorbereitung auf das erste Gespräch. Diese Vorgehensweise hat zwei weitere Vorteile. Zum einen kann man das gesamte Mobbinggeschehen für sich selbst noch einmal in Ruhe aufarbeiten. Wer Geschehensabläufe in Ruhe in seine Erinnerung ruft und »zu Papier« bringt, der sorgt damit, dass wichtige Ereignisse und Beweismittel nicht aus dem Blickwinkel geraten, sondern dokumentiert werden. In Gesprächen wird manches vergessen und anderes mehrfach berichtet – zumal, wenn man die Erlebnisse vielleicht zunächst einem Arzt, anschließend einem Rechtsanwalt und dann noch einem Therapeuten erzählen muss. Einmal schriftlich niedergelegt, kann die Sachverhaltsschilderung nach Bedarf vervielfältigt bzw. ausgedruckt und den unterschiedlichsten Unterstützern zur Verfügung gestellt werden.

5.2 Sühne und Privatklage

Mit Ausnahme der Straftaten gegen Betriebsverfassungsorgane und ihre Mitglieder (§ 119 BetrVG) sind die (versuchte) Sachbeschädigung, die (versuchte) vorsätzliche und fahrlässige Körperverletzung, die Nötigung, die Beleidigung, die üble Nachrede, die Verleumdung sowie die Beleidigung trotz Wahrheitsbeweises sog. Privatklagedelikte. Der Verletzte kann unter Umgehung der Staatsanwaltschaft selbst Klage erheben (vgl. § 374 StPO). Abgesehen von der Nötigung ist jedoch Voraussetzung, dass zuvor erfolglos die Sühne zwischen dem Täter und dem Opfer versucht worden ist. Zuständig für den Sühneversuch sind die von der jeweiligen Landesjustizverwaltung bezeichneten Vergleichsbehörden (vgl. § 380 StPO; *Meyer-Goßner/Schmitt*, § 380 Rn. 3).

Beachte:
Zuständige Stelle für den Sühneversuch in dem jeweiligen Bundesland

- Baden-Württemberg: Gemeinde
- Bayern: Gemeinde
- Berlin: Schiedsamt
- Brandenburg: Schiedsstelle
- Bremen: Amtsgericht
- Hamburg: Öffentliche Rechtsauskunfts- und Vergleichsstelle
- Hessen: Schiedsamt
- Mecklenburg-Vorpommern: Schiedsstelle
- Niedersachsen: Schiedsamt
- Nordrhein-Westfalen: Schiedsamt
- Rheinland-Pfalz: Schiedsperson
- Saarland: Schiedsleute
- Sachsen: Schiedsstelle
- Sachsen-Anhalt: Schiedsstelle
- Schleswig-Holstein: Schiedsamt
- Thüringen: Schiedsstelle

Die Staatsanwaltschaft darf bei Privatklagedelikten nur dann eine öffentliche Klage erheben, wenn dies im öffentlichen Interesse liegt (vgl. § 376 StPO). Dies ist dann der Fall, wenn der Rechtsfrieden über den Lebenskreis des Verletzten hinaus gestört und die Strafverfolgung ein gegenwärtiges Anliegen der Allgemeinheit ist (vgl. *Meyer-Goßner/Schmitt,* § 376 Rn. 1).
Bei Mobbing dürfte die Staatsanwaltschaft ein öffentliches Interesse an der Strafverfolgung eher selten bejahen, so dass der Mobbingbetroffene in der Regel auf die Erhebung der Privatklage (Beachte: Voraussetzung ist der erfolglose Sühneversuch) angewiesen ist. Ob die Erhebung einer Privatklage letztendlich zu einer für den Mobbingbetroffenen befriedigenden Problemlösung führen kann, ist fraglich. Lediglich 6 % aller Privatklagen führen zu einer Verurteilung. So ist es nicht verwunderlich, dass nur ca. 10 % der auf die Möglichkeit der Erhebung einer Privatklage verwiesenen Opfer überhaupt eine Privatklage erheben (vgl. *Roxin/Schünemann,* S. 522).
Weiter ist zu bedenken, dass das Verfahren durch das Gericht wegen geringer Schuld des Täters eingestellt werden kann (vgl. § 383 Abs. 2 StPO).
Ferner ist nicht auszuschließen, dass der Mobber in die »Offensive« geht und Widerklage (vgl. § 388 StPO) erhebt – was unweigerlich die seelisch angespannte Situation des Mobbingbetroffenen verschärft, da er jetzt gleichzeitig Kläger und Beklagter ist.

Beendet werden kann das Privatklageverfahren neben der Verurteilung oder der Einstellung durch Klagerücknahme oder durch gerichtlichen Vergleich. In dem Vergleich wird im Gegenzug zu der Zurücknahme der Privatklage meist von dem Angeklagten eine Ehrenerklärung abgegeben.

Beispiel für eine Ehrenerklärung:
»Der Angeklagte nimmt seine beleidigenden Äußerungen mit Bedauern zurück.«

Dem Mobbingbetroffenen ist mit der Abgabe einer solchen Erklärung regelmäßig nicht gedient, da sie vor zukünftigen Mobbingangriffen kaum schützen kann. Soll eine Ehrenerklärung wirklich vor Mobbing schützen können, dann muss sie weit gefasst und mit der Möglichkeit der Sanktionierung von Fehlverhalten versehen sein. Ob sie im Vergleichswege durchgesetzt werden kann, hängt von den Umständen des konkreten Einzelfalls ab. In der Mehrzahl der Fälle dürfte dies kaum gelingen, sofern nicht das Gericht auf den Mobber einwirkt und diesen von einem solchen Tun überzeugt.

Beispiel einer weit gefassten Ehrenerklärung:
»Der Angeklagte nimmt seine beleidigenden Äußerungen mit Bedauern zurück. Er sichert zu, Äußerungen aller Art, die den Kläger beleidigen oder in sonstiger Weise in seiner Ehre beeinträchtigen können, zu unterlassen. Für jeden Fall der Zuwiderhandlung wird der Angeklagte an das Deutsche Rote Kreuz eine Spende in Höhe von 1000 € tätigen. Die Feststellung der Zuwiderhandlung obliegt der für den Wohnsitz des Angeklagten zuständigen Schiedsperson Max Müller.«

Bedenke:
Nur eine gut durchdachte Ehrenerklärung kann den Mobbingbetroffenen vor weiteren Mobbingangriffen schützen.

5.3 Beschwerde

Sofern mit der Einlegung rechtlicher Schritte nicht eine »Vergangenheitsbewältigung« erreicht werden soll, müssen Mittel und Wege beschritten werden, die äußerst schnell zum erhofften Erfolg führen können, damit das »Werk« des Mobbers nicht vollendet werden kann.
Ein derartiges Mittel kann die Beschwerde beim Arbeitgeber sein, die zu jeder Zeit von jedem Beschäftigten erhoben werden kann. Das Beschwerderecht fußt auf dem Beschäftigungsverhältnis. Daneben findet es sich

in einzelnen gesetzlichen Bestimmungen verankert (vgl. §§ 84ff. BetrVG, § 68 Abs. 1 Nr. 3 BPersVG, § 125 BBG, § 13 Abs. 1 AGG).

Beispiel für eine Beschwerde:
»Sehr geehrter Herr Müller, seit einigen Monaten werde ich von meinem Vorgesetzten, Herrn Bäcker, ständig schikaniert. Diesen Umstand nehme ich zum Anlass, mich direkt an Sie zu wenden. ...«

Zur Unterstützung oder Vermittlung kann der sich beschwerende Mobbingbetroffene – sofern vorhanden – ein Mitglied des Betriebs- bzw. Personalrats hinzuziehen, was nahezu immer anzuraten ist. Beispielsweise kann das Betriebsratsmitglied bei einem Gespräch mit dem Arbeitgeber die Moderatorenrolle übernehmen und dafür Sorge tragen, dass der Arbeitgeber nicht seinerseits durch Redewendungen wie: »Na, sind Sie nicht an der Situation selber schuld?« oder »Da dürfen Sie nicht so kleinlich sein!« in die sprichwörtliche Kerbe haut. Bei der Auswahl des hinzuziehenden Betriebs- bzw. Personalratsmitglieds ist der Mobbingbetroffene frei. Der Betriebs- bzw. Personalrat selbst kann ihm weder ein Betriebs- bzw. Personalratsmitglied benennen noch ein bestimmtes Betriebs- bzw. Personalratsmitglied vorschreiben.
Adressat der Beschwerde ist regelmäßig zunächst der unmittelbare Vorgesetzte. Beamte haben hierbei gemäß § 125 Abs. 1 Satz 2 BBG den Dienstweg einzuhalten. Wird der Vorgesetzte nicht tätig oder versagt dieser der Beschwerde den Erfolg, so kann der Mobbingbetroffene den betrieblichen Instanzenzug bis zur obersten Dienstbehörde beschreiten (vgl. § 125 Abs. 1 Satz 3 BBG). Bei Arbeitnehmern ist dies der Arbeitgeber, in der Regel vertreten durch die Geschäftsführung oder den Vorstand (s. a. *Haller/ Koch*, S. 357 m.w.N.).
Daneben kann sich der Mobbingbetroffene auch direkt an den Betriebsrat wenden, indem er seine Beschwerde an diesen richtet (vgl. § 85 Abs. 1 BetrVG). Der Mobbingbetroffene ist in seiner Entscheidung frei, ob er seine Beschwerde an den Vorgesetzten oder an den Betriebsrat richtet. Beide Beschwerdewege stehen gleichrangig nebeneinander.
Hält der Betriebsrat die an ihn gerichtete Beschwerde für berechtigt, so hat er beim Arbeitgeber auf Abhilfe hinzuwirken, was gegebenenfalls unter Einschaltung der Einigungsstelle erfolgen kann (§ 85 Abs. 1, 2 BetrVG). Die Möglichkeit der Anrufung der Einigungsstelle steht nur dem Betriebsrat zu, nicht jedoch dem Beschwerdeführer, sprich dem Mobbingbetroffenen. Auch bedarf es dazu nicht seiner Zustimmung. Folglich kann die Einigungsstelle auch gegen den ausdrücklich erklärten

Abb. 26: Verfahrensablauf einer Beschwerde gemäß §§ 84, 85 BetrVG

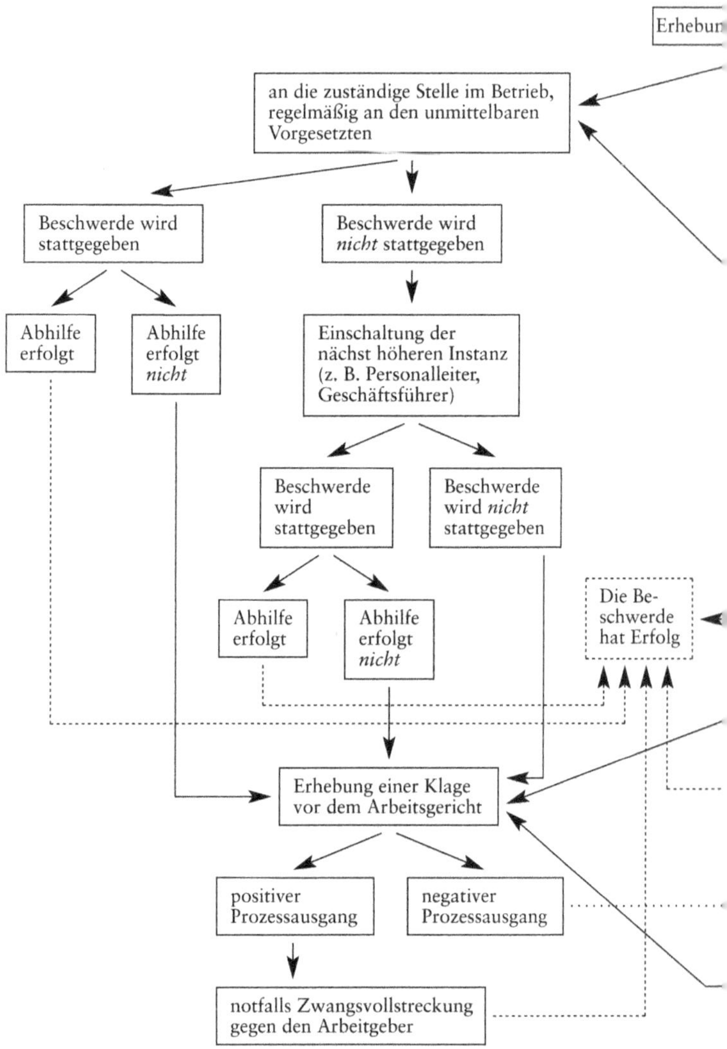

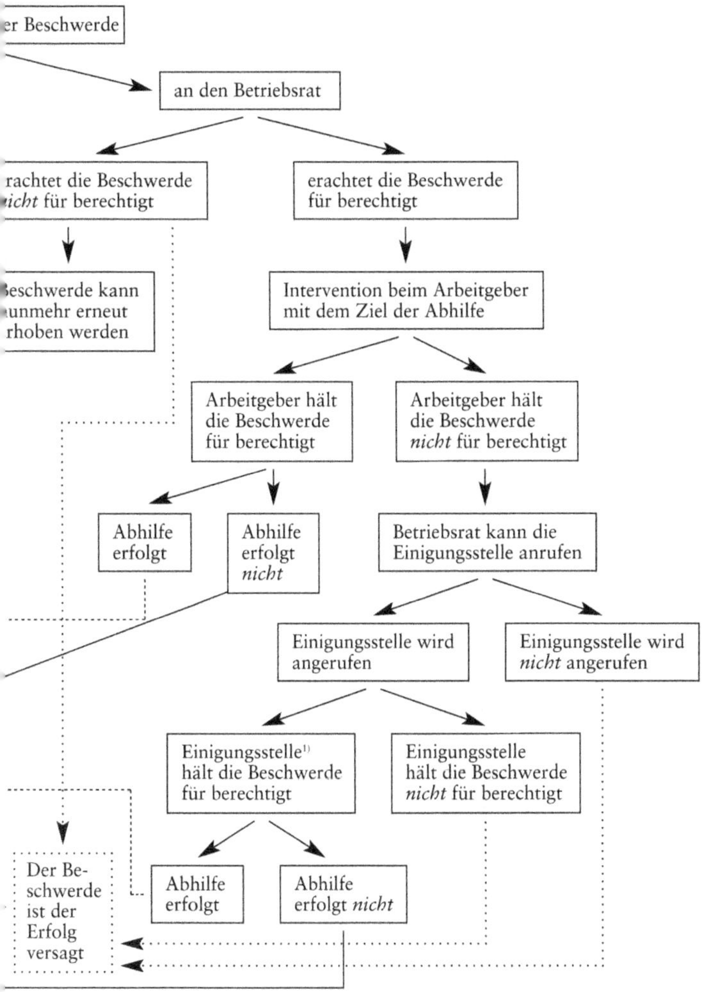

Nach der h. M. entscheidet die Einigungsstelle dann nicht verbindlich über die Berechtigung einer Beschwerde, wenn sie einen Rechtsanspruch zum Gegenstand hat.

Willen des Mobbingbetroffenen angerufen werden – was in der betrieblichen Praxis allerdings kaum vorkommen dürfte.

Der Mobbingbetroffene kann dem Einigungsstellenverfahren die Grundlage entziehen, indem er die Beschwerde zurücknimmt. Ein solcher Schritt sollte vorab mit dem Betriebsrat und mit der eigenen Rechtsberatung besprochen werden. Ein übereiltes Handeln ist eher schädlich, zumal wenn dies auf Druck Dritter (z. B. Vorgesetzter, Geschäftsführer, Vorstand) geschieht.

Wichtig ist zu wissen, dass dem Beschwerdeführer wegen der Erhebung der Beschwerde keine Nachteile entstehen dürfen (vgl. § 84 Abs. 3 BetrVG). Vergleichbares gilt für die Beschwerde, die an den Personalrat gerichtet wird, auch wenn die Beschwerde in § 68 Abs. 1 BPersVG nur äußerst knapp bemessen angesprochen wird und es eine genauere gesetzliche Regelung des Beschwerdewesens nicht gibt (vgl. *Altvater u. a.*, § 68 Rn. 14ff.). Für die Beschwerde nach § 13 Abs. 1 AGG gilt ebenfalls eine Maßregelungsverbot, das in § 16 Abs. 1 AGG niedergelegt ist.

Die Erhebung der Beschwerde kann in allen Fällen form- und fristlos erfolgen. Lediglich tarifvertragliche Vorgaben und solche in Betriebsvereinbarungen zu beachten, falls es solche gibt (s. a. *HaKo-BetrVG*, § 84 Rn. 17, § 86 Rn. 3). Mit der Erhebung der Beschwerde sollte nicht zu lange gewartet werden. Je später die Beschwerde erhoben wird, desto schwieriger wird es, den Sachverhalt aufzuklären sowie eine bestehende Konfliktsituation zu bewältigen.

Aus Gründen der Beweissicherung – damit später niemand sagen kann, es hätte keine Beschwerde gegeben – sollte die Beschwerde nicht mündlich, sondern stets schriftlich erhoben werden, wobei der Mobbingbetroffene eine Kopie des Schreibens für sich behalten sollte. Der Ausgang des Beschwerdeverfahrens ist dem Mobbingbetroffenen mitzuteilen.

Wird der Beschwerde stattgegeben, so ist in der den Missstand anerkennenden Erklärung eine vertragliche Selbstbindung des Arbeitgebers zur Abhilfe zu erblicken (vgl. *HaKo-BetrVG*, § 84 Rn. 23). Hilft der Arbeitgeber der Beschwerde nicht ab – was stets der Fall sein dürfte, wenn er selbst der Mobber bzw. Anstifter oder Helfer ist –, dann kann der Mobbingbetroffene vor dem Arbeitsgericht auf Abhilfe klagen und im Falle des Obsiegens – soweit erforderlich – die Zwangsvollstreckung betreiben. Vergleichbares gilt für die Beschwerde eines Beamten (vgl. *Wolmerath*, S. 210).

Der Ausgang des Beschwerdeverfahrens ist von verschiedenen Faktoren abhängig. Handeln beispielsweise der Geschäftsführer sowie der Betriebsrat ohne jedes Fingerspitzengefühl, so wird der Beschwerde der Erfolg versagt bleiben. Wohl durchdachtes Vorgehen und soziale Handlungskompetenz der beteiligten Personen sind gefordert (s. a. Abb. 26).

Auf das Verhalten etwa von Vorgesetzten, des Geschäftsführers sowie des Betriebsrats hat der Mobbingbetroffene nur begrenzten Einfluss. Er muss versuchen, bei diesen eine Sensibilisierung für das Mobbingproblem als solches (z.B. Nennung und/oder Überlassung von geeigneter Literatur, Kontaktdaten fachkundiger Auskunftspersonen) und für seine derzeitige Situation zu erreichen.
Damit der Beschwerde nicht von vornherein der Erfolg versagt bleibt, sollte sich der Mobbingbetroffene zunächst umfassend informieren und erst nach einer fundierten juristischen Beratung entscheiden, »wie« er »was« »wann« anpackt.

Bedenke:
Die Beschwerde kann ein Erfolg versprechendes Mittel gegen Mobbing sein.

Sofern einer an die Arbeitgeberseite gerichteten Beschwerde der Erfolg versagt bleibt oder die von diesem getroffenen Maßnahmen nicht ausreichen, um Sicherheit und Schutz der Gesundheit des Mobbingbetroffenen zu gewährleisten, kann der Mobbingbetroffene bisweilen von seinem außerbetrieblichen Beschwerderecht gemäß § 17 Abs. 2 ArbSchG Gebrauch machen und sich an die für den Arbeitsschutz zuständige Aufsichtsbehörde wenden, ohne dass ihm aus der Wahrnehmung dieses Beschwerderechts Nachteile entstehen dürfen.
Soweit es den Anwendungsbereich des AGG betrifft, besteht gemäß § 13 Abs. 1 AGG die Möglichkeit, sich bei der dafür vorgesehenen betrieblichen Beschwerdestelle zu beschweren. Ob und in welchem Maße ein solcher Schritt von Erfolg gekrönt sein kann, hängt von der Qualität der Beschwerdestelle ab. Insoweit kann auf die vorstehenden Ausführungen verwiesen werden.

5.4 »Ermahnung«, »Abmahnung« und Kündigung

Mobbt der »Arbeitgeber« selbst oder kommt er seiner Fürsorgepflicht nicht nach, so kann der Mobbingbetroffene diesen wegen dieses Verhaltens »ermahnen« sowie »abmahnen«. Auch kann der Mobbingbetroffene im Einzelfall berechtigt sein, seine Arbeitsleistung zurückzubehalten (vgl. § 273 Abs. 1 BGB; s. a. § 14 AGG), mithin der Arbeit fernbleiben, ohne auf die ihm zustehende Vergütung verzichten zu müssen. Soweit eine Verletzung der Fürsorgepflicht seitens des Arbeitgebers vorliegt, darf der Mobbingbetroffene von dem Zurückbehaltungsrecht erst dann Gebrauch machen, nachdem er den Arbeitgeber erfolglos auf die Fürsorgepflichtverletzung hingewiesen und ihm die Gelegenheit auch in zeitlicher Hinsicht eingeräumt hat, den beanstandeten Missstand abzustellen (vgl. *Hessisches LAG* vom 26. 8. 1997 – 5 Sa 535/97; s. a. *BAG* vom 22. 10. 2015 – 2 AZR 569/14 sowie vom 13. 3. 2008 – 2 AZR 88/07).

Bei einer unzumutbaren Weiterbeschäftigung kann der Mobbingbetroffene das Arbeitsverhältnis fristlos kündigen. Dies ist gemäß § 626 Abs. 1 BGB dann der Fall, wenn dem Mobbingbetroffenen unter Berücksichtigung aller Umstände des Einzelfalls und unter Abwägung der Interessen sowohl des Mobbingbetroffenen als auch des Arbeitgebers die Fortsetzung des Arbeitsverhältnisses bis zum Ablauf der Kündigungsfrist oder – bei einem befristeten Beschäftigungsverhältnis – bis zur vereinbarten Beendigung des Arbeitsverhältnisses nicht zugemutet werden kann. Zu bedenken ist in diesem Zusammenhang, dass eine vom Arbeitgeber veranlasste fristlose Kündigung den sich aus § 628 Abs. 2 BGB ergebenden Schadensersatzanspruch auslösen kann. Sofern dies der Fall ist, hat der Arbeitgeber dem Mobbingbetroffenen den »durch die Aufhebung des Dienstverhältnisses entstehenden Schaden« (z. B. entgangene Vergütung, Bewerbungskosten) zu ersetzen.

Der Ausspruch einer »Ermahnung«, einer »Abmahnung« oder einer Kündigung des Arbeitsverhältnisses sowie die Geltendmachung des Rechts der Zurückbehaltung der Arbeitsleistung tragen sicher dazu bei, Mobbing im Betrieb publik zu machen. Daher können diese rechtlichen Handlungsmöglichkeiten bei Bedarf zu betriebspolitischen Zwecken eingesetzt werden, was allerdings nicht der Regelfall sein dürfte. Stets muss bedacht werden, dass der Wert einer »Ermahnung« bzw. »Abmahnung« umso geringer ist, je leichter der Mobbingbetroffene durch einen anderen Arbeitnehmer ersetzt werden kann. Der Effekt einer »Ermahnung« bzw. »Abmahnung« dürfte für den überwiegenden Teil der Beschäftigten gering bis unbedeutend sein. Beide Mittel sind eher für solche Personen geeignet, auf die der Arbeitgeber nur schwer verzichten kann bzw. für die sich nicht so leicht ein Ersatz findet. Weiter ist der »Wert« beider Reaktionsmöglichkeiten von der Rolle des Arbeitgebers abhängig, die er im Zusammenhang mit dem Mobbinggeschehen innehat. So kann eine »Ermahnung« durchaus einen Arbeitgeber »wachrütteln«, der sich bislang passiv verhalten hat und sich mit der Situation des Mobbingbetroffenen – aus welchen Gründen auch immer – nicht auseinandersetzen wollte. Toleriert oder unterstützt er hingegen das Mobbing, so wird einer »Ermahnung« jeder Erfolg verwehrt sein; eher ist mit weiteren Schikanen, gewissermaßen als Bumerang, zu rechnen. Entsprechendes gilt für eine »Abmahnung«.

Ob eine »Ermahnung« bzw. »Abmahnung« des Arbeitgebers ausgesprochen werden soll, ist daher reiflich zu überlegen. Stets sind die Chancen mit den möglichen Risiken abzuwägen.

Vergleichbares gilt für die Geltendmachung des Rechts bezüglich der Zurückbehaltung der Arbeitsleistung gemäß § 273 Abs. 1 BGB. Hier besteht die recht hohe Gefahr, dass der Arbeitgeber das Fernbleiben von der Arbeit zum Anlass nimmt, dem Mobbingbetroffenen wegen eigenmächtigen Fernbleibens von der Arbeit gemäß § 626 BGB fristlos zu kündigen.

Der Ausspruch einer Kündigung durch den Arbeitnehmer ist zwangsläufig mit dem Verlust des Arbeitsplatzes verbunden. Zudem hat sie regelmäßig die Verhängung einer Sperrzeit durch die Agentur für Arbeit zur Folge mit der Konsequenz, dass der Mobbingbetroffene für die Dauer der Sperrzeit keine Leistungen der Arbeitsagentur erhält (vgl. § 159 Abs. 1 Satz 2 Nr. 1 SGB III).

Die Verhängung einer Sperrzeit kann bisweilen verhindert werden. Hierzu ist es erforderlich, sich vor dem Ausspruch der beabsichtigten Kündigung bei der Arbeitsagentur genau zu erkundigen, sich dort beraten zu lassen und die weiteren Schritte mit dem zuständigen Sachbearbeiter abzustimmen. Sofern der behandelnde Arzt bzw. Therapeut der Arbeitsagentur gegenüber bestätigt, dass die Aufgabe des Arbeitsverhältnisses auf ärztlichen Rat hin erfolgen sollte bzw. zum Zwecke der Genesung und der damit einhergehenden Wiedererlangung der Arbeitsfähigkeit erforderlich ist, wird von der Verhängung einer Sperrzeit regelmäßig abgesehen. Die Arbeitsagenturen verfügen zu diesem Zweck über ein entsprechendes Formular, welches der Arzt bzw. Therapeut auszufüllen und sodann zu unterschreiben hat.

Sofern die Aufgabe des Arbeitsverhältnisses ohne vorherige Rücksprache mit der Agentur für Arbeit erfolgt ist, darf der Mobbingbetroffene unter Umständen mit einer Verkürzung der Sperrzeit rechnen, sofern der Entschluss des Mobbingbetroffenen, den Arbeitsvertrag zu kündigen, verständlich und entschuldbar ist (vgl. *LSG Rheinland-Pfalz* vom 28.2.2003 – 1 AL 57/01 – EzA- Schnelldienst 5/2003, 20).

Für den Abschluss eines Vertrags, mit dem der Mobbingbetroffene und sein Arbeitgeber den Arbeitsvertrag auflösen (sog. Auflösungsvertrag) gilt Vergleichbares. Ein solcher Schritt sollte niemals ohne Beiziehung eines Rechtsanwalts oder gewerkschaftlichen Rechtsschutzsekretärs erfolgen. Schließlich enthalten Auflösungsverträge immer wieder schwer verständliche Klauseln, die für den Mobbingbetroffenen mit einem Verlust an Rechten verbunden sind.

Bedenke:
Wer seinen Arbeitsvertrag wegen Mobbing kündigen möchte, der sollte diesen Schritt sorgfältig und von fachkundigen Personen begleitet planen, um die Verhängung einer Sperrzeit durch die Agentur für Arbeit zu vermeiden.

6. Rechtliche Handlungsmöglichkeiten der Interessenvertretung

Neben dem Mobbingbetroffenen hat auch der Betriebs- bzw. Personalrat die Möglichkeit, in rechtlicher Hinsicht gegen Mobbing am Arbeitsplatz vorzugehen. Infrage kommen Handlungsmöglichkeiten gegenüber dem Mobber sowie gegenüber dem Arbeitgeber bzw. Dienststellenleiter.

6.1 Rechtliches Vorgehen gegen den Mobber

Rechtliche Handlungsmöglichkeiten gegen den Mobber bestehen insoweit, als der Betriebs- bzw. Personalrat wegen eines Sachverhaltes, der seiner Meinung nach Anlass zur Strafverfolgung gibt, Strafanzeige erstatten kann. Daneben kann der Betriebsrat – eine vergleichbare Regelung existiert für die Personalvertretung nicht – gemäß § 119 Abs. 2 BetrVG Strafantrag stellen, soweit er einen Straftatbestand des § 119 Abs. 1 BetrVG für begangen erachtet.
Sofern die Begehung einer Straftat durch den Mobber unmittelbar bevorsteht oder der Mobber mit der Ausführung einer solchen bereits begonnen hat, kann die Interessenvertretung bei Bedarf die Polizei einschalten und diese um Unterstützung ersuchen.
Wird durch Mobbing nachhaltig der Betriebsfrieden gestört (was häufig der Fall sein dürfte), so kann der Mobber im Rahmen des § 104 BetrVG – eine vergleichbare Regelung existiert für den Bereich der Personalvertretung leider nicht – auf Verlangen des Betriebsrats versetzt und im schlimmsten Fall sogar entlassen werden. Voraussetzung ist, dass der Mobber durch sein gesetzwidriges Verhalten oder durch grobe Verletzung der in § 75 Abs. 1 BetrVG enthaltenen Grundsätze wiederholt in ihm vorwerfbarer Weise grob und ernstlich den Betriebsfrieden gestört hat.
Nicht zu verwechseln ist die in § 104 BetrVG geregelte »Entfernung betriebsstörender Arbeitnehmer« mit der sog. Druckkündigung. Als Druckkündigung wird eine Kündigung bezeichnet, bei der sich der Arbeitgeber dem »Druck« eines Dritten (dies können beispielsweise ein-

zelne Arbeitnehmer, die gesamte Belegschaft sowie einzelne oder mehrere Vorgesetzte, aber auch Kunden und andere betriebsfremde Personen sein) beugt und die Kündigung, diesem Diktat folgend, ausspricht.

> **Beispiel für eine Druckkündigung:**
> Die Arbeitskollegen Meier, Müller und Schmidt fordern von ihrem Arbeitgeber die Kündigung von Herrn Schulze, da dieser HIV-infiziert ist und sie Angst haben, sich mit dem Virus am Arbeitsplatz zu infizieren. Der Arbeitgeber könne wählen: Entweder er entlasse Herrn Schulze, oder er müsse sich für die von Meier, Müller und Schmidt besetzten Positionen neue Mitarbeiter suchen. Der Arbeitgeber folgt dem Druck der drei Arbeitskollegen, da er diese in seinem Betrieb zwingend benötigt und ihr Weggehen mit größeren Folgen behaftet wäre als das Ausscheiden von Herrn Schulze.

Ob die Ausübung von Druck auf den Arbeitgeber geeignet ist, Mobbing am Arbeitsplatz zu begegnen, lässt sich nicht pauschal beantworten. Sie ist ein typisches Beispiel für ein bloßes »Reagieren«. Es wird versucht, ein betriebliches Problem durch »Druck« zu lösen, ohne die Ursachen für das Problem an den Wurzeln zu packen. Je weiter der Mobbingbetroffene in der Belegschaft isoliert ist, desto eher dürfte sich eine derartige Drucksituation nicht gegen den Mobber, sondern vielmehr gegen den Mobbingbetroffenen richten. In der Mehrzahl der Fälle wird es der Mobbingbetroffene sein, der aus seinem bisherigen Wirkbereich herausgedrängt wird.

6.2 Rechtliches Vorgehen gegen den Arbeitgeber

Soweit rechtliche Handlungsmöglichkeiten in Bezug auf den Arbeitgeber bzw. Dienststellenleiter in Betracht kommen, sind diese in kurzfristige und mittel- bis längerfristige zu unterscheiden.
Kurzfristige Handlungsmöglichkeiten sind auf die Erstattung einer Strafanzeige, der Stellung eines Strafantrags, der »Ermahnung« bzw. »Abmahnung« des Arbeitgebers bzw. Dienststellenleiters (z. B. wegen Verstoßes gegen die in § 75 BetrVG bzw. § 67 Abs. 1 BPersVG aufgestellten Grundsätze für die Behandlung von Betriebsangehörigen) oder – diese Möglichkeit hat allerdings nur der Betriebsrat – der Einleitung eines arbeitsgerichtlichen Verfahrens gemäß § 23 Abs. 3 BetrVG beschränkt, soweit der Arbeitgeber selber mobbt.
Aber auch gegen den nicht mobbenden, aber untätig bleibenden Arbeitgeber bzw. Dienststellenleiter sind rechtliche Schritte möglich. So kann er »abgemahnt« werden, wenn er den in § 75 BetrVG bzw. § 67 Abs. 1 BPersVG niedergelegten Grundsätzen für die Behandlung der Betriebsan-

gehörigen verletzt. Tritt diese Verletzung wiederholt auf, so ist – soweit es den Bereich der Betriebsverfassung betrifft – an eine Einleitung des arbeitsgerichtlichen Verfahrens wegen der Verletzung gesetzlicher Pflichten gemäß § 23 Abs. 3 BetrVG zu denken.

Beispiel für ein kurzfristiges Handeln:
Der Betriebsrat hat den Geschäftsführer wiederholt auf den Umstand hingewiesen, dass Herr Fischer wegen seiner Zugehörigkeit zu einer Sekte gemobbt wird, und ihn um Intervention gebeten. Als der Arbeitgeber auf das dritte Abhilfeersuchen nicht reagiert, erhält er von dem Betriebsrat eine »Abmahnung«. Der Geschäftsführer reagiert auch nicht, als es zu weiteren Angriffen gegenüber Herrn Fischer kommt. Daraufhin leitet der Betriebsrat ein Verfahren gemäß § 23 Abs. 3 BetrVG ein, um ein Tätigwerden des Geschäftsführers zu erreichen.

Mittel- bis längerfristige Handlungsmöglichkeiten sind nicht so sehr gegen den Arbeitgeber bzw. Dienststellenleiter gerichtet, sondern verfolgen das Ziel, ihn in den Prozess der Bewältigung sowie der Prävention von Mobbing einzubeziehen. Zu diesen Aktionsmitteln gehören vor allem:

- der Abschluss einer Betriebs- bzw. Dienstvereinbarung zur Mobbingproblematik (vgl. Kapitel B.3.),
- die Ernennung eines betrieblichen Fairnessbeauftragten bzw. die Einrichtung einer betrieblichen Anlaufstelle für Mobbingbetroffene (vgl. Kapitel B.2.).

Bedenke:
Der Abschluss einer Betriebs- bzw. Dienstvereinbarung zur Mobbingproblematik sowie die Installation eines betrieblichen Mobbingbeauftragten bzw. einer betrieblichen Anlaufstelle für Mobbingbetroffene sind geeignete Mittel, um über die reine Konfliktbewältigung im konkreten Einzelfall hinaus präventiv gegen Mobbing vorzugehen.

7. Stichwort BEM

Seit einigen Jahren beschäftigt sich sowohl die Arbeitgeberseite als auch die Interessenvertretung in den Betrieben und Dienststellen mit dem »BEM«, dem betrieblichen Eingliederungsmanagement, das seine gesetzliche Regelung zunächst in § 84 Abs. 2, mit Wirkung seit dem 1.1.2018 in § 167 Abs. 2 SGB IX erfahren hat.

Wortlaut des § 167 Abs. 2 SGB IX:
»Sind Beschäftigte innerhalb eines Jahres länger als sechs Wochen ununterbrochen oder wiederholt arbeitsunfähig, klärt der Arbeitgeber mit der zuständigen Interessenvertretung im Sinne des § 176, bei schwerbehinderten Menschen außerdem mit der Schwerbehindertenvertretung, mit Zustimmung und Beteiligung der betroffenen Person die Möglichkeiten, wie die Arbeitsunfähigkeit möglichst überwunden werden und mit welchen Leistungen oder Hilfen erneuter Arbeitsunfähigkeit vorgebeugt und der Arbeitsplatz erhalten werden kann (betriebliches Eingliederungsmanagement). Soweit erforderlich, wird der Werks- oder Betriebsarzt hinzugezogen. Die betroffene Person oder ihr gesetzlicher Vertreter ist zuvor auf die Ziele des betrieblichen Eingliederungsmanagements sowie auf Art und Umfang der hierfür erhobenen und verwendeten Daten hinzuweisen. Kommen Leistungen zur Teilhabe oder begleitende Hilfen im Arbeitsleben in Betracht, werden vom Arbeitgeber die Rehabilitationsträger oder bei schwerbehinderten Beschäftigten das Integrationsamt hinzugezogen. Diese wirken darauf hin, dass die erforderlichen Leistungen oder Hilfen unverzüglich beantragt und innerhalb der Frist des § 14 Absatz 2 Satz 2 erbracht werden. Die zuständige Interessenvertretung im Sinne des § 176, bei schwerbehinderten Menschen außerdem die Schwerbehindertenvertretung, können die Klärung verlangen. Sie wachen darüber, dass der Arbeitgeber die ihm nach dieser Vorschrift obliegenden Verpflichtungen erfüllt.«

Obwohl sich diese Vorschrift im Sozialgesetzbuch IX – Rehabilitation und Teilhabe behinderter Menschen – befindet, besteht in Rechtsprechung und Literatur Einvernehmen darüber, dass das betriebliche Eingliederungsmanagement auf alle Beschäftigten Anwendung finden soll, sofern sie innerhalb eines Zeitraums von zwölf Monaten entweder an einem Stück oder zusammengerechnet länger als sechs Wochen arbeitsunfähig sind.
Dabei gilt für den betroffenen Arbeitnehmer das Prinzip der Freiwilligkeit. Es steht ihm frei, an einem BEM teilzunehmen. Er kann sich mithin weigern, daran teilzunehmen, was für ihn allerdings mit Nachteilen verbunden sein kann. Für den Arbeitgeber stellt sich das betriebliche Eingliederungsmanagement hingegen als eine Verpflichtung dar, deren Nichtdurchführung allerdings nicht mit einer unmittelbaren Sanktion bedroht ist. Setzt er sich grundlos über seine gesetzlich auferlegte Pflicht hinweg, dann muss er unter Umständen damit rechnen, dass das Arbeitsgericht eine aus krankheitsbedingten Gründen ausgesprochene Kündigung wegen des nicht durchgeführten BEM für unwirksam erklären wird.

Worin bestehen nun die Chancen für den von psychischer Gewalt oder Mobbing betroffenen Beschäftigten? Ziel des betrieblichen Eingliederungsmanagements ist es herauszufinden, wie die Arbeitsunfähigkeit überwunden, einer erneuten Arbeitsunfähigkeit vorgebeugt und der Arbeitsplatz erhalten werden kann. Das *BAG* (2 AZR 198/09 – dbr 12/2010, 41) spricht insoweit von einem »unverstellten, verlaufs- und ergebnisoffenen Suchprozess«.

Sofern man allen Beteiligten einen guten Willen unterstellt, bietet das BEM die Chance, die Mobbingsituation quasi von hinten nach vorne bzw. rückwärts aufzuarbeiten, wobei das Wort »Mobbing« (gleiches gilt für die psychische Gewalt) zunächst nicht, oftmals auch überhaupt nicht fallen wird. Denn im Vordergrund stehen nicht die Mobbingsituation des Betroffenen und damit verbunden das Verhalten des Mobbers, sondern die Arbeitsunfähigkeit des Mobbingbetroffenen und die Beantwortung der Frage, wie diese überwunden werden kann. Hierzu ein Beispiel, das sich so ähnlich an einer Universität ereignet hat.

Beispiel für ein erfolgreich durchgeführtes BEM:
Ein Mitarbeiter der Universität ist Mobbing ausgesetzt. Jeder Versuch, das Problem in den Griff zu bekommen, war bislang aus den unterschiedlichsten Gründen gescheitert. In einer fast aussichtslos erscheinenden Lage wurde die Idee geboren, ein BEM durchzuführen. Schließlich hatte man eine Dienstvereinbarung zum betrieblichen Eingliederungsmanagement abgeschlossen und ein entsprechendes »Eingliederungsteam« ernannt. Die Beteiligten setzten sich zusammen und sprachen über die Arbeitsunfähigkeit des Mitarbeiters. Dabei kamen sein Krankheitsbild und die Ursachen dafür zur Sprache, ohne dass das Wort »Mobbing« fiel. Plötzlich war alles recht einfach, da sich alle einig waren, dass es so nicht weitergehen dürfe. Es folgten einige Gespräche mit den Vorgesetzten des Mitarbeiters, in denen es keine Schuldzuweisungen, sondern einen Blick gab, der in die Zukunft gerichtet war. Die scheinbar »unkaputtbare Nuss« war geknackt.

Bei allen Chancen, die ein betriebliches Eingliederungsmanagement bieten kann, darf man die Augen nicht davor verschließen, dass dieses »Werkzeug« nur so gut ist wie die »Handwerker«, die damit arbeiten. Sofern ein Arbeitgeber das betriebliches Eingliederungsmanagement als eine andere Form eines zu Disziplinierungszwecken gedachten »Krankenrückkehrgesprächs« betrachtet, dürften die Chancen, die mit einem BEM verbunden sein können, kaum zu realisieren sein. Vor allem in solchen Situationen ist die betriebliche Interessenvertretung aufgerufen, für ein betriebliches Eingliederungsmanagement zu sorgen, welches das

Wort »betriebliches Eingliederungsmanagement« auch wirklich verdient. Mit dem Engagement der betrieblichen Interessenvertretung steht und fällt das BEM und die damit verbundenen Chancen für die von Mobbing und psychischer Gewalt Betroffenen.
Für die betriebliche Interessenvertretung ist hilfreich zu wissen, dass sie vom Arbeitgeber die Einleitung sowie Durchführung eines betrieblichen Eingliederungsmanagements verlangen kann, sofern der betroffene Beschäftigte dem BEM zustimmt (vgl. § 167 Abs. 2 Satz 6 SGB IX; s. a *LPK-SGB IX*, § 167 Rn. 70). Daneben hat der Mobbingbetroffene gegenüber seinem Arbeitgeber einen Anspruch auf Durchführung eines BEM (vgl. *ErfK/Rolfs*, § 167 SGB IX, Rn. 5). Ob der Mobbingbetroffene von diesem Anspruch Gebrauch machen oder seinen Betriebs- bzw. Personalrat auf dessen Recht hinweisen sollte, ist von den besonderen Umständen des jeweiligen Einzelfalls abhängig. Unabhängig von der jeweiligen Entscheidung ist es gut zu wissen, dass es diese Möglichkeiten gibt, die bisweilen auch die Schwerbehindertenvertretung mit umfasst (vgl. § 167 Abs. 2 Satz 6 SGB IX).

Bedenke:
Der Betriebs- bzw. Personalrat kann vom Arbeitgeber bzw. der Dienststelle die Einleitung sowie Durchführung eines BEM verlangen. Weiter hat der Mobbingbetroffene einen Anspruch auf Durchführung eines BEM.

Das betriebliche Eingliederungsmanagement führt immer wieder zu der Erkenntnis, dass eine stufenweise Wiedereingliederung des Mobbingbetroffenen (vgl. § 44 SGB IX, § 74 SGB V) erfolgen sollte. Arbeitgeber folgen nicht immer diesem Vorschlag. Das gilt insbesondere dann, wenn sie kein Interesse daran haben, dass ihr Arbeitnehmer an seinen Arbeitsplatz zurückkehrt. Einen Anspruch des Mobbingbetroffenen gegenüber seinem Arbeitgeber auf Durchführung einer stufenweisen Wiedereingliederung, in der betrieblichen Praxis oftmals auch unter der Bezeichnung »Hamburger Modell« bekannt, erkennt das BAG nur dann an, wenn der Betroffene schwerbehindert (vgl. § 2 Abs. 2 SGB IX) oder einem behinderten Beschäftigten gleichgestellt (vgl. § 2 Abs. 3 SGB IX) ist. In solch einem Fall kann der Arbeitgeber nach § 44 SGB IX verpflichtet sein, an einer Maßnahme der stufenweisen Wiedereingliederung mitzuwirken und die betroffene Person entsprechend den Angaben im ärztlichen Wiedereingliederungsplan zu beschäftigen (vgl. *BAG* vom 16.5.2019 – 8 AZR 530/17).

Bedenke:
Sofern der Mobbingbetroffene schwerbehindert oder einem behinderten Beschäftigten gleichgestellt ist, kann der Arbeitgeber verpflichtet sein, an einer stufenweisen Wiedereingliederung mitzuwirken und den Betreffenden entsprechend den Angaben im ärztlichen Wiedereingliederungsplan zu beschäftigen.

8. Stichwort AGG

Am 18.8.2006 ist das Allgemeine Gleichbehandlungsgesetz (AGG) in Kraft getreten. Ziel dieses Gesetzes ist es gemäß § 1 AGG (vgl. Anhang Nr. 3), Benachteiligungen aus Gründen der Rasse oder wegen der ethnischen Herkunft, des Geschlechts, der Religion oder Weltanschauung, einer Behinderung, des Alters oder der sexuellen Identität zu verhindern oder zu beseitigen. Von Mobbing sowie psychischer Gewalt ist in dieser Vorschrift nicht die Rede. Schaut man sich jedoch den § 3 Abs. 3 AGG an, dann fällt auf, dass die gesetzliche Definition der »Belästigung« Parallelen zum Mobbingbegriff aufweist. Man darf sogar noch einen Schritt weitergehen. Sofern eine auf Mobbing oder psychische Gewalt beruhende Belästigung (= Benachteiligung) eines Beschäftigten aus Gründen der Rasse oder wegen der ethnischen Herkunft, des Geschlechts, der Religion oder Weltanschauung, einer Behinderung, des Alters oder der sexuellen Identität erfolgt, kann das AGG gemäß § 7 Abs. 1 in Verbindung mit §§ 1, 3 Abs. 3 AGG unmittelbar angewendet werden. In solch einem Fall ist der Arbeitgeber nach § 12 Abs. 1 Satz 1 AGG verpflichtet, »die erforderlichen Maßnahmen zum Schutz vor Benachteiligungen wegen eines in § 1 genannten Grundes zu treffen«, was gemäß § 12 Abs. 3 Satz 2 AGG die Umsetzung, Versetzung oder Kündigung des Mobbers zur Folge haben kann. Wie aber ist mit den Mobbinghandlungen zu verfahren, die nicht von § 1 AGG erfasst werden?

Mit der Beantwortung dieser Frage hatte sich das *BAG* im Herbst 2007 zu befassen. In seinem Urteil vom 25.10.2007 (8 AZR 593/06) hebt der mit der Entscheidung befasste *Achte Senat* zunächst hervor, dass der Gesetzgeber mit der »Belästigung« in § 3 Abs. 3 AGG letztlich auch das Mobbing umschrieben hat, soweit dieses seine Ursachen in der Rasse, in der ethnischen Herkunft, in dem Geschlecht, in der Religion oder Weltanschauung, in einer Behinderung, im Alter oder in der sexuellen Identität des Belästigten hat. Dabei erkennt er an, dass das Mobbing deutlich über den Begriff der Belästigung im Sinne des § 3 Abs. 3 AGG hinausgeht.

Weiter führt der *Achte Senat* aus, dass der in § 3 Abs. 3 AGG umschriebene Mobbingbegriff, der sich lediglich auf Benachteiligungen aus einem der in § 1 AGG genannten Gründe bezieht, auf die Fälle der Benachteiligung eines Arbeitnehmers – gleich aus welchen Gründen – übertragen werden kann. Und weiter heißt es in der Entscheidung: § 3 Abs. 3 AGG zeigt vor allem, dass es grundsätzlich auf die Zusammenschau der einzelnen unerwünschten Verhaltensweisen ankommt, um beurteilen zu können, ob eine Mobbingsituation vorliegt. Schließlich stellt § 3 Abs. 3 AGG darauf ab, ob ein durch Einschüchterungen, Anfeindungen, Erniedrigungen, Entwürdigungen oder Beleidigungen gekennzeichnetes Umfeld geschaffen wird. Ein solches Umfeld wird in der Regel durch ein fortdauerndes Verhalten geschaffen; ein einmaliges Handeln genügt insoweit nicht.
Mithin sind alle Handlungen bzw. Verhaltensweisen, die dem systematischen Prozess der Schaffung eines bestimmten Umfeldes zuzuordnen sind, in die Betrachtung mit einzubeziehen. Einzelne Handlungen sowie Verhaltensweisen dürfen bei der Beurteilung der Situation nicht unberücksichtigt gelassen werden. Schließlich ist für Mobbing die systematische, sich aus vielen einzelnen Handlungen bzw. Verhaltensweisen zusammengesetzte Verletzung kennzeichnend, wobei den einzelnen Handlungen bzw. Verhaltensweisen bei einer isolierten Betrachtung oft keine rechtliche Bedeutung zukommt.
Soweit es die Fürsorgepflicht des Arbeitgebers betrifft, hebt der *Achte Senat* dessen Pflicht hervor, auf das Wohl und auf die berechtigten Interessen seiner Arbeitnehmer Rücksicht zu nehmen. Daher trifft den Arbeitgeber die Pflicht, seine Arbeitnehmer vor Belästigungen durch Vorgesetzte, Mitarbeiter oder Dritte, auf die er Einfluss hat, zu schützen und ihnen einen menschengerechten Arbeitsplatz zur Verfügung zu stellen. Da sich § 12 AGG als die Konkretisierung der dem Arbeitgeber obliegenden Fürsorgepflicht darstellt, kommt der erkennende Senat zu dem Ergebnis, dass die für die Fälle der sexuellen Belästigung und der Benachteiligung wegen der in § 1 AGG genannten Gründe gesetzlich auferlegten Verpflichtungen des Arbeitgebers auf die Mobbingproblematik übertragen werden können. Eine analoge Anwendung des § 12 AGG bejaht das Gericht für solche Mobbingfälle, die sich ab dem 18.8.2006 ereignet haben. Für sich davor ereignete Mobbingfälle will der *Achte Senat* die allgemeine Fürsorgepflicht des Arbeitgebers entsprechend den in den gesetzlichen Regelungen zum Ausdruck kommenden Grundsätzen konkretisiert wissen.
Mit der vorliegenden Entscheidung des *Achten Senats* stellt sich die Frage nach den sich daraus ergebenden Konsequenzen. Die Antwort liegt auf

der Hand. Denn wenn sich das *BAG* dafür ausspricht, § 12 AGG analog auf solche Mobbingfälle anzuwenden, bei denen von einer Belästigung im Sinne des § 3 Abs. 3 AGG gesprochen werden kann, die nicht von einem der in § 1 AGG abschließend aufgeführten Benachteiligungsgründe umfasst werden, dann muss die Möglichkeit einer analogen Anwendung für sämtliche Regelungen des Allgemeinen Gleichbehandlungsgesetzes gelten. Schließlich betont der *Achte Senat* in seinem Urteil zu Recht, dass der in § 3 Abs. 3 AGG umschriebene Mobbingbegriff, der sich lediglich auf einen der in § 1 AGG genannten Gründe bezieht, auf alle Fälle der Benachteiligung eines Arbeitnehmers übertragen werden kann. Damit ergeben sich für die Mobbingproblematik folgende Konsequenzen: Sofern sich eine Mobbingsituation

- aus zumindest einem der in § 1 AGG genannten Gründe einer Benachteiligung zusammensetzt, können die Regelungen des Allgemeinen Gleichbehandlungsgesetzes unmittelbar angewendet werden;
- nicht aus den in § 1 AGG genannten Gründen einer Benachteiligung zusammensetzt, können die Regelungen des Allgemeinen Gleichbehandlungsgesetzes analog angewendet werden (vgl. *Wolmerath 2011*, S. 285).

Auf einen wichtigen Aspekt soll abschließend eingegangen werden. § 13 Abs. 1 Satz 1 AGG verpflichtet den Arbeitgeber bzw. Dienststellenleiter, eine so genannte betriebliche Beschwerdestelle einzurichten, an die sich Beschäftigte wenden können, sofern sie sich »im Zusammenhang mit ihrem Beschäftigungsverhältnis vom Arbeitgeber, von Vorgesetzten, anderen Beschäftigten oder Dritten wegen eines in § 1 genannten Grundes benachteiligt fühlen.« Zumindest der Betriebsrat hat nach einem Beschluss des *BAG* vom 21.7.2009 (1 ABR 42/08) mitzubestimmen bei der Einführung und Ausgestaltung des Verfahrens, in dem die Beschäftigten ihr Beschwerderecht nach § 13 Abs. 1 Satz 1 AGG wahrnehmen können. Dagegen soll nach dieser Entscheidung kein Mitbestimmungsrecht bestehen bei der Beantwortung der Frage, wo der Arbeitgeber die Beschwerdestelle errichtet (d. h. Betrieb oder Unternehmen) und wie er diese personell besetzt. Betriebs- und Personalräte sollten ihre Möglichkeiten der Einflussnahme nutzen, damit ein Beschwerdeverfahren eingerichtet wird, das dem der Beschwerdestelle zugedachten Zweck entspricht. Wie eine entsprechende Betriebsvereinbarung ausgestaltet werden kann, ist beispielhaft im Anhang 2 dokumentiert.

9. Stichworte Mediation und Güterichter

Wir haben bereits darauf hingewiesen, dass die Mediation in der überwiegenden Zahl der Fälle kein geeignetes Werkzeug zur Bewältigung einer akuten Mobbingsituation ist. Gleichwohl sollte stets darüber nachgedacht werden, ob eine Mediation in der vorliegenden, konkreten Fallgestaltung infrage kommen kann.

Bei der Mediation handelt es sich gem. § 1 Abs. 1 MediationsG (s. a. Anhang 4 mit dem Wortlaut des Mediationsgesetzes) um ein »vertrauliches und strukturiertes Verfahren, bei dem Parteien mithilfe eines oder mehrerer Mediatoren freiwillig und eigenverantwortlich eine einvernehmliche Beilegung ihres Konfliktes anstreben«. Ein Grundprinzip der Mediation ist hiernach die Freiwilligkeit, so dass niemand einen anderen zu einer Mediation zwingen kann. Dies gilt auch für den Arbeitgeber, der keinen Arbeitnehmer zur Teilnahme an einer Mediation verpflichten kann (s. a. LAG Nürnberg vom 27.8.2013 – 5 TaBV 22/12 – AiB 10/2014, 70). Ausdruck der Freiwilligkeit ist ferner die Möglichkeit einer jeden Konfliktpartei, eine begonnene Mediation zu jeder Zeit für beendet zu erklären, sich dem Versuch einer einvernehmlichen Konfliktbeilegung jederzeit zu entziehen (vgl. § 2 Abs. 5 Satz 1 MediationsG). Und genau darin liegt die Stärke, aber gleichzeitig auch die Schwäche der Mediation. Sie kann nur funktionieren, wenn die beteiligten Parteien willens sind, eine einvernehmliche Beilegung ihres Konfliktes zu versuchen. Sofern Letzteres beim Mobber nicht gegeben ist, ist jeder Versuch einer Mediation von vornherein zum Scheitern verurteilt.

Der Erfolg einer Mediation ist nicht nur vom Willen der Konfliktparteien abhängig. In der gleichen Weise sind es die Fähigkeiten des Mediators, die für den Ausgang eines Mediationsverfahrens von ausschlaggebender Bedeutung sind. Nach § 1 Abs. 2 MediationsG ist der Mediator »eine unabhängige und neutrale Person ohne Entscheidungsbefugnis, welche die Parteien durch die Mediation führt«. Was den Mediator kennzeichnet, das ist seine fehlende Entscheidungsmacht. Ihm steht es nicht zu, über den Konflikt zu entscheiden, so wie es im Zweifel Richter tun. Der Mediator hat lediglich die Möglichkeit, die Kommunikation der Konfliktparteien zu fördern (vgl. § 2 Abs. 3 MediationsG).

Der Mediator genießt keinen Berufsschutz, wie ihn etwa Ärzte und Rechtsanwälte haben. Als Mediator darf sich jede und jeder bezeichnen, ohne eine besondere Aus- und Fortbildung absolviert haben zu müssen. Gem. § 5 Abs. 1 Satz 1 MediationsG stellt der Mediator »in eigener Verantwortung durch eine geeignete Ausbildung und eine regelmäßige Fortbildung sicher, dass er über theoretische Kenntnisse sowie praktische Erfahrungen verfügt, um die Parteien in sachkundiger Weise durch die Mediation führen zu können«. Dies vorausgeschickt ist der Mediator nach § 3 Abs. 5 MediationsG verpflichtet, die Parteien auf deren Verlangen über seinen fachlichen Hintergrund, seine Ausbildung und seine Erfahrung auf dem Gebiet der Mediation zu informieren. Und genau dies sollten die Parteien stets tun – den Mediator auffordern, sie entsprechend zu informieren, was auch die Kenntnis bezüglich der Mobbingproblematik und der Bewältigung von Mobbingsituationen beinhalten sollte.

Bedenke:
Fordern Sie den Mediator von einer Auftragserteilung auf, Sie über seinen fachlichen Hintergrund, seine Mediationsausbildung, seine praktische Erfahrung und seine Kenntnisse bezüglich Mobbing und dessen Bewältigung zu informieren.

Einen Berufsschutz genießt hingegen der »zertifizierte Mediator«. So darf sich nach § 5 Abs. 2 MediationsG nur bezeichnen, wer eine Ausbildung abgeschlossen hat, die den Anforderungen der Rechtsverordnung nach § 6 MediationsG entspricht. Zudem verpflichtet § 5 Abs. 3 MediationsG den Mediator, sich entsprechend den Anforderungen der vorgenannten Rechtsverordnung fortzubilden. Der Vollständigkeit halber sei darauf hingewiesen, dass die Verordnung über die Aus- und Fortbildung von zertifizierten Mediatoren (Zertifizierte-Mediatoren-Ausbildungsverordnung – ZMediatAusbV) am 1.9.2017 in Kraft getreten ist, mithin etwas mehr als fünf Jahre später als das Mediationsgesetz.
Hinsichtlich der Kosten, die infolge der Beauftragung eines Mediators entstehen, schweigt das Gesetz. Üblich ist eine Teilung der Kosten unter den Konfliktparteien. Sofern eine Mediation auf Veranlassung oder unter Beteiligung des Arbeitgebers erfolgt, ist eine vollständige Kostentragung durch den Arbeitgeber üblich. Gut ist zu wissen, dass Rechtsschutzversicherungen bisweilen für die auf den Versicherten anteilig anfallenden Kosten aufkommen und teilweise auch bei der Suche nach einem Mediator behilflich sind.
Die Mediation kann zu jeder Zeit erfolgen, auch wenn bereits eine Klage erhoben wurde. Zeitgleich mit dem Inkrafttreten des Mediationsgesetzes sind insbesondere Änderungen des Arbeitsgerichtsgesetzes wirksam geworden, die ebenfalls von Bedeutung sind.
§ 54 Abs. 6 ArbGG bestimmt, dass der Vorsitzende Richter die Parteien für die Güteverhandlung sowie deren Fortsetzung vor einen hierfür im Geschäftsverteilungsplan des Gerichts bestimmten und für den konkre-

ten Prozess nicht entscheidungsbefugten Richter verweisen kann. Dieser besondere Richter wird »Güterichter« genannt. Zur einvernehmlichen Konfliktbewältigung kann er alle Methoden der Konfliktbeilegung einsetzen. Nur beispielhaft spricht das Gesetz insoweit die Mediation an, indem es die Worte »einschließlich der Mediation« verwendet. Das Verfahren vor dem Güterichter ist freiwillig und kann ebenfalls zu jeder Zeit für beendet erklärt werden. Sofern Letzteres erfolgt, wird der während des Schlichtungsversuchs ruhende Prozess auf Antrag einer Partei fortgesetzt (vgl. § 54a Abs. 2 ArbGG).
Neben dem Versuch einer Konfliktbeilegung vor dem Güterichter kommt die von einem Mediator begleitete Mediation in Betracht. Letztere erfolgt außerhalb des Gerichts, wobei das Gericht nach § 54a Abs. 2 ArbGG ebenfalls das Ruhen des Verfahrens anordnet. Sofern die Mediation scheitert, wird der Prozess auf Antrag einer Partei fortgesetzt.
Wichtig ist bei alledem zu bedenken, dass der Versuch einer Mediation keinen Einfluss auf den Lauf gesetzlicher Fristen hat. Dies gilt bei einer arbeitgeberseitig ausgesprochenen Kündigung des Arbeitsvertrages vor allem für die Erhebung der Kündigungsschutzklage durch den betroffenen Arbeitnehmer. Sofern die drei Wochen währende Frist des § 4 KSchG für die Klageerhebung nicht gewahrt wird, tritt automatisch die Fiktion der Wirksamkeit der Kündigung nach § 7 KSchG ein.

Bedenke:
Achten Sie im Verlaufe einer Mediation darauf, dass gesetzliche Fristen gewahrt werden. Erheben Sie notfalls aus Gründen der Fristwahrung Klage. Versehen Sie die Klageerhebung mit dem Hinweis, dass mit einer Mediation begonnen wurde bzw. eine solche alsbald stattfinden wird und weisen Sie das Gericht auf den Umstand der Wahrung von Fristen hin.

Die Möglichkeit einer Konfliktbeilegung vor dem Güterichter haben die Parteien in dem erstinstanzlichen Verfahren vor dem Arbeitsgericht sowie im Berufungsverfahren vor dem Landesarbeitsgericht. Beim Bundesarbeitsgericht ist dies hingegen nicht möglich. Weiter kann der Güterichter auch in Beschlussverfahren erster und zweiter Instanz angerufen werden, so dass auch die Betriebsparteien dieses Werkzeug nutzen können.
Führt die Mediation zu einer Einigung der Konfliktparteien, dann bietet es sich an, das erzielte Ergebnis zu Papier zu bringen. Auf diese Weise wird eine gewisse Verbindlichkeit erzielt. Notwendig ist der Abschluss einer »Abschlussvereinbarung« allerdings nicht (s. a. § 2 Abs. 6 MediationsG).

F. Das Vorgehen bei akutem Mobbing – Systematisches Herangehen überwindet psychische Gewalt

In diesem Kapitel geht es vor allem um praktisches Handwerkszeug für ein möglichst erfolgreiches Vorgehen, wenn ein Fall von Mobbing oder psychischer Gewalt ausgebrochen ist. Um nicht nur Handgriffe zu lernen, sondern mehr vom Handwerk zu verstehen, werden wir ebenso das theoretische Verständnis vertiefen.

Wir nehmen hierbei die Perspektive eines Fairnessbeauftragten (typischerweise eines Personal- bzw. Betriebsratsmitglieds) ein, der von einem Betroffenen um Hilfe gebeten wurde. Wir stellen uns vor, dass die Rolle des »betrieblichen Ersthelfers« durchlaufen wurde. Der oder die Mobbingbetroffene hat mit uns vereinbart, dass wir ihm bzw. ihr nun auch aktiv als »Konfliktlotse« (vgl. Kapitel B.2.) beistehen sollen. Es geht also um Fragen wie: »Was ist jetzt am sinnvollsten zu tun?«, »In welcher Reihenfolge sollten wir vorgehen?«, »Was sollte lieber vermieden werden?«

Unsere Darstellungsweise hat den Grund, dass in den Betrieben und Dienststellen kompetente Helfer gebraucht werden, die in der Lage sind, bei unterschiedlichen Mobbingfällen hilfreich tätig zu werden. Wir stellen demnach eine systematische Herangehensweise vor, welche bei Bedarf auf den jeweiligen konkreten Mobbingfall angewendet und angepasst werden muss. Dieser Teil ist also so etwas wie ein Ratgeber für Ratgeber. Selbstverständlich können auch unmittelbar von Mobbing betroffene Menschen die hier zusammengestellten Anregungen auf ihre eigene Situation übertragen und damit aus eigener Kraft Verbesserungen erzielen.

1. Es geht um Macht

Diese Überschrift mag irritieren. Mobbingbetroffene erleben ja vornehmlich die eigene Ohnmacht. Sie möchten am liebsten, dass »es einfach nur aufhört«. Einen Machtkampf zu führen, das ist oft das Letzte, was sie sich vorstellen können. Auch viele Mobbinghelfer mag es abschrecken,

bei der Hilfe für Betroffene in Kategorien der Macht zu denken. Macht scheint ihnen identisch zu sein mit Machtmissbrauch oder Gewalt.
Wir stellen die »Machtfrage« als erstes, weil wir strategisches Denken für eine erfolgreiche Überwindung von Mobbingfällen für erforderlich halten. Es geht uns keineswegs um spektakuläre Machtkämpfe oder gar um Gegen-Mobbing. Die Kunst des erfolgreichen Eingreifens im konkreten Mobbingfall besteht im Wesentlichen darin, im Laufe der Zeit eine deutliche Machtverschiebung zugunsten des Mobbingbetroffenen zu erreichen. Mit anderen Worten: Wir wollen bewirken, dass die Mobber mit dem Mobbing nachhaltig aufhören (müssen), obwohl sie damit keineswegs aufhören wollen.

Bedenke:
Erfolgreiches Eingreifen bei Mobbing bewirkt, dass die Mobber mit dem Mobbing nachhaltig aufhören (müssen), obwohl sie damit keineswegs aufhören wollen.

Denn eines sollte klar sein: Mobbing hört nicht freiwillig auf. Warum mobben Mobber? Sie versuchen, eigene wichtige Ziele zu erreichen und/oder eigene Ängste unwirksam zu machen (vgl. Kapitel A.). Und demzufolge kann Mobbing aus ihrer Sicht erst dann zu Ende sein, wenn der Betroffene zur Strecke gebracht ist. Wäre es anders, dann würden alle Mobbingfälle allein durch ein freundliches Aufmerksammachen der Täter, dass sie leider so etwas wie Mobbing betreiben, beendet werden. Der fiktive Dialog würde sich in etwa so anhören. A: »Ist Ihnen eigentlich bewusst, dass Sie Mobbing betreiben?« B: »Ehrlich? Oh wie unangenehm, das wollte ich nicht. Gut, dass Sie mir das sagen.« A: »Und, sind Sie bereit, damit aufzuhören?« B: »Was für eine Frage? – selbstverständlich, sofort!«
In der betrieblichen Realität kommt das nicht vor. Weil diejenigen, die Mobbing oder psychische Gewalt anwenden, nicht freiwillig aufgeben werden (weil sie ja eigene Motive und Ziele verteidigen), ist es also auch eine Frage des Einsatzes von Macht, wenn man Mobbing abstellen will.

Bedenke:
Drei Aspekte von Macht für die Überwindung von Mobbing
- Deutungsmacht
- Verletzungsmacht
- Handlungsmacht

Es scheint, dass drei unterschiedliche Aspekte von Macht angemessen zu berücksichtigten sind. Unseres Erachtens ist sogar die Reihenfolge wichtig, in der sie abgehandelt werden sollten. Erstens muss herausgearbeitet werden, dass es sich tatsächlich um Mobbing bzw. psychische Gewalt handelt und nicht um normale innerbetriebliche Probleme oder Konflikte. Hierbei geht es um die »Deutungsmacht«. Es muss zweitens erreicht werden, dass der schon eingetretene, aber auch der noch zu erwartende Schaden für den Betroffenen minimiert wird. Dabei geht es um die »Verletzungsmacht« der Mobber gegenüber der Widerstandsfähigkeit des Betroffenen. Es muss drittens sichergestellt werden, dass zukünftig kein Mobbing gegen die betroffene Person vorgenommen werden kann bzw. keine psychische Gewalt von demjenigen mehr ausgehen wird, der das Mobbing betrieben hat. Das wäre eine Frage der »Handlungsmacht«.

1.1 Deutungsmacht

Mit dem Begriff »Deutungsmacht« wollen wir die Wichtigkeit herausstellen, von wem und wie die Situation eines Mobbingbetroffenen gedeutet und damit auch bewertet wird. Von Seiten der Arbeitgeber wird sehr häufig die ungeprüfte Behauptung in dem Raum gestellt: »Bei uns gibt es kein Mobbing!« oder es wird interpretiert, dass es sich bloß um einen normalen Konflikt handeln würde. Setzt sich diese Meinung durch, dann hat ein Betroffener schlechte Karten.

Was sagen die Mobber? Sie deuten das Geschehen auf eine ganz eigene Weise. Da wird etwa behauptet, dass überhaupt nichts passiert sei (»Das bildet sich der … alles ein«) oder dass derjenige, der sich gemobbt fühlt, wohl einen psychischen Schaden hätte bzw. selbst bösartig wäre. Mobber interpretieren das Geschehen generell zu Lasten des Betroffenen: Das Problem sei ausschließlich aufgrund dessen Inkompetenz, Unzuverlässigkeit, Egoismus, Begriffsstutzigkeit oder anderer persönlicher Mängel zustande gekommen. Man selbst habe sich stets korrekt verhalten und sich nichts vorzuwerfen.

Ausgerechnet die Betroffenen von psychischer Gewalt reagieren regelmäßig mit Unsicherheit und großem Selbstzweifel: Was habe ich bloß falsch gemacht? Bin ich gut genug? Es muss wohl an mir liegen. Der systematische Missbrauch des Weisungsrechts durch Vorgesetzte, indem Untergebene etwa mit unlösbaren Aufgabenstellungen beauftragt werden, deren Nichterfüllung dann zu massiver, destruktiver Kritik und Bedrohung führt, provozieren geradezu solche Selbstbeschuldigungen der Betroffenen. Denn diese wollen das Unmögliche dann doch noch irgendwie möglich machen und kreiden sich das »Versagen« selbst an. Ein Mobbingopfer wurde jahrelang an einem Fehler festgenagelt, der ihm ein einziges Mal viele Jahre zuvor unterlaufen war. Solange er sich selbst für dieses Versagen schämte und die massiven Übergriffe als deswegen berechtigt erachtete, blieb er vollkommen ausgeliefert – zumindest solange, bis er das perfide Spiel durchschaut hatte, das mit ihm gespielt wurde. Will sich ein Mobbingbetroffener seelisch befreien, dann muss er zunächst begreifen, was mit ihm angestellt wird.

Bedenke:
Simple Behauptungen, die Mobbing in Abrede stellen sollen
- Bei uns gibt es kein Mobbing
- Das sind alles ganz normale Konflikte
- Das bilden Sie sich nur ein
- Der ... (gemeint ist der Mobbingbetroffene) ist nur etwas zu empfindlich
- Diese Behauptung ist unverschämt! Ich werde Sie deswegen zur Rechenschaft ziehen
- Das ist normales Konkurrenzverhalten. Sie müssen eben mehr Leistung bringen
- Lehrjahre sind keine Herrenjahre
- Ja, so wie Sie sich verhalten haben, da müssen Sie sich nicht wundern
- Den ... (gemeint ist der Mobber) ändern sie nicht mehr, da muss man sich als Mitarbeiter ein dickes Fell wachsen lassen

Deutungsmacht zu besitzen, das bedeutet, dass die Übergriffe und Missstände, dass die Gemeinheiten und systematischen Verletzungen bei ihrem wirklichen Namen genannt werden; und dass es gelingt, einen wesentlichen Personenkreis im Arbeitsumfeld sowie Entscheidungsträger zu überzeugen, dass Mobbing oder psychische Gewalt vorliegt. Es gilt zu erreichen, dass die üblichen Relativierungen und Verharmlosungen nicht mehr überzeugen. Deswegen hat ein Mobbingbetroffener in einem Betrieb bzw. in einer Dienststelle mit einer abgeschlossenen Betriebs- bzw. Dienstvereinbarung zur Mobbingproblematik allein deshalb bessere Chancen auf eine zufriedenstellende Lösung, weil bereits allgemein akzeptiert ist, dass es Mobbing geben kann.
Es gilt also herauszufinden, welches »Spiel« tatsächlich gespielt wird. Weiter gilt es, die gewonnene Erkenntnis allgemein verständlich und überzeugend zu kommunizieren. Wenn eine Mehrheit und/oder wichtige Entscheidungsträger diese Überzeugung teilen, dass es sich um nicht zu akzeptierende Vorfälle handelt, dann ist es nicht mehr weit zu einer zufriedenstellenden Lösung.

1.2 »Dieser Fall ist definitiv kein Mobbing!«

Wir haben in Kapitel B.1.1. bereits auf dieses neue Argumentationsmuster hingewiesen, welches von Arbeitgeberseite zunehmend benutzt wird. Dieser Satz wird mit großem Selbstbewusstsein vorgetragen und führt leider regelmäßig zu Verunsicherung und Irritation auf Seiten der Mobbinghelfer. Offensichtlich hat diese Behauptung (mehr ist es ja zunächst nicht) wesentlich mehr Kraft als das bisher übliche »Bei uns gibt es kein Mobbing« usw.

Nun versucht die Interessenvertretung verständlicherweise mit verschiedenen Belegen und Argumenten, die Arbeitgeberseite zu überzeugen, dass es sich doch um Mobbing handelt. Und die Arbeitgeberseite legt dann ihrerseits mit Argumenten nach, die dagegen sprechen (eher selten) oder beharrt einfach auf ihrer Deutung, dass die Vorfälle eindeutig kein Mobbing seien (eher üblich) – weil nicht sein darf, was nicht sein soll. Es gibt ein Pingpong der Argumente und ein Ringen darum, ob das Vorgefallene nun Mobbing ist oder nicht; also ein Kampf um die Deutungshoheit.

Zum Problem wird das Ganze, weil scheinbar erst etwas getan werden kann, wenn diese Überzeugungsarbeit abgeschlossen ist. Das dahinter wirkende unbewusste Konzept lautet: Wir können nichts tun, bevor nicht beide Seite gleichermaßen zu der Einsicht »es ist doch Mobbing« gekommen sind. In der Praxis führt das dann regelmäßig dazu, dass arbeitgeberseitig wenig bis gar nichts im Hinblick auf das Abstellen des Mobbing getan wird, denn es ist ja »definitiv« etwas anderes. Das ist fatal, aber genau das, was mit der Behauptung »Es ist definitiv kein Mobbing« erreicht werden soll.

Was tun, wenn man sich dieser neuen Herausforderungen stellen muss? Wir schlagen folgende Schrittfolge vor:

a) Die eigenen »Hausaufgaben« gründlich machen

Alle Vorkommnisse sollten gut dokumentiert sein, wenn möglich mit Zeugenaussagen oder Belegen bestätigt. Falls keine Belege vorgelegt werden können (oder dürfen, weil Zeugen eine offizielle Stellungnahme scheuen), muss die Glaubwürdigkeit der Aussagen des Betroffenen dargestellt werden. Abschließend müssen die Vorkommnisse mit der Definition von Mobbing sowie den Listen der Mobbinghandlungen abgeglichen werden. Ziehen Sie ein eindeutiges Fazit, dass die Vorkommnisse die Kriterien und Beschreibungen von »Mobbing« eindeutig erfüllen.

b) Präzisierungen vom Personalverantwortlichen verlangen

Im Gegenzug muss von den Personalverantwortlichen verlangt werden, dass sie von der bloßen Behauptung auf die Ebene der nachvollziehbaren Argumente wechseln. Die Arbeitgeberseite soll ihre Position präzise begründen, anstatt sie als scheinbare Wahrheit in den Raum zu stellen. Hier einige Formulierungsvorschläge:

- »Bitte definieren Sie diese Übergriffe und Feindseligkeiten mit ihren Worten. Nennen sie eine alternative Definition zu Mobbing und begründen Sie diese für uns nachvollziehbar.«
- »Wenn es kein Mobbing, keine psychische Gewalt sein soll, was genau ist es dann?«

c) **Den akuten Handlungsbedarf einfordern**

- »Wollen Sie damit sagen, dass kein Handlungsbedarf besteht?«
- »Gut, nennen wir es nicht Mobbing. Dennoch besteht ein akuter Schutz- und Handlungsbedarf! Welche Vorschläge machen Sie, um das Problem zu überwinden?«

d) **Die Fachkompetenz in Bezug auf Mobbing infrage stellen**

- »Haben Sie eigentlich eine Schulung oder Grundlagenwissen in Bezug auf Mobbing oder ist ihr Urteil eine Bauchentscheidung?«
- »Welchen fachlichen Hintergrund bringen Sie hier ein? Auf welche Definition von Mobbing berufen Sie sich?«

Dieses Vorgehen ist diplomatisch schwierig und nur angebracht, wenn es ohnehin auf eine Kontroverse mit der Personalabteilung hinausläuft, z. B. über ein Beschwerdeverfahren nach § 85 BetrVG.

e) **Den Dissens feststellen:**

Erstrebenswert ist, dass im Gespräch abschließend ein gemeinsames Verständnis der Problemlage erreicht wird. Falls es bei einer prinzipiellen Ablehnung des Konzepts »Mobbing« bleibt, gibt es hier kein Weiterkommen. Weitere Überzeugungsarbeit wäre vergeblich: Dann sollte man die bestehenden Gegensätze noch einmal ausdrücklich formulieren und eben »so« stehen lassen. Abhilfe für den aktuellen Mobbingfall muss nun auf anderem Weg versucht werden. Die Behauptung mancher Entscheidungsträger: »Das ist definitiv kein Mobbing!« motzt die eigene Meinung eben nur scheinbar als fachkompetentes Urteil auf. Es soll tatsächlich nur den eigenen Unwillen kaschieren, angemessen zu handeln.

1.3 Verletzungsmacht

In der Phase eines akuten Mobbing liegt die Fähigkeit, psychisch, sozial und beruflich zu verletzen, einseitig und eindeutig auf Seiten der Mobber. Die Unterlegenheit des Opfers ist ein Bestandteil der Mobbingdefinition von *Heinz Leymann* (vgl. Kapitel A.1.1.). Vergrößert wird die Verletzbarkeit des Betroffenen durch die soziale Isolation am Arbeitsplatz, etwa durch pseudo-neutrale Arbeitskollegen. Die Selbstzweifel und das schwindende Selbstwertgefühl des Betroffenen tun ein Übriges.

Solange das Mobbing andauert, muss darauf geachtet werden, diese Verletzungsgefährdung zu minimieren – soweit es irgendwie möglich ist. Dazu kann die Mobilisierung sozialer Unterstützung ebenso gehören wie die medizinische oder sportliche Kompensation des Stresserlebens infolge von Mobbing. Auch kann eine psychotherapeutische Begleitung helfen, die Auswirkungen von psychischer Gewalt in Grenzen zu halten. Eine häufige Form, die Verletzungsmacht des Mobbers gegenüber dem Gemobbten zu beenden, besteht darin, den Mobbingbetroffenen durch eine Versetzung aus der Schusslinie zu nehmen. Dies ist unbefriedigend, aber leider nicht selten dessen letzte Rettung.
Es gilt herauszufinden, welche Verletzungen der Mobber dem Betroffenen zufügen will und kann. Daraus sind realistische Gegenmaßnahmen abzuleiten, um die Verletzungsgefährdung des Mobbingbetroffenen soweit als möglich einzuschränken.

1.4 Handlungsmacht

Mobbing ist ein asymmetrischer Konflikt, die Handlungsmacht ist ungleich verteilt. Bei psychischer Gewalt hat sich jemand durch perfide Manipulation und perverse Kommunikation einen Vorteil verschafft. Der Betroffene ist in der Defensive.
Das hilfreiche Vorgehen gegenüber akutem Mobbing umfasst einerseits Anstrengungen, um den Betroffenen aus der Defensive zu bringen. Insbesondere geht es jedoch um nachhaltige Maßnahmen, welche die Handlungsmacht desjenigen einschränkt, der das Mobbing betreibt. Das Spektrum sinnvoller Maßnahmen kann sich von verbaler Gegenwehr bis hin zu juristischen Auseinandersetzungen erstrecken. Was sinnvoll ist, muss in jedem Einzelfall entschieden werden. Abschließend sei noch einmal betont: Mobbing wird in der Regel nicht freiwillig eingestellt, sei es etwa aus Mitleid, Einsicht oder Scham des Täters. Alle Bestrebungen des Mobbingbetroffenen und seiner Unterstützer müssen letzten Endes darauf hinauslaufen, dass die durch das Mobbing angestrebten Ziele nicht erreicht werden und/oder dass der »Preis« für eine Fortsetzung des Mobbing für den Mobber zu groß wird.
Imponierender Aktionismus und vorschnelles Eingreifen helfen allerdings nicht. Eine systematische, gründliche Analyse des konkreten Mobbingfalls muss dem praktischen Vorgehen vorausgehen. Unsere Devise lautet: Erst kommt das Begreifen des Problems und danach das Eingreifen.

2. Die Mobbinganalyse

Eine ausführliche Mobbinganalyse ist die solide Grundlage für ein effektives und sicheres Eingreifen in einem Mobbingkonflikt. Mobbingfälle sind komplizierte soziale Geschehnisse mit den verschiedensten Beteiligten, die von jeweils unterschiedlichen Interessen und Sorgen motiviert sind. Einfache Eingriffe wie das isolierte »Machtwort« eines Vorgesetzten haben bei Mobbing selten die Wirkung, die man sich von ihnen verspricht. Jeder gescheiterte Lösungsversuch erschwert die erfolgreiche Bewältigung einer Mobbingsituation.

Bedenke:
Zunächst weitgehend begreifen, was los ist, und erst dann eingreifen.

Am Ende der Analyse sollte man so viel von dem vorliegenden Fall begriffen haben, dass der Berater und der Betroffene gemeinsam ein erfolgversprechendes Handlungskonzept (vgl. Abschnitt 4.) für das anschließende praktische Vorgehen daraus ableiten können.
Unsere Mobbinganalyse umfasst neun Schritte (vgl. Abb. 27), mit deren Hilfe man ein umfassendes Bild des Problems und der möglichen Richtungen bekommt, wie der konkrete Mobbingfall beendet werden könnte. Betroffenen hilft dieses Vorgehen, um sich sehr viel bewusster zu werden, in welcher Situation sie sich befinden. Dies ist nicht in dem Sinn zu verstehen, dass die Panik vergrößert wird, sondern die Klarheit und auch die Zuversicht, dass etwas getan werden kann und was getan werden sollte.
Natürlich können Sie Ihre Analyse auch mit anderen Fragen und in anderer Reihenfolge vornehmen. Wir wollen Ihnen keine Vorschriften machen. Allerdings sollten Sie die Mobbinganalyse nicht allzu oberflächlich betreiben.
Der Mobbingbetroffene und der Berater sollten die Analyse gemeinsam durchführen, wobei eine Einbeziehung des Betriebs- bzw. Personalrats und/oder des Arbeitgebers bzw. Dienststellenleiters notwendig werden kann, wenn sich aus der Analyse ergibt, dass rechtliche Schritte angebracht sind. Die insgesamt neun Analyseschritte werden nachfolgend erläutert.

Abb. 27: Die 3 × 3 Schritte der Mobbinganalyse

Ein klares Bild des Mobbing gewinnen

1. Den Sachstand ermitteln	2. Das Problem einschätzen	3. Die Ziele bestimmen

Die Beweggründe für das Mobbing herausfinden

4. In die Haut des Mobbers schlüpfen	5. Kosten/Nutzen-Rechnung des Mobbing	6. Goldene Brücken projektieren

Das betriebliche Kräftesystem ausloten

7. Ohnmacht & Stärken des Betroffenen	8. Macht und Schwachstellen des Mobbers	9. Interne & externe Ressourcen

2.1 Den Sachstand ermitteln (Erster Analyseschritt)

Zunächst muss es darum gehen, möglichst viele Informationen detailliert zusammenzutragen, was in den letzten Monaten (oder gegebenenfalls Jahren) passiert ist und worauf sich aktuell die Einschätzung stützt, dass wir von Mobbing oder psychischer Gewalt sprechen dürfen.

2.1.1 Tiefeninterviews mit dem Betroffenen

Die erste und entscheidende Quelle für die Sachstandsermittlung (vgl. Abb. 28) ist natürlich der Betroffene selbst. Aufgrund seiner Aufgeregtheit beim Erzählen des Erlebten können dessen Darstellungen manchmal eine Herausforderung für den Zuhörer sein. Es sind ausreichend Zeit und eine geduldige Form aktiven Zuhörens erforderlich, um hier am Ende eine klar umrissene Darstellung der Sachverhalte zusammentragen zu können.

Die Schilderungen sind erwartungsgemäß emotional. Aber der Extrakt sollte eine Sachdarstellung des Geschehens sein, also insbesondere auch der tatsächlich erfolgten systematischen Schlechtbehandlungen, Übergriffe, Ausgrenzungen, Benachteiligungen und Diskriminierungen.

Abb. 28: Ermittlung von Sachstand und Emotionsstand

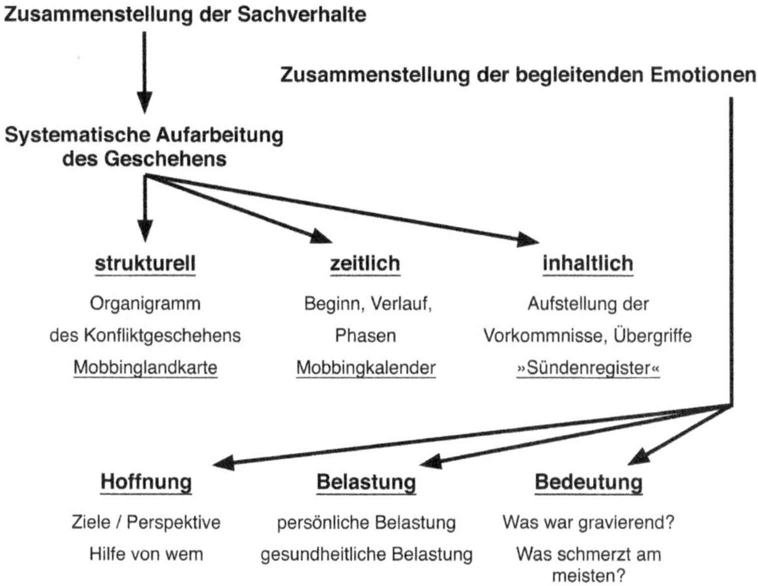

Die erlittenen Übergriffe sind keineswegs nur sachliche und emotionslose Übertretungen. Im Gegenteil, es werden extreme psychische, soziale, gesundheitliche sowie berufliche Gefährdungen erzeugt und moralische Normen verletzt. Persönlichkeitsrechte werden tangiert. Auch dem sollte in den Interviews mit dem Betroffenen auf den Grund gegangen werden. Was verletzt besonders? Wovor besteht besondere Furcht? In welcher Weise werden die Persönlichkeitsrechte besonders angegriffen? Wie wird das berufliche Selbstverständnis infrage gestellt sowie die berufliche Existenz gefährdet? Welche Bedeutung misst der Betroffene einzelnen Übergriffen zu (das muss sich ja nicht mit dem decken, was der Mobbingbeauftragte für relevant erachtet)? Nicht zuletzt geht es auch um die Richtung des späteren Vorgehens: Welche Ziele strebt der Betroffene an, welche Hoffnung treibt ihn?
Zur Abrundung kann um eine Darstellung der Arbeitsumgebung, der normalen Anforderungen, aber auch der Überforderungen und der Stressfaktoren am Arbeitsplatz gebeten werden.

2.1.2 Erst mal schnell die Gegenseite befragen?

Typischerweise wird ein Mitglied der Interessenvertretung, dem ein Beschäftigter eine Beschwerde vorträgt, zum Ende des Gesprächs folgenden Satz sagen: »Du verstehst doch, dass ich bei dem Problem, das Du mir soeben geschildert hast, erst einmal die Gegenseite fragen muss, wie diese das Problem sieht?« Und typischerweise wird der Beschäftigte dem zustimmen, sofern er sich nicht vor dem nachtragenden Verhalten seines Vorgesetzten fürchtet.

Für »normale« Konflikte ist dieses Herangehen durchaus in Ordnung. Bei Mobbing und psychischer Gewalt erzeugt ein derartiges Vorgehen hingegen ein gravierendes Problem – und zwar für den Betroffenen. Der Mobber dürfte kaum zugeben, dass er Mobbing betreibt bzw. betrieben hat. Stattdessen dürfte er sein Verhalten entweder maskieren (sprich: noch subtiler und verborgener agieren) oder seine Aktivitäten massiv verstärken, weil der Mobbingbetroffene nunmehr zu einer realen Gefahr geworden ist, und dem Betroffenen binnen kurzer Zeit einen »Gnadenstoß« versetzen.

Der Berater wollte fair und vorurteilsfrei an die Sache herangehen, aber im Ergebnis hat er seinen Schützling der psychischen Gewalt ausgeliefert. Sobald ein Berater im Erstgespräch den Eindruck gewinnt, dass es sich um Mobbing handeln kann, darf er nicht mehr naiv-neutral an das Problem herangehen. So wie es einem Personalrat erging, sollte es Ihnen nicht ergehen. Dieser legte dem Dienststellenleiter das detaillierte Mobbing-Tagebuch eines Betroffenen vor und bat um Abhilfe. Daraufhin hatte der Dienststellenleiter nichts anderes zu tun, als dem mobbenden Vorgesetzten das Tagebuch zuzuleiten und dies mit dem nachfolgenden Vermerk zu versehen: »Ihnen wird anhand der beigefügten Unterlage vorgeworfen, Mobbing zu betreiben. Bitte nehmen Sie dazu bis zum … schriftlich Stellung«. Dieser Fall endete für den Betroffenen in einer Katastrophe.

Sobald Ihre Einschätzung wächst, dass es sich tatsächlich um Mobbing handeln kann, raten wir Ihnen, in dieser frühen Phase auf eine direkte Befragung der Gegenseite zu verzichten. Machen Sie als Berater die Pferde nicht vorzeitig scheu. Die Mobbinganalyse soll dem Mobbingbetroffenen helfen, sich über seine Not, seine Bedürfnisse und Interessen bewusst zu werden. Er soll in die Lage versetzt werden, eine positive Zielrichtung zu formulieren, was er erreichen möchte und welche Arten der Schlechtbehandlung zukünftig unterbleiben sollen. Das muss in Ruhe geschehen. Bei dieser Reflexion kann es ja sogar geschehen, dass man sich klar wird, dass es sich gar nicht um Mobbing handelt und für die Lösung des Problems ganz andere Wege beschritten werden müssen. Was würde geschehen, wenn man den Vorgesetzten in einer solchen Situation bereits mit einem Mobbingvorwurf konfrontiert hätte?

Das vorschnelle »erst mal die Gegenseite fragen« entspringt einer Furcht, als Berater ungerecht zu wirken, vereinnahmt sowie später als »parteiisch« beschimpft zu werden. Wer vorschnell die Gegenseite befragt, gerät als Berater oft in die paradoxe Situation, dass man beide Seiten irgendwie

verstehen kann und letztlich auch nicht mehr weiß, was man zur Beilegung des Konflikts beitragen könnte. Bei echtem Mobbing kommt hinzu, dass eine Seite eben mit gezinkten Karten spielt. Die Gefahr ist immens, dass der Mobber seine Attacken intensiviert, während Sie noch dabei sind, das Problem verstehen zu wollen.
Vertrauen Sie Ihrem eigenen Urteilsvermögen. Hat der Betroffene nachvollziehbar Probleme? Leidet er? Möchte er die Situation in einer Weise und mit einer Zielrichtung ändern, die berechtigt erscheint? Haben die Schilderungen des Betroffenen Hand und Fuß? Gibt es externe Fakten sowie Indizien, die dafür sprechen, dass Ihnen die Wahrheit mitgeteilt wurde? Warum reicht Ihnen das nicht? Glauben Sie, dass ein Mobber auf Nachfrage zugeben wird: »Stimmt, ich habe tatsächlich gemobbt. War nicht so toll, sehe ich ein. Gut, dass Sie mich darauf ansprechen. Mach' ich nicht mehr.«

Bedenke:
Berater verzichten während der Mobbinganalyse auf eine frühzeitige Befragung des Mobbers, weil dadurch der Betroffene unvorbereitet in eine wenig kontrollierbare Zuspitzung der Auseinandersetzung geraten würde.

Die Hauptsorge von Betriebs- sowie Personalräten liegt vermutlich darin, dass sie einem Aufschneider zum Opfer fallen könnten, der ihnen nur glaubhaft vorspielt, Mobbing ausgesetzt zu sein. Der Versuch, solchem Missbrauch zu entgehen, in dem man die potentiellen Täter möglichst schnell nach seiner Sicht der Dinge befragt, löst das Dilemma nicht. Wir appellieren deshalb, die Mobbinganalyse gemeinsam mit dem Betroffenen gründlich zu Ende zu bringen und sich damit Klarheit zu verschaffen, wo die Probleme zu liegen scheinen und was der Betroffene braucht, um seine Arbeit gesund und motiviert leisten zu können. Man vergibt sich nichts an vermeintlicher Fairness, wenn man die andere Seite erst später zu Wort kommen lässt.

2.1.3 Dokumentation durch den Betroffenen – Das Mobbing-Tagebuch

Im Beratungsgespräch mit dem Betroffenen werden typischerweise sehr viele Dinge angesprochen. Dabei den Überblick zu behalten, ist schwierig. Deswegen ist es ein sinnvoller Arbeitsauftrag, von dem Betroffenen aus seiner Sicht eine vollständige Dokumentation des bisherigen Geschehens anfertigen zu lassen. Die Vorgänge beim Mobbing sind zu komplex, als dass man sich nur auf das Gedächtnis verlassen kann. Einen solchen Bericht zu verfassen ist für den Betroffenen zwar keine leichte, aber eine durchaus lohnenswerte Aufgabe.

Was der Lohn dafür ist? Der Mobbingbetroffene kann damit aus der defensiven Haltung heraustreten. Das Geschehen verliert seinen überwältigenden Charakter, es lässt sich systematischer anschauen. Dadurch, dass die Mobbingvorfälle gedanklich bearbeitet und gemeinsam mit dem Berater und/oder weiteren Personen besprochen werden, kann der Mobbingbetroffene emotionalen Abstand zum Geschehen gewinnen. Die Betrachtung des Mobbinggeschehens wird versachlicht. Eine ausführliche und sachliche Dokumentation kann zudem bei einer innerbetrieblichen sowie einer eventuell nachfolgenden juristischen Aufarbeitung der Mobbingsituation helfen. Ob man diese handschriftlich anfertigt oder dazu einen Computer nutzt, ist ohne Bedeutung.
Während die Dokumentation des Erlebten einen systematischen Blick in die Vergangenheit erlaubt, dient ein Mobbing-Tagebuch dem Festhalten der aktuellen Vorfälle und Begleitumstände. Es unterscheidet sich von einem herkömmlichen Tagebuch dadurch, dass über den Inhalt auch diskutiert wird. Was in dem Mobbing-Tagebuch festgehalten werden sollte, zeigt die Abb. 29.
Ein Mobbing-Tagebuch ist sinnvoll, jedoch kein unbedingtes Muss. Schließlich fällt nicht jedem Mobbingbetroffenen das Schreiben leicht. Als Alternative dazu können Aufzeichnungen auch im Verlaufe des Beratungsgesprächs gefertigt werden.

Abb. 29: Leitfragen für das Mobbing-Tagebuch

1. Was ist heute wann genau wie vorgefallen?
2. Welche äußeren Bedingungen/Umstände lagen vor?
3. Wer ist direkt/indirekt gegen mich vorgegangen und wer hat zugeschaut?
4. Was war der erkennbare Zweck oder das vermutliche Ziel der Handlung?
5. War ein bestimmter Anlass ausschlaggebend, ist eine besondere Ursache zu erkennen?
6. Welche Gefühle und Reaktionen wurden bei mir ausgelöst?
7. Konnte ich auf den Vorfall angemessen reagieren und wie habe ich überhaupt reagiert?
8. Wer oder was hat mich unterstützt?
9. Gab es Zeugen für den Vorfall und/oder weitere bzw. andere Beweise?

2.1.4 Die Mobbing-Landkarte

Eine weitere Möglichkeit, das »Mobbingpuzzle« zusammenzusetzen, besteht in der Erstellung einer Mobbing-Landkarte (vgl. Abb. 30). Darauf werden alle Personen dargestellt, welche mit dem Mobbingbetroffenen in einem arbeitsmäßigen, organisatorischen sowie kommunikativen Zusammenhang stehen – also nicht bloß diejenigen, die etwa das Mobbing

unmittelbar betreiben, sondern auch desinteressierte, neutrale und natürlich auch wohlgesonnene Personen. Womöglich gibt es weitere »Opfer«. Wenn man so will, erstellen wir ein »Organigramm des Mobbing« in dem betreffenden Arbeitsbereich. In die Mobbing-Landkarte müssen insbesondere auch die Personen in der übergeordneten Hierarchie eingetragen werden, unabhängig von ihrer bisherigen Einbeziehung oder Beteiligung. Im Einzelfall können auch externe Personen wichtig sein.
Welchen Sinn macht eine solche Landkarte? Sie verhilft zu einer realistischen Einschätzung des Kräfteverhältnisses am Arbeitsplatz. Beispielsweise unterschätzen Betroffene immer wieder die Menge an potentiellen Mitstreitern sowie heimlichen Helfern. Es kann sich deutlicher herausstellen, dass der Mobbingbetroffene gar nicht der Einzige ist, dem übel mitgespielt wird oder etwa, dass der Mobber sehr isoliert dasteht. Die Mobbing-Landkarte kann ein Anreiz sein, die Beziehungen des Betroffenen systematisch auszubauen. Manchmal macht eine solche Darstellung deutlich, dass es einen bisher unerkannten Drahtzieher geben muss. Hilfreich ist eine Mobbing-Landkarte insbesondere dann, wenn Entscheidungsträger sowie Externe schnell und umfassend über die Situation in Kenntnis gesetzt werden müssen. Eine optisch übersichtliche Darstellung ist hier stets viel beeindruckender als ausführliche mündliche Beschreibungen.

Abb. 30: Beispiel für eine Mobbing-Landkarte

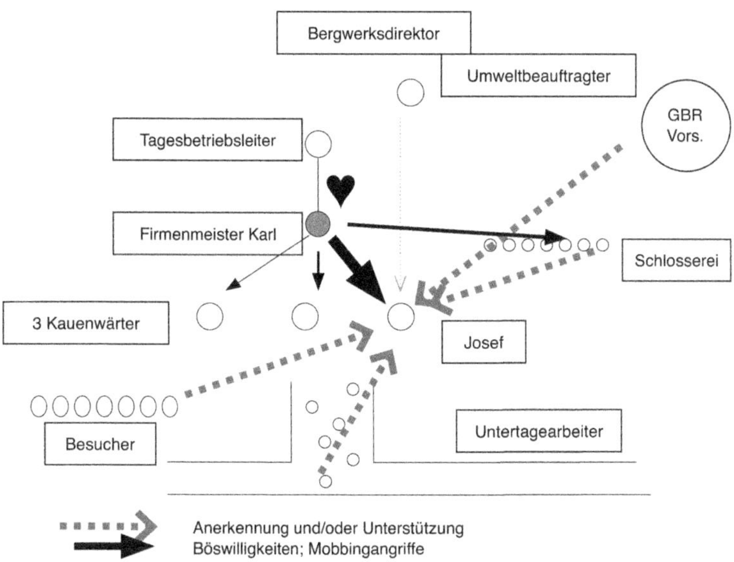

Neben den handelnden (oder abwartenden) Personen werden in der Mobbing-Landkarte die Beziehungen und deren (z.B. feindselige, freundliche) Aktivitäten untereinander durch Pfeile und Beschriftungen kenntlich gemacht. Gegebenenfalls muss auch ein Feld für ehemalige Mobbingbetroffene, welche die Abteilung schon verlassen mussten, eingerichtet werden.

2.1.5 Der Mobbing-Kalender

Der Mobbing-Kalender ist keine eigenständige Informationsquelle, sondern ein weiteres Mittel, um die bereits vorhandenen Informationen zu strukturieren und damit besser begreifen zu können. Es geht darum, einen Überblick über den zeitlichen Verlauf des Mobbing zu bekommen. Wann gab es (aus heutiger Sicht) die ersten Andeutungen von Feindseligkeit? Ab wann wurde es systematisch? In Verbindung mit dem vierten Analyseschritt kommt es hier gelegentlich zu aufschlussreichen Einsichten. Banale Anlässe können sich im Nachhinein als die Auslöser von Mobbing herausstellen.
Aber auch aus dem weiteren Verlauf des Mobbing lassen sich Schlüsse ziehen. Gab es Schwankungen, Höhepunkte und/oder Phasen relativer Ruhe? Standen vielleicht organisatorische oder personelle Veränderungen mit der Intensität oder der Art des Mobbing in Zusammenhang? Nicht selten wird bei einer derartigen Aufstellung deutlich, wie lange das Mobbing tatsächlich schon andauert.

2.1.6 Weitere Informationsquellen

Im Prinzip können ergänzende Informationen von allen direkt und indirekt am Geschehen Beteiligten eingeholt werden. Sie runden das Bild ab und lassen manches von dem, was der Betroffene erlebte, in einem anderen Licht erscheinen. Das Problem ist: Viele Arbeitskollegen erleben sich selbst als potentiell mobbinggefährdet und halten sich bedeckt oder »neutral«. Wenn der Berater Glück hat, erhält er Auskünfte hinter vorgehaltener Hand. Man sollte jedoch nicht vergessen, dass solche Aussagen immerhin die ursprünglichen Schilderungen des Betroffenen definitiv bestätigen.

Bedenke:
Ergänzende Informationsquellen über die Mobbingvorkommnisse
- Eigene Beobachtungen des Beraters
- Berichte aus dem Arbeitsbereich (z.B. Arbeitskollegen, Vorgesetzte)
- Berichte von Außenstehenden (z.B. Betriebsarzt, Therapeut, Seelsorger, Beratungsstelle)

- Beweise und Indizien (z. B. E-Mails, Inhalte in soziale Medien, herabsetzende Beurteilungen, schikanöse Weisungen)
- Diejenigen, die das Mobbing betreiben sollen

Berichte von unbeteiligten Dritten (z. B. Kunden, Dienstleister) können hilfreich sein. Hier muss man von keiner Verstrickung und keiner Selbstschutzmentalität ausgehen. Von Vorteil ist es, wenn sich der Berater persönlich einen Eindruck verschaffen kann. Das ist manchmal schwer, wenn das Mobbing überwiegend im Verborgenen oder in Vier-Augen-Situationen durchgeführt wird. Dem kann in einem gewissen Rahmen Abhilfe verschafft werden, wenn etwa ein Betriebs- bzw. Personalratsmitglied im Augenblick des Mobbingübergriffs mittels Handy kontaktiert, sodann »zufällig« am Ort des Geschehens erscheint und den Vorfall unvermittelt erlebt.

Bedenke:
Achten Sie auf eine frühzeitige Sicherung von geeigneten Beweisen.

Hilfreich sind alle Beweise, welche die Mobbingangriffe bestätigen. Dies können unter anderem schriftliche Weisungen, E-Mails, widersprüchliche Beurteilungen, Dienstpläne sowie zerrissene Unterlagen sein. Die Beschaffung bzw. Sicherung solcher Beweise sollte Aufgabe des Mobbingbetroffenen sein.

2.2 Das Problem einschätzen (Zweiter Analyseschritt)

Im ersten Analyseschritt ging es um die umfassende Sammlung und Aufbereitung von Informationen. Im zweiten Schritt ist eine erste inhaltliche Beurteilung erforderlich: Ist es tatsächlich Mobbing – mit der Perspektive Arbeitsplatzverlust? Liegt psychische Gewalt vor – mit der Gefahr der psychischen Desintegration? Oder haben wir es eher mit einem Fall von Belästigung zu tun, mit einer betrieblichen »Nervensäge«, die aber nicht wirklich Schaden anrichtet, wenn man sie nur richtig zu nehmen weiß? Handelt es sich womöglich »nur« um einen ernstzunehmenden und langwierigen Konflikt, den die Beteiligten aber aufgrund ihrer Verstrickung nicht alleine bewältigen können, oder reagiert jemand komplett überempfindlich und interpretiert jede Bemerkung als beginnendes Mobbing?

2.2.1 Das Problem auf den Punkt bringen

Um diese ernsthafte Einschätzung dürfen sich die Beteiligten nicht herumdrücken. Bei Mobbingbetroffenen lässt sich oftmals beobachten, dass sie selbst davor zurückschrecken, beim richtigen Namen zu nennen, was ihnen angetan wird. Vielleicht spielt hier magisches Denken eine Rolle – nach dem Motto: Solange das erlittene Übel noch nicht mit dem Wort »Mobbing« bezeichnet wurde, ist es vielleicht auch kein Mobbing. Aber auch manche Berater zeigen eine Scheu, die offensichtlichen Dinge beim Namen zu nennen. Es ist ja richtig, nicht vorschnell und leichtfertig zu (ver-)urteilen, aber man kann es mit Neutralitätsgehabe auch übertreiben. Diese Absicherungshaltung führt manchmal zu hilflosen Versuchen, erst unendliche viele Informationen zu sammeln, danach unterschiedlichste Fachmeinungen einzuholen, die Meinung von Arbeitskollegen und auch dem Mobber abzufragen, um sich letztendlich doch auf keine verbindliche Einschätzung festzulegen.

Abb. 31: Einschätzung: Ist es Mobbing – oder was?

1. Feststellen, ob detaillierte und **glaubwürdige Informationen**, Schilderungen, Belege, Bestätigungen, eigene Beobachtungen … vorliegen, die ein inhaltliches Urteil gestatten
2. Feststellen, welches Maß an sozialer, beruflicher, gesundheitlicher sowie psychischer **Beeinträchtigung** besteht oder droht
3. Einschätzen, welcher Definition das Geschehen am ehesten entspricht

• **Falscher Alarm**	• **Machtmissbrauch**	• **Körperliche Gewalt, Bedrohung**
• **Einfacher Konflikt** (evtl. überbewertet)	• **Schwerwiegender, aber offener Konflikt**	• **Extremer Konflikt (unterschwellig, bösartig)**
• **Konflikt mit Mobbingrisiko**	• **Mobbing im Anfangsstadium**	• **Mobbing**
• **(Sexuelle) Belästigung**	• **Diskriminierung**	• **Psychische Gewalt**
• **Etwas anderes: …**		

Hinweis:
Fundstellen der Definitionen im Text

- Mobbing (Kapitel A.1. und A.2., Abb. 1) sowie Bossing (Kapitel A.4.4)
- Konflikt (Kapitel A.3., Abb. 9)
- psychische Gewalt (Kapitel A.5.2, Abb. 14) sowie Gewalt (Kapitel A.5.1)
- Diskriminierung sowie (sexuelle) Belästigung (Kapitel E.)

Der Berater und der Betroffene müssen das Geschehen ernsthaft bewerten und zu einer Einschätzung kommen: Belästigung, Konflikt, psychische Gewalt, Stressfolgen, Mobbing – oder eben nichts davon. Warum? Erstens, weil sich, je nachdem, vollständig unterschiedliche Bedrohungen sowie Chancen für den Betroffenen ergeben. Zweitens, weil sich, je nachdem, sehr unterschiedliche Herangehensweisen empfehlen bzw. kontraproduktiv sein können (s. a. Abb. 31).

2.2.2 Das Problem gegen den Strich bürsten

Manchmal besteht eine Unsicherheit darüber, welche Art von »Spiel« betrieben wird. Oft tappt man beispielsweise im Dunkeln darüber, was die Motive und Hintergründe von Mobbing angeht. Aber die Taten sprechen dann bei einem genaueren Hinsehen doch eine eindeutige Sprache. Es kann aber auch sein, dass die Verhältnisse für jedermann – Beteiligte wie Beobachter – zweideutig, widersprüchlich und undurchsichtig sind.
In solch einer Situation kann es hilfreich sein, wie die Kriminalisten im Tatort die Fakten aus ganz unterschiedlichen Richtungen anzuschauen und Spekulationen nach dem Motto: »Was wäre, wenn …?« anzustellen. Es geht sozusagen darum, das bisherige Wissen gegen den Strich zu bürsten (vgl. Abb. 32).

Beispiel:
In einem Mobbingfall blieb zunächst unbegreiflich, warum der Mitarbeiter Müller immer wieder mit vehementer Wut auf den Leiter der Betriebsfeuerwehr losging und ihm das Leben schwer machte. Es war kein persönliches Motiv zu erkennen. Müller meinte lediglich, dass er den Leiter nicht leiden könne, weil dieser so autoritär sei. Das erklärte aber keineswegs die Heftigkeit der Angriffe und ebenso wenig die Tatsache, dass Müller selbst über Magengeschwüre klagte, die er aufgrund der Auseinandersetzungen hätte. Schließlich fiel einem Betriebsratsmitglied auf, dass die Wutausbrüche immer nur dann auftraten, wenn Herr Müller mit Herrn Schneider gemeinsam Dienst hatte. Diese zunächst nebensächliche Beobachtung war schließlich der Schlüssel zum Verständnis des Mobbingproblems. Es stellte sich heraus, dass Herr Schneider der eigentliche Betreiber des Mobbing war. Dieser hatte sich ebenfalls auf die Leitungsstelle beworben, war jedoch nicht berücksichtigt worden. Schneider schob rachsüchtig den cholerischen Müller vor, um dem Leiter der Betriebsfeuerwehr das Leben schwer zu machen.

Abb. 32: Paradoxe Fragen

- Welche Art von Übergriffen/Angriffen wurde definitiv nicht eingesetzt und was waren die Gründe dafür (z. B. Fairness, Furcht, mangelnde Intelligenz)?
- Standen die heutigen Gegner früher oder zwischenzeitlich in einer positiven Beziehung?
- Wären die Auseinandersetzungen plausibler, wenn man sich vorstellt, dass bei einigen Beteiligten noch »alte Rechnungen« offen sind, die hier insgeheim noch beglichen werden sollen?
- Welche problematischen »Kleinigkeiten« aus der Anfangszeit der Auseinandersetzung können aus heutiger Sicht der Stein des Anstoßes gewesen sein?
- Werden die Übergriffe/Angriffe auf eigene Rechnung oder möglicherweise für einen Dritten durchgeführt und wer eventuell ist die graue Eminenz bzw. der Drahtzieher?
- Könnten Motive wie Neid, Eifersucht und Ansehensverlust die entscheidende Rolle spielen?
- Fehlt dem Team ein »äußerer Feind« oder ein größeres Problem oder eine größere Herausforderung?
- Ist den Beteiligten überhaupt klar, um welche konkreten Streitpunkte es geht und was könnten die sinnvollen Sachthemen sein, über die sich die Beteiligten richtig streiten könnten?
- Werden kriminelle Aktivitäten (z. B. Betrug, Bestechung, Vorteilsnahme) verdeckt?
- Wie schlimm würde es (in der Phantasie der Beteiligten) sein, wenn das Problem gelöst wäre?

2.3 Die Ziele bestimmen (Dritter Analyseschritt)

Worauf genau sollen all die Anstrengungen hinauslaufen? Dies ist keine triviale Frage. Denn wenn die akut Betroffenen von Mobbing und psychischer Gewalt in die Beratung kommen, wollen sie zumeist nur eines: »Es soll aufhören!«. Wenn Sie wieder beginnen, Pläne zu machen, dann wünschen sie sich meistens: »Ich will nur ganz in Ruhe arbeiten dürfen«.
Solche Wünsche sind menschlich gesehen mehr als verständlich. Sobald es aber darum geht, betriebliche Entscheidungsträger wie Vorgesetzte, die Personalabteilung oder gar die Geschäftsführung zu überzeugen, dann müssen die Ziele (Forderungen) deutlicher formuliert werden.
In der Abb. 33 finden sich Vorschläge für die großen Zielrichtungen. Es geht aber ebenso um das »Kleingedruckte«. Die Leitfrage sollte lauten: Wie müsste zukünftig der Umgang miteinander, die Kommunikation untereinander und das Zusammenarbeiten sowohl in guten als auch in stressigen Zeiten organisiert sein, damit die Zusammenarbeit den Standards (d. h. Miteinanderumgehen nach Recht und Gesetz, Schutz der Persön-

lichkeitsrechte) genügt? Was müsste definitiv unterlassen werden, damit es nicht wieder zu Mobbing oder psychischer Gewalt kommt?
Die Erwartungen des Betroffenen bezüglich der zukünftigen Gestaltung der Kommunikation und der Arbeitsgestaltung sollten klar und nachvollziehbar zum Ausdruck gebracht werden.

Beispiel:
»Ich möchte fachlich angemessene Antworten, wenn ich eine fachliche Frage stelle. Nur auf diese Weise kann ich sachgerecht eingearbeitet werden. Ich möchte, dass auch mir Kaffee mitgebracht wird, wenn das für alle anderen erfolgt. Ich möchte kritische Anmerkungen zu meiner Arbeit direkt hören, anstatt dass sie hinter meinem Rücken geäußert werden. Ich bin offen für Kritik, denn ich möchte Fehler vermeiden. Aber ich bitte mir aus, dass Kritik sachlich und ohne Beleidigungen mit Worten oder Mimik vorgetragen wird. Ich möchte auch die Gelegenheit bekommen, meinen Obolus einzubringen, wenn für ein Geburtstagsgeschenk gesammelt wird.«

Pauschale Appelle wie etwa »Hört doch endlich auf mit dem Quatsch!« geben dem Mobber keine ausreichend klare Richtung vor. Was denn Quatsch ist und wo er aufhört, bleibt ihm überlassen.

Abb. 33: Zielrichtungen bei Mobbing und psychischer Gewalt

Verwandlung in einen sachlich lösbaren Konflikt, z. B. durch
- Erzwingen eines offiziellen Schlichtungsverfahrens
- Umwandlung des personenbezogenen Mobbing in einen Sachkonflikt
- Festlegung auf soziale und berufliche Standards im gegenseitigen Umgang

Wirkungsvolle persönliche Gegenwehr, z. B. durch
- Veränderung des Kräfteverhältnisses
- »Immunisierung« des Betroffenen gegen die Angriffe
- Den Mobber mit seinen eigenen Mitteln schlagen, seine »Leichen im Keller« finden

Erfolgreiche Unterdrückung weiterer Mobbingangriffe, z. B. durch
- einhellige Missbilligung von Mobbing, offene Solidarisierung mit dem Betroffenen
- betriebliche Öffentlichkeitsarbeit (z. B. Bloßstellen der Mobbingangriffe)
- Abmahnung des Mobbers durch die Arbeitgeberseite

Wiederherstellung des guten Rufs, z. B. durch
- eine Ehrenerklärung der Arbeitsgeberseite (z. B. Geschäftsführer)

Wiedergutmachung erlittener beruflicher Nachteile, z. B. durch
- Einsatz in dem bisherigen Bereich
- Ausgleich von finanziellen Nachteilen
- Angebot einer beruflichen Qualifizierung

Geordneter eigener Rückzug (bei einer großen Verletzungsmacht des Mobbers), z. B. durch
- eigene Versetzung in einen unproblematischen Arbeitsbereich
- Kündigung des Arbeitsvertrags
- Abschluss eines Auflösungsvertrags

Trennung der Konfliktparteien, z. B. durch
- Unterschiedliche Arbeitszeiten
- Versetzung der Konfliktparteien

Sanktionierung des Mobbers, z. B. durch
- Abmahnung des Mobbers
- soziale Verurteilung des Mobbers im Betrieb bzw. in der Dienststelle

> **Bedenke:**
> Den Mobbern gegenüber sollte klar formuliert werden, welches Verhalten zukünftig erwartet wird und welche negativen Verhaltensweisen zu unterlassen sind. Diese Forderungen sollten so formuliert werden, dass insbesondere unbeteiligte Dritte sagen müssten: Ja, das ist doch normal, dass man so arbeiten möchte. Ja, das sind ganz berechtigte Erwartungen.

Es hat einen doppelten Vorteil, wenn der Mobbingbetroffene seine Erwartungen als positive Forderungen formuliert. Erstens zeigt es, dass er an Sicherheit gewonnen hat. Zweitens bringt eine klare verbale Vorgabe den Mobber eher in Zugzwang, inhaltlich erklären zu müssen, wieso er zur Erfüllung dieser Forderungen nach einem fairen Umgang nicht bereit ist. Dies gilt insbesondere, wenn das Mobbingproblem offiziell etwa mit dem Vorgesetzten oder am offiziellen runden Tisch diskutiert wird.

Nach unseren Erfahrungen fällt Betroffenen diese Art von detailgenauer Zielbestimmung nicht leicht. Manche wollen sich mit unbestimmten Formulierungen, wie »in Ruhe meine Arbeit machen« oder »es soll aufhören« zufriedengeben. Der Berater muss hier Überzeugungsarbeit leisten, weil damit die Überzeugungskraft gegenüber neutralen Außenstehenden zunimmt.

2.4 In die Haut des Mobbers schlüpfen (Vierter Analyseschritt)

Die zentrale Frage beim vierten Analyseschritt lautet: Warum mobben die Mobber überhaupt und warum tun sie es mit der bisher gezeigten Ausdauer? – wobei das Wort »Mobbing« hier stellvertretend für psychische Gewalt oder Diskriminierung stehen kann, ebenso wie für die große Hartnäckigkeit oder Militanz in einem eskalierten Konflikt. Was treibt den oder die Mobber an?

> **Wichtige Fragestellung:**
> Warum betreiben die Mobber das Mobbing, anstatt ihre legitimen Interessen auf zivile und sozialverträgliche Weise zu verwirklichen?

Die Antworten, die man gewinnt, sind in zweierlei Hinsicht wichtig: Erstens quält es viele Betroffene von Mobbing oder anderer psychischer Gewalt, dass sie nur schwer verstehen, warum sie überhaupt angegriffen werden. Sie suchen mehrheitlich in irgendeiner Weise die Schuld bei sich selbst und fragen sich unentwegt: Was habe ich bloß (falsch) gemacht? Warum ich? Ich habe mir doch so viel Mühe gegeben, was hätte ich bloß noch tun sollen? In diesem Selbstzweifel werden sie von den Mobbern selbstredend gern bestärkt. Je mehr der Betroffene aber die »Logik« von Mobbing verstehen lernt, im Prinzip und im konkreten Fall, umso mehr seelischen Abstand kann er gewinnen. Mit Erstaunen stellen Betroffene fest, wie weit die Mobber von persönlicher Stärke entfernt sind, von welchen Ängsten und welchem Kleinmut sie angetrieben werden. Viele Betroffene erleben es schließlich als eine seelische Befreiung, wenn ihnen diese toxische Mischung aus Erbärmlichkeit, Niedertracht und Machtinstinkt bei den Tätern in aller Deutlichkeit bewusst wird. Und damit zerreißt das Gefühl der eigenen Ohnmacht und Unterlegenheit.
Zweitens liefern sie Aufschluss über mögliche Schwachstellen, Fehler, Ängste und Sorgen, Inkompetenzen, Überforderungen, Zwänge, Leichen im Keller sowie Hoffnungen und Ziele des Mobbers. Mobber handeln zwar nach außen aggressiv und wirken überlegen, aber nicht selten sind sie innerlich schwach und ihre Beweggründe sind defensiv. Bei jeder Form von zwischenmenschlicher Auseinandersetzung ist es von Vorteil, seinen Gegner möglichst genau zu kennen. Mobbing macht da keine Ausnahme. Vergessen wir nicht: Mobbing ist keine sehr souveräne Art, sein Leben zu meistern und sich im Arbeitsleben einen angemessenen Platz zu erobern. Kompetenz sowie Menschenkenntnis wären besser. Wenn wir genau hinschauen, offenbart uns ein Mensch, der Mobbing betreiben

muss, sehr viel über seine Schwächen. Wenn das Überwinden von Mobbing insbesondere auch eine Frage der Macht ist, den Mobber am Weitermachen zu hindern, dann wird die Kenntnis seiner Schwächen ein wichtiges Instrument sein. Das kann in Form von Konfrontation geschehen, aber auch in Form einer einvernehmlichen Lösung, zu welcher der Mobber nicht mehr nein sagen kann. Das könnte zum Beispiel der Fall sein, wenn man ihm Gelegenheit gibt, sein »Gesicht« nicht zu verlieren.

Bedenke:
Ein Mensch, der Mobbing betreiben muss, offenbart ungewollt eigene Schwächen, Defizite und Ängste.

Wie bekommen wir heraus, was den Mobber im Innersten antreibt? Keiner würde öffentlich zugeben: »Ich mobbe gern und ich weiß keine bessere Methode, um mein eigenes Fell zu retten«. Man bekommt es eher indirekt heraus als auf direktem Wege. Wir verweisen zunächst auf unsere Ausführungen zu den persönlichen Motiven der Mobber in Kapitel A.4. Wenn man diese Erläuterungen liest und sich gleichzeitig einen konkret vorliegenden Fall vor Augen führt, dann sollten einige Assoziationen entstehen: Es muss Gründe dafür geben, warum gemobbt wird und keine anderen Mittel der Interessenwahrung benutzt werden: Der Mobber muss sich beeinträchtigt fühlen. Diese Beeinträchtigung kann aus der Vergangenheit herrühren (z. B. Rache, offene Rechnung). Sie kann in der Gegenwart liegen, aber auch in die Zukunft projiziert sein (z. B. Angst vor zukünftigen Nachteilen, Konkurrenzangst). Dem Mobber scheint ein fairer Interessenausgleich verbaut oder zu riskant. Seine Eigeninteressen sind größer als seine moralischen Bedenken und er hofft, dass die Probleme mit der erfolgreichen Ausgrenzung der gemobbten Person verschwinden werden. In die Haut des Mobbers zu schlüpfen bedeutet keineswegs, dass wir ein therapeutisches Mitgefühl entwickeln sollen und damit alles zu rechtfertigen.

Bedenke:
Sich in den Mobber einfühlen heißt nicht, sein Verhalten zu billigen und mit ihm übereinzustimmen.

Die Mobbermotive lassen sich oft aus den Worten, Behauptungen und Handlungen der Mobber erschließen. Oft genug attackieren Mobber ihre Opfer genau mit den Unterstellungen, bei denen sie selber Dreck am Stecken haben. Wer überall Lügen und Betrug wittert, der kennt sich möglicherweise selbst gut damit aus. Wer anderen überall Fehler nachzuweisen versucht, der ist häufig diesbezüglich selbst nicht gut aufgestellt, es sei denn, er wäre Perfektionist. Auch über diesen indirekten Weg lässt sich überraschend gut erschließen, ob die urtümliche Triebkraft des Mobbers etwa aus Eitelkeit, Angst vor Versagen oder Minderwertigkeitsgefühlen herrührt.

2.5 Kosten-/Nutzen-Rechnung des Mobbing (Fünfter Analyseschritt)

Im Folgenden geht es um die Ökonomie des Mobbing bzw. der psychischen Gewalt. Es ist ja nicht so, dass sich ein Mobber bewusst mit der Alternative auseinandersetzt: »Soll ich jetzt mobben oder nicht, wobei kommt mehr heraus?« Aus einem emotionalen Impuls heraus (oder aus Gewohnheit) hat er sich für das Mobben entschieden – und er bleibt dabei. Über Alternativen braucht er nicht nachzudenken, solange sein Mobbing »erfolgreich« in die für ihn richtige Richtung geht.

Es lohnt sich, die Gründe und Vorteile zusammenzutragen, warum sich das Mobbing aus Sicht eines Mobbers gut »rechnet«. Es liegt nahe, in diese Rechnung auch die großen, objektiven Schäden, die in einer Abteilung (in der gemobbt wird) entstehen, einzubeziehen – also die Nebenfolgen des Mobbing, wie etwa Ressourcenverschwendung für Manipulationen, Ausfallzeiten wegen Krankheit sowie geringere Produktivität. So merkwürdig das für Außenstehende auch erscheinen mag, in der inneren Kosten/Nutzen-Rechnung des Mobbers sind das keine relevanten Posten.

Was haben wir davon, wenn wir die Rechnung erstellt haben? Der Weg der Konfrontation wird uns Überlegungen abverlangen, wie sich die Kosten für das Mobbing so erhöhen lassen, so dass sich für den Mobber das Weitermachen nicht lohnt (vgl. Abb. 35).

Wenn die Hoffnung auf eine gemeinsame Lösung noch nicht erloschen ist, dann gibt es ein weiteres Verfahren. Es beginnt damit, dass wir uns ernsthaft fragen: Was hätte der Mobber eigentlich davon, wenn er mit dem Mobbing freiwillig aufhören würde? Was wäre, wenn sich der Mobber den Erwartungen des Betroffenen fügen und dementsprechend das Mobbing bedingungslos und vollständig einstellen würde? Sie können diesen Gedanken entsprechend der Vorlage in der Abb. 34 für Ihren konkreten Fall durchspielen.

Abb. 34: Kosten/Nutzen-Rechnung für die Beendigung von Mobbing

Meine Vorteile dabei
- keine Klagen und Beschwerden mehr
- keine Sanktionen gegen mich

aber sonst???

Meine Nachteile dabei:
- ich verliere mein Gesicht
- ich muss nachgeben
- ich setzte mich ins Unrecht
- meine Macht wird eingeschränkt
- verminderter Respekt vor mir
- kann meine Pläne nicht durchsetzen
- andere machen es dann nach
- muss berufliche Nachteile befürchten

Abb. 35: Gegenmaßnahmen, damit sich Mobbing nicht mehr »rechnet«

- Erfolgreiche Gegenwehr des Mobbingbetroffenen
- Mobbinghandlungen zeigen keine Wirkung mehr
- Mobbing wird öffentlich missbilligt, die allgemeine Meinung wendet sich gegen den Mobber
- Sanktionen werden angekündigt bzw. durchgesetzt
- Berufliche Anerkennung, soziale Akzeptanz und Wirkungsmacht der Mobbers sinken
- Empfindliche (Arbeits-)Rechtliche Konsequenzen drohen
- Gegen-Mobbing (sehr problematisch)

Typischerweise überwiegen aus der Sicht des Mobbers die Nachteile. Das gilt sowohl in quantitativer als auch in qualitativer Hinsicht. Im ersten Durchgang muss man oft eine ernüchternde Bilanz ziehen: Es gibt für

Mobber wenig Gründe, freiwillig aufzuhören. Allerdings gibt es eine Hintertür, die wir im sechsten Analyseschritt öffnen.

2.6 Brücken bauen (Sechster Analyseschritt)

Im sechsten Schritt geht es um einen Test. Wir prüfen, ob eine einvernehmliche Lösung überhaupt realistisch ist. Wir gehen von der obigen Kosten/Nutzen-Rechnung aus, die wir so realitätsnah wie möglich erstellt haben (vgl. Abb. 34). Sehr wahrscheinlich gibt es aus der Sicht des Mobbers wesentlich mehr Nachteile als Vorteile. Daher überlegen wir, wie eine Kosten/Nutzen-Rechnung aussehen muss, die es dem Mobber ermöglichen könnte, von dem Mobbing abzulassen (vgl. Abb. 36). Wir suchen nach einer Brücke.

Abb. 36: Suche nach einer Brücke

Meine Vorteile dabei

- keine Klagen und Beschwerden mehr
- keine Sanktionen gegen mich
- eine Übereinkunft wird mir als Charakterstärke angerechnet
- Mitarbeiter wird besser eingearbeitet und ausgebildet; das nützt auch mir
- Sachmittelausstattung wird verbessert

Meine Nachteile dabei:

- verliere mein Gesicht
- habe nachzugeben
- muss einen Fehlerzugeben
- meine Macht wird eingeschränkt
- muss mir Respekt neu erwerben
- kann nicht alle Pläne durchsetzen
- andere machen es dann nach
- berufliche Nachteile sind zu befürchten

Ist es möglich, einige der aus Sicht des Mobbers bestehenden Nachteile abzuschwächen oder nicht eintreten zu lassen? Können wir ihm zusätzliche Vorteile in Aussicht stellen, sofern er bereit ist, sich auf eine einvernehmliche, nachhaltige Einigung einzulassen? Bei diesen Zugeständnissen dürfen natürlich weder ethische noch gesetzliche Normen verletzt werden. Stellt man es geschickt an, dann kann man zuerst ein glaubwürdiges Druckpotential aufbauen Das Angebot an den Mobber besteht darin, von der Umsetzung der drohenden Sanktionen abzusehen.

Es geht darum, Vorteile zusammenzutragen, die es dem Mobber erleichtern können, von Mobbing abzulassen – und nicht um »objektive« Vorteile.

Dieser Unterschied sollte berücksichtigt werden. Zu beachten ist zudem, dass wir uns immer noch in der Mobbinganalyse befinden, d.h. wir verhandeln noch nicht, sondern wir betreiben ein gedankliches Sandkastenspiel für die in Kürze stattfindenden Gespräche mit dem Mobber. Wenn wir bei diesen Überlegungen zu der Überzeugung gelangen, dass es für den Mobber subjektiv (aus seiner Sicht) keinerlei Vorteile bringt, wenn er mit dem Mobben aufhört, dann wird der Weg aus dem Mobbing wahrscheinlich über Konfrontation gehen müssen.

Den fünften und den sechsten Analyseschritt brauchen wir bei Fällen von psychischer Gewalt nicht. Bei purer psychischer Gewalt ist die perverse Kommunikation ja Selbstzweck. Der Täter will Macht und Abhängigkeit zu spüren, Verletzlichkeit und Desorientierung erzeugen, um genau dies zu genießen. Das intensive Einfühlen in die Motivlage des Mobbers, um ihm lösungssuchend entgegenzukommen, würde dem Täter nur für weitergehende Manipulationen in die Hände spielen.

2.7 Ohnmacht und Stärken des Betroffenen (Siebter Analyseschritt)

Mobbing ist gemein – es kann auch den Stärksten treffen, wenn es ihn an seiner schwächsten Stelle erwischt. Ein Mobbingbetroffener fühlt sich typischerweise den Angriffen zunächst ohnmächtig ausgeliefert. Aber diese Ohnmacht wird nicht durch die wirkliche Macht oder Überlegenheit des Mobbers erzeugt, sondern sie entsteht im Kopf des Betroffenen.

Der siebte Analyseschritt verlangt Fingerspitzengefühl im Umgang mit dem Ratsuchenden. Einerseits neigen Mobbingbetroffene sehr schnell dazu, sich selbst zu beschuldigen und die Schuld bei sich zu suchen. Und es ist wichtig, ihnen zu helfen, diese zerstörerischen Selbstbezichtigungen abzustellen. Andererseits reagieren sie sehr empfindlich auf mögliche Vorhaltungen und Hinweise auf Versäumnisse. Im Psycho-Jargon wird gerne von den »eigenen Anteilen« gesprochen, mit denen man selbst zu den zwischenmenschlichen Schwierigkeiten beigetragen hat, unter denen man leidet. Für diejenigen, die durch Mobbing, insbesondere aber durch psychischen Gewalt betroffen sind, hört sich der Begriff »eigener Anteil« immer wie eine verdeckte Schuldzuschreibung an.

2.7.1 Wie kommen Ohnmacht und Schwachstellen zustande?

Wenn Vertrauen zwischen dem Betroffenem und dem Berater besteht, dann ist es jetzt an der Zeit, auch einen genaueren Blick auf selbstverschuldete Fehler und/oder Versäumnisse zu werfen, ebenso auf unverschuldete Schwachstellen des Mobbingbetroffenen. Das darf nicht zu Kommentaren und Ratschlägen der folgenden Art führen: »Sei doch nicht so empfindlich!« oder »Warum hast du nicht dies und das getan?«. So etwas hat der Mobbingbetroffene wahrscheinlich schon öfter gehört. Geholfen hat es nicht, solidarisch war es ebenfalls nicht.

Das muss eine gemeinsame Arbeit sein. Sie kann dadurch unterstützt werden, dass sich der Betroffene auch an einer anderen, vertrauten Stelle (z. B. Partner, Therapeut, Selbsthilfegruppe) damit auseinandersetzt und die Ergebnisse der dortigen Überlegungen in die Mobbinganalyse einbringt.

»Ohnmacht« ist nicht einfach etwas, das einem durch die dominanten Handlungen anderer aufgezwungen wird, sondern auch eine psychologische Bereitschaft, ein Gefühl, das sich entwickelt hat. Das Ohnmachtsgefühl eines Mobbingbetroffenen kann beispielsweise die direkte Folge der scheinbar unumschränkten Macht eines Geschäftsführers oder des Machtmissbrauchs eines Vorgesetzten sein. Aber kein Mensch hat real unumschränkte Macht. Kann es sich nicht auch umgekehrt verhalten? Weil sich der Mobbingbetroffene unsicher gefühlt und entsprechend verhalten hat, wuchs dem Mobber seine Macht überhaupt erst zu. Diesen Gedanken zu akzeptieren fällt vielen Mobbingbetroffenen schwer. Manche sehen lieber ausschließlich Übergriffe und Machtmissbrauch.

> **Bedenke:**
> Mobbingbetroffene sollten sich ihrer Schwachstellen bewusst werden und sie dem Zugriff des Mobbers entziehen. Das Ausnutzen der Schwachstellen des Betroffenen ist der einzige machtvolle Hebel, über den der Mobber seine psychologische Verletzungsmacht ausüben kann.

Der ökonomischen und juristischen Macht der Arbeitgeberseite sind alle Beschäftigten ausgesetzt. Soziale und fachliche Macht lassen sich aushandeln und diskutieren. Aber bei Mobbing und insbesondere bei psychischer Gewalt spielt der psychologische Aspekt von Macht/Ohnmacht die entscheidende Rolle. Die Macht eines Mobbers über den Mobbingbetroffenen kommt auch deswegen zustande, weil sich der Betroffene selbst in einem gewissen Maß »angriffswürdig« fühlt. Jeder Mensch hat Elemente in seiner Biographie, in seinem Charakter, in seiner Arbeitsleistung usw., die nicht perfekt, nicht optimal und/oder nicht sozialverträglich sind. Sobald der Mobber ein solches Element herausfindet und dann gezielt oder intuitiv gegen den Betroffenen zur Anwendung bringt, »spielt« der Betroffene freiwillig-unfreiwillig mit. Wir nennen dieses fatale Phänomen »inneres Einverständnis« (vgl. Abb. 37).

Beispiel:
Eine junge Führungskraft aus Brandenburg wird für drei Monate einer Ausbilderin am Standort Düsseldorf unterstellt. Die dortige Führungskraft macht regelmäßig abfällige Bemerkungen über »Ossis« und erschwert der neuen Kraft die Einarbeitung in jeder Hinsicht. Mit lapidaren Bemerkungen, etwa wie man die Uhrzeiten in richtigem Deutsch sagen müsse (z. B. »Viertel vor Eins« statt »Dreiviertel Eins«) wird der Neuen täglich Unfähigkeit und Provinzialität bescheinigt. Obwohl sie sich fachlich so schnell eingearbeitet hat, dass sie die Aufgaben allein meistern kann, als ihre Ausbilderin in Urlaub ist, bleibt sie verunsichert. Sie ist sich nicht sicher, ob sie es mit ihrem »Ossi«-Migrationshintergrund mit den Menschen im mondänen Düsseldorf wohl jemals aufnehmen kann.

Abb. 37: Definition »Inneres Einverständnis«

Bei wirksamen Mobbinghandlungen schwingt auch in den Betroffenen eine Saite mit. Sie zeigen sich verletzlich, weil der Mobbingangriff in irgendeiner Weise auf ihre eigene Unsicherheit, Selbstzweifel oder Unzufriedenheit mit sich selbst trifft. Sie sagen sich: »Ja, ich muss insgeheim zugeben, dass ich nicht perfekt gehandelt habe, nicht alles wusste, etwas nicht gleich begriffen habe.« Und dieses winzige innere »Ja, da ist etwas dran« untergräbt bei den Betroffenen die Gewissheit der Berechtigung, sich mit aller Macht gegen die Boshaftigkeit, Verlogenheit und Grausamkeit des Mobbingangriffs zu Wehr zu setzen. Dies ist das innere Einverständnis. Verbale Zurechtweisung und böse Kritik treffen denjenigen in einer besonderen Weise, der perfekt sein möchte. Systematische Überforderungen mit unlösbaren Aufgaben treffen denjenigen besonders, der ehrgeizig und auf seine Handlungskompetenz stolz ist. Organisierte Ausgrenzung trifft den geselligen Menschen besonders, der dann glaubt, dass er sich irgendwie falsch verhalten haben muss.
Ein Mobber braucht die Funktionsweise des inneren Einverständnisses nicht zu verstehen, um es nutzen zu können. Er muss nur austesten, welche seiner Angriffe wirkungsvoll sind.

Es ist ausgesprochen befreiend, wenn es dem Mobbingbetroffenen gelingt, sein persönliches inneres Einverständnis zu erkennen und sodann einen emotionalen Abstand dazu zu gewinnen. Das Motto muss lauten: Auch wenn ich Fehler habe oder Fehler mache, so rechtfertigt das in keiner Weise Mobbing, psychische Gewalt, Herabsetzungen, Beleidigungen sowie Diskriminierungen. Dieser innere Abstand macht die Angriffe nicht automatisch friedlicher, aber er hilft dem Betroffenen aus dem Gefühl von Unterlegenheit, Minderwertigkeit und Defensive heraus.

Wichtiges Motto zur Stärkung:
Auch wenn ich Fehler habe oder Fehler mache, so rechtfertigt das in keiner Weise Mobbing, psychische Gewalt, Herabsetzungen, Beleidigungen sowie Diskriminierungen.

Eine andere Form der Ohnmacht ist es, wenn der Mobbingbetroffene aus unterschiedlichen Gründen meint, er dürfe sich nicht wehren. Dies können moralische Gründe, Loyalitätsgründe sowie die Angst vor Missbilligung durch Dritte sein. Auch hier sollte gründlich geprüft werden. Zu den Schwachstellen des Mobbingbetroffenen kann der Umstand zählen, dass er unentwegt über die Gründe grübelt, warum ausgerechnet er zur Zielscheibe von Mobbing geworden ist. Immer wieder kommen dieselben Gedanken: »Ich bin doch ein guter Mensch, wieso gerade ich, ich habe doch niemandem etwas getan?«.

Nicht die Tatsache, dass sich der Betroffene wundert, ist das Problem, sondern dass er über den Zustand des Wunderns nicht hinauskommt und z. B. immer neue Anstrengungen unternimmt, dem Mobber zu beweisen, dass sich dieser völlig zu Unrecht an einem »guten Menschen« vergriffen hat. Gerade die positive Ausstrahlung eines Arbeitskollegen kann für andere eine Provokation darstellen und zu Mobbing führen.

Eine weitere Gefahr besteht für Mobbingbetroffene, wenn sie ihr eigenes Wohlergehen zu stark von einer moralischen »Besserung« des Mobbers oder einer symbolischen Geste abhängig machen. Dies ist z. B. der Fall, wenn ein Mobbingbetroffener nur dann wieder an seinen Arbeitsplatz zurückkehren will, wenn sich der Mobber zuvor formell bei ihm entschuldigt hat. Solange sich der Mobber sperrt, bleibt der Mobbingbetroffene sozusagen freiwillig dessen Macht ausgeliefert.

Bedenke:
Je stärker der Mobbingbetroffene sein Wohlergehen davon abhängig macht, dass sich der Mobber ändert und bessert, desto stärker werden die Fremdbestimmung und die Abhängigkeit vom Wohlwollen der anderen Seite.

Manche persönlichen Eigenheiten werden in einem Mobbingkontext zu kritischen Schwachstellen – etwa die Tendenz zu weinen oder in Rage zu geraten, wenn man ungerecht behandelt wird, oder ein zwanghaftes »alles ständig richtigstellen Wollen«. So etwas räumt dem Mobber zusätzliche Verletzungsmacht ein oder lässt einen in den Augen Dritter isoliert dastehen. Hier sollte über Abhilfe nachgedacht werden.
Abschließend wollen wir berufliche Schwachstellen erwähnen, etwa Nachlässigkeiten bei der Arbeit, Flüchtigkeitsfehler oder gelegentliches Zuspätkommen. Hier sollten sich Betroffenen keinesfalls eine Blöße geben, die von böswilligen Menschen dann so richtig billig gegen den Betroffenen ausgenutzt werden können. Die Ausrede, dass andere auch ihre kleinen Unzulänglichkeiten an den Tag legen, hilft nicht, wenn man ohnehin in einer Mobbingsituation steckt.

2.7.2 Stärkenprofil des Betroffenen

Über welche Kompetenzen und Stärken verfügt der Betroffene selbst? Niemand ist schließlich nur Opfer. Sollte auch aktuell das Selbstwertgefühl gering und die Verletzlichkeit hoch sein, so könnte ein Blick in die berufliche Vergangenheit alte Stärken in Erinnerung rufen, auf denen sich aufbauen lässt. Ist nicht möglicherweise der berufliche Neid auf die Kompetenz des Betroffenen die heimliche Ursache für das Mobbing? Es geht um die Frage, was beim Betroffenen aktiviert werden kann, um besser mit der Situation zu Recht zu kommen.
Wer »steht« zum Betroffenen? Welche Vertrauensbeziehungen gibt es? Lässt sich weitere soziale Unterstützung am Arbeitsplatz und außerhalb des Betriebes mobilisieren? Welches soziale Netzwerk ist vorhanden? Wer ist dem Mobbingbetroffenen wohlgesonnen? Welche Familienmitglieder, Freunde und Bekannte würden in irgendeiner Form helfen können. Wer wäre in ein Hilfe-Netzwerk einzubinden?
Was ist die Motivation, die bisher geholfen hat, an diesem Arbeitsplatz standzuhalten? Welche persönlichen Gründe sprechen für die betroffene Person dafür, nicht aufzugeben. Welche positiven privaten Aktivitäten könnten ein Gegengewicht zu den beruflichen Belastungen durch Mobbing bilden?
Im Grunde geht es darum, diejenigen Kräfte, Pläne und Vorstellungen wachzurufen, die dem Betroffenen selbst »kleine Flügel« verleihen.

2.8 Macht und Schwachstellen des Mobbers (Achter Analyseschritt)

Worin besteht die reale Macht des Mobbers? Welche der gezeigten Machtdemonstrationen sind nur Popanz? Es lohnt sich, einen sehr nüchternen Blick auf die gegebene Machtkonstellation zu werfen. Macht kann verschiedene Wurzeln haben.

Bedenke:
Mögliche Wurzeln der »Macht« des Gegenübers

- Ökonomische und juristische Macht (z.B. finanzielle Abhängigkeit, Weisungsrecht)
- Soziale Macht (z.B. ältere Rechte, Verankerung in sozialen Strukturen, Herdentrieb)
- Fachliche Macht (z.B. Erfahrung, Kompetenz, Informationsvorsprung)
- Psychologische Macht (z.B. Informationsprivilegien, persönliche Sicherheit, Autorität, Konfliktbereitschaft, Skrupellosigkeit, Gewaltbereitschaft)

Gruppenmobbing: Die Masse macht's. Als Einzelner gegen eine entschlossene Phalanx von feindseligen Arbeitskollegen in einer Abteilung anzukommen, ist sehr schwer. Hier entwickelt sich eine Gruppendynamik, die nur durch massives Eingreifen der Personalabteilung gestoppt werden kann. Aber, jede Mobbinggruppe hat auch feine Risse. Wenn es eventuell gelingt, den Hauptinteressenten am Mobbing (= Rädelsführer) zu isolieren oder die Gruppenmitglieder aus ihrer destruktiven »Solidarität« zu lösen, dann gibt es für den Betroffenen eine Chance.
Bossing: Jedem Vorgesetzte stehen prinzipiell die drei Mobbingwerkzeuge Missbrauch des Weisungsrechts, destruktive Kritik sowie negative berufliche Beurteilung zur Verfügung, die sich bei Mobbing leicht anwenden lassen. Da scheint man als Untergebener zunächst in einer recht machtlosen Position zu sein. Aber es gibt zum Glück viele objektive Kriterien, wie gute Arbeit gemacht werden muss, welche Zeit dazu benötigt wird, welche Sicherheits- und Qualitätsstandards eingehalten werden müssen usw. Denken wir an die Konstellation, dass sich ein mobbender Vorgesetzter gegen einen fachlich überlegenen Untergebenen »wehrt«. Wird Mobbing auf der geschilderten Weise betrieben, ist eine umfassende Dokumentation und Beweisführung der Vorkommnisse wichtig. Denn der Vorgesetzte verletzt infolge seines Vorgehens viele Standards, Vorschriften und Vorgaben, um sein Mobbing durchzuführen. Das lässt sich nachweisen und richtet sich letzten Endes gegen den Vorgesetzten selbst, wenn der Mobbingbetroffene nur ausreichend Standfestigkeit aufbringen kann.

Struktureller Täterschutz: Problematisch wird es, wenn die Hierarchie monarchistisch denkt und inkompetente oder grausame Vorgesetzte allein deshalb deckt, weil sie eben Vorgesetzte sind.

Bedenke:
Jeder Mobber hat »Schwachstellen«.

Einen Teil der Schwachstellen beim Mobber sollten in den Analyseschritten 4 und 6 herausgekommen sein. Jeder Mobber hat, auch wenn er Vorgesetzter ist, Schwachstellen. Man muss nur genau hinschauen. Eine Schwachstelle dürfte sein, dass es die Wenigsten kalt lässt, wenn sie mit einem staatsanwaltschaftlichen Ermittlungsverfahren konfrontiert werden. Viele Mobber werden irgendwelche »Leichen im Keller« haben: Pflichtwidrigkeiten, mangelnde Arbeitsleistung usw. Es mag reichen, diese »Leichen« als Druckmittel ins Spiel zu bringen. Manchmal muss man sie offiziell bekannt machen und den Mobber die Konsequenzen spüren lassen. Riskant wird es, wenn der Mobber kriminelle Machenschaften deckt. Manche Mobber sind extrem eitel, andere möchten (paradoxerweise) von möglichst allen gemocht werden. Man kann nach Gelegenheiten suchen, in denen sich die Mobber mit den eigenen Waffen selbst schlagen.
Wer sich die Schwachstellen des Mobbers zu Nutze macht, der ist der Gefahr ausgesetzt, selbst Mobbing zu betreiben. Deshalb sollten Sie beispielsweise keine Denunziation von privaten Dingen des Mobbers betreiben, es sei denn, der Mobber macht genau dies mit dem Mobbingbetroffenen. Legitimen Druck aufzubauen kann entscheidend sein, aber es darf keine illegitime Erpressung werden. Die Glaubwürdigkeit und die Integrität des Beraters sind ein wertvolles Gut.

2.9 Interne und externe Ressourcen (Neunter Analyseschritt)

Man muss nicht viel Text produzieren, um diesen letzten Analyseschritt darzustellen. Es geht darum, eine Bestandsaufnahme der vorhandenen Ressourcen zu erstellen und einen Ausblick auf die unterstützenden Faktoren zu geben, die erst noch mobilisiert werden müssen.
Zu den innerbetrieblichen Ressourcen gehören wohlgesonnene Menschen, also Arbeitskollegen und Vorgesetzte. Wer sind diejenigen, die dem Betroffenen die Stange halten? Wer versucht, sich zumindest fair zu verhalten? Wer zeigt Zivilcourage? In welchen anderen Bereichen des Betriebes bzw. der Dienststelle könnte der Betroffene (zur Not) unterkommen? Welche Entscheidungsträger sind sensibilisiert und können für eine faire

Lösung des Problems gewonnen werden? Wie kann sich der Betriebs- bzw. Personalrat dazu aufstellen? Weitere wichtige Funktionsträger bzw. Einrichtungen, die eventuell eine Rolle spielen können, sind die Fachkraft für Arbeitssicherheit, die Schwerbehindertenvertretung, der Betriebsarzt sowie die Sozialbetreuungsstelle.
Zu den außerbetrieblichen Ressourcen gehören Menschen, die zuhören, Freunde, Verwandte sowie Gleichgesinnte. Auch jede Menge Ausgleich für den betrieblichen Stress durch Geselligkeit, Freizeitaktivitäten, Sport und Entspannung, gute Ernährung, medizinische Begleitung usw. gehören dazu.
Zu den Ressourcen des Betriebs- bzw. Personalrats können das eigene Netzwerk in der Region sowie die Unterstützung durch die Gewerkschaft gehören. Die wichtigen externen professionellen Ressourcen haben wir in der Abb. 23 beschrieben.

3. Die Person des Vertrauens – Berater, Ressourcenmanager und Netzwerk-Koordinator

Beschäftigte, die unter Mobbing leiden oder in die Mühlen perverser Kommunikation und psychischer Gewalt geraten sind, sind keine gleichgewichtige Partei in einem Konflikt. Mobbing ist ein asymmetrisches Geschehen: Es gibt eine Seite, die beinahe alle Macht an sich gezogen hat, und eine andere Seite, die nahe der Ohnmacht agiert. Die Beeinträchtigungen und Gefährdungen des Betroffenen sind immens.
Deswegen brauchen Mobbingbetroffene (zumindest) einen verlässlichen Begleiter, der den ganzen Weg mit ihnen geht. Eine Art sozialer Anwalt, ein Sekundant, eine Person des Vertrauens und der Handlungskompetenz, ein Warner, ein Ermutiger, ein Spiegel, ein Sparringspartner, jemand, bei dem man sich auch einmal ausweinen kann. In Bezug auf die Beratung von Betroffenen haben wir diese Menschen »betriebliche Ersthelfer« genannt (vgl. Kapitel D.3.). Dieses Angebot einer verlässlichen Begleitung wird extrem wichtig, sobald es aus der vorbereitenden Beratung in die akute Bearbeitung des Mobbingkonflikts übergeht.
In der Beratung darüber, wie im konkreten Mobbingfall Abhilfe geschaffen werden soll, sind der Mobbingbetroffene und der Berater gleichberechtigte Partner, aber gegen das ausdrückliche Veto eines Betroffenen soll und kann der Berater nicht handeln. Die Bedingungen für diese Per-

son des Vertrauens sind natürlich unterschiedlich, je nachdem, ob sie im oder außerhalb des Betriebes bzw. der Dienststelle beheimatet ist und ob es eine Betriebs- bzw. Dienstvereinbarung gibt. Auf jedes Detail können wir aus Platzgründen nicht eingehen, so dass wir uns auf einige allgemeine Hinweise für die Person des Vertrauens beschränken.

3.1 Beginnen Sie mit einem tragfähigen Arbeitsbündnis

Zwischen dem Berater und dem Mobbingbetroffenen muss zunächst ein Arbeitsbündnis begründet werden. Einigen Sie sich auf das grundlegende Vorgehen und die Ziele. Sprechen Sie die geplanten Maßnahmen miteinander ab. Planen Sie als Berater gefühlsmäßig ein, dass es bisweilen Misserfolge geben kann. Der Mobbingbetroffene und der Berater sollen sich die entstehenden Aufgaben aufteilen, soweit dies möglich ist. Treffen Sie Vorsorge, dass der Mobbingbetroffene in diesem Arbeitsbündnis nicht in eine passive Rolle gedrängt wird oder sich in Passivität zurückzieht.

3.2 Stellen Sie die Erwartungen auf eine mittelfristige Perspektive ab

Auch wenn sich der Mobbingbetroffene nichts mehr wünscht als ein möglichst schnelles Ende des Mobbing, so müssen Sie als Berater auf eine mittelfristige Perspektive eingestellt sein. Es gibt keine schnell wirksamen Patentrezepte. Bis zur wirklich befriedigenden Lösung können Monate vergehen. Zwischenzeitlich sollten Teilziele erreichbar erscheinen. Haben Mobbing & Co. mehrere Monate oder sogar viele Jahre angedauert, wieso sollte dann die Aufhebung des Problems in einigen wenigen Tagen gelingen? Einigen sie sich auf die Ziele, die erreicht werden sollen (Dritter Analyseschritt) und entwickeln sie daraus Teilziele.

3.3 Planen Sie nur die jeweils nächste Etappe

Auf dieser Basis bereiten Sie jeweils nur die nächste Etappe vor (z. B. ein erstes Gespräch mit dem Wortführer einer Mobbergruppe). Werten Sie das Ergebnis einer Maßnahme aus, bevor Sie weitere Schritte unternehmen. Da nie exakt vorherzusagen ist, wie sich die andere Seite verhalten wird, verlaufen alle Interventionsmaßnahmen nach dem Prinzip des naturwissenschaftlichen Experiments »Versuch und Irrtum«. Versuchen Sie, eine Maßnahme, die nicht zum gewünschten Ergebnis führt, nicht als Niederlage zu bewerten, sondern als ein »Forschungsergebnis«. Prüfen

Sie, warum die Maßnahme nicht in der gewünschten Weise gewirkt hat und entwerfen Sie unter Ausnutzung der Erfahrungen eine neue Maßnahme.

3.4 Gehen Sie beharrlich, aber nicht ungeduldig vor

Erwarten Sie nicht, dass irgendeine Maßnahme oder irgendein Gespräch sofort etwas ändert. Manche Dinge benötigen eine Inkubationszeit. Ein Mobber braucht möglicherweise Zeit, um seinen Rückzug so zu organisieren, dass er dabei sein Gesicht wahren kann. Gibt es eine Mobbergruppe, dann muss die für sie veränderte Lage untereinander abgeklärt werden. Ein Vorgesetzter, der versprochen hat, ein Gespräch am runden Tisch zu organisieren, hat sich dann doch nicht getraut.
Bleiben Sie beharrlich und veranlassen Sie eine weitere Maßnahme erst dann, wenn sicher abzusehen ist, dass sich nach der vorangegangen keine Besserung einstellen wird. Versuchen Sie, die Wirkung ihrer Maßnahmen nicht ausschließlich an den Reaktionen des Mobbers abzulesen, sondern beachten Sie auch das soziale Umfeld. Sind dort Veränderungen in den Ansichten und im Verhalten (z. B. dem Mobber gegenüber) zu beobachten? Auch eine Eskalation des Konflikts kann ein Indiz für die Wirksamkeit der Gegenmaßnahmen sein.
Möglicherweise zeigt sich der Mobber lange Zeit äußerlich unbeeindruckt. Lassen Sie sich und den Betroffenen davon nicht täuschen, wenn Sie eigentlich davon ausgehen müssen, dass Sie wirksame Maßnahmen eingesetzt haben. Gehen Sie durch diese Phase hindurch. Ein hektisches Agieren und ein ständiges Draufsetzen von weiteren Aktionen schaden eher als dass sie nutzen. Beharrlichkeit und Konsequenz sind entscheidende Machtmittel in den Händen des Beraters.

3.5 Formulieren Sie klare Erwartungen und schaffen Sie Verbindlichkeiten

Formulieren Sie klare Erwartungen an alle Beteiligten, d. h. Mobber, Vorgesetzte, »neutrale« Mitarbeiter usw. Lassen Sie nicht zu, dass Gespräche ohne verbindliche Absprachen enden. Bestehen sie bei ergebnislosen Treffen zeitnah auf einem neuen Termin. Fertigen Sie ein Protokoll über jedes stattgefundene Gespräch an. Verlangen Sie stets, dass die Gesprächspartner zu ihrem Wort und ihren Zusagen stehen, auch wenn Sie insgeheim skeptisch bleiben und mit Unzuverlässigkeit und Lügen rechnen müssen. Formulieren Sie klare Erwartungen an Vorgesetzte, die es übernommen haben, mit dem Mobber und dem Mobbingbetroffenen an einem Tisch über die Probleme zu reden. Vertrauen Sie selbst bei einer erfolgreichen Schlichtung nicht dem (ehrlich gemeinten) Versprechen der Konfliktparteien, sondern schlagen Sie verbindliche spätere Treffen zur Überprüfung des Erfolgs vor, die beispielsweise in einem Abstand von zwei, vier und sechs Monaten nach der erfolgten Einigung stattfinden. Auch die erforderliche Androhung und der Einsatz von Druckmitteln und Sanktionen sollten offen und konsequent erfolgen. Nehmen Sie die Sanktion oder deren Ankündigung zurück, sobald der ursprüngliche Anlass nicht mehr gegeben ist. Zum Wesen des Mobbing gehört, dass die Feindseligkeit ausgelebt wird, ohne dem Betroffenen eine Chance auf Einstellung der Feindseligkeit einzuräumen. Der Mobber nennt im Allgemeinen keine Bedingungen, bei deren Erfüllung der Mobbingbetroffene mit einem Ende des Mobbing rechnen darf. Verfahren Sie alternativ dazu.

3.6 Managen Sie Netzwerke und Ressourcen

Bleiben Sie am Ball. Mobbing ist kein Konflikt wie jeder andere. Für einige Wochen, manchmal auch einige Monate, müssen viele Akteure kooperieren, damit für den Betroffenen etwas Gutes herauskommt. Die Frage ist jeweils, wen und was der Betroffene im Augenblick am meisten benötigt: Medizinische Betreuung? Ein paar Tage frei, um Abstand zu gewinnen und in Ruhe nachzudenken? Ist erst ein Kuraufenthalt erforderlich, um die nötige Stabilität zu erlangen? Was sagt der Arzt? Welche Gedanken hat sich der externe Mobbingberater gemacht, wie bewertet der Rechtsanwalt die Situation in rechtlicher Hinsicht? Hat der Betroffene den Kontakt zu seiner alten Badminton-Gruppe wieder aufgenommen, macht er wieder Sport? Kann die Partnerin des Betroffenen zu der Besprechung hinzugezogen werden?

3.7 Gehen Sie bis zum (guten) Ende mit

Helfen Sie verbindlich, den Mobbingkonflikt zu einem Ende zu bringen. Lassen Sie den Betroffenen nicht auf halber Strecke im Regen stehen. Bestehen Sie andererseits nicht auf Prinzipien, sondern bleiben sie pragmatisch. Manchmal gibt sich ein Betroffener mit dem sprichwörtlichen Spatz in der Hand zufrieden, obwohl mehr zu erreichen wäre. Häufig muss man den Mobber ungeschoren davonkommen lassen, um eine Perspektive für die berufliche Zukunft des Betroffenen zu retten. Setzen Sie sich für die Einleitung rechtlicher Schritte ein, wenn es nicht anders geht. Schrecken Sie gegebenenfalls nicht vor der Forderung nach einer Kündigung des Mobbers zurück.

4. Eingreifen in den Mobbingkonflikt – Auf der Basis einer Betriebs- bzw. Dienstvereinbarung

Inzwischen gibt es glücklicherweise eine unüberschaubare Zahl von Betrieben und Dienststellen in Deutschland, in denen eine Betriebs- bzw. Dienstvereinbarung mit Regeln für die Bewältigung von Mobbing und anderen sozialen Übergriffen existiert. Der wichtigste Pluspunkt einer solchen Vereinbarung dürfte die damit zum Ausdruck gebrachte Akzeptanz von Seiten der Arbeitgeberseite sein, dass Mobbing ein ernstzunehmendes Problem ist. Der zweitwichtigste Punkt ist die Vorgabe von verbindlichen Zuständigkeiten und Abläufen, wenn ein Fall gemeldet wird.

Viele solcher Vereinbarungen sehen ein zwei- bis dreistufiges Verfahren der Abwicklung eines Mobbingfalles vor (vgl. Abb. 38). Auf der Eingangsstufe stehen die innerbetrieblichen Ansprechpartner zur Verfügung, an die sich jeder Beschäftigte vertrauensvoll wenden kann, der sich Mobbing & Co. ausgesetzt fühlt. Die Ansprechpartner fungieren als Personen des Vertrauens und sollten normaler Weise den Betroffenen durch das gesamte Verfahren bis hin zum Abschluss begleiten.

Leider gibt es bis jetzt keine wissenschaftlichen Untersuchungen darüber, welche Art von Vereinbarung besonders geeignet ist, Mobbingfälle zufriedenstellend, zeitnah und nachhaltig zu lösen. In unserem »Werkbuch Mobbing« (*Wolmerath/Esser*) haben wir einige Betriebsräte, Personalräte und auch Führungskräfte mit Erfahrungsberichten bei der Anwendung ihrer Dienst bzw. Betriebsvereinbarungen zu Wort kommen lassen. Für den Betroffenen und seine betriebliche Person des Vertrauens ist das auch ohne Relevanz, denn die jeweils im Haus gültige Vereinbarung ist der Maßstab. Danach muss und sollte vorgegangen werden.

Bedenke:
Die Betriebs- bzw. Dienstvereinbarung gibt den Beteiligten verbindliche Vorgaben für die Zuständigkeit und den Verfahrensablauf. Die Kreativität für Lösungen verbleibt bei den Akteuren.

Man sollte sich allerdings nicht der Illusion hingeben, dass sich alle betrieblichen Akteure auch an die bestehenden Regelungen gebunden fühlen. Wer Dreck am Stecken hat, der hat sowieso wenig Interesse an einem kooperativen Verhalten. Aber auch andere ambitionierte Stellen, etwa die Personalabteilung, wollen ein Wörtchen mitreden oder haben ganz andere Vorstellungen hinsichtlich des Weiteren Vorgehens. So kann es passieren, dass der involvierte Abteilungsleiter aus eigenen Mitteln eine Supervision organisiert, welche nach der Einschätzung des Fairnessbeauftragten höchst kontraproduktiv ist. In der Praxis werden nicht selten betriebspolitische Schachzüge ausgeführt, die für die Lösung des aktuellen Falls wenig hilfreich sind.

Abb. 38: Stufenmodell eines betrieblichen Konfliktlösungsverfahrens*

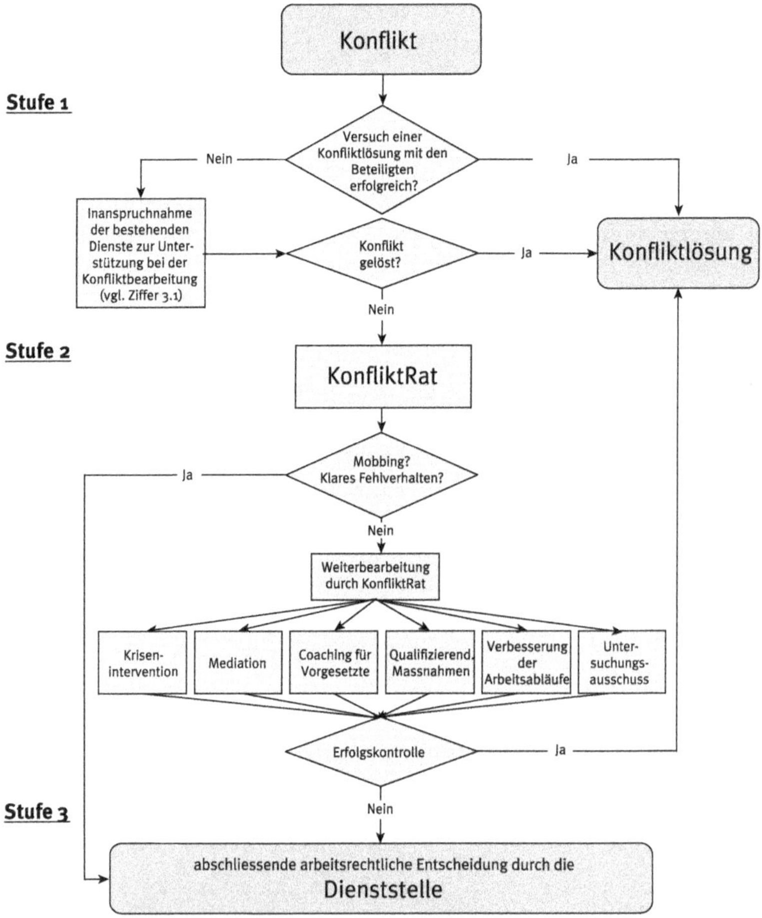

* Ablaufschema für die Konfliktbewältigung im Uniklinikum Freiburg (*Wolmerath/Esser*, S. 105)

Bei dem Versuch, Mobbingkonflikte nach den Regeln einer bestehenden Betriebs- bzw. Dienstvereinbarung zu lösen, muss also bisweilen mit Überraschungen gerechnet werden. Das kann die Akteure gelegentlich frustrieren, darf sie aber keinesfalls entmutigen. Andererseits können sich auch einzelne Regeln oder Verfahrensschritte in einer Vereinbarung als unpraktisch oder weltfremd herausstellen. Dann wäre es an der Zeit, dass sich die Betriebsparteien über eine Fortschreibung bzw. Weiterentwicklung ihrer Betriebs- bzw. Dienstvereinbarung verständigen.

Eine Betriebs- bzw. Dienstvereinbarung zu Mobbing kann grandios formuliert sein, funktionieren wird sie aber nur, solange es betriebliche Akteure gibt, die ihre Aufgabe mit Herz, Willensstärke, Zivilcourage und gesundem Menschenverstand persönlich voranbringen.

Ein bürokratisches Abwickeln von Fällen wird es wohl niemals geben können, zumindest solange man es ernst meint. Wenn eine Vereinbarung besteht, ist es eher wahrscheinlich, dass eine angemessene Lösung gefunden wird. Dass es leicht fällt, eine Lösung zu finden, ist aber keineswegs gewährleistet. Die engagierten Akteure kommen um den Einsatz von Phantasie, Kreativität, Witz, Hartnäckigkeit sowie Konfliktbereitschaft nicht herum. Weitergehende Anregungen für die Bewältigung von Mobbingproblemen findet man deshalb in den folgenden Abschnitten.

5. Persönliche Gegenwehr des Betroffenen

Die »charmantesten« Lösungen bei Mobbing sind diejenigen, bei denen es dem Betroffenen selbst gelingt, das soziale Gleichgewicht wiederherzustellen. Das passiert nicht häufig, aber man sollte diese Möglichkeit niemals außer Betracht lassen. Und wir raten, wann immer ein wenig Aussicht auf Erfolg besteht, einen Versuch zu starten.

Mit dieser Empfehlung scheinen wir uns selber zu widersprechen, denn an anderer Stelle sagen wir, dass den Betroffenen allein die Überwindung von Mobbing bzw. psychischer Gewalt kaum gelingen kann. Es ist jedoch kein Widerspruch. Es geht uns darum, dass der Betroffene gerade auf der Basis von sozialer Unterstützung, professionellem Netzwerk und kompetente Beratung durch Personen seines Vertrauens (also gar nicht »allein«) in die Konfrontation bzw. Kommunikation mit dem Mobber (scheinbar allein) einsteigt.

5.1 Nicht mehr alles gefallen lassen

Sobald es dem Betroffenen gelingt, durch eigenes Handeln die Wirkung einzelner Mobbingattacken merklich abzuschwächen oder sogar auszuschalten, verschiebt sich das psychologische Machtverhältnis zwischen dem Angreifer und dem Angegriffenen jedes Mal ein bisschen mehr.

Fallbeispiel »Anselm«:
Anselm versuchte stets, sich zu rechtfertigen, wenn der Mobber aus nichtigem Anlass wieder einmal herablassend über ihn hergefallen war. In der gemeinsamen Mobbinganalyse mit dem Mobbingbeauftragten hatte sich ergeben, dass die von Anselm gewählte Arbeitsmethode durchaus erfolgreich war und von den Vorgesetzten sehr positiv bewertet wurde. Die Kritik des Mobbers war also in keiner Weise gerechtfertigt und das defensive Rechtfertigen durch Anselm wurde als überflüssig eingeschätzt.
Als erste Form des Widerstands beschloss er, sich nicht mehr zu rechtfertigen, sondern die verbalen Attacken ohne Gegenrede hinzunehmen und sich innerlich mit dem Satz zu stärken: »Du dummer Hund, Du hast selbst keine Ahnung«. Anselm fühlte sich mit dieser Verfahrensweise deutlich besser. Das Mobbing ließ jedoch nicht nach.
In einer späteren Stufe der Gegenwehr, auf die er sich sorgfältig vorbereitet hatte, reagierte Anselm schließlich verbal und handlungsbereit: »Gut. Ich habe Sie verstanden. Alles, was ich hier mache, ist in Ihren Augen völliger Mist. Ich sehe das allerdings nicht so. Ich schlage Ihnen deshalb vor, dass wir jetzt sofort zu unserem Vorgesetzten gehen und ihn beurteilen lassen, ob Ihre oder meine Meinung in dieser Frage richtig ist.« Da der Mobber erwartungsgemäß nicht mitkommen wollte (er hatte ja keine reellen Gründe), nahm Anselm den zuvor abgesprochenen Termin beim Vorgesetzten wahr, welcher dann auch den Mobber nachkommen ließ, um sich zu erklären. Dieser kam in deutliche Erklärungsnot und hielt sich dann später zurück.

Eine direkte Gegenwehr hat eher Aussicht auf Erfolg, wenn es sich um einen einzelnen Mobber handelt und wenn das Mobbing vorwiegend mittels dummer Sprüche (sprich: ohne Substanz) stattfindet. Wirkungsvolle Gegenmaßnahmen können sein: gut vorbereitete »schlagfertige Antworten« auf Mobbingsprüche, schriftliches Festhalten eines Gesprächsergebnisses zur Entkräftung ungerechtfertigter Vorwürfe, Sammeln von Fehlern des Mobbers und Präsentation derselben bei passender Gelegenheit. Im Einzelfall lässt sich sogar die eigene Schwäche in eine Stärke verwandeln, wie das folgende Beispiel zeigt.

Fallbeispiel »Konrad«:
Der hoch qualifizierte Facharbeiter Konrad war der verbalen Einschüchterung und Kritik eines Arbeitskollegen nicht gewachsen, weil er als »Stotterer« in seiner Ausdrucksweise behindert war. Der mobbende Kollege kam immer wieder überraschend am Arbeitsplatz von Konrad vorbei, kritisierte im Vorübergehen dessen Arbeitsorganisation und fand immer wieder herablassende Bemerkungen über die von Konrad gefertigten Werkteile. Die Geschäftsleitung sei auch schon enttäuscht und würde Konrad sicher bald versetzen oder entlassen, so tönte der Kollege. Fachlich war an den Vorwürfen nichts dran, das wusste Konrad. Aber die Vorgänge verunsicherten ihn doch sehr. Die Geschäftsleitung mauerte und half seiner Beschwerde nicht ab.
Konrad hätte seinem Mobber gerne »das Passende« gesagt, aber sein Stottern ließ dies nicht zu. In der Beratung kam schließlich die Idee auf, die Schwachstelle des Mobbingbetroffenen zu kompensieren. Konrad fertigte ein Plakat, das er über seinem Arbeitsplatz aufhängte. Dort hieß es: »Mein Kollege hat mich heute ... mal kritisiert«. Für jede Mobbingattacke des Kollegen trug Konrad einen Strich in die entsprechende Tagesrubrik ein. Die Geschäftsleitung erklärte das Plakat für »Kindergartenkram«, während es in der Belegschaft positiv aufgenommen wurde. Die Arbeitskollegen kamen mit Konrad ins Gespräch und fragten ihn, was denn los sei. Ein Stimmungsumschwung zugunsten Konrads setzte ein. Binnen kurzer Zeit hörten die Attacken auf; der Mobber wurde zudem versetzt.

Der Mobbingbetroffene darf natürlich nicht überredet werden, eine solche persönliche Konfrontation zu suchen. Oft steht er aber schon mit dem Rücken zur Wand, hat eigentlich nichts mehr zu verlieren und spielt mit dem Gedanken, zu kündigen. Und hier wäre es legitim, wenn man den Mobbingbetroffenen auf die Alternative aufmerksam macht: »Hör mal, wenn Du gedanklich schon mit dem Schlimmsten spielst, nämlich Deiner Kündigung, warum versuchst Du es vorher nicht mit Gegenwehr?«.

Bedenke:
Auch kleine Gesten der Gegenwehr bringen den Mobbingbetroffenen aus der inneren Defensive heraus.

Persönliche Gegenwehr führt nicht unbedingt zu einem Erfolg mit Pauken und Trompeten. Aber sie stärkt das Selbstbewusstsein des Mobbingbetroffenen und bringt ihn aus seiner defensiven Position heraus. Kleine Gesten des Widerstands vermitteln ihm selbst den Eindruck: »Ich bin doch nicht völlig hilflos ausgeliefert«. Und auf der Seite des Mobbers entsteht womöglich der Eindruck, dass das »leichte Spiel« zu Ende geht.

5.2 Mit dem Mobber reden

Mit demjenigen eine klärende Aussprache zu führen, der einen bereits über lange Zeit mit Mobbingattacken überzogen hat, ist eine heikle Angelegenheit. Das gilt insbesondere dann, wenn man es allein versucht. Ist das überhaupt Erfolg versprechend?

Nach unseren Erfahrungen ist es ist nicht sehr erfolgversprechend, aber trotzdem notwendig. Drei Gründe sprechen dafür. Erstens erwartet jedermann zumindest den Versuch einer Klärung, wenn Menschen sich in einem »normalen« Konflikt befinden. Es ist Außenstehenden nur sehr schwer zu vermitteln, dass man sich bei psychischer Gewalt und Mobbing den Versuch meistens sparen kann. Betroffene sollten deswegen den sozialen Erwartungen Genüge tun, weil sie ansonsten ein Akzeptanzproblem bekommen können. Typischerweise versuchen viele Betroffene gleich zu Beginn des Mobbing, solche Gespräche zu führen (Motto: »Was hast Du denn gegen mich?«) und machen damit frustrierende Erfahrungen. Danach versuchen sie es nicht wieder.

Der zweite Grund ist: Es könnte sein, dass es hilft. Mobber versuchen, ihre Interessen auf eine zerstörerische Art durchzusetzen, wobei ihnen häufig nicht bis in die letzte Konsequenz bewusst ist, welche seelischen Schäden sie anrichten. Und die Mitteilung eines Mobbingbetroffenen, dass dieser über den Ausspruch einer Kündigung nachdenkt, weil er die Situation nicht mehr aushält, kann den einen oder anderen Mobber im letzten Augenblick zur Besinnung bringen. Leider ist das Risiko größer, dass man einem unnachgiebigen Mobber gegenübersitzt, der sich nun innerlich »die Hände reibt«.

Der dritte Grund ist, dass es zu einer schlüssigen Anti-Mobbing-Strategie gehört, dass der Mobber eindeutig und unmissverständlich erfährt, wo er Grenzen überschritten hat, welche Verhaltensweisen von ihm zukünftig erwartet werden und welche Handlungen er unterlassen soll. Was man dem Mobber sagen sollte, ergibt sich aus den Überlegungen des dritten Analyseschrittes (vgl. Abschnitt 2.3). Es ist ein Zeichen von Selbstbewusstsein, wenn es der Betroffene selbst dem Mobber gegenüber zum Ausdruck bringt, anstatt es von Dritten (etwa dem Fairnessbeauftragten) übermitteln zu lassen. Danach kann ein Mobber nie wieder behaupten, er hätte nicht gewusst, was er dem anderen antut. Deswegen ist es im Prinzip besser, wenn das Gespräch im Beisein eines Zeugen erfolgt und nicht unter vier Augen.

Bedenke:
Der Mobbingbetroffene sollte zumindest einmal gegenüber dem Mobber in aller Deutlichkeit vermitteln, was dieser ihm antut, und ihn zu einem fairen und konstruktiven Verhalten auffordern – am besten vor Zeugen.

Vielen Betroffenen macht ihre mangelnde Schlagfertigkeit zu schaffen. Während der Mobber beispielsweise hemmungslos mit unbewiesenen Behauptungen und Schuldzuweisungen um sich wirft, reagiert der Betroffene jedes Mal überrascht und verzögert. Wenn sich der Betroffene dann endlich gefasst hat und die innere Recherche hinter sich bringen konnte, wie der vorgeworfene Sachverhalt denn tatsächlich war, ist der Mobber schon seines Weges gezogen. Jener hat sein Ziel erreicht, der Betroffene steht belämmert da. Hier empfehlen sich zwei Verfahrensweisen. Die erste ist die präparierte Schlagfertigkeit, die zweite nennen wir den »fundierten Nachschlag« (vgl. Abb. 39).

Eine gelegentlich funktionierende Maßnahme ist das demonstrativ offene Führen eines Mobbing-Tagebuchs. Das heißt, der Betroffene trägt eine Kladde mit sich und macht sich sichtbar Notizen, sobald er verbalen Mobbingattacken oder schikanöse Weisungen ausgesetzt ist.

Wer sich das Gespräch nicht zumuten möchte, der hat die Möglichkeit, seine Positionen und Forderungen schriftlich darzulegen. Eine konfrontative Möglichkeit besteht darin, dass der Betroffene ein geharnischtes persönliches Schreiben an den Mobber richtet, wobei dieses Schreiben von einem Juristen formuliert wurde, der in dieser Phase allerdings nicht öffentlich in Erscheinung tritt. Wenn der Mobbingbetroffene definitiv von Fehlverhalten oder Leistungsschwächen des Mobbers Kenntnis erlangt hat, dann kann er dies möglicherweise im Vier-Augen-Gespräch als Druckmittel einsetzen. Ein solches Vorgehen muss allerdings sehr sorgfältig abgewogen werden, um sich nicht noch schlimmer zu gefährden oder selbst in illegales Fahrwasser zu geraten.

5.3 Paradoxes Vorgehen

Für eine erfolgreiche Gegenwehr können gerade unkonventionelle Ideen entscheidend sein, durch welche der Mobber überrascht und verwirrt wird. Für eine solche Vorgehensweise gibt es allerdings keine allgemeingültigen Rezepte, die man in einer Checkliste zusammenstellen könnte. Anregungen erfährt man durch erfolgreiche Beispiele:

Abb. 39: Kompensation für mangelnde Schlagfertigkeit

- **Die präparierte Schlagfertigkeit**

Auf der Basis der bislang gesammelten Erfahrungen werden typische Anlässe und Probleme zusammengetragen, die bisher von dem Mobber für ungerechtfertigte Beschuldigungen usw. genutzt wurden.
Es werden Kommentare, Gegenargumente, Zahlen, Daten, Fakten, Dienstpläne usw. gesammelt, welche Vorwürfe, Beschuldigungen usw. hätten entkräften können. Es werden Kommentare gesammelt, welche solche Übergriffe zurückweisen können.
Der Betroffene präpariert sich für die nächsten »Überfälle«, zu denen es mit Sicherheit kommen wird. Er reagiert dann scheinbar spontan, in Wirklichkeit aber wohl präpariert. Die Reaktion des Betroffenen kann entweder verbal oder auf unter Zuhilfenahme von vorbereiteten Unterlagen erfolgen.

- **Der fundierte Nachschlag**

Fakt: Der Betroffene war nicht schlagfertig und hat den »Überfall« hinnehmen müssen. Zu Hause denkt er über alle Gegenargumente, Zahlen, Daten, Fakten, Dienstpläne, Auftragsvergaben usw. nach, welche er hätte entgegenstellen müssen. Die besten Argumente und wichtigsten Fakten werden in schriftlicher Form für eine Stellungnahme oder als Spickzettel für eine mündliche Entgegnung zusammengetragen.
Der Betroffene leitet seinen Nachschlag mit dem Satz ein: »Sie haben mich gestern mit ... überrascht. Ich habe darüber nachgedacht und nehme heute wie folgt Stellung: ... Im Übrigen weise ich die Form des Umgehens mit den Problemen und mit mir als Person zurück. Stattdessen erwarte ich ...«

Fallbeispiel »Christina«:
Wenn der Vorgesetzte etwas mit ihr zu besprechen hatte, dann kam er zu ihrem Arbeitsplatz im Großraumbüro, setzte sich ganz ungeniert auf ihren Schreibtisch und begann während des Gesprächs in ihren Unterlagen herumzufingern oder etwa die Fotos ihrer Familienangehörigen hochzunehmen und die Rahmen zu demontieren. Christina empfand dieses Verhalten als distanzlos und belästigend, wusste sich aber verbal nicht zu wehren. Nach mehreren Rücksprachen mit einer Beraterin nahm sie ihren Mut zusammen und präparierte sich für den nächste Situation. Als der Vorgesetzte es sich wieder auf dem Schreibtisch bequem machte, öffnete sie demonstrativ ihre Handtasche und schütte die Utensilien neben ihn auf den Schreibtisch, schob alle Schubladen auf, machte dabei eine einladende Geste und sprach: »Wenn Sie bitte schauen wollen«. Der Vorgesetzte verließ mit rotem Kopf und ohne Kommentar die Szene, während die übrigen Beschäftigten in der Umgebung den Atem anhielten. Das unangenehme Verhalten trat nicht wieder auf.

Auch die Verwendung von unerwarteten Fragen, insbesondere wenn Zeugen dabei sind, hat durchaus die Kraft, einen Mobber in die Defensive bringen. Nicht gemeint sind Jammer-Fragen wie »Was haben sie bloß gegen mich?« oder »Was habe ich denn nun wieder falsch gemacht?«. Solche Fragen bieten eher neue Munition für den Mobber. Selbstbewusstsein ausstrahlen würde folgendes Vorgehen: »Okay, Sie haben mir klargemacht, dass ich ein Idiot bin. Was schlagen Sie mir zur Lösung des Problems vor?«.

Wer sich traut, Fragen als Anti-Mobbing-Methode einzusetzen, der muss dafür sorgen, dass diese Fragen auch richtig »sitzen«. Wenn beispielsweise der Mobber in alter Gewohnheit wieder einmal unbewiesene Anschuldigungen in den Raum stellt, dann könnte die passende Frage lauten: »Wieso soll ich mich diesmal schuldig fühlen, wenn Sie bereits die letzten drei Male nicht im Recht waren?«. Das ist natürlich schon recht konfrontativ und setzt ein erstarktes Selbstbewusstsein des Mobbingbetroffenen und/oder einen sozialen Rückhalt im Team voraus.

Die Mobbing-Prüf-Frage:
Was müsste ich Ihrer Meinung nach tun, damit Sie mich in Zukunft mit Respekt behandeln können?

Eine harmlos wirkende Frage, die es aber in sich hat, nennen wir die Prüf-Frage für Mobbing. Sie lautet: »Sie haben mich in der letzten Zeit Ihren Unwillen deutlich spüren lassen. Deshalb möchte ich Sie heute fragen: Was müsste ich Ihrer Meinung nach genau tun, damit Sie mich in Zukunft fair und mit Respekt behandeln können?«.

In dieser Frage wird kein Vorwurf geäußert, sondern der mangelnde Respekt quasi lapidar festgestellt. Als wenn der Gemobbte eine Bringschuld hätte, wird abgefragt, was der Mobbingbetroffene als Vorleistung tun soll, um sich ein respektvolles Verhalten des Mobbers zu verdienen. Spätestens an diesem Punkt müsste derjenige, von dem das Mobbing ausgeht (sofern er noch irgendwo Verstand und Anstand hat) zur Besinnung kommen. Manchmal, wenn das Mobbing nur ein unreflektierter Reflex auf irgendwelchen Ärger war, stellt diese Frage die Weichen neu: Es kommt zu einer Verständigung über Erwartungen, Frustrationen usw. und darüber, wie man in Zukunft miteinander umgehen will. Meistens erhält der Mobbingbetroffene eine ausweichende, ironische oder böse Antwort und kann sich nunmehr gewiss sein, dass er es mit einem unversöhnlichen Gegner zu tun hat.

5.4 Eigentore vermeiden

Mobbingbetroffene sind häufig am Ende ihrer Belastbarkeit. Wer sich dann entschließt, persönlich Widerstand zu leisten, hofft womöglich auf den ultimativen Befreiungsschlag. So kann es vorkommen, dass ein Betroffener in einem sehr emotionalen oder aggressiven Auftritt alle erlittene Schmach von sich abstreifen will und dann quasi wutentbrannt über den Mobber herfällt. Selbst für Wohlmeinende kann so ein Auftritt deplatziert und peinlich wirken. Für einen Mobber kann es dagegen ein gefundenes Fressen sein, mit dem er die scheinbare Unzurechnungsfähigkeit des Betroffenen öffentlich propagieren kann. Unter Berücksichtigung der Ausnahmesituation, in der sich der Mobbingbetroffene seit geraumer Zeit befindet, sollten Sie Verständnis dafür haben und bei anderen Anwesenden für Verständnis sorgen. Dennoch gilt es, solche betont aggressiven Auftritte möglichst zu vermeiden.
Auch muss berücksichtigt werden, über welche Machtposition der Mobber verfügt. Genießt er in der Hierarchie ein großes Ansehen oder wird er dort ebenfalls gefürchtet, dann gleicht die individuelle Gegenwehr einem Kampf gegen einen übermächtigen Drachen.

5.5 Respekt erlangen

Manche Mobbingbetroffene verstehen unter »Gegenwehr«, dass sie dem Mobber gegenüber die eigene Betroffenheit zum Ausdruck bringen. Sie wollen sozusagen zur Seele des Mobbers vordringen, um bei ihm für Verständnis und Rücksichtnahme zu werben. Hier dominiert der Wunsch nach Harmonie das Handeln, ein Wunsch, der von der Realität nicht bestätigt wird. Ein Mobber interessiert die Betroffenheit seines »Opfers« nur insofern, als er daran die Wirkung seines Vorgehens gegen den Betroffenen messen kann. Die Offenbarung von Schwäche bestärkt ihn allenfalls.
Der Wunsch nach Verständnis und Rücksichtnahme ist nachvollziehbar, doch bietet dieser Wunsch keine realistische Perspektive im Umgang mit einem Mobber. Dieser ist schließlich dadurch motiviert, dass er den Mobbingbetroffenen aus dem Feld schlagen möchte. Harmoniestreben ist im Falle von psychischer Gewalt geradezu katastrophal. Der Betroffene wird dadurch vollends zum Spielball pervertierter Kommunikation.

Abb. 40: Formen persönlicher Gegenwehr

Beabsichtigte Wirkung auf den Mobber	Beispiele für das Vorgehen
• **Grenzen setzen**	– bei jeder Form von Auseinandersetzung die Person des Vertrauens hinzuziehen – bei verbaler Aggression symbolisch Widerstand leisten (z.B. Ohren zuhalten; um eine Wiederholung bitten, um mitschreiben zu können) – bei Aggression den Raum verlassen und einen Vorgesetzten benachrichtigen
• **Entmutigen**	– auf (verbale) Angriffe keine sichtbare Wirkung mehr zeigen und nüchtern reagieren – verbale Angriffe schlagfertig zurückweisen – die Angreifbarkeit bei den eigenen Schwachstellen mindern
• **Versachlichen**	– auf die Chancen eines fairen Interessenausgleichs hinweisen – sich auf Probleme orientieren, die beide Seiten gemeinsam lösen können und sollen
• **Verunsichern**	– den Mobber die wachsende sozialen Unterstützung des Mobbingbetroffenen spüren lassen – den Mobber mit seinen eigenen Waffen schlagen
• **Isolieren**	– dafür sorgen, dass sich der Mobber selbst blamiert – bisher im Untergrund vorgetragene Angriffe (durch Kunstgriffe) öffentlich sichtbar machen
• **Einschüchtern**	– rechtliche Schritte konkret benennen und ihre Durchführung glaubhaft ankündigen

Respekt darf man nicht erbitten. Man bekommt ihn ohnehin freiwillig oder man muss verstehen, ihn sich zu verschaffen. Der Mobbingbetroffene muss dafür einen weiten Weg gehen. Nachdem er sich Rückendeckung verschafft hat, kann ein Betroffener durch persönliche Gegenwehr gegen Mobbing durchaus erfolgreich vorgehen (s. a. Abb. 40). Es kommt darauf an, zunehmend glaubwürdig zu signalisieren: Bis hierher und nicht weiter!

5.6 Öffentliche Missbilligung des Mobbingverhaltens

Ein Mobbingbetroffener ist fein raus, wenn sein persönlicher Widerstand von öffentlicher Missbilligung des Mobbings durch viele andere Arbeitnehmer begleitet wird.

Persönliche Gegenwehr des Betroffenen

Wir haben an anderer Stelle ausgeführt, dass es nicht ausreicht, nur laut und vernehmlich in der eigenen Abteilung über erlittenes »Mobbing« zu klagen, um so eine Solidarisierung hinzubekommen. Dann kommt es mit größerer Wahrscheinlichkeit zu heftiger Gegenwehr der Angeklagten und irritierter Zurückhaltung der Unbeteiligten.
Anders liegt der Fall, wenn sich in der (unmittelbaren) Belegschaft durch eigenes Miterleben die Überzeugung gebildet hat, dass ein Fall von Mobbing vorliegt. Dann zeigt sich, dass die öffentliche Missbilligung durch Menschen, die für den Mobber persönlich oder beruflich bedeutsam sind, eine der schärfsten sozialen Instrumente gegen Mobbing ist.

> **Bedenke:**
> Die öffentliche Missbilligung durch Menschen, die dem Mobber persönlich oder beruflich wichtig sind, stellt ein wirkungsvolles Mittel gegen Mobbing dar.

Solch eine Missbilligung ist in der Lage, das Mobbing komplett zu unterdrücken, selbst wenn der Mobber im Innersten gerne weitermachen würde. Denn für die meisten Mobber sind das eigene Ansehen und der ihm entgegengebrachte Respekt ein hohes Gut, das sie keineswegs gefährden möchten. Diese Missbilligung muss sich in vernehmbarer Form von kritischen Bemerkungen der Kollegen zeigen oder nonverbal in unmissverständlichen Gesten. Wenn alle Zuschauer einer Mobbingepisode nur peinlich berührt dabeisitzen, bestärkt das den Mobber in seinem Tun. Wie sensibel ein Mobber auf die sich wandelnde Stimmung der übrigen Beschäftigten reagieren kann, haben wir am Fallbeispiel Konrad gezeigt. Solch eine Missbilligung ist noch wirkungsvoller, wenn sie als ein offizielles Statement etwa in einer Teamsitzung vorgetragen wird. Wie Arbeitskollegen mit Zivilcourage einen Mobber zähmen konnten, zeigt das folgende Beispiel.

> **Fallbeispiel »Severin«:**
> Severin war der älteste Mitarbeiter in einer achtköpfigen Abteilung und, abgesehen von dem Vorgesetzten, der einzige Mann. Der Vorgesetzte war von dessen Schwerhörigkeit genervt. Täglich wurde Severin deswegen durch lautes Brüllen traktiert, zusätzlich wurde er regelmäßig öffentlich beleidigt und mit möglichst unangenehmen Aufträgen bedacht. Den Kolleginnen tat er leid. Sie merkten auch, dass er gesundheitlich abbaute und sein Selbstbewusstsein immer kleiner wurde; aber sie trauten sich zu keiner Stellungnahme. Dann fuhr eine Kollegin auf eine Wochenendschulung, in der auch das Thema Mobbing angesprochen wurde. Mit der Erkenntnis,

dass es sich in diesem Fall um Mobbing handelt, kam sie mit den anderen Kolleginnen überein, nach folgendem Schema einzugreifen: Jedes Mal, wenn der Vorgesetzte sein Mütchen an Severin abgekühlt hatte, ging eine Kollegin zu dem Vorgesetzten ins Büro, um ihm dort unter vier Augen mitzuteilen, dass sie sein Verhalten nicht in Ordnung findet. Dieses mutige Vorgehen wurde abwechselnd durchgeführt. Innerhalb von zehn Tagen unterließ der Vorgesetzte seine Attacken und im Verlauf der nächsten eineinhalb Jahre gab es keinen Rückfall.

Aber Achtung: Wenn sich die öffentliche Missbilligung gegen den Mobber bzw. dessen destruktives Verhalten wendet, ist es nicht ausgeschlossen, dass der Mobber versucht, seinen schwindenden sozialen Rückhalt als ein »Mobbing durch den Mobbingbetroffenen« umzudeuten. Auch auf eine solche Verkehrung sollte man vorbereitet sein, damit der Mobber damit nicht durchkommt. Es geht hier um die wichtige »Deutungsmacht«. Es ist selten erfolgreich, wenn der Betroffene eigenhändig versucht, seine Kollegen zu solcher Missbilligung aufzufordern. Besser ist es, wenn diese Aufforderung durch einen Dritten (z.B. Fairnessbeauftragten) nahegelegt wird. Es ist am besten, wenn die Arbeitskollegen selbst darauf kommen und bereit sind, mit Zivilcourage aufzutreten.

6. Eingreifen ohne betriebliche Konfliktlösungsstrukturen

In diesem Abschnitt beschreiben wir unterschiedliche Vorgehensweisen für einen Mobbingberater bzw. für eine Person des Vertrauens unter erschwerten Bedingungen. Das sind die Bedingungen, die in vielen Betrieben und Dienststellen leider noch immer vorherrschen: Es gibt keine verbindlichen Strukturen für das Lösen von Konflikten und es gibt auch kaum Vorgesetzte mit Zivilcourage, die sich persönlich engagiert einbringen wollen. Was ist dann zu tun?

6.1 Deutungsmacht gewinnen

Die erste wichtige Maßnahme, um einen Fall von Mobbing oder psychischer Gewalt zu überwinden, besteht darin, das Problem beim richtigen Namen zu nennen. Die zweite ist, wichtige betriebliche Akteure zu überzeugen, dass die Definition des Problems korrekt ist und dass ein Handlungsbedarf besteht.

Voraussetzung dafür ist, dass der Berater und der Betroffene zu dem eindeutigen Schluss gelangt sind, dass es sich um Mobbing oder eine anderer Form sozialer Aggression handelt (vgl. Abb. 31; s. a. die Definitionen von Mobbing, psychischer Gewalt und Konflikt).
Der Mobber hat natürlich eine eigene Interpretation des Geschehens: »Der Mobbingbetroffene ist der Idiot«. Die übergeordneten Stellen konstatieren: »kein Problem, solange die Zahlen stimmen«. Die Geschäftsleitung ist sich sicher: »Bei uns gibt es kein Mobbing« und der Betriebsrat meint: »Wir haben viel wichtigere Probleme, die es zu meistern gilt«.
Der Beginn einer erfolgreichen Mobbingintervention besteht aus einem Kampf um die Köpfe. Gelingt es, die Arbeitskollegen, den Vorgesetzten, weitere Funktionsträger des Unternehmens bzw. der Dienststelle zu sensibilisieren und zu überzeugen, dass hier ein ethisch, rechtlich, organisatorisch, ökonomisch problematisches Verhalten vorliegt?
Insbesondere wenn es dem Mobbingberater gelingt, den direkten Vorgesetzten des Mobbers davon zu überzeugen, dass es sich um Mobbing handelt, ist schon viel gewonnen. Wenn sich der Vorgesetzte dann auch noch veranlasst sieht, die Sache selber in die Hand zu nehmen, den Mobber mit der Situation zu konfrontieren und eindeutig Stellung zu beziehen, dann wäre im Prinzip alles Notwendige getan. Dem Vorgesetzten muss allerdings klar sein, dass es nicht bei einem einmaligen »Machtwort« bleiben darf, sondern dass er glaubwürdig und konsequent auftritt und auch glaubhaft signalisiert, dass negative Konsequenzen folgen werden, wenn die Mobber nicht einlenken sollten (s. Abschnitt 6.4).
Nur, leider ist das immer noch die Ausnahme. Typischerweise halten sich viele Arbeitskollegen weiterhin bedeckt, der Vorgesetzte wiegelt ab. Im Resultat muss der Mobbingberater die Sache doch in Eigenregie gegen viele zähe Widerstände in die Hand nehmen.

6.1.1 Wo Mobbing draufsteht, muss auch Mobbing drin sein

Wenn der Mobbingberater einen Fall von Mobbing oder psychischer Gewalt bearbeiten will, dann muss er sich zunächst seines inhaltlichen Urteils sicher sein. Die notwendige Grundlage dafür gewinnt er durch eine gründliche Analyse im Vorfeld. Die Hausaufgabe des Beraters besteht darin, im Sinne des Abschnittes 2.2 einzuschätzen, womit man es tatsächlich zu tun hat. Wer dabei einen eskalierten Konflikt diagnostiziert hat, sollte nicht leichtfertig von Mobbing reden. Ist man sich unsicher, dann sollte man eine Formulierung wählen, die knapp unterhalb dessen ist, wovon man überzeugt ist.

6.1.2 Mobbing »Mobbing« nennen?

Mobbing und psychische Gewalt sind alles andere als wertungsfreie Ausdrücke. Wer sie am Arbeitsplatz verwendet, der erzeugt Wirkungen. Leider sind es nicht immer die beabsichtigten. Solange der Berater noch Hoffnung auf eine friedliche bzw. einvernehmliche Lösung mit dem Mobber hat, kann es sinnvoll sein, mit dem moralisch abschließenden Urteil »Mobbing« diplomatisch umzugehen. Fakt ist, niemand wird den Vorwurf auf sich sitzen lassen wollen, er sei ein Mobber. Wenn der Berater auf diese Weise mit der Tür in Haus fällt, wird man mit massiver Rechtfertigung sowie mit Gegenangriffen des Mobbers rechnen müssen, die dem Betroffenen zusätzlich zu schaffen machen können (vgl. Abb. 41).
Auch bei Mobbing gilt womöglich der Spruch: Ist der Ruf erst ruiniert, lebt es sich ganz ungeniert. Das hat eine merkwürdige Konsequenz. Solange der Berater sozusagen im Raume stehen lässt, dass es sich um Mobbing handeln *könnte,* besteht eher die Chance, dass sich der Mobber auf eine Lösung im beiderseitigen Interesse einlässt. Dessen Ruf ist zu diesem Zeitpunkt nämlich nur gefährdet und noch nicht ruiniert.

> **Bedenke:**
> **Diplomatische Umschreibungen für »Mobbing«:**
> Eskalierter Konflikt – schwerwiegender Konflikt – Konflikt mit Mobbingtendenz
> »Vielleicht ist es nicht ihre Absicht, aber was sie tun, wirkt wie Mobbing.«

Als offizieller Fairnessbeauftragter erzeugt man allein durch sein In-Erscheinung-Treten einen gewissen Eindruck. Jeder Beteiligte weiß, wenn so ein Funktionsträger auftaucht, dann gibt es einen gravierenden Grund. Möglicherweise muss das Wort »Mobbing« dann gar nicht fallen und trotzdem steht er im Raum.
Andererseits gibt es Konstellationen, in denen eine verbale Diplomatie völlig fehl am Platze ist. Eine derartige Zurückhaltung würde nur der bereits gegebenen Verschleierung oder Billigung durch das System weiteren Vorschub leisten. Gerade dadurch, dass die Person des Vertrauens Mobbing auch Mobbing nennt, verbleibt ein Stachel im Fleisch der Ignoranz. Weil die betreffende Institution beim Verursacher nicht tätig werden will, aber zugleich den unangenehmen Vorwurf abschwächen möchte, sorgt sie dann beispielsweise zumindest für eine geordnete Versetzung des Betroffenen.

Abb. 41: Vorgehen in einem Mobbingfall

	bezüglich Deutungsmacht	bezüglich Verletzungsmacht	bezüglich Handlungsmacht
Einstieg	 Beratung des Betroffenen Situationsanalyse Mobbing/Konflikt? Grad der Gefährdung	Mobilisierung der persönlichen, sozialen und professionellen Ressourcen	Rechtlage klären Position der Gewerkschaft Durchsetzungsplan Ausstiegs-Szenario
Infomation	Kommunikation des Falles mit geeigneten Vorgesetzten und/oder Mitarbeitern	Betriebsrat/Personalrat (informell) einbeziehen Schwerbehinderten-Vertretung usw.	 Verbale Grenzen ziehen gegenüber Mobber »Hören Sie auf …!«
Positionierung	Vorgespräch mit Mobber Klärung der Positionen: Bereitschaft zu produktiven Gesprächen?	Zu Rücksichtnahme/ Einsicht auffordern Offizielle Missbilligung des Mobbing	Mobber in die Schranken weisen lassen Öffentl. Meinung gegen Mobber mobilisieren
Kooperation?	 Aushandeln von gemeinsamen Regeln des Umgehens und des Arbeitens Sicherstellen eines Burgfriedens ggf. »Mobbing« zugunsten »Konflikt« fallenlassen		Zugzwang für Arbeitgeber schaffen: Erfüllen der Fürsorgepflicht Wahrnehmen des Gesundheitsschutzes Persönlichkeitsrecht usw.
Konfrontation	Wenn alles nicht hilft: Überzeugungsarbeit an vielen Stellen Medizinische, psychologische, juristische Gutachten und Papiere	Einsatz von Druckmitteln Einschüchterung der Mobber, Sanktionierung Betroffenen aus der Schusslinie nehmen	 Machteingriff durch interne und externe Hilfe wie Betriebsrat, Anwalt, Gericht, Öffentlichkeit, Hartnäckigkeit

Abb. 42: Wann Mobbing beim Namen genannt werden muss

- Das Mobbing geht von einer Person aus, die für soziale Übergriffe bereits bekannt ist
- Geschäftsleitung, Personalabteilung und/oder Vorgesetzte gehen ignorant und verharmlosend mit dem Geschehen um
- Eine einvernehmliche Regelung mit den Mobber ist bereits gescheitert oder aufgrund der bisherigen Erfahrungen mit dieser Person oder Gruppe unrealistisch
- Trotz einer einvernehmlichen Schlichtung wird das Mobbing fortgesetzt
- Die psychische Gewalt ist besonders grausam oder verwerflich

6.1.3 »Mobbing« im Betrieb kommunizieren

Es kann sein, dass sich der Mobbingbetroffene und der Mobbingberater einig sind, dass es sich um Mobbing handelt. Dennoch kommunizieren sie aus taktischen Gründen das Problem vorerst nicht mit diesem Etikett. Es kann sinnvoll sein, die Definition selektiv zu verwenden, je nachdem, welchem Gesprächspartner man gegenübersitzt. Allerdings wäre es falsch, sich in taktischen Spielchen zu verlieren.

Demjenigen gegenüber, der das Mobbing betreibt, von Mobbing zu sprechen, ist wie gesagt nicht ratsam, wenn es noch eine Chance auf eine einvernehmliche Lösung geben soll. Im Einzelfall gilt jedoch der gegenteilige Rat: Dem Mobber gegenüber ist der Mobbingvorwurf deutlich zum Ausdruck zu bringen, um ihm auf diese Weise die Gelegenheit zu bieten, praktisch das Gegenteil zu beweisen.

Nicht die tatsächliche Schwere einer Mobbingsituation erhöht die Wahrscheinlichkeit, dass diese eine entsprechende Aufmerksamkeit erhält und gelöst wird. Nein, es ist die erfolgreiche Kommunikation eines solchen Falles, nämlich die Verbreitung der Überzeugung, dass dieser Zustand nicht hinnehmbar ist. Nicht nur deswegen ist es viel leichter, etwas gegen Mobbing zu tun, wenn es bereits eine entsprechende Betriebs- bzw. Dienstvereinbarung gibt oder wenn die Personalabteilung dem Thema gegenüber sehr aufgeschlossen ist.

Den Mobber persönlich zu überzeugen, dass er ein übler Geselle ist, der sich schämen muss, ist ein schwieriges Geschäft. Dessen Vorgesetzte zu überzeugen, dass ein Handlungsbedarf besteht, ist schon aussichtsreicher.

6.2 Versuchte Schlichtungsgespräche mit dem Mobber

Der typische Mobber dürfte an einer ehrlichen Schlichtung nicht interessiert sein. Seine Interessen glaubt er am besten oder ausschließlich durch Mobbing realisieren zu können. Auf Schlichtungsgespräche muss er sich

aber notgedrungen einlassen, weil eine Verweigerung seine Glaubwürdigkeit schädigen würde. Eine Weigerung könnte unter Umständen arbeits- bzw. dienstrechtliche Konsequenzen nach sich ziehen. Wer solche Gespräche auf den Weg bringt, der sollte sich bewusst machen, dass es sich bei der erklärten Bereitschaft zur Führung eines Schlichtungsgesprächs wahrscheinlich um eine Mogelpackung handelt: Der Mobbingbetroffene erhofft sich tatsächlich Abhilfe; der Mobber lässt sich nur darauf ein, um den Schein zu wahren.
Wild entschlossene Mobbinghelfer möchten gerne schnell Nägel mit Köpfen machen. Sie versuchen, möglichst schnell eine Aussprache zwischen dem Mobbingbetroffenen und dem Mobber zu arrangieren, meist ohne große Vorbereitung. Mal sehen, was dabei rauskommt. Das ist verantwortungslos. Heraus kommt eine weitere Demütigung des Mobbingbetroffenen. Denn der Mobber zeigt hier sein ganzes Können, weil er sich in die Ecke gedrängt fühlt. Solche schlecht vorbereiteten Konfrontationen münden regelmäßig in ein Tribunal gegen den Mobbingbetroffenen.
Empfehlenswerter ist zunächst ein Vier-Augen-Gespräch des Mobbingberaters mit dem vermeintlichen Mobber, um dabei die Chancen für eine gemeinsame Schlichtung auszuloten.

6.2.1 Vorgespräch

In der Anfangsphase empfiehlt sich eine »Pendeldiplomatie«. Das heißt, der Berater spricht abwechselnd mit jeder Seite, informiert gegenseitig und lotet die Verständigungsbereitschaft sowie die Verständigungsmöglichkeiten aus. Damit muss der Betroffene natürlich einverstanden sein. Geben Sie als Berater dem beabsichtigten Gespräch mit dem Mobber eine anschauliche »Überschrift«, z. B. ungerechte Behandlung, verletzende Kritik, aber gehen Sie nicht zu sehr ins Detail.
Was ist, wenn der Mobber ein Gespräch ablehnt oder einem Treffen ausweicht? Versuchen Sie, die Begründung für die Ablehnung in Erfahrung zu bringen. Bleiben Sie hartnäckig. Eine offen ausgesprochene Ablehnung ist ebenso wie ein defensives Ausweichen vor einem Gespräch ein Minuspunkt für den Mobber. Sie lassen sich als Indiz für die Berechtigung der Beschwerde des Mobbingbetroffenen interpretieren.
Bei einer Gruppe von Mobbern dürfte das Gespräch mit ausgewählten einzelnen Personen der bessere Weg sein. Ob es sich dabei um eine Randfigur, den »Sprecher« oder die »graue Eminenz« handeln soll, das muss vorher abgewogen werden. Es kommt auf die konkrete Konstellation ab. Wenn man die ganze Gruppe anspricht, dann muss von einer selbstbestätigenden Gruppendynamik ausgegangen werden; man stachelt sich gegenseitig auf bzw. deckt sich gegenseitig.

Abb. 43: Vorgespräche mit dem vermeintlichen Mobber

- Einige Aspekte der problematischen Situation ungeschminkt vorbringen
- Eine Stellungnahme des Gegenübers bezüglichen der vorgebrachten Probleme einholen, die Sichtweise des Gegenübers in einer generellen Form erfragen
- Wünsche und Forderungen des Betroffenen vorbringen, wie der zukünftige Umgang miteinander gestaltet sein soll
- Indizien sammeln, ob in irgendeiner Form ein kooperatives Verhalten zu erwarten sein wird oder ob man es eher mit einem »harten Brocken« zu tun hat
- Verbale Bereitschaft für ein gemeinsames Gespräch und die Bereitschaft für ein einvernehmliches Klären der Probleme einholen

Reden Sie als Mobbingberater in diesem ersten Gespräch nicht um den heißen Brei herum, sondern kommen Sie zügig zur Sache. Stellen Sie den problematischen Sachverhalt anhand von ein, zwei Beispielen deutlich dar. Vermeiden Sie verfrühte moralische Vorwürfe. Geben Sie dem Mobbingsachverhalt eine »Überschrift«, auf die man sich im Gespräch immer wieder beziehen kann (z. B. ungerechte Behandlung, verletzende Kritik). Untermauern Sie Ihre Darstellung wenn möglich mit einer Mobbingsituation, für die es externe Beobachter und Zeugen gibt. Machen Sie deutlich, dass Sie gut informiert sind.

Beispiel:
»Guten Tag Herr Bäcker. Sie ahnen wohl schon, weshalb ich zu Ihnen komme. Herr Müller war bei mir und hat berichtet, was ihm in letzter Zeit in dieser Abteilung zugemutet wurde. Man kann das so zusammenfassen: Herr Müller wird mit Arbeiten überhäuft, die gar nicht in sein Gebiet gehören. Zugleich wird er unentwegt kritisiert und beleidigt, weil er die ihm zugeschobene Arbeit nicht schafft. Ich halte das für eine ganz bedenkliche Entwicklung, die nicht weiter hingenommen werden kann. Das schadet auch unserem Betriebsklima. Herr Müller möchte, dass in Zukunft Beleidigungen und unsachliche Kritik unterbleiben und dass gemeinsam überlegt wird, wie der Arbeitsanfall in der Abteilung ohne Stress aufgeteilt werden kann. Mich interessiert, wie Sie die Sache sehen.«

Es macht keinen Sinn, alles gleichzeitig auf den Tisch zu bringen. Das Aushandeln von Details soll ja erst in den späteren Gesprächen zwischen dem Mobbingbetroffenen und dem Mobber geschehen. Vermeiden Sie jede Eskalation und bleiben Sie ruhig, wenn die Gegenseite unsachlich wird. Die Kunst der Schlichtung besteht darin, die unversöhnliche Feindseligkeit in einen betrieblich zu lösenden, versachlichten Konflikt umzuformen. Steigert sich der Mobber in Empörung oder Aggression hinein (das ist ja auch eine Information!), können Sie das Gespräch immer noch abbrechen. Erhalten Sie ausschließlich negative Resonanz, so können Sie definitiv davon ausgehen, dass der Mobber keine einvernehmliche Schlichtung will.

Bedenke:
Die Kunst der Schlichtung besteht bei Mobbing darin, die persönliche Feindseligkeit in einen lösbaren Konflikt umzuformen. In den (maximal zwei) Vorgesprächen geht es darum, zu prüfen, ob überhaupt eine Basis für eine Schlichtung existiert. Gibt es eine erkennbare Chance auf eine gute Konfliktlösung zwischen dem Mobbingbetroffenen und dem Mobber?

Hört der Mobber gar nicht zu oder versucht er das Gespräch zu dominieren, dann können Sie ihm das Ganze auch zusätzlich schriftlich geben. Nach Abschluss eines solchen negativ verlaufenden Gesprächs ist die Anfertigung eines ausführlichen Gedächtnisprotokolls ein unbedingtes Muss.

6.2.2 Wenn der Mobber mauert oder jammert

Trotz einer guten Einleitung kann das Gespräch einen schwierigen Verlauf nehmen. Typische Abwehrreaktionen sind »Mauern« und »Jammern«. Es sind Versuche, sich – ohne zu viel preiszugeben – aus der unangenehmen Situation zu befreien. Der Gesprächspartner kann zum Beispiel wir folgt reagieren:

- Er schweigt sich aus und verweigert jedes Gespräch.
- Er streitet rigoros alles ab und verlangt eindeutige Beweise.
- Er zieht sich auf Belanglosigkeiten zurück oder macht Witze.
- Er bezeichnet den Mobbingberater als einen Handlanger des Mobbingbetroffenen.

Versuchen Sie bei solch einem Gesprächsverlauf nicht, eine positive Reaktion zu erzwingen. Es ist ja das erste Mal, dass der Mobber mit einer offiziellen Ansprache konfrontiert ist. Betrachten Sie dieses erste Gespräch vielmehr als eine Art »Probebohrung«. Geben Sie dem Mobber die Chance, ein paar Nächte darüber zu schlafen. Bevor Sie das Gespräch beenden, sollten Sie noch einmal deutlich ansprechen, worum es geht und was der Mobbingbetroffene von dem Mobber zukünftig erwartet. Warnen Sie den Mobber, dass eine Fortsetzung des Mobbing negative Konsequenzen haben wird. Kündigen Sie an, dass Sie wiederkommen werden.

Beispiel:
»Gut, Herr Bäcker. Sie wollen jetzt dazu nichts sagen. Vielleicht wollen Sie das Gesagte auch erst einmal überschlafen. Ich möchte Ihnen zum Abschluss noch einmal sagen, dass ich die Situation sehr ernst nehme. Die Angriffe gegen Herrn Müller sind ganz und gar nicht so, wie Arbeitskollegen in unserem Betrieb miteinander umgehen sollten. Wer seine Mitarbeiter mit Beleidigungen und wüsten Beschimpfungen führen will, der hat mit Konsequenzen zu rechnen. Aber ich bin weiterhin offen, auch Ihre Sicht der Dinge kennenzulernen. Das gilt insbesondere für die Arbeitsbelastung in dieser Abteilung, die offenbar für viele ein Problem ist. Ich werde Sie auf jeden Fall Anfang des nächsten Monats noch einmal aufsuchen.«

Häufig wird sich der Mobber nicht schweigend zurückziehen oder mauern, sondern seine Sache offensiv verteidigen, wie es seinem sonstigen Vorgehen entspricht. Als Gegenargumente kommen unter anderem in Betracht:

- Er trägt seinerseits Verfehlungen des Mobbingbetroffenen vor.
- Er erklärt den Mobbingbetroffenen für überempfindlich.
- Er verteidigt seine Übergriffe als berechtige Reaktion auf die Inkompetenz, mangelnde Arbeitsmoral (oder was der Mobber dem Gemobbten sonst vorzuwerfen hat) des Mobbingbetroffenen.

Hören Sie in einer solchen Situation sehr, sehr gut zu. Machen Sie »Beute«! Mit solchen Rechtfertigungen und Beschuldigungen bestätigt der Mobber, dass die Schilderungen des Gemobbten den Tatsachen entsprechen, das es tatsächlich passiert ist. Wenn sich der Mobber rechtfertigt, dann haben Sie ihn eigentlich dort, wo Sie ihn haben wollen: im Gespräch! Nutzen Sie die Gelegenheit, um etwas über die »Weltsicht« des Mobbers zu erfahren. Vielleicht gibt es Anknüpfungspunkte für eine Schlichtung; möglicherweise werden betriebliche Missstände angesprochen, die hinter der Misere stecken?

Klagt der Mobber, dann können Sie sich recht gute Chancen für die Schlichtung ausrechnen. Offenbar gibt es auch auf Seiten des Mobbers einen hohen Leidensdruck. Das Mobbing dient womöglich als Ventil. Ein gangbarer alternativer Weg für die eigenen Interessen und Probleme könnte daher auf Interesse stoßen.

Bedenke:
Wenn der Mobber klagt, dann haben Sie ihn dort, wo Sie in brauchen – im Konfliktgespräch.

Es hilft nicht, den Mobber von seiner eigenen Schlechtigkeit zu überzeugen. Gehen Sie auf Argumente ein, die Hand und Fuß haben, weisen Sie aber Rechtfertigungen und Verharmlosungen des Mobbing zurück. Es muss reichen, wenn die unterschiedlichen Interpretationen von einzelnen Mobbingsituationen nebeneinander stehen bleiben. Denn es ist sehr unwahrscheinlich, dass ein Mobber an dieser Stelle einräumen würde: »Ja, Sie haben recht. Ich habe gemobbt. Tut mir leid.« Die Frage: »Wer hat angefangen?« ist ohnehin meist nicht zu klären und auch unerheblich. Betonen Sie stattdessen, dass das Mobbingverhalten wegen seiner gesundheitsgefährdenden Wirkung nicht gerechtfertigt und ethisch nicht akzeptabel ist.

Es kann natürlich vorkommen, dass ein vermeintlicher Mobber eine durchaus überzeugende Argumentation anbringt und Sie einräumen müssen: »Okay, da ist etwas dran.« In so einem Fall können grundlegende Missverständnisse zwischen den Beteiligten bestehen. Das hätte dann zur Konsequenz, dass nicht mehr ein asymmetrisches Mobbing aufzuklären, sondern ein schwerwiegender Konflikt zwischen zwei Konfliktparteien auf Augenhöhe zu bearbeiten wäre. Es kann sich bei näherer Betrachtung allerdings auch zeigen, dass der Mobber als ein äußerst geschickter Kommunikator auftritt, der seine Gesprächspartner mit schönen Worten, Verdrehungen und Lügen hinters Licht führen kann. Also aufgepasst.

6.2.3 Das Sechs-Augen-Gespräch

Wenn sich in den Vorgesprächen andeutet, dass ein gemeinsames Gespräch sinnvoll ist, dann sollte ein solches durchgeführt werden. Wichtig: Der Mobbingberater nimmt daran als Person des Vertrauens für den Betroffenen teil. Der Versuch, jetzt in die Rolle eines völlig neutralen Moderators oder Mediators zu schlüpfen, funktioniert nicht.

Zur geordneten Durchführung des Gesprächs kann der Berater die Diskussionsleitung übernehmen. Wenn sich beide Parteien auf solche Gespräche verständigt haben, dann müssen sie sich gegenseitig den Status als Konfliktpartei zuerkennen. Es funktioniert nicht, wenn der Betroffene auf seinem Opfersein beharrt und vom Gegenüber als Voraussetzung verlangt, dass er seine Täterschaft anerkennt.

Im Sechs-Augen-Gespräch sollte die Vergangenheitsbewältigung (d.h. Klage und Rechtfertigung bzw. Schuldeingeständnis) einen nicht allzu großen Raum einnehmen. Ein zukunftsorientiertes Vorgehen ist besser. Allerdings darf auch nicht so getan werden, als hätte es die problematische Vergangenheit gar nicht gegeben. So hätte es nämlich der Mobber gerne. Beide Konfliktparteien sollen ihre berechtigten Erwartungen an die jeweils andere Seite formulieren. Jede Seite soll konkret benennen,

welche positiven Schritte sie in Zukunft unternehmen will. Nehmen Sie den Konfliktparteien nicht die Aufgabe ab, ihre Erwartungen und ihre Bereitschaft zum Entgegenkommen selbst in Worte zu fassen. Lassen Sie das erzielte Ergebnis durch Handschlag oder Unterschrift besiegeln.
Es handelt sich um eine Gesprächsrunde, die wenig betriebliches Aufsehen machen sollte. Im kleinen Kreis wird versucht, die bestehenden Probleme so zu besprechen und zu lösen, dass eine weitere Zusammenarbeit möglich ist und weitere Mobbinghandlungen unterbleiben.
Wenn es sich um eine Gruppe von Mobbern handelt, dann sollte nur ein »Sprecher« dieser Gruppe an dem Gespräch teilnehmen. Möchte derjenige, von dem das Mobbing ausgeht, selbst einen »Sekundanten« dabei haben oder will die komplette Gruppe teilnehmen, muss das Ganze als eine völlig anders konzipierte Gesprächsrunde stattfinden – als runder Tisch.
Ein Sechs-Augen-Gespräch bietet dem Mobber zahlreiche Möglichkeiten zum Einlenken. Damit diese Herangehensweise – deren Gebot die Fairness ist – nicht als Schwäche interpretiert wird, müssen auch die Druckmittel und Sanktionen »auf den Tisch«. Das wären die Konsequenzen, die dem Mobber drohen, wenn das Mobbing nach der Beendigung der Gespräche weitergehen sollte. Leider scheitern sechs-Augen-Gespräche nicht selten, weil sich der Mobber nur zum Schein beteiligt hat. Dann waren sie nur eine Etappe vor dem großen »Showdown«.

6.3 Das Imperium schlägt zurück

Im vorigen Abschnitt haben wir ein stufenweises Vorgehen beschrieben, mit dem es gelingen kann, aus der Mobbingdynamik auszusteigen und eine Art »Burgfrieden« für die Zukunft zu schließen. Häufig haben es Mobbingberater jedoch mit Entwicklungen zu tun, die genau ins Gegenteil laufen.

6.3.1 Volle Breitseite

Es beginnt typischerweise sofort bei der ersten Konfrontation mit demjenigen, der das Mobbing betreibt. Ärger, Wut, Empörung und vielleicht sogar Hass schlagen einem ungebremst entgegen. Es wird als Unverschämtheit, extreme Beleidigung, Rufmord und dergleichen dargestellt, was man ihm da »Ungeheures« vorwerfe. Es wird verlangt, diese Behauptungen sofort zurückzunehmen. Sonst wäre das Gespräch sofort beendet. Man wolle sich auch sogleich bei einem Rechtsanwalt oder in der Rechtabteilung erkundigen, was man gegen solche Unverschämtheiten unter-

nehmen könne. Also, als erste Reaktion eine »volle Breitseite« gegenüber dem Berater oder wer auch immer gewagt hat, etwas zu kritisieren.
Diese aggressive Art wird sich im Verlauf der Auseinandersetzung nicht mehr ändern. Wenn es dem Mobber nicht gleich im ersten Anlauf gelingt, den Mobbingberater zu verjagen, so dient es zumindest zur kontinuierlichen Einschüchterung und Abschreckung. Das Motto lautet: »Leg Dich nicht mit mir an!«. Diese verbalen und körpersprachlichen Attacken sind im Allgemeinen nur eine Fortsetzung dessen, was der Mobber bislang mit dem Mobbingbetroffenen gemacht hat (und bestätigen auf diese Weise einem größeren Kreis von Menschen, wo das Problem liegt). Die Attacken wirken wie ein cholerischer Anfall, nur dass es sich um keinen Kontrollverlust, sondern um kalkuliertes Vorgehen handelt.
Es gibt eine zweite, stillere Variante dieses Verhaltens. Wir wollen es polemisch mit einem weiteren militärischen Ausdruck beschreiben: »Bombe mit Zeitzünder«. Im ersten Gespräch, in dem ihm der Mobbingberater darlegt, welches Problem besteht und dass Abhilfe nötig sei, bleibt der Mobber ruhig. Womöglich hätte er es gerne noch schriftlich. Aber auf keinen Fall wird er zu den Vorhaltungen in irgendeiner Weise Stellung nehmen. Wahrscheinlich schaut er nur grimmig, geizt mit Worten und mehr als ein: »Da sag ich jetzt nichts zu« ist nicht in Erfahrung zu bringen. Aber in der zweiten Runde gibt es dann garantiert die volle Breitseite.
Wie ist dieses Verhalten zu erklären? Kurz gesagt: Angriff ist die beste Verteidigung. Etwas ausgeholt: Dieses impulsive, dynamische, kampfbetonte Auftreten zeichnet viele »Macher« im Betrieb aus; es ist ihre (bis dato erfolgreiche) Art zu führen und Macht auszuüben. Und sie haben nicht die Absicht, sich dieses Machtmittel nehmen zu lassen, schon gar nicht von so einem Weichei, der meint, ihm Mobbing vorwerfen zu dürfen.

6.3.2 Bürokratischer Fleischwolf

Im öffentlichen Dienst ist die folgende Vorgehensweise anzutreffen, um Mobbingbetroffenen keine Hilfe angedeihen zu lassen. Nachdem man davon Kenntnis bekommen hat, dass eine Mobbingproblematik vorliegen soll, wird der Mobbingbetroffene von der Personal- oder Rechtsabteilung aufgefordert, eine detaillierte schriftliche Ausführung zu verfassen. Dieser Aufforderung soll dann möglichst noch termin- und formgerecht nachgekommen werden.
Diese schriftliche Vorlage, die den Betroffenen einiges an Überwindung gekostet haben mag, wird dann aber nicht als Grundlage genommen, um zunächst als Personalabteilung ein klärendes Gespräch mit dem Betroffenen zu führen, etwa um Hintergründe und Wünsche desjenigen zu erfahren. Daraus könnte ja dann verantwortungsvoll abgeleitet werden, was

jetzt die nächsten Schritte sein sollen. Nein, es kommt ganz anders. Das Schreiben des Betroffenen wird kopiert und unkommentiert dem beschuldigten Mobber zur Kenntnis und Stellungnahme übersandt. Dieser hat dann vier Wochen Zeit, dazu schriftlich Stellung zu nehmen. Dies ist einerseits ein guter zeitlicher Rahmen, um das Mobbing besser zu tarnen, Beweise verschwinden zu lassen, das Umfeld zu präparieren oder den Gemobbten intensiver unter Druck zu setzen. Auf jeden Fall ist es ein guter Zeitrahmen, um eine gute Verteidigungsposition zu formulieren.
Formal scheint alles korrekt. Die Personalabteilung handelt vergleichbar einer Staatsanwaltschaft. Es geht ihr nicht darum, eine innerdienstliche Schieflage zu klären. Aus ihrer Sicht wird schließlich nur eine Beschwerde verwaltet. Wenn der Beschuldigte nichts einräumt, dann ist der Vorgang halt abgeschlossen. Es heißt dann in »dubio pro reo« – im Zweifel für den Angeklagten. Haben die Verantwortlichen keine Vorstellung davon, dass sie auf diese Weise die Vertraulichkeit des Worts in Bezug auf den Mobbingbetroffenen massiv verletzen? Verschärfend kommt immer wieder hinzu, dass der Betroffene über diese Verfahrensweise im Unklaren gelassen und erst später darüber informiert wird, wenn er sich nach dem Stand er Dinge erkundigt: »Zunächst müssen wir die schriftliche Stellungnahme von ... abwarten. Sie müssen sich noch ein wenig gedulden.«
Wenn der Betroffene im guten Glauben möglicherweise auch sehr persönliche Eindrücke geschildert hat, dann ist sein Ausgeliefertsein danach noch viel größer als vor dem Versuch, Hilfe durch die Personalabteilung zu erhalten. Nicht ausgeschlossen ist nämlich, dass der Mobber eine Kopie (oder Auszüge) des Schreibens genüsslich in der Abteilung kursieren lässt, um den Betroffenen sozial vollends unmöglich zu machen.

6.3.3 Schützenhilfe von oben

Wir haben an anderer Stelle schon vom »Welpenschutz für Vorgesetzte« geschrieben. Es kann sein, dass der Hinweis auf Mobbing durch einen Vorgesetzten zu einem »solidarischen« Schulterschluss aller Vorgesetzten führt. Die Furcht, dass es jedem in Führungsfunktion mal so gehen könnte, diktiert sozusagen dieses Verhalten. Wehret den Anfängen. In manchen Führungszirkeln scheint sich leider auch eine Art von Kasten-Mentalität auszubreiten, demzufolge man sich selbst zu den »richtigen« Menschen zählen darf. Folgerichtig braucht man etwaige Mobbingvorwürfen aus den niedrigen Reihen auch nicht an sich heran zu lassen.
Davon abgesehen wird Mobbing fast immer dann toleriert, wenn Mobber eine wichtige Funktion bzw. Stellung innehaben. Die negativen Sozialkosten (höherer Krankenstand, Fluktuation, schlechtes Betriebsklima bis hin zum Mobbing) werden nicht selten ignoriert oder bedauernd als lei-

der nicht zu vermeidender Kollateralschäden hingenommen. In Bereichen, in denen Mobbing von Vorgesetzten toleriert wird, sind meistens nicht nur die Sozialkosten groß, sondern zunehmend leiden auch die Qualität und die Quantität der Arbeitsergebnisse.
Dann gibt es noch Mobber, über welchen eine schützende Hand schwebt. Alle sehen, dass es Mobbing ist, doch niemand traut sich, etwas zu tun. Mobbingfälle, die sich in solcher Konstellation abspielen, werden nur sehr selten angemessen und gerecht gelöst. Glücklich muss sich hier der Mobbingbetroffene fühlen, für den noch eine akzeptable Versetzungslösung gefunden werden kann. Es gilt immer noch: »Ober sticht Unter«.
In den vergangenen 25 Jahren sind die unterschiedlichsten abweisenden Reaktionen durch die Personalverantwortlichen hervorgebracht worden. Von »Es gibt kein Mobbing« über »Mobbing gibt es, aber bei uns nicht« sind wir nun bei »Das ist definitiv kein Mobbing!« (vgl. Abschnitt 2.1) gelandet. Es darf alles sein, nur kein Mobbing. Für Mobbingbetroffene sowieso, aber auch für Mobbinghelfer oder Fairnessbeauftragte bleibt es eine zusätzliche Herausforderungen, damit umzugehen.
Lassen Sie uns abschließend eine Lanze für die Vorgesetzten brechen! Auch wenn wir in diesem Abschnitt deutlich die Problematischen in manchen Unternehmen und Dienststellen gegeißelt haben, so ist das keine Generalabrechnung mit den Vorgesetzten. Zwar ist statistisch belegt, dass etwa die Hälfte bis zwei Drittel der gemeldeten Mobbingfälle allein durch oder mit Beteiligung von Vorgesetzten stattfinden. Aber – auch das ist statistisch belegt – es ist nur eine Minderheit der Vorgesetzten, die derart aktiv wird. Man würde auch all den Vorgesetzten unrecht tun, die sich bei der Bewältigung von akuten Mobbingsituationen engagiert und sich für das Ergreifen von präventiven Maßnahmen zur Schutz vor Mobbing & Co. eingesetzt haben. Es gibt durchaus Betriebe und Dienststellen, in denen die Initiative von der Arbeitgeberseite ausgegangen ist.

6.4 Konfliktbereinigung und Machteingriff durch Vorgesetzte

In den meisten Mobbingfällen ist es sinnvoll, Vorgesetzte einzuschalten. Die Interessenvertretung kann sich beglückwünschen, wenn die Arbeitgeberseite ein Interesse an einem guten Betriebsklima hat und für das Thema sensibilisiert ist. In den Betrieben und Dienststellen, in denen eine Betriebs- bzw. Dienstvereinbarung zur Mobbingproblematik existiert, sind die Rolle der Vorgesetzten und deren Pflicht zur Abhilfe solcher Vorkommnisse meistens genau geregelt. Im Folgenden gehen wir von dem Umstand aus, dass es eine solche Regelung nicht gibt und der Mobbingberater Eigeninitiative einsetzen muss.

Der Weg über den unmittelbaren Vorgesetzten des Mobbingbetroffenen kann Probleme bereiten. Nicht wenige Vorgesetzte sind mit der Bereinigung von Konflikten ihrer Mitarbeiter schlichtweg überfordert. Dies gilt insbesondere dann, wenn der Vorgesetzte

- neu im Betrieb ist und sich noch orientieren muss;
- mit anderen Problemen überlastet ist;
- mit dem Mobber persönlich verbunden ist;
- den Mobber für betrieblich unersetzbar hält;
- sich in der Hierarchie nicht exponieren will;
- es allen recht machen möchte und Konflikte scheut;
- kein Geschick im Umgang mit Menschen hat;
- fürchtet, dass ihm alles aus dem Ruder läuft;
- Konfliktmanagement und Gesprächsführung nur unzureichend beherrscht.

Allen Bedenken und Schwachpunkten zum Trotz haben Vorgesetzte einen entscheidenden Pluspunkt: Sie besitzen Macht, vor allem in der Form des Weisungs- sowie Disziplinierungsrechts, und können Mobber wirkungsvoll in die Schranken weisen.

Bedenke:
Die Macht des Vorgesetzten in Form des Weisungsrechts kann ein scharfes Schwert gegen Mobbing sein; es ist aber ein zweischneidiges. Suchen Sie daher den »richtigen« Vorgesetzten aus.

Gebraucht wird ein durchsetzungsfähiger, aber zugleich sensibler Vorgesetzter, der Mobbing als ein ernstzunehmendes Problem begreift. Wer als Vorgesetzter gewillt ist, solche Dinge in seinem Verantwortungsbereich abzustellen bzw. nicht zu dulden, der wird dies auch erreichen. Unbedacht eingesetzt kann die Macht eines Vorgesetzten aber auch das Gegenteil von dem bewirken, was gewünscht ist. Vergessen wir nicht, dass bei fortgeschrittenem Mobbing Fehlentscheidungen der Hierarchie eine große Rolle spielen. Nehmen wir also Einfluss, dass es nicht zu Schnellschüssen in Form unangemessener Anordnungen und Sanktionen kommt.

Adressat von Beschwerden, die an die Arbeitgeberseite gerichtet werden, ist grundsätzlich der unmittelbare Vorgesetzte. Das macht logischerweise keinen Sinn, wenn dieser selbst am Mobbing beteiligt ist. In so einem Fall darf der unmittelbare Vorgesetzte übersprungen und die Beschwerde an die nächsthöhere Instanz gerichtet werden. Wichtig ist, den im Betrieb bzw. in der Dienststelle bestehenden Instanzenzug zu beachten.

Sind keine speziellen Mobbingansprechpartner auf der Arbeitgeberseite vorhanden, dann kann der Mobbingbeauftragte versuchen, in der Personalabteilung nach einem engagierten Ansprechpartner zu suchen. Das kann wiederum dazu führen, dass sich der direkte Vorgesetzte übergangen fühlt und demzufolge wenig kooperiert. Ein Problem kann es auch geben, wenn sich verschiedene Vorgesetzte vor Ort gegenseitig blockieren. Für Mobbingberater in größeren Betrieben und Dienststellen ist es deswegen unerlässlich, sich mit der Arbeitgeberseite auf feste Ansprechpartner (z. B. aus der Personalabteilung) zu einigen.
Wenn ein Vorgesetzter zuständig ist, sollte ihn der bereits engagierte Mobbingberater nicht »einfach machen« lassen. Der Mobbingberater sollte versuchen, seine Vorarbeit für den Vorgesetzten aufzubereiten und ihm zur Verfügung zu stellen (Einverständnis des Mobbingbetroffenen vorausgesetzt). Sonst kommt es womöglich dazu, dass der jetzt zuständige Vorgesetzte die gesamte Recherche und alle Gespräche noch ein zweites Mal durchführt, also versucht, das Rad noch einmal zu erfinden. Im Interesse des Betroffenen sollte der Mobbingberater darauf achten, dass der Vorgesetzte für ein faires und sachgemäßes Verfahren sorgt und sachgerechte Entscheidungen und Anordnungen trifft. Eine vertrauensvolle Kooperation zwischen dem Mobbingberater und dem zuständigen Vorgesetzten wäre erstrebenswert.
Wenn die Behandlung des Mobbingkonflikts durch den Vorgesetzten nicht engagiert verläuft, ist es schwer, noch etwas nachzubessern. Dann ist manchmal die Konfrontation mit diesem Vorgesetzten nicht zu vermeiden, etwa durch eine Intervention des Betriebs- bzw. Personalrats.

6.5 Der runde Tisch und die Konfliktkommission

Es sind viele Wenn's und Aber's, welche das Sechs-Augen-Gespräch und auch die Delegation des Mobbingkonflikts an den direkten Vorgesetzten überschatten. Diese spielen keine Rolle mehr, wenn man das Problem zugleich mit allen relevanten Personen bearbeitet. Das ist das Konzept des runden Tisches, der nicht nur in der Politik seine Anwendung findet. Der Mobbingberater kann versuchen, einen solchen runden Tisch zu initiieren, wenn die Schlichtung über den zuständigen Vorgesetzten in einer Sackgasse gelandet ist.
An einem runden Tisch sind zu beteiligen: entscheidungsbefugte Personen von der Arbeitgeberseite (z. B. Personalleiter), Mitglieder der betrieblichen Interessenvertretung sowie fachlich geeignete Personen (z. B. Betriebsarzt, Sozialbetreuung). Dazu gehören selbstverständlich der Betrof-

fene und seine Person des Vertrauens (Mobbingberater) und der Mobber, manchmal auch einzelne Vorgesetzte sowie Arbeitskollegen.
Der runde Tisch sollte für besondere Anlässe reserviert bleiben, denn er ist extrem personalintensiv, bedarf einer sehr guten Vorbereitung und stellt eine große Herausforderung für den Moderator (extern) bzw. Diskussionsleiter (intern) dar. Ein Vorteil des runden Tisches ist, dass alle relevanten Stellen zeitgleich den identischen Sachstand erfahren. Ideen zum Umgehen mit dem Problem können auf dem kurzen Dienstweg ausgetauscht, Vorschläge schnell in Entscheidungen überführt werden.
Die beste Alternative zum runden Tisch ist eine Konfliktkommission mit jeweils zwei Vertretern aus den Reihen von Arbeitgeber und Interessenvertretung als regelmäßig tagendes Sachverständigengremium. Viele Betriebe haben eine solche Kommission auf der Basis einer Betriebsvereinbarung eingerichtet. Vielerorts bewährt sie sich als wirkungsvolles Instrument für die Bearbeitung von schwerwiegenden Konflikten.
Für den Mobbingberater als Person des Vertrauens ist es existentiell, dass er an allen Sitzungen und Treffen teilnimmt, zu denen der Mobbingbetroffene in seiner Angelegenheit eingeladen ist. Hartnäckigkeit und Präsenz sind sehr wichtige Eigenschaften, um der verbreiteten Verantwortungslosigkeit bei Mobbing etwas entgegenzusetzen.
Eine grundsätzliche Bemerkung zu den Möglichkeiten und Grenzen des Eingreifens in einen Mobbingkonflikt: Es lässt sich gut vorbereiten und planen, wie man eingreifen will. Ebenso hilfreich ist es zu wissen, was man letzten Endes will. Wir appellieren eindringlich, immer gut vorbereitet zu sein. Trotz guter Vorbereitung und klarer Ziele dürfen Sie jedoch nicht davon ausgehen, dass Sie dadurch bestimmen oder gar erzwingen könnten, was als konkretes Ergebnis ihres Eingreifens im Endeffekt herauskommt. Die Bewältigung von Mobbingkonflikten lässt sich eben nicht wie das Abschießen einer Kanonenkugel – zielen – schießen – treffen – bewerkstelligen.

6.5 Sanktionen! – Sanktionen?

Mobbing ist ein Geschehen, dessen Zielsetzung und Einzelaktionen unserem Rechtsgefühl nicht entsprechen, aber dennoch mit juristischen Mitteln nur schwer zu bewältigen ist. Das scheint denjenigen klar zu sein, die Mobbing betreiben. Das ganze Reden und Verhandeln mit einem Mobber, wie das hier in verschiedenen Abschnitten aufgedröselt wurde, funktioniert nicht, wenn nicht in letzter Konsequenz auch Druckmittel existieren, die dem Mobber unangenehme »Schmerzen« zufügen können.

Neben den rechtlichen Mitteln muss stets auch über alternative Machtinstrumente und Sanktionen nachgedacht werden. Die Aussicht auf eine gekappte Karriere, auf den Entzug der sozialen Anerkennung sowie auf eine Veröffentlichung der Missetaten können einem Mobber schon zu denken geben, oder? Die Beschneidung der beruflichen Einflusssphäre, die Versetzung in eine andere Schicht sowie der Entzug von Privilegien (und sei es nur der reservierte Parkplatz) – könnte zur Besinnung führen.

7. Schadensbegrenzung – Organisierter Rückzug

Aus unterschiedlichen Gründen kann es für den Betroffenen perspektivlos sein, noch länger an seinem Arbeitsplatz zu bleiben. Die Demütigung sitzt zu tief, der Respekt bei den anderen Beschäftigten scheint verloren, die eigene Verletzlichkeit ist zu groß. Manche kündigen unüberlegt in einer Art Panikreaktion. Jetzt ist die persönliche Katastrophe perfekt: die finanziellen Einbußen sind bisweilen gravierend, es droht die Verhängung einer Sperrzeit durch die Arbeitsagentur, sofern es keine Anschlussbeschäftigung gibt. Das Finden eines neuen Arbeitsplatzes ist oftmals schwierig. Nach der erfolgten Kündigung ist zwar der unmittelbare Druck der Mobbinghandlungen nicht mehr spürbar, aber der Verlust des Selbstwertgefühls und die Zukunftsängste quälen den Betroffenen. Dieses Szenario sollte so weit wie möglich verhindert werden.

Die Standardlösung bei einem Verbleiben in dem Betrieb bzw. in der Dienststelle wäre hingegen eine Versetzung. Allerdings muss es eine Versetzung zu fairen Konditionen und mit guter Zukunftsperspektive sein. Arbeitgeberseitig ist zunächst häufig nur ein geräuschloses Verschwinden auf einen beruflichen Abstellplatz im Angebot. Verhandlungsgeschick und Hartnäckigkeit erhöhen die Chancen für einen guten Wechsel.

Wenn sich in einem Mobbingfall abzeichnet, dass die Verletzungsmacht des Mobbers zu groß ist oder dass der strukturelle Täterschutz keine wirklich fairen Lösungen zulässt, dann ist es Zeit, über einen organisierten Rückzug des Betroffenen nachzudenken. Das bedeutet: formell am Arbeitsplatz verbleiben und aushalten und informell intensiv nach Alternativen suchen. Wenn man so will, schlagen wir eine Art »vorgezogene innerliche Eigenkündigung« vor, bis sich für den Betroffenen eine menschlich und beruflich attraktive Alternative gefunden hat.

Als schnelles Mittel des organisierten Rückzugs stehen dem Mobbingbetroffenen der eigene Ausspruch einer Kündigung sowie die einvernehm-

liche Auflösung des Beschäftigungsverhältnisses zur Verfügung. Das sollte ein Betroffener jedoch nur in Ausnahmesituationen tun, da die Verhängung einer Sperrzeit durch die Arbeitsagentur droht, sofern es keine berufliche Alternative gibt (s. a. Kapitel E.5.4). Anders kann es hingegen sein, wenn es ein finanzielles Polster gibt, auf das man zurückgreifen kann, oder der Betroffene neue persönliche Pläne in die Tat umsetzen will (z. B. Sprung in die Selbständigkeit, Aufnahme eines Studiums, Umsiedlung in ein anderes Bundesland).
Psychologisch muss der Betroffene dabei in die Lage versetzt werden, den Rückzug als einen persönlichen Schritt in eine bessere Zukunft zu gehen. Der Betroffene muss mit Stolz gehen und sich sagen können: »Ich bin mir mehr wert, als in diesem System verschlissen und zerstört zu werden. Ich gehe und finde für mich dort einen neuen Anfang, wo ich willkommen bin.«.

8. Nachsorge

Nach dem Mobbing ist (womöglich) vor dem Mobbing. Die Abteilung, in der das Mobbing aufgetreten war, sollte noch längere Zeit unter Beobachtung bleiben. Wenn ehemaliger Mobber und ehemaliger Mobbingbetroffener weiterhin im gleichen Arbeitsbereich tätig sind, dann muss mindestens ein verbindliches Nachfolgetreffen innerhalb von drei Monaten fest vereinbart werden. Ist hingegen den erzielten Vereinbarungen zwischen den Beteiligten nicht zu trauen, sollten von der Arbeitgeberseite regelmäßig stattfindende Nachfolgetreffen verbindlich angeordnet werden. Diese Treffen dienen der Erfolgskontrolle, aber auch der Warnung. Ein lascher Umgang würde sich im Betrieb bzw. in der Dienststelle schnell herumsprechen. Sorgen Sie deshalb dafür, dass man sich trifft, auch wenn nichts mehr vorliegt.
Verabreden Sie sich und/oder telefonieren Sie – wenn möglich regelmäßig – mit dem ehemaligen Mobbingbetroffenen. Sorgen Sie außerdem dafür, dass sich die Arbeitgeberseite mit der jetzigen Lösung des Mobbingfalls nicht aus ihrer Fürsorgepflicht entlassen fühlt. Nachsorge bedeutet, den ehemals Beteiligten zu signalisieren: »Ich bleibe dran. Zur Not kann man sich jederzeit wieder an mich wenden. Ich bleibe an den Menschen interessiert, auch wenn das aktuelle Problem aus der Welt ist.«.

G. Epilog

Mobbing, psychische Gewalt und alle weiteren Formen der psychosozialen Belastungen am Arbeitsplatz beschäftigen uns schon viel zu lange. Seit mehr als 25 Jahren wird über das Mobbingphänomen berichtet und diskutiert – nicht nur in Deutschland. Mobbing hat sich wie eine Seuche über weite Teile unseres Planeten verbreitet. Asien, Amerika und Europa sind in ähnlicher Weise betroffen, auch wenn es Unterschiede im Detail gibt.

Überall auf der Welt gibt es auch Akteure, die sich mit der Bewältigung des Mobbingproblems befassen. Ihre Erfolge sind zahlreich, auch wenn sie nicht die große Runde durch die Medien machen und nicht überall auf ein Echo in der Politik stoßen. Lassen Sie sich nicht dadurch entmutigen und von Ihren guten Ideen abbringen. Denn mit kleinen und kleinsten Schritten verändert man die Welt. Bleiben Sie am Ball: Gründen Sie Selbsthilfegruppen, verhandeln Sie Betriebs- und Dienstvereinbarungen und helfen Sie mit, die Arbeitswelt zu verbessern. Engagieren Sie sich in Ihrem Betrieb bzw. Ihrer Dienststelle und schauen Sie nicht weg, wenn jemand ungerecht behandelt wird. Zeigen Sie Zivilcourage, schließen Sie sich mit Ihren Arbeitskollegen zusammen und setzen Sie vor allem den Mobbern ein klares Stopp-Signal: »Wir dulden es nicht, was Du hier tust«.

Nicht alle Politiker verschließen ihre Augen von den psychosozialen Belastungsfaktoren in der Arbeitswelt, auch wenn es in Deutschland keine spezialgesetzlichen Regelungen zu Mobbing & Co. gibt. Unterstützen wir diejenigen, die sich für humanere Arbeitsbedingungen einsetzen und versuchen wir, einen eigenen Beitrag zu leisten.

Anhang

1. Überblick über abgeschlossene Betriebs- und Dienstvereinbarungen

Die Diskussion über die Mobbingproblematik in der bundesdeutschen Arbeitswelt nahm im Jahr 1993 ihren Anfang, nachdem das Buch von *Heinz Leymann* »Mobbing – Psychoterror am Arbeitsplatz und wie man sich dagegen wehren kann« erschienen war. Kurze Zeit später wurden die ersten Betriebs- und Dienstvereinbarungen abgeschlossen. Seitdem sind viele Vereinbarungen hinzugekommen. Etliche Vereinbarungen wurden weiterentwickelt. Nur ein geringer Teil der von den Betriebsparteien unterschriebenen Vereinbarungen fand den Weg in die Öffentlichkeit, wurde in Fachzeitschriften, Büchern sowie im Internet dokumentiert. Insoweit können die nachfolgend aufgeführten Betriebs- und Dienstvereinbarungen nur einen ersten Überblick liefern.

- Rahmenkonzernbetriebsvereinbarung der Deutsche Bahn AG »über Partnerschaftliches Verhalten am Arbeitsplatz« vom 27.4.1999 *(Wolmerath 2001*, S. 323);
- Konzernbetriebsvereinbarung der Arbeiterwohlfahrt Bezirk Westliches Westfalen e.V. vom 18.2.1999 *(Wolmerath 2001*, S. 327);
- Gesamtbetriebsvereinbarung der Ford-Werke AG »Partnerschaftliches Verhalten am Arbeitsplatz« vom 14.1.2002 (dbr 1/2005, 32)
- Betriebsvereinbarung über partnerschaftliches Verhalten am Arbeitsplatz (Beschwerdestelle im Sinne des AGG) vom 26.1.2007 (dbr 4/2008, 32); s.a. Anhang 2; Hinweis: Diese Betriebsvereinbarung hat die Vereinbarung vom 14.1.2002 ersetzt;
- Betriebsvereinbarung »Partnerschaftliches Verhalten am Arbeitsplatz« der Volkswagen AG vom 27.6.1996 (AuR 1996, 443);
- Betriebsvereinbarung »Partnerschaftliches Verhalten am Arbeitsplatz« der Deutsche Telekom Niederlassung Kaiserslautern vom 2.6.1999 *(Wolmerath 2001*, S. 330);

- Betriebsvereinbarung vom 4.3.1998 für die Städtischen Seniorenheime Dortmund gGmbH *(Wolmerath 2001,* S. 335);
- Betriebsvereinbarung »über das Verhalten der Arbeitnehmer/innen der Krankenhaus GmbH« der Städtischen Krankenhaus Hildesheim GmbH vom 9.1.1998 *(Wolmerath 2001,* S. 338);
- Betriebsvereinbarung »Partnerschaftliches Verhalten am Arbeitsplatz« für den DRK Kreisverband Forst (Lausitz) e.V. vom 21.8.1999 *(Wolmerath 2001,* S. 343);
- »Betriebsvereinbarung zur Verhinderung von Mobbing« für die Bildungsvereinigung Arbeit und Leben Niedersachsen e.V. vom 15.6.1999 *(Wolmerath 2001,* S. 350);
- Dienstvereinbarung »über den Beschäftigtenschutz (sexuelle Belästigung, Mobbing und Diskriminierung)« der Bundesversicherungsanstalt für Angestellte (BfA) vom 24.4.1998 *(Wolmerath 2001,* S. 353);
- Dienstvereinbarung der Landeshauptstadt München »für den Umgang mit Mobbing am Arbeitsplatz« vom 14.10.1997 (PersR 1998, 357);
- Dienstvereinbarung der Landeshauptstadt München »bei Mobbing und Schikane« vom 23.11.2000 (PersR 2001, 114); Hinweis: Diese Dienstvereinbarung ersetzt die Vereinbarung vom 14.10.1997;
- Dienstvereinbarung des Bezirksamtes Berlin Weißensee zur »Mobbingabwehr« (AuA 1996, 349);
- Dienstvereinbarung der Stadt Friedrichshafen »zum Schutz der Mitarbeiterinnen und Mitarbeiter gegen Mobbing am Arbeitsplatz« vom 20.5.1996 (PersR 1996, 393);
- Dienstvereinbarung gegen Mobbing für das Städtische Krankenhaus Friedrichshafen vom 23.4.1998 *(Wolmerath 2001,* S. 358);
- Dienstvereinbarung »Anlaufstelle zur Lösung von Konflikten am Arbeitsplatz« des Universitäts-Krankenhauses Eppendorf in Hamburg vom 24.7.1997 (AuA 1999, 165);
- Dienstvereinbarung »zum Schutze der Mitarbeiterinnen und Mitarbeiter gegen Mobbing am Arbeitsplatz« der Landesversicherungsanstalt Mecklenburg-Vorpommern vom 4.11.1997 *(Wolmerath 2001,* S. 361);
- »Dienstvereinbarung zum Schutz vor Mobbing« für das Arbeitsamt Köln vom 4.6.1997 *(Wolmerath 2001,* S. 364);
- »Dienstvereinbarung für ein partnerschaftliches Verhalten am Arbeitsplatz bei der AOK – Die Gesundheitskasse in Thüringen« vom 14.3.2001 (PersR 2002, 19).

2. Betriebsvereinbarung über partnerschaftliches Verhalten am Arbeitsplatz (Beschwerdestelle im Sinne des § 13 Abs. 1 AGG)

Zu Beginn der Mobbingdiskussion in den 1990er Jahren war regelmäßig die Frage zu vernehmen, wie eine Betriebs- bzw. Dienstvereinbarung zur Mobbingproblematik auszusehen hat. Zudem wurde von der Arbeitgeberseite immer wieder in Abrede gestellt, dass es solche Vereinbarungen überhaupt gibt. Beides kann heute als überholt angesehen werden. Insoweit sei der Verweis auf Anhang 1 erlaubt.
Vor allem vor dem Hintergrund der Entscheidung des BAG vom 25. 10. 2007 (8 AZR 593/06) stellt sich die Frage, wie das AGG und die Mobbingproblematik – entsprechendes gilt im Übrigen für alle Erscheinungsformen der psychosozialen Belastung – in einer Betriebs- bzw. Dienstvereinbarung zusammengefasst werden können. Bewerkstelligt wurde dies bei der Ford GmbH mit der »Betriebsvereinbarung über partnerschaftliches Verhalten am Arbeitsplatz (Beschwerdestelle im Sinne des AGG) vom 26. 1. 2007, die seit dem 26. 1. 2007 in allen inländischen Werken der Ford-Werke GmbH gilt. Der Wortlaut dieser Betriebsvereinbarung (vgl. dbr 4/2008, 32) wird im Folgenden dokumentiert.

Präambel
Geschäftsführung und Gesamtbetriebsrat sind sich darüber einig, dass im Unternehmen ein Arbeitsklima bestehen muss, das von partnerschaftlichem Verhalten an allen Arbeitsplätzen und auf allen Ebenen geprägt ist.
Alle Beschäftigten sind aufgefordert, an der Gestaltung eines Arbeitsklimas mitzuwirken, das von Wertschätzung und Toleranz geprägt ist.
In dem Willen, das Betriebsklima in unserem Unternehmen zu verbessern, Konflikte konstruktiv zu lösen und negative Auswirkungen von Konflikten auf Einzelne zu verhindern, verstehen Geschäftsführung und Gesamtbetriebsrat diese Vereinbarung zugleich als Verhaltenskodex im Sinne des Allgemeinen Gleichbehandlungsgesetzes (AGG).
Das erklärte Ziel der Betriebsparteien ist es, Benachteiligungen aus Gründen der Rasse oder der ethnischen Herkunft, des Geschlechts, der Religion oder Weltanschauung, einer Behinderung, des Alters oder der sexuellen Identität oder sonstigen Handlungen, die die freie Entfaltung der Persönlichkeit beeinträchtigen – wie insbesondere Mobbing-Handlungen – zu verhindern oder zu beseitigen.

Die Betriebsparteien sind sich darüber einig, dass sonstige gesetzliche Bestimmungen hiervon unberührt bleiben.

§ 1 Geltungsbereich
Diese Betriebsvereinbarung gilt für alle Beschäftigten der deutschen Standorte der Ford-Werke GmbH.

§ 2 Benachteiligungs-/Belästigungsverbot
Geschäftsführung und Gesamtbetriebsrat sind sich einig darüber, dass Respekt im Umgang miteinander ein entscheidender Aspekt der partnerschaftlichen Zusammenarbeit ist. Benachteiligungen und Belästigungen aus Gründen der Rasse oder der ethnischen Herkunft, des Geschlechts, der Religion oder Weltanschauung, einer Behinderung, des Alters oder der sexuellen Identität oder sonstigen Handlungen, die die freie Entfaltung der Persönlichkeit beeinträchtigen, stellen einen Verstoß gegen den hier niedergelegten Grundsatz der partnerschaftlichen Zusammenarbeit dar.
Alle Beschäftigten des Unternehmens haben daher Maßnahmen zu unterlassen, die die Entfaltung der Persönlichkeit Einzelner beeinträchtigen können oder als ungerechtfertigte Benachteiligung im Sinne des Allgemeinen Gleichbehandlungsgesetzes (AGG) empfunden werden können.
Insbesondere ist darauf zu achten, dass niemand durch unmittelbare oder mittelbare Handlungen

- in seinem sozialen Ansehen geschädigt wird,
- durch Wort, Bild, Gesten oder Handlungen sexuell belästigt oder diskriminiert wird,
- durch die ihm zugewiesenen Arbeitsaufgaben diskriminiert oder gedemütigt wird.

Die Anweisung zur Benachteiligung einer Person aus einem der genannten Gründe gilt als Benachteiligung.

§ 3 Sanktionen
Unabhängig von den im Folgenden genannten Vorgehensweisen zur Verhinderung von Benachteiligungen, Belästigungen und Beeinträchtigungen kommen Geschäftsführung und Gesamtbetriebsrat überein, dass sie belästigende Handlungen nach § 2 als ernsthafte Verletzung des Betriebsfriedens betrachten. Gegen Beschäftigte, die trotzdem solche Vorgehensweisen ausüben, werden geeignete disziplinarische Maßnahmen eingeleitet, die bis zur Auflösung des Arbeitsverhältnisses führen können.

Werden Beschäftigte bei der Ausübung ihrer Tätigkeit durch Dritte benachteiligt, wird das Unternehmen die geeigneten, erforderlichen und angemessenen Maßnahmen zum Schutze der Beschäftigten ergreifen.

§ 4 Betriebliches Beschwerderecht

Beschäftigte, die sich vom Unternehmen, von Vorgesetzten, von anderen Beschäftigten oder Dritten aus Gründen der Rasse oder der ethnischen Herkunft, des Geschlechts, der Religion oder Weltanschauung, einer Behinderung, des Alters oder der sexuellen Identität oder sonstigen Handlungen, die die freie Entfaltung der Persönlichkeit beeinträchtigen, benachteiligt fühlen, haben das Recht zur Beschwerde gemäß § 5 dieser Vereinbarung. Nachteile dürfen ihnen daraus nicht entstehen.
Die Beschwerde ist bei der betrieblichen Beratungsstelle anzubringen. Die betriebliche Beratungsstelle ist Beschwerdestelle im Sinne des § 13 AGG.
Die Rechte des Betriebsrats bleiben unberührt.

§ 5 Stufen der Beschwerdebehandlung

(1) Dem/Der Beschäftigten, der/die eine Beschwerde nach § 4 vorbringt, wird in der Regel zunächst ein Gespräch mit dem Konfliktgegner unter Leitung eines Mitgliedes der betrieblichen Beratungsstelle angeboten. Auf Wunsch des/der Beschäftigten können auch Vertreter des Betriebsrates, der Schwerbehindertenvertretung, der Personalabteilung oder des Gesundheitsdienstes hinzugezogen werden. Dieses Gespräch soll unverzüglich nach Eingang der Beschwerde stattfinden. Betroffene können für den Erstkontakt wählen, an welches Mitglied der Beratungsstelle sie sich wenden.
(2) Ergibt sich bei diesem Gespräch keine Einigung, soll unverzüglich ein weiteres Vermittlungsgespräch stattfinden. Hierzu wird der nächsthöhere Vorgesetzte hinzugezogen.
(3) Kommen beide Konfliktgegner auch in diesem Gespräch nicht zu einer Einigung oder besteht der ursprüngliche Missstand, der Anlass zur Beschwerde gab, fort, wird die Angelegenheit unverzüglich wieder in der betrieblichen Beratungsstelle behandelt.
Die betriebliche Beratungsstelle informiert den/die Beschäftigte/-n über das Ergebnis der Gespräche und Ermittlungen. Im Falle einer festgestellten ungerechtfertigten Benachteiligung durch andere Beschäftigte oder durch einen Dritten informiert die betriebliche Beratungsstelle darüber hinaus den Arbeitgeber.

§ 6 Zusammensetzung der betrieblichen Beratungsstelle Zur Beratung der Beschäftigten bei Anliegen im Sinne dieser Betriebsvereinbarung stehen die Mitglieder der betrieblichen Beratungsstellen der Standorte Niehl/Merkenich, FCSD und Saarlouis zur Verfügung. Sie ist eine ständige Einrichtung und setzt sich paritätisch aus Mitgliedern der Geschäftsführung und der jeweiligen Arbeitnehmervertretung zusammen. Jede Betriebspartei benennt ihre Mitglieder. Auf Seiten der Geschäftsführung sollte ein Werksarzt benannt sein. Die Beratungsstelle benennt aus ihrer Mitte einen Vorsitzenden. Wenn keine Einigkeit über den Vorsitzenden erzielt wird, übernimmt den Vorsitz im halbjährlichen Wechsel ein Vertreter der Geschäftsführung bzw. ein Vertreter des Betriebsrats.
Die Mitglieder der Beratungsstelle werden entsprechend geschult.

§ 7 Aufgaben der betrieblichen Beratungsstelle
Die betriebliche Beratungsstelle empfiehlt auf Basis eines Mehrheitsbeschlusses geeignete Maßnahmen zur Beseitigung der ungerechtfertigten Benachteiligung bzw. zur Beilegung des Konfliktes. Sie hat darüber hinaus folgende Aufgaben:
- Beratung der Betroffenen
- Entgegennahme und Bearbeitung von Beschwerden
- Initiieren von vorbeugenden Maßnahmen und Schulungen insbesondere Konfliktbewältigungstraining
- Maßnahmen zur Kommunikation im Betrieb
- Kontakte zu externen Stellen.

Vorgetragene Anliegen werden gemäß § 5 unverzüglich behandelt. Die Mitglieder der Beratungsstelle sind hinsichtlich der ihnen in dieser Tätigkeit bekannt werdenden Angelegenheiten über die Zeit ihrer Ernennung hinaus zum Stillschweigen verpflichtet.

§ 8 Beratungen
Arbeitgeber und Betriebsrat beraten einmal im Jahr oder bei gegebenem Anlass über den Stand der Beachtung des Benachteiligungsverbotes des AGG im Betrieb und gegebenenfalls zu ergreifende Maßnahmen.

§ 9 Schlussbestimmungen
1. Diese Vereinbarung tritt mit sofortiger Wirkung in Kraft. Sie ersetzt die Betriebsvereinbarung über Partnerschaftliches Verhalten am Arbeitsplatz vom 14. 1. 2002.
2. Die Betriebsvereinbarung oder einzelne ihrer Bestimmungen können jederzeit im Wege von Vereinbarungen zwischen Geschäftsführung und Gesamtbetriebsrat abgeändert oder ergänzt werden.

3. Die Vereinbarung kann mit einer Frist von drei Monaten zum Ende eines Kalenderjahres, erstmals zum 31. 12. 2008, gekündigt werden.
4. Sie entfaltet im Falle der Kündigung keine Nachwirkung.

3. Allgemeines Gleichbehandlungsgesetz (Auszug)

Am 18. 8. 2006 ist das Allgemeine Gleichbehandlungsgesetz (AGG) in Kraft getreten. Seine besondere Bedeutung für die juristische Aufarbeitung von Mobbing hat es mit der Entscheidung des BAG vom 25. 10. 2007 (8 AZR 593/06) erfahren. Im Folgenden wird der Wortlaut dieses Gesetzes in seiner derzeit geltenden Fassung in Auszügen dokumentiert, soweit es für die Mobbingproblematik von Interesse sein kann.

Der vollständige Wortlaut des AGG – gleiches gilt für alle in diesem Ratgeber angesprochenen Rechtsvorschriften – findet sich im Internet unter www.gesetze-im-internet-de, einer kostenlos zu nutzenden Einrichtung des Bundesministeriums der Justiz in Kooperation mit der juris GmbH.

§ 1 Ziel des Gesetzes
Ziel des Gesetzes ist, Benachteiligungen aus Gründen der Rasse oder wegen der ethnischen Herkunft, des Geschlechts, der Religion oder Weltanschauung, einer Behinderung, des Alters oder der sexuellen Identität zu verhindern oder zu beseitigen.

§ 2 Anwendungsbereich
(1) Benachteiligungen aus einem in § 1 genannten Grund sind nach Maßgabe dieses Gesetzes unzulässig in Bezug auf:
1. die Bedingungen, einschließlich Auswahlkriterien und Einstellungsbedingungen, für den Zugang zu unselbstständiger und selbstständiger Erwerbstätigkeit, unabhängig von Tätigkeitsfeld und beruflicher Position, sowie für den beruflichen Aufstieg,
2. die Beschäftigungs- und Arbeitsbedingungen einschließlich Arbeitsentgelt und Entlassungsbedingungen, insbesondere in individual- und kollektivrechtlichen Vereinbarungen und Maßnahmen bei der Durchführung und Beendigung eines Beschäftigungsverhältnisses sowie beim beruflichen Aufstieg,
3. den Zugang zu allen Formen und allen Ebenen der Berufsberatung, der Berufsbildung einschließlich der Berufsausbildung, der berufli-

chen Weiterbildung und der Umschulung sowie der praktischen Berufserfahrung,
4. die Mitgliedschaft und Mitwirkung in einer Beschäftigten- oder Arbeitgebervereinigung oder einer Vereinigung, deren Mitglieder einer bestimmten Berufsgruppe angehören, einschließlich der Inanspruchnahme der Leistungen solcher Vereinigungen,
5. den Sozialschutz, einschließlich der sozialen Sicherheit und der Gesundheitsdienste,
6. die sozialen Vergünstigungen,
7. die Bildung,
8. den Zugang zu und die Versorgung mit Gütern und Dienstleistungen, die der Öffentlichkeit zur Verfügung stehen, einschließlich von Wohnraum.

(2) Für Leistungen nach dem Sozialgesetzbuch gelten § 33c des Ersten Buches Sozialgesetzbuch und § 19a des Vierten Buches Sozialgesetzbuch. Für die betriebliche Altersvorsorge gilt das Betriebsrentengesetz.

(3) Die Geltung sonstiger Benachteiligungsverbote oder Gebote der Gleichbehandlung wird durch dieses Gesetz nicht berührt. Dies gilt auch für öffentlich-rechtliche Vorschriften, die dem Schutz bestimmter Personengruppen dienen.

(4) Für Kündigungen gelten ausschließlich die Bestimmungen zum allgemeinen und besonderen Kündigungsschutz.

§ 3 Begriffsbestimmungen

(1) Eine unmittelbare Benachteiligung liegt vor, wenn eine Person wegen eines in § 1 genannten Grundes eine weniger günstige Behandlung erfährt, als eine andere Person in einer vergleichbaren Situation erfährt, erfahren hat oder erfahren würde. Eine unmittelbare Benachteiligung wegen des Geschlechts liegt in Bezug auf § 2 Abs. 1 Nr. 1 bis 4 auch im Falle einer ungünstigeren Behandlung einer Frau wegen Schwangerschaft oder Mutterschaft vor.

(2) Eine mittelbare Benachteiligung liegt vor, wenn dem Anschein nach neutrale Vorschriften, Kriterien oder Verfahren Personen wegen eines in § 1 genannten Grundes gegenüber anderen Personen in besonderer Weise benachteiligen können, es sei denn, die betreffenden Vorschriften, Kriterien oder Verfahren sind durch ein rechtmäßiges Ziel sachlich gerechtfertigt und die Mittel sind zur Erreichung dieses Ziels angemessen und erforderlich.

(3) Eine Belästigung ist eine Benachteiligung, wenn unerwünschte Verhaltensweisen, die mit einem in § 1 genannten Grund in Zusammenhang stehen, bezwecken oder bewirken, dass die Würde der betreffenden Per-

son verletzt und ein von Einschüchterungen, Anfeindungen, Erniedrigungen, Entwürdigungen oder Beleidigungen gekennzeichnetes Umfeld geschaffen wird.
(4) Eine sexuelle Belästigung ist eine Benachteiligung in Bezug auf § 2 Abs. 1 Nr. 1 bis 4, wenn ein unerwünschtes, sexuell bestimmtes Verhalten, wozu auch unerwünschte sexuelle Handlungen und Aufforderungen zu diesen, sexuell bestimmte körperliche Berührungen, Bemerkungen sexuellen Inhalts sowie unerwünschtes Zeigen und sichtbares Anbringen von pornographischen Darstellungen gehören, bezweckt oder bewirkt, dass die Würde der betreffenden Person verletzt wird, insbesondere wenn ein von Einschüchterungen, Anfeindungen, Erniedrigungen, Entwürdigungen oder Beleidigungen gekennzeichnetes Umfeld geschaffen wird.
(5) Die Anweisung zur Benachteiligung einer Person aus einem in § 1 genannten Grund gilt als Benachteiligung. Eine solche Anweisung liegt in Bezug auf § 2 Abs. 1 Nr. 1 bis 4 insbesondere vor, wenn jemand eine Person zu einem Verhalten bestimmt, das einen Beschäftigten oder eine Beschäftigte wegen eines in § 1 genannten Grundes benachteiligt oder benachteiligen kann.

§ 4 Unterschiedliche Behandlung wegen mehrerer Gründe Erfolgt eine unterschiedliche Behandlung wegen mehrerer der in § 1 genannten Gründe, so kann diese unterschiedliche Behandlung nach den §§ 8 bis 10 und 20 nur gerechtfertigt werden, wenn sich die Rechtfertigung auf alle diese Gründe erstreckt, derentwegen die unterschiedliche Behandlung erfolgt.

§ 5 Positive Maßnahmen
Ungeachtet der in den §§ 8 bis 10 sowie in § 20 benannten Gründe ist eine unterschiedliche Behandlung auch zulässig, wenn durch geeignete und angemessene Maßnahmen bestehende Nachteile wegen eines in § 1 genannten Grundes verhindert oder ausgeglichen werden sollen.

§ 6 Persönlicher Anwendungsbereich
(1) Beschäftigte im Sinne dieses Gesetzes sind
1. Arbeitnehmerinnen und Arbeitnehmer,
2. die zu ihrer Berufsbildung Beschäftigten,
3. Personen, die wegen ihrer wirtschaftlichen Unselbstständigkeit als arbeitnehmerähnliche Personen anzusehen sind; zu diesen gehören auch die in Heimarbeit Beschäftigten und die ihnen Gleichgestellten.

Als Beschäftigte gelten auch die Bewerberinnen und Bewerber für ein Beschäftigungsverhältnis sowie die Personen, deren Beschäftigungsverhältnis beendet ist.
(2) Arbeitgeber (Arbeitgeber und Arbeitgeberinnen) im Sinne dieses Abschnitts sind natürliche und juristische Personen sowie rechtsfähige Personengesellschaften, die Personen nach Absatz 1 beschäftigen. Werden Beschäftigte einem Dritten zur Arbeitsleistung überlassen, so gilt auch dieser als Arbeitgeber im Sinne dieses Abschnitts. Für die in Heimarbeit Beschäftigten und die ihnen Gleichgestellten tritt an die Stelle des Arbeitgebers der Auftraggeber oder Zwischenmeister.
(3) Soweit es die Bedingungen für den Zugang zur Erwerbstätigkeit sowie den beruflichen Aufstieg betrifft, gelten die Vorschriften dieses Abschnitts für Selbstständige und Organmitglieder, insbesondere Geschäftsführer oder Geschäftsführerinnen und Vorstände, entsprechend.

§ 7 Benachteiligungsverbot

(1) Beschäftigte dürfen nicht wegen eines in § 1 genannten Grundes benachteiligt werden; dies gilt auch, wenn die Person, die die Benachteiligung begeht, das Vorliegen eines in § 1 genannten Grundes bei der Benachteiligung nur annimmt.
(2) Bestimmungen in Vereinbarungen, die gegen das Benachteiligungsverbot des Absatzes 1 verstoßen, sind unwirksam.
(3) Eine Benachteiligung nach Absatz 1 durch Arbeitgeber oder Beschäftigte ist eine Verletzung vertraglicher Pflichten.

§ 8 Zulässige unterschiedliche Behandlung wegen beruflicher Anforderungen

(1) Eine unterschiedliche Behandlung wegen eines in § 1 genannten Grundes ist zulässig, wenn dieser Grund wegen der Art der auszuübenden Tätigkeit oder der Bedingungen ihrer Ausübung eine wesentliche und entscheidende berufliche Anforderung darstellt, sofern der Zweck rechtmäßig und die Anforderung angemessen ist.
(2) Die Vereinbarung einer geringeren Vergütung für gleiche oder gleichwertige Arbeit wegen eines in § 1 genannten Grundes wird nicht dadurch gerechtfertigt, dass wegen eines in § 1 genannten Grundes besondere Schutzvorschriften gelten.

§ 9 Zulässige unterschiedliche Behandlung wegen der Religion oder Weltanschauung

(1) Ungeachtet des § 8 ist eine unterschiedliche Behandlung wegen der Religion oder der Weltanschauung bei der Beschäftigung durch Religi-

onsgemeinschaften, die ihnen zugeordneten Einrichtungen ohne Rücksicht auf ihre Rechtsform oder durch Vereinigungen, die sich die gemeinschaftliche Pflege einer Religion oder Weltanschauung zur Aufgabe machen, auch zulässig, wenn eine bestimmte Religion oder Weltanschauung unter Beachtung des
Selbstverständnisses der jeweiligen Religionsgemeinschaft oder Vereinigung im Hinblick auf ihr Selbstbestimmungsrecht oder nach der Art der Tätigkeit eine gerechtfertigte berufliche Anforderung darstellt.
(2) Das Verbot unterschiedlicher Behandlung wegen der Religion oder der Weltanschauung berührt nicht das Recht der in Absatz 1 genannten Religionsgemeinschaften, der ihnen zugeordneten Einrichtungen ohne Rücksicht auf ihre Rechtsform oder der Vereinigungen, die sich die gemeinschaftliche Pflege einer Religion oder Weltanschauung zur Aufgabe machen, von ihren Beschäftigten ein loyales und aufrichtiges Verhalten im Sinne ihres jeweiligen Selbstverständnisses verlangen zu können.

§ 10 Zulässige unterschiedliche Behandlung wegen des Alters Ungeachtet des § 8 ist eine unterschiedliche Behandlung wegen des Alters auch zulässig, wenn sie objektiv und angemessen und durch ein legitimes Ziel gerechtfertigt ist. Die Mittel zur Erreichung dieses Ziels müssen angemessen und erforderlich sein. Derartige unterschiedliche Behandlungen können insbesondere Folgendes einschließen:

1. die Festlegung besonderer Bedingungen für den Zugang zur Beschäftigung und zur beruflichen Bildung sowie besonderer Beschäftigungs- und Arbeitsbedingungen, einschließlich der Bedingungen für Entlohnung und Beendigung des Beschäftigungsverhältnisses, um die berufliche Eingliederung von Jugendlichen, älteren Beschäftigten und Personen mit Fürsorgepflichten zu fördern oder ihren Schutz sicherzustellen,
2. die Festlegung von Mindestanforderungen an das Alter, die Berufserfahrung oder das Dienstalter für den Zugang zur Beschäftigung oder für bestimmte mit der Beschäftigung verbundene Vorteile,
3. die Festsetzung eines Höchstalters für die Einstellung auf Grund der spezifischen Ausbildungsanforderungen eines bestimmten Arbeitsplatzes oder auf Grund der Notwendigkeit einer angemessenen Beschäftigungszeit vor dem Eintritt in den Ruhestand,
4. die Festsetzung von Altersgrenzen bei den betrieblichen Systemen der sozialen Sicherheit als Voraussetzung für die Mitgliedschaft oder den Bezug von Altersrente oder von Leistungen bei Invalidität einschließlich der Festsetzung unterschiedlicher Altersgrenzen im Rahmen dieser Systeme für bestimmte Beschäftigte oder Gruppen von Beschäftig-

ten und die Verwendung von Alterskriterien im Rahmen dieser Systeme für versicherungsmathematische Berechnungen,
5. eine Vereinbarung, die die Beendigung des Beschäftigungsverhältnisses ohne Kündigung zu einem Zeitpunkt vorsieht, zu dem der oder die Beschäftigte eine Rente wegen Alters beantragen kann; § 41 des Sechsten Buches Sozialgesetzbuch bleibt unberührt,
6. Differenzierungen von Leistungen in Sozialplänen im Sinne des Betriebsverfassungsgesetzes, wenn die Parteien eine nach Alter oder Betriebszugehörigkeit gestaffelte Abfindungsregelung geschaffen haben, in der die wesentlich vom Alter abhängenden Chancen auf dem Arbeitsmarkt durch eine verhältnismäßig starke Betonung des Lebensalters erkennbar berücksichtigt worden sind, oder Beschäftigte von den Leistungen des Sozialplans ausgeschlossen haben, die wirtschaftlich abgesichert sind, weil sie, gegebenenfalls nach Bezug von Arbeitslosengeld, rentenberechtigt sind.

§ 11 Ausschreibung
Ein Arbeitsplatz darf nicht unter Verstoß gegen § 7 Abs. 1 ausgeschrieben werden.

§ 12 Maßnahmen und Pflichten des Arbeitgebers
(1) Der Arbeitgeber ist verpflichtet, die erforderlichen Maßnahmen zum Schutz vor Benachteiligungen wegen eines in § 1 genannten Grundes zu treffen. Dieser Schutz umfasst auch vorbeugende Maßnahmen.
(2) Der Arbeitgeber soll in geeigneter Art und Weise, insbesondere im Rahmen der beruflichen Aus- und Fortbildung, auf die Unzulässigkeit solcher Benachteiligungen hinweisen und darauf hinwirken, dass diese unterbleiben. Hat der Arbeitgeber seine Beschäftigten in geeigneter Weise zum Zwecke der Verhinderung von Benachteiligung geschult, gilt dies als Erfüllung seiner Pflichten nach Absatz 1.
(3) Verstoßen Beschäftigte gegen das Benachteiligungsverbot des § 7 Abs. 1, so hat der Arbeitgeber die im Einzelfall geeigneten, erforderlichen und angemessenen Maßnahmen zur Unterbindung der Benachteiligung wie Abmahnung, Umsetzung, Versetzung oder Kündigung zu ergreifen.
(4) Werden Beschäftigte bei der Ausübung ihrer Tätigkeit durch Dritte nach § 7 Abs. 1 benachteiligt, so hat der Arbeitgeber die im Einzelfall geeigneten, erforderlichen und angemessenen Maßnahmen zum Schutz der Beschäftigten zu ergreifen.
(5) Dieses Gesetz und § 61b des Arbeitsgerichtsgesetzes sowie Informationen über die für die Behandlung von Beschwerden nach § 13 zuständigen Stellen sind im Betrieb oder in der Dienststelle bekannt zu machen.

Die Bekanntmachung kann durch Aushang oder Auslegung an geeigneter Stelle oder den Einsatz der im Betrieb oder der Dienststelle üblichen Informations- und Kommunikationstechnik erfolgen.

§ 13 Beschwerderecht

(1) Die Beschäftigten haben das Recht, sich bei den zuständigen Stellen des Betriebs, des Unternehmens oder der Dienststelle zu beschweren, wenn sie sich im Zusammenhang mit ihrem Beschäftigungsverhältnis vom Arbeitgeber, von Vorgesetzten, anderen Beschäftigten oder Dritten wegen eines in § 1 genannten Grundes benachteiligt fühlen. Die Beschwerde ist zu prüfen und das Ergebnis der oder dem beschwerdeführenden Beschäftigten mitzuteilen.

(2) Die Rechte der Arbeitnehmervertretungen bleiben unberührt.

§ 14 Leistungsverweigerungsrecht

Ergreift der Arbeitgeber keine oder offensichtlich ungeeignete Maßnahmen zur Unterbindung einer Belästigung oder sexuellen Belästigung am Arbeitsplatz, sind die betroffenen Beschäftigten berechtigt, ihre Tätigkeit ohne Verlust des Arbeitsentgelts einzustellen, soweit dies zu ihrem Schutz erforderlich ist. § 273 des Bürgerlichen Gesetzbuchs bleibt unberührt.

§ 15 Entschädigung und Schadensersatz

(1) Bei einem Verstoß gegen das Benachteiligungsverbot ist der Arbeitgeber verpflichtet, den hierdurch entstandenen Schaden zu ersetzen. Dies gilt nicht, wenn der Arbeitgeber die Pflichtverletzung nicht zu vertreten hat.

(2) Wegen eines Schadens, der nicht Vermögensschaden ist, kann der oder die Beschäftigte eine angemessene Entschädigung in Geld verlangen. Die Entschädigung darf bei einer Nichteinstellung drei Monatsgehälter nicht übersteigen, wenn der oder die Beschäftigte auch bei benachteiligungsfreier Auswahl nicht eingestellt worden wäre.

(3) Der Arbeitgeber ist bei der Anwendung kollektivrechtlicher Vereinbarungen nur dann zur Entschädigung verpflichtet, wenn er vorsätzlich oder grob fahrlässig handelt.

(4) Ein Anspruch nach Absatz 1 oder 2 muss innerhalb einer Frist von zwei Monaten schriftlich geltend gemacht werden, es sei denn, die Tarifvertragsparteien haben etwas anderes vereinbart. Die Frist beginnt im Falle einer Bewerbung oder eines beruflichen Aufstiegs mit dem Zugang der Ablehnung und in den sonstigen Fällen einer Benachteiligung zu dem Zeitpunkt, in dem der oder die Beschäftigte von der Benachteiligung Kenntnis erlangt.

(5) Im Übrigen bleiben Ansprüche gegen den Arbeitgeber, die sich aus anderen Rechtsvorschriften ergeben, unberührt.
(6) Ein Verstoß des Arbeitgebers gegen das Benachteiligungsverbot des § 7 Abs. 1 begründet keinen Anspruch auf Begründung eines Beschäftigungsverhältnisses, Berufsausbildungsverhältnisses oder einen beruflichen Aufstieg, es sei denn, ein solcher ergibt sich aus einem anderen Rechtsgrund.

§ 16 Maßregelungsverbot
(1) Der Arbeitgeber darf Beschäftigte nicht wegen der Inanspruchnahme von Rechten nach diesem Abschnitt oder wegen der Weigerung, eine gegen diesen Abschnitt verstoßende Anweisung auszuführen, benachteiligen. Gleiches gilt für Personen, die den Beschäftigten hierbei unterstützen oder als Zeuginnen oder Zeugen aussagen.
(2) Die Zurückweisung oder Duldung benachteiligender Verhaltensweisen durch betroffene Beschäftigte darf nicht als Grundlage für eine Entscheidung herangezogen werden, die diese Beschäftigten berührt. Absatz 1 Satz 2 gilt entsprechend.
(3) § 22 gilt entsprechend.

§ 17 Soziale Verantwortung der Beteiligten
(1) Tarifvertragsparteien, Arbeitgeber, Beschäftigte und deren Vertretungen sind aufgefordert, im Rahmen ihrer Aufgaben und Handlungsmöglichkeiten an der Verwirklichung des in § 1 genannten Ziels mitzuwirken.
(2) In Betrieben, in denen die Voraussetzungen des § 1 Abs. 1 Satz 1 des Betriebsverfassungsgesetzes vorliegen, können bei einem groben Verstoß des Arbeitgebers gegen Vorschriften aus diesem Abschnitt der Betriebsrat oder eine im Betrieb vertretene Gewerkschaft unter der Voraussetzung des § 23 Abs. 3 Satz 1 des Betriebsverfassungsgesetzes die dort genannten Rechte gerichtlich geltend machen; § 23 Abs. 3 Satz 2 bis 5 des Betriebsverfassungsgesetzes gilt entsprechend. Mit dem Antrag dürfen nicht Ansprüche des Benachteiligten geltend gemacht werden.
(...)

§ 20 Zulässige unterschiedliche Behandlung
(1) Eine Verletzung des Benachteiligungsverbots ist nicht gegeben, wenn für eine unterschiedliche Behandlung wegen der Religion, einer Behinderung, des Alters, der sexuellen Identität oder des Geschlechts ein sachlicher Grund vorliegt. Das kann insbesondere der Fall sein, wenn die unterschiedliche Behandlung

1. der Vermeidung von Gefahren, der Verhütung von Schäden oder anderen Zwecken vergleichbarer Art dient,
2. dem Bedürfnis nach Schutz der Intimsphäre oder der persönlichen Sicherheit Rechnung trägt,
3. besondere Vorteile gewährt und ein Interesse an der Durchsetzung der Gleichbehandlung fehlt,
4. an die Religion eines Menschen anknüpft und im Hinblick auf die Ausübung der Religionsfreiheit oder auf das Selbstbestimmungsrecht der Religionsgemeinschaften, der ihnen zugeordneten Einrichtungen ohne Rücksicht auf ihre Rechtsform sowie der Vereinigungen, die sich die gemeinschaftliche Pflege einer Religion zur Aufgabe machen, unter Beachtung des jeweiligen Selbstverständnisses gerechtfertigt ist.

(2) Kosten im Zusammenhang mit Schwangerschaft und Mutterschaft dürfen auf keinen Fall zu unterschiedlichen Prämien oder Leistungen führen. Eine unterschiedliche Behandlung wegen der Religion, einer Behinderung, des Alters oder der sexuellen Identität ist im Falle des § 19 Abs. 1 Nr. 2 nur zulässig, wenn diese auf anerkannten Prinzipien risikoadäquater Kalkulation beruht, insbesondere auf einer versicherungsmathematisch ermittelten Risikobewertung unter Heranziehung statistischer Erhebungen.
(...)

§ 22 Beweislast
Wenn im Streitfall die eine Partei Indizien beweist, die eine Benachteiligung wegen eines in § 1 genannten Grundes vermuten lassen, trägt die andere Partei die Beweislast dafür, dass kein Verstoß gegen die Bestimmungen zum Schutz vor Benachteiligung vorgelegen hat.
(...)

§ 24 Sonderregelung für öffentlich-rechtliche Dienstverhältnisse Die Vorschriften dieses Gesetzes gelten unter Berücksichtigung ihrer besonderen Rechtsstellung entsprechend für

1. Beamtinnen und Beamte des Bundes, der Länder, der Gemeinden, der Gemeindeverbände sowie der sonstigen der Aufsicht des Bundes oder eines Landes unterstehenden Körperschaften, Anstalten und Stiftungen des öffentlichen Rechts,
2. Richterinnen und Richter des Bundes und der Länder,
3. Zivildienstleistende sowie anerkannte Kriegsdienstverweigerer, soweit ihre Heranziehung zum Zivildienst betroffen ist.

§ 25 Antidiskriminierungsstelle des Bundes

(1) Beim Bundesministerium für Familie, Senioren, Frauen und Jugend wird unbeschadet der Zuständigkeit der Beauftragten des Deutschen Bundestages oder der Bundesregierung die Stelle des Bundes zum Schutz vor Benachteiligungen wegen eines in § 1 genannten Grundes (Antidiskriminierungsstelle des Bundes) errichtet.

(2) Der Antidiskriminierungsstelle des Bundes ist die für die Erfüllung ihrer Aufgaben notwendige Personal- und Sachausstattung zur Verfügung zu stellen. Sie ist im Einzelplan des Bundesministeriums für Familie, Senioren, Frauen und Jugend in einem eigenen Kapitel auszuweisen.

(...)

§ 27 Aufgaben

(1) Wer der Ansicht ist, wegen eines in § 1 genannten Grundes benachteiligt worden zu sein, kann sich an die Antidiskriminierungsstelle des Bundes wenden.

(2) Die Antidiskriminierungsstelle des Bundes unterstützt auf unabhängige Weise Personen, die sich nach Absatz 1 an sie wenden, bei der Durchsetzung ihrer Rechte zum Schutz vor Benachteiligungen. Hierbei kann sie insbesondere

1. über Ansprüche und die Möglichkeiten des rechtlichen Vorgehens im Rahmen gesetzlicher Regelungen zum Schutz vor Benachteiligungen informieren,
2. Beratung durch andere Stellen vermitteln,
3. eine gütliche Beilegung zwischen den Beteiligten anstreben. Soweit Beauftragte des Deutschen Bundestages oder der Bundesregierung zuständig sind, leitet die Antidiskriminierungsstelle des Bundes die Anliegen der in Absatz 1 genannten Personen mit deren Einverständnis unverzüglich an diese weiter.

(3) Die Antidiskriminierungsstelle des Bundes nimmt auf unabhängige Weise folgende Aufgaben wahr, soweit nicht die Zuständigkeit der Beauftragten der Bundesregierung oder des Deutschen Bundestages berührt ist:

1. Öffentlichkeitsarbeit,
2. Maßnahmen zur Verhinderung von Benachteiligungen aus den in § 1 genannten Gründen,
3. Durchführung wissenschaftlicher Untersuchungen zu diesen Benachteiligungen.

(4) Die Antidiskriminierungsstelle des Bundes und die in ihrem Zuständigkeitsbereich betroffenen Beauftragten der Bundesregierung und des Deutschen Bundestages legen gemeinsam dem Deutschen Bundestag alle

vier Jahre Berichte über Benachteiligungen aus den in § 1 genannten Gründen vor und geben Empfehlungen zur Beseitigung und Vermeidung dieser Benachteiligungen. Sie können gemeinsam wissenschaftliche Untersuchungen zu Benachteiligungen durchführen.
(5) Die Antidiskriminierungsstelle des Bundes und die in ihrem Zuständigkeitsbereich betroffenen Beauftragten der Bundesregierung und des Deutschen Bundestages sollen bei Benachteiligungen aus mehreren der in § 1 genannten Gründe zusammenarbeiten.

§ 28 Befugnisse
(1) Die Antidiskriminierungsstelle des Bundes kann in Fällen des § 27 Abs. 2 Satz 2 Nr. 3 Beteiligte um Stellungnahmen ersuchen, soweit die Person, die sich nach § 27 Abs. 1 an sie gewandt hat, hierzu ihr Einverständnis erklärt.
(2) Alle Bundesbehörden und sonstigen öffentlichen Stellen im Bereich des Bundes sind verpflichtet, die Antidiskriminierungsstelle des Bundes bei der Erfüllung ihrer Aufgaben zu unterstützen, insbesondere die erforderlichen Auskünfte zu erteilen. Die Bestimmungen zum Schutz personenbezogener Daten bleiben unberührt.
(…)

§ 31 Unabdingbarkeit
Von den Vorschriften dieses Gesetzes kann nicht zu Ungunsten der geschützten Personen abgewichen werden.
(…)

4. Mediationsgesetz (Auszug)

Am 26. 7. 2012 ist das Gesetz zur Förderung der Mediation und anderer Verfahren der außergerichtlichen Konfliktbeilegung in Kraft getreten. Bei diesem Gesetz handelt es sich um ein sog. Artikelgesetz. Sein Art. 1 hat das Mediationsgesetz (MediationsG) zum Gegenstand. Soweit es die in § 5 Abs. 2, 3 MediationsG angesprochene Rechtsverordnung nach § 6 MediationsG betrifft, ist anzumerken, dass diese etwas mehr als fünf Jahre später am 1. 9. 2017 in Kraft getreten ist. Es handelt sich dabei um die Verordnung über die Aus- und Fortbildung von zertifizierten Mediatoren (Zertifizierte-Mediatoren-Ausbildungsverordnung – ZmediatAusbV) vom 21. 8. 2016.
Der Vollständigkeit halber sei darauf hingewiesen, dass die Art. 2 bis 8 des Gesetzes zur Förderung der Mediation und anderer Verfahren der außergerichtlichen Konfliktbeilegung Änderungen der Zivilprozessordnung, des Ge-

setzes über das Verfahren in Familiensachen und in den Angelegenheiten der freiwilligen Gerichtsbarkeit, des Arbeitsgerichtsgesetzes, des Sozialgerichtsgesetzes, der Verwaltungsgerichtsordnung, des Gerichtskostengesetzes, des Gesetzes über Gerichtskosten in Familiensachen sowie der Finanzgerichtsordnung zum Gegenstand haben. Art. 9 regelt schlussendlich das Inkrafttreten des Gesetzes zur Förderung der Mediation und anderer Verfahren der außergerichtlichen Konfliktbeilegung.

§ 1 Begriffsbestimmungen

(1) Mediation ist ein vertrauliches und strukturiertes Verfahren, bei dem Parteien mithilfe eines oder mehrerer Mediatoren freiwillig und eigenverantwortlich eine einvernehmliche Beilegung ihres Konflikts anstreben.
(2) Ein Mediator ist eine unabhängige und neutrale Person ohne Entscheidungsbefugnis, die die Parteien durch die Mediation führt.

§ 2 Verfahren; Aufgaben des Mediators

(1) Die Parteien wählen den Mediator aus.
(2) Der Mediator vergewissert sich, dass die Parteien die Grundsätze und den Ablauf des Mediationsverfahrens verstanden haben und freiwillig an der Mediation teilnehmen.
(3) Der Mediator ist allen Parteien gleichermaßen verpflichtet. Er fördert die Kommunikation der Parteien und gewährleistet, dass die Parteien in angemessener und fairer Weise in die Mediation eingebunden sind. Er kann im allseitigen Einverständnis getrennte Gespräche mit den Parteien führen.
(4) Dritte können nur mit Zustimmung aller Parteien in die Mediation einbezogen werden.
(5) Die Parteien können die Mediation jederzeit beenden. Der Mediator kann die Mediation beenden, insbesondere wenn er der Auffassung ist, dass eine eigenverantwortliche Kommunikation oder eine Einigung der Parteien nicht zu erwarten ist.
(6) Der Mediator wirkt im Falle einer Einigung darauf hin, dass die Parteien die Vereinbarung in Kenntnis der Sachlage treffen und ihren Inhalt verstehen. Er hat die Parteien, die ohne fachliche Beratung an der Mediation teilnehmen, auf die Möglichkeit hinzuweisen, die Vereinbarung bei Bedarf durch externe Berater überprüfen zu lassen. Mit Zustimmung der Parteien kann die erzielte Einigung in einer Abschlussvereinbarung dokumentiert werden.

§ 3 Offenbarungspflichten; Tätigkeitsbeschränkungen

(1) Der Mediator hat den Parteien alle Umstände offenzulegen, die seine Unabhängigkeit und Neutralität beeinträchtigen können. Er darf bei Vor-

liegen solcher Umstände nur als Mediator tätig werden, wenn die Parteien dem ausdrücklich zustimmen.
(2) Als Mediator darf nicht tätig werden, wer vor der Mediation in derselben Sache für eine Partei tätig gewesen ist. Der Mediator darf auch nicht während oder nach der Mediation für eine Partei in derselben Sache tätig werden.
(3) Eine Person darf nicht als Mediator tätig werden, wenn eine mit ihr in derselben Berufsausübungs- oder Bürogemeinschaft verbundene andere Person vor der Mediation in derselben Sache für eine Partei tätig gewesen ist. Eine solche andere Person darf auch nicht während oder nach der Mediation für eine Partei in derselben Sache tätig werden.
(4) Die Beschränkungen des Absatzes 3 gelten nicht, wenn sich die betroffenen Parteien im Einzelfall nach umfassender Information damit einverstanden erklärt haben und Belange der Rechtspflege dem nicht entgegenstehen.
(5) Der Mediator ist verpflichtet, die Parteien auf deren Verlangen über seinen fachlichen Hintergrund, seine Ausbildung und seine Erfahrung auf dem Gebiet der Mediation zu informieren.

§ 4 Verschwiegenheitspflicht
Der Mediator und die in die Durchführung des Mediationsverfahrens eingebundenen Personen sind zur Verschwiegenheit verpflichtet, soweit gesetzlich nichts anderes geregelt ist. Diese Pflicht bezieht sich auf alles, was ihnen in Ausübung ihrer Tätigkeit bekannt geworden ist. Ungeachtet anderer gesetzlicher Regelungen über die Verschwiegenheitspflicht gilt sie nicht, soweit

1. die Offenlegung des Inhalts der im Mediationsverfahren erzielten Vereinbarung zur Umsetzung oder Vollstreckung dieser Vereinbarung erforderlich ist,
2. die Offenlegung aus vorrangigen Gründen der öffentlichen Ordnung (ordre public) geboten ist, insbesondere um eine Gefährdung des Wohles eines Kindes oder eine schwerwiegende Beeinträchtigung der physischen oder psychischen Integrität einer Person abzuwenden, oder
3. es sich um Tatsachen handelt, die offenkundig sind oder ihrer Bedeutung nach keiner Geheimhaltung bedürfen.

Der Mediator hat die Parteien über den Umfang seiner Verschwiegenheitspflicht zu informieren.

§ 5 Aus- und Fortbildung des Mediators; zertifizierter Mediator (1) Der Mediator stellt in eigener Verantwortung durch eine geeignete Ausbildung und eine regelmäßige Fortbildung sicher, dass er über theoretische Kenntnisse sowie praktische Erfahrungen verfügt, um die Parteien in sachkundiger Weise durch die Mediation führen zu können. Eine geeignete Ausbildung soll insbesondere vermitteln:

1. Kenntnisse über Grundlagen der Mediation sowie deren Ablauf und Rahmenbedingungen,
2. Verhandlungs- und Kommunikationstechniken,
3. Konfliktkompetenz,
4. Kenntnisse über das Recht der Mediation sowie über die Rolle des Rechts in der Mediation sowie
5. praktische Übungen, Rollenspiele und Supervision.

(2) Als zertifizierter Mediator darf sich bezeichnen, wer eine Ausbildung zum Mediator abgeschlossen hat, die den Anforderungen der Rechtsverordnung nach § 6 entspricht.

(3) Der zertifizierte Mediator hat sich entsprechend den Anforderungen der Rechtsverordnung nach § 6 fortzubilden.

§ 6 Verordnungsermächtigung

Das Bundesministerium der Justiz und für Verbraucherschutz wird ermächtigt, durch Rechtsverordnung ohne Zustimmung des Bundesrates nähere Bestimmungen über die Ausbildung zum zertifizierten Mediator und über die Fortbildung des zertifizierten Mediators sowie Anforderungen an Aus- und Fortbildungseinrichtungen zu erlassen. In der Rechtsverordnung nach Satz 1 können insbesondere festgelegt werden:

1. nähere Bestimmungen über die Inhalte der Ausbildung, wobei eine Ausbildung zum zertifizierten Mediator die in § 5 Absatz 1 Satz 2 aufgeführten Ausbildungsinhalte zu vermitteln hat, und über die erforderliche Praxiserfahrung;
2. nähere Bestimmungen über die Inhalte der Fortbildung;
3. Mindeststundenzahlen für die Aus- und Fortbildung;
4. zeitliche Abstände, in denen eine Fortbildung zu erfolgen hat;
5. Anforderungen an die in den Aus- und Fortbildungseinrichtungen eingesetzten Lehrkräfte;
6. Bestimmungen darüber, dass und in welcher Weise eine Aus- und Fortbildungseinrichtung die Teilnahme an einer Aus- und Fortbildungsveranstaltung zu zertifizieren hat;
7. Regelungen über den Abschluss der Ausbildung;
8. Übergangsbestimmungen für Personen, die bereits vor Inkrafttreten dieses Gesetzes als Mediatoren tätig sind.

(...)

Stichwortverzeichnis

3 × 3 Schritte 232

Abmahnung 189, 196, 209
Aktuelle Entwicklungen 52
Akutes Mobbing
– Handlungsmöglichkeiten 224
Allgemeines Gleichbehandlungsgesetz (AGG) 111, 218
– Auszug 299
Amtshaftung 197
Analyse bei Mobbing 231
– Schritt 1: Sachstand ermitteln 232
– Schritt 2: Problem einschätzen 239
– Schritt 3: Zielbestimmung 242
– Schritt 4: in die Haut des Mobbers schlüpfen 245
– Schritt 5: Kosten-/Nutzen-Rechnung 247
– Schritt 6: Brücken bauen 249
– Schritt 7: Ohnmacht und Stärken des Betroffenen 250
– Schritt 8: Macht und Schwachstellen des Mobbers 255
– Schritt 9: Ressourcen 256
Änderungskündigung 190
Ansprüche des Betroffenen
– Amtshaftung des Dienstherrn 197
– Geldentschädigung wegen Verletzung des allgemeinen Persönlichkeitsrechts 187
– Schadensersatz 185, 195
– Schmerzensgeld 187
– Widerruf und Unterlassung 187
Arbeitsschutz
– Gefährdungsbeurteilung 93, 99
– psychischer 99
Aufklärung 95
Auflösungsvertrag 211
Ausgrenzung 66
Auswirkungen von Mobbing 53
– Auszubildende 96
– Belegschaft 57
– Betrieb 57
– Betriebsklima 57
– Betroffene und Familie 53
– Dienststelle 57
– Gesellschaft 58
– Gesundheit 53
– Mobber und Unterstützer 59
– psychische Belastungen 54
– psychosomatische 53
Auszubildende 96

Bashing 92
Bausteine des Mobbing 30
Beratung 145
– betriebliche Ersthelfer 149
– professionelle 147

Beratungsgespräch
– Checkliste 161
– Leitfaden 161
Beschwerde 204
Betriebliche Beschwerdestelle 220, 295
Betriebliche Interessenvertretung 93
– Fairnessbeauftragte 99
– Initiativrecht 111
– Qualifizierung 118
– rechtliche Aspekte 198
– rechtliche Handlungsmöglichkeiten 212
– Schulung der 118
Betriebliche Konzepte 95
– Aufklärung 95
– Einrichten eines Frühwarnsystems 98
– psychischer Arbeitsschutz 99
– Sensibilisierung und Qualifizierung 97
Betriebliches Eingliederungsmanagement 214
Betriebsklima 57
Betriebsrats-Bashing 92
Betriebsvereinbarung 109
– Durchsetzung 116
– Praxisbeispiele 293
– rechtliche Grundlagen 110
– über partnerschaftliches Verhalten am Arbeitsplatz 295
– zentrale Eckpunkte 112
Betriebsversammlung 96
Betroffener
– äußere Balance 139
– Dokumentation 235
– Fragen des 123
– Genugtuung 141
– Gerechtigkeit 139
– Gesprächspartner 131
– Handlungsalternativen 132
– innere Balance 141
– Lebensqualität 134
– Loslassen 143
– Ohnmacht des 250
– organisierter Rückzug 290
– persönliche Gegenwehr 263
– rechtliche Handlungsmöglichkeiten 199
– soziales Netzwerk 129
– Stärken des 250
– Strategie des 136
– Verarbeitung 143
– Vorgehen des 127
– Wiederherstellen der Balance 139, 141
Bewältigungsverhalten von Betroffenen 56
Bossing 79
Burnout 92

Cyber-Mobbing 52

Definition 24
– beteiligte Personen 29
– Bossing 79
– destruktive Handlungen 28
– Geschehensprozess 27
– Mobbing 24
– Mobbing-Definition des BAG 25
– Mobbing-Definition des Thüringer LAG 25
– psychische Gewalt 85
– was kein Mobbing ist 51
– zeitliche Dimension 29
Druckkündigung 212

Ehrenerklärung 204
Ermahnung 188, 196, 209
Erstgespräch 156

Eskalation von Konflikten 60
Exempel statuieren 78

Fairnessbeauftragte 99
– Checkliste für das Beratungsgespräch 161
– Erstgespräch 156
– Funktionen 102
– Geschäftsbedingungen einer Beratung 154
– Leitfaden für die Beratung 161
– Neutralität 155
– rechtliche Verankerung 106
– Rollenverständnis 152
– Schlichtungsgespräche mit dem Mobber 277
– Vorgehen des 224
Frühwarnsystem, betriebliches 98
Fürsorgepflicht des Arbeitgebers 195, 209

Gefährdungsbeurteilung 93, 99
Genugtuung 141
Gerechtigkeit 139
Güterichter 221

Handlungsmöglichkeiten des Mobbingbetroffenen 199
– Ruhe finden 140

Isolierung, soziale 67

Jugend- und Auszubildendenvertretung 96

Kalender 238
Klage
– Erfolgsaussichten 173
Kollateralschaden 77
Kollegenscherz 180
Konflikt 60
– Definition 62
– Eskalation 60
– offener 62
– sozialer 62
– Unterscheidung von Mobbing 63
– verdeckter 63
Konfliktkommission 288
Konfliktlösungsverfahren 263
Konsequenzen für Arbeitgeber/Dienstherr
– arbeitsrechtliche Aspekte 195
– dienstrechtliche Aspekte 197
– strafrechtliche Aspekte 193
Konsequenzen für den Mobber
– Abmahnung 189
– arbeitsrechtliche Aspekte 188
– dienstrechtliche Aspekte 192
– Ermahnung 188
– Geldentschädigung wegen Verletzung des allgemeinen Persönlichkeitsrechts 187
– Kündigung 190
– Schadensersatz 185
– Schmerzensgeld 187
– strafrechtliche Aspekte 177
– Widerruf und Unterlassung 187
– zivilrechtliche Aspekte 185
Konzepte
– betriebliche 95
Körperverletzung 178
– fahrlässige 179
– vorsätzliche 178
Krankenrückkehrgespräch 51, 216
Kritikgespräch 51
Kündigung 209
– fristlose 190

Landkarte 236
Lebensqualität 134

Macht 224
– Deutungsmacht 226
– Handlungsmacht 230
– Verletzungsmacht 229
Mediation 221
Mediationsgesetz, Auszug aus 309
Mobber
– Angstbeißer 72
– Angst-Mobber 59
– Dominanzmobber 72
– Ehrenerklärung des 204
– Kündigung des 209
– öffentliche Missbilligung des 271
– Schwachstellen des 255
– Typen 72
Mobbinganalyse 231
Mobbinghandlungen 30
– Angriffe gegen das Arbeitsverhältnis 35
– Angriffe gegen das Privatleben 41
– Angriffe gegen das Selbstwertgefühl 39
– Angriffe gegen das soziale Ansehen im Beruf 38
– Angriffe gegen die Arbeitsleistung und das Leistungsvermögen 34
– Angriffe gegen die Gesundheit und die körperliche Unversehrtheit 41
– Angriffe gegen die soziale Integration 37
– destruktive Kritik 36
– durch Betriebs- oder Personalratsmitglieder 198
– Schreck, Angst und Ekel erzeugen 40
– unterlassene Hilfeleistung 42
Mobbing-Kalender 238
Mobbing-Landkarte 236
Mobbing-Tagebuch 235
Möglichmacher 30
Motive des Mobbers 70

Nachsorge bei Mobbing 291
Nachstellung 183
Nötigung 179

Personalversammlung 96
Phasen des Mobbing 44
Posttraumatische Belastungsstörung 55
Posttraumatisches Stresssyndrom 55
Power-Mobbing 52
Prävention 89
Privatklage 202
Psychische Gewalt 82
– Beispiele 86
– Definition 85

Qualifizierung der betrieblichen Interessenvertretung 118

Ratschläge, Umgang mit 133
Rechtliche Aspekte 176
– Arbeitgeber 193
– Arbeitsrecht 188, 195
– Dienstrecht 192, 197
– Interessenvertretung 198
– Mobber 176
– Strafrecht 177, 193
– Zivilrecht 185

Sachbeschädigung 177
Sanktionen gegen den Mobber 176

Schadensersatz 185
Schmerzensgeld 185
Soziales Netzwerk 129
Stalking 183
Strafantrag 184
Strafanzeige 184
Strategie des Betroffenen 136
Sühne 202
Sündenbock 77

Tagebuch 235
Täterschutz
– struktureller 256

Üble Nachrede 182
Unterlassen 32
Unterlassene Hilfeleistung 42
unterlassene Hilfeleistung 194
Ursachen für Mobbing 68
– betriebliche 69
– Motive des Mobbers 70

Verlaufsformen von Mobbing 44
– Endphase 46
– Mobbingphase 46
– nach Brinkmann 45
– nach Leymann 44
– Vorlaufphase 46
Verleumdung 181
Versetzung 188
– des Mobbers 191
Verteidigung
– durch Flucht 127
Vorgesetzte
– dienstrechtliche Aspekte 197
– Konfliktbereinigung 286
– Machteingriff 286
– Qualifizierung 97
– Sensibilisierung 97
Vorgesetztenmobbing 79

Zeitliche Dimension 29